典型地区专题旅游发展规划案例研究

王灵恩 著

气象出版社
China Meteorological Press

内容简介

随着旅游业态发展的多元化和规划研究的深入推进，在传统旅游发展总体规划基础上，区域旅游发展对特色和专题旅游发展规划的诉求不断增加。本书以体育旅游、草原旅游、乡村旅游和康养旅游我国现阶段旅游发展的四个热点领域为主题，以规划案例的形式较为系统地介绍了新时代不同区域特色旅游高质量发展规划的时代背景、目标定位、战略任务和实施步骤。规划成果有助于增进旅游研究者、管理者和规划行业研究生对不同地域特色旅游发展和规划的理解与认识。

本书可供从事旅游、规划、经济等相关专业科研和管理人员参考阅读。

图书在版编目（CIP）数据

典型地区专题旅游发展规划案例研究 / 王灵恩著
. -- 北京 : 气象出版社, 2022.9
ISBN 978-7-5029-7826-6

Ⅰ. ①典… Ⅱ. ①王… Ⅲ. ①区域旅游－旅游业发展－旅游规划－研究－中国 Ⅳ. ①F592.7

中国版本图书馆CIP数据核字(2022)第186321号

典型地区专题旅游发展规划案例研究
Dianxing Diqu Zhuanti Lüyou Fazhan Guihua Anli Yanjiu

出版发行： 气象出版社
地　　址： 北京市海淀区中关村南大街 46 号　　**邮政编码：** 100081
电　　话： 010-68407112（总编室）　010-68408042（发行部）
网　　址： http://www.qxcbs.com　　**E-mail：** qxcbs@cma.gov.cn
责任编辑： 蔺学东　王　聪　　**终　　审：** 吴晓鹏
责任校对： 张硕杰　　**责任技编：** 赵相宁
封面设计： 楠竹文化
印　　刷： 北京中石油彩色印刷有限责任公司
开　　本： 787 mm × 1092 mm　1/16　　**印　　张：** 24.25
字　　数： 575 千字
版　　次： 2022 年 9 月第 1 版　　**印　　次：** 2022 年 9 月第 1 次印刷
定　　价： 150.00 元

目　录

第 1 篇　体育旅游高质量发展规划——以黔东南州为例

第 2 篇　草原旅游高质量发展规划——以额尔古纳市为例

第 1 篇

体育旅游高质量发展规划

——以黔东南州为例

第 1 章

体育旅游的内涵和特征

1.1 体育旅游内涵

1.1.1 体育旅游概念

国外学者较早探讨体育旅游概念，1907 年，Nicholson（1907）发表《美国得克萨斯州的旅行和体育》一文，该文最早将体育和旅游相关联。1975 年，为了研究旅游和运动市场相关问题，“运动与旅行”会议在纽约举行，标志着运动与旅游的市场融合问题受到广泛关注（Sport et al.，1976）。英文中“sport tourism”和“sports tourism”均指体育旅游，但国外学者对两个概念存在长期争论，单纯一体化和赛事一体化成为概念界定的两个方向。欧洲学者认为“sports tourism”只涉及体育项目本身，不涉及其他的旅游活动。美国学者则认为“sport tourism”不仅强调体育赛事或者活动本身，还注重这一期间发生的旅游活动（董二为 等，2022）。

当前国外学者对体育旅游概念尚未进行统一界定，诸多国外学者基于不同视角界定体育旅游。Ruskin（1987）认为，体育旅游是人们因被特殊的自然吸引物以及体育户外休闲设施所吸引，在特定的休闲时间内产生的旅游行为。Hall（1992）提出，体育旅游是旅游者以非商业为目的，体育旅游活动内容是以参观体育旅游赛事而产生的外出旅游活动。Standeven 等（1999）认为，体育旅游是因商业或非商业的原因，非正式或有组织地、主动或被动地参与所有形式的体育运动，并且需要远离家庭和工作地点的旅行。Gibson（1998）提出，体育旅游是个体临时离开居住地，旨在参与旅游活动，或观看体育活动，或者表达对体育活动相关吸引物的敬仰而进行的休闲旅游。

相较于国外而言，国内学者对体育旅游概念探索相对较晚。1984 年，王占春（1984）发表《旅行、旅游与体育》一文，该文敏锐地注意到体育与旅游的内在联系。1989 年，王仕平（1989）发表《充分利用亚运会良好契机促进北京市旅游业的发展》一文，率先将体育赛事与旅游相关联。随着国内体育旅游的迅速发展，“体育旅游”一词逐渐得到学术界广泛认同，但目前国内学者对体育旅游概念尚未进行统一界定，不同学者基于不同视角提出体育旅游概念，不断丰富体育旅游内涵。从广义和狭义视角来看，韩鲁安等（1998）认为广义上的体育旅游是指包括旅游者与旅游地、旅游企业、社会等元素在旅行过程中互动所牵涉的所有关系的总和。唐国梁（2000）提出，广义上的体育旅游是以各种体育活动为主要内容的旅游，即旅游者在旅游中从事的各种身体娱乐、身体锻炼、体育竞赛、体育康复及体育文化交流活动等与旅游地、体育旅游企业及社会之间关系的总和。朱竞梅（2000）认为，狭义上的体育旅游是以参加各类体育竞赛、会议、交流等为主要目的的旅游。廉恩勇等（2006）认为，狭义上的体育旅游是指通过充分挖掘旅游地多种的体育活动功能，以满足旅行者使其身心都得到满足和谐发展的一种社会活动。基于旅游资源视角，陆元兆等（2000）提出，体育旅游是旅游业的一个组成部分，是一种经济活动，是为旅游者在旅行过程中以旅游商品的形式，体育旅游资源和一定体育设施为条件提供多样的服务。从市场角度而言，汪德根等（2002）认为，体育旅游是以体育资源和一定的体育设施为条件，以旅游商品的形式，能为旅游者在旅游过程中提供融健身、娱乐、休闲、交际等各种服务于一体的经营性项目群。基于旅游者出行时间视角，柳伯力等（2002）提出，体育旅游是旅游者暂时离开日常生活直到返回这段时间的旅行活动，主要是以参与或者观看体育活动为主。基于旅游体验视角，谢彦君等（2022）提出，体育旅游是个人利用其余暇在异地获得的一种具身体验。

本书参考《国家旅游局国家体育总局关于大力发展体育旅游的指导意见》（旅发〔2016〕172 号）提出体育旅游概念，基于体育旅游目的和作用视角，将体育旅游界定为以体育运动为核心，以现场观赛、参与体验及参观浏览为主要形式，以满足健康娱乐、旅游休闲为主要目的，向大众提供相关产品和服务的一系列经济活动。

1.1.2 体育旅游分类

当前国内外学者对体育旅游分类尚无统一标准，诸多学者基于不同标准划分体育旅游类型。基于体育旅游功能标准，李勇（2004）将体育旅游分为健身类、强身类和观战类三种形式。基于体育旅游性质，杨培玉（2004）将体育旅游划分为广泛性、专业性、刺激性和民族性四种类型。基于体育旅游参与者感受，姜付高（2005）将体育旅游分为娱乐类、教育类、审美类和刺激类四种类型。目前学术界普遍认同的观点是将旅游者身体参与作为体育旅游分类的主要依据。Gammon（2015）根据旅游动机构成将体育旅游分为旅游体育和体育旅游两类，提出二者都可进一步分为硬参与和软参与。Gibson（1998）依据参与和非参与分类标准将体育旅游分为参与型、观赏型、怀旧型三种类型，并将观赏型、怀旧型界定为非参与型体育旅游。Weed 等（2004）进一步提出在参与型和观赏型框架中加入共鸣参与的概念。谢彦君等（2021）提出，将不同类别的体育旅游置于以体育和体育旅游为两极的连续体上，见图 1–1。参与型体育旅游表现为旅游者参与特定形式的体育活动，其身体参与程度最高。共鸣参与型体育旅游和观赏型体育旅游为中间的体育旅游类型，表现出一定程度的身体参与。怀旧型体育旅游则为非参与型体育旅游，旅游者所关注的焦点不在体育活动。

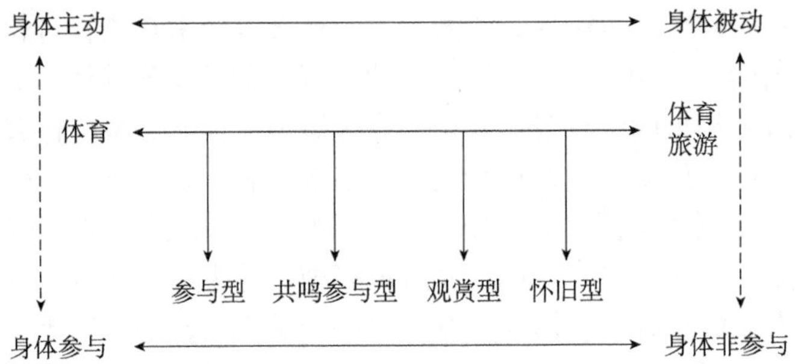

图 1-1　体育旅游的类型与身体参与程度（谢彦君 等，2021）

1.2　体育旅游特征

1.2.1　地域性

体育旅游的开展需要依托丰富的体育旅游资源，体育旅游资源分布具有明显的地域性特征，不同地区的体育旅游资源各具特色，如海上运动（沿海地区）、冰雪运动（北方地区）、沙漠探险（沙漠地区）、登山运动（山区）等。体育旅游具有显著的地域性特征，体育旅游项目在特定地域环境下产生，如北方地区气候干燥，体育旅游主要是赛马、射箭、摔跤、狩猎、冰嬉等项目；南方地区气候温和，体育旅游更倾向于体验赛龙舟、踩高跷、跳竹竿等项目。此外，同一种体育项目在不同地区也可能存在显著的地域差异。

1.2.2　技能性

不同于其他形式的旅游，一般来讲，体育旅游要求旅游者掌握一定的技术技能，对旅游者身体素质提出一定要求，以观看比赛为目的的旅游者应对比赛规则有所了解。例如，冲浪、攀岩、高山探险和滑冰等体育旅游项目要求参与者具有良好的体能素质，掌握相应的技术技能（徐勇，2016）。此外，体育旅游不仅要求旅游者掌握一定的技术技能和具有一定的身体素质，还要求体育旅游的组织者具备较高的体育素质，要求体育旅游目的地配备专业的体育器材以及专业的教练人员。

1.2.3　群体性

由于个体参与偏好以及体育文化渗透特点，体育旅游表现出明显的群体性特征。体育旅游者基于共同的体育兴趣和运动偏好参与体育旅游，具有体育基本素质，热爱体育运动，同时具备一定的知识和技能，是欣赏或参与体育旅游活动的特定群体，相对于大众旅游者而言，其群体总是特定的。通过体育旅游不断增进人际互动，构建同质的体育旅游群体，形成独特的体育旅游社群，体育旅游具有显著的群体性特征（张晓磊 等，2021）。

1.2.4 综合性

体育旅游具有功能多元的综合性特征，具有健身功能、观赏功能、娱乐功能、教育功能等。旅游者在体育旅游的体验和参与过程中增强身体素质，体育旅游的健身功能得以体现。旅游者观赏一些难度系数较高、技术要求较高等的体育项目，体育旅游的观赏功能得以体现。通过体育项目的体验过程，体育旅游的娱乐功能予以显现。通过感受体育文化的表达方式和表达含义等，体育旅游的教育功能也得以展示。

第 2 章
我国体育旅游发展现状和趋势

2.1 我国体育旅游发展现状

目前，我国已步入世界旅游大国的行列，但我国发展体育旅游的历史相对较短。作为幸福产业的重要支柱，体育旅游的高质量发展既是相关行业的发展趋势，也符合我国经济发展“新常态”的现实需求。近年来，我国体育旅游产业发展主要呈现以下特点。

2.1.1 体育旅游产业实现升级发展

近年来，我国围绕“体育强国”战略定位不断发展，体育旅游产业规模逐步壮大，接待能力显著增强，各项指标实现新的突破。从横向层面来看，2021 年，中国体育旅游行业市场规模达 12718.8 亿元，预计到 2026 年可达 38814.5 亿元。从纵向层面来看，随着我国国民人均可支配收入不断升高，体育旅游消费升级趋势进一步明确。体育旅游兼具高水平赛事观赏、社群活动交流、明星粉丝效应、体育娱乐体验等多种用户黏性强的特性，其市场规模不断扩大，增速明显。体育旅游发展步入了快车道，整体呈现持续、健康、快速增长的良好态势。

2.1.2 体育旅游产品项目更加丰富

近年来，我国逐步完善体育旅游产品体系，体育旅游产品供给不断变化，兼具体育运动、休闲和旅游于一体的体育旅游精品项目不断丰富，既包括参与型体育旅游产品，也包括观赏型体育旅游产品等。随着旅游市场需求的多元化，跑步、徒步、骑行、登山等户外运动，舞狮、龙舟、太极拳等传统体育，篮球、足球等专业赛事，滑翔伞、跳伞等航空运动旅游产品不断成熟，体育旅游业态持续丰富。从类型来看，目前体育旅游产品涵盖水上乐园、青少年户外营地、旅游度假区等体育旅游综合体、户外体验线路等多种类型。参与型体育旅游产品主要有登山、徒步、划船、漂流、冲浪等，观赏型体育旅游产品包括户外赛事观赏、民俗体育表演等，旅游产品的丰富度、吸引力和消费点得到有效提升。

2.1.3 运营主体不断多样化

旅游运营商和在线旅游企业逐步布局体育旅游市场，加大了体育旅游产品的研发投入力度，知名旅游运营商相继进入体育旅游领域，如凯撒旅游开发了世界顶级赛事观赛产品，成为奥运会等国际大型体育赛事票务代理。在线旅游企业成为专业体育旅游运营团队，如携程有近百家专业户外俱乐部和户外旅行社提供户外体验产品，销售奥运会、高尔夫公开赛等体育赛事的观赛旅游产品。除旅游相关企业进入体育旅游领域外，其他行业领域的头部企业也开始进入体育旅游领域，如阿里巴巴旗下的阿里体育与阿里旅行对接布局以赛事为主体的体育旅游领域。可见，我国体育旅游运营主体呈多样化发展趋势。

2.1.4 运动休闲特色小镇快速增长

2016 年，住房和城乡建设部、国家发展和改革委员会、财政部《关于开展特色小镇培育工作的通知》（〔2016〕147 号）提出，到 2020 年全国将培育 1000 个左右包括休闲度假旅游、体育康养等在内的特色小镇，掀起了以“体育产业”+“特色旅游”为方向的体育小镇建设热潮。2017 年，国家体育总局公布了首批体育特色小镇试点名单，包括娱乐型、健康性、文化民俗型、赛事型等类型。2018 年，国家体育总局办公厅《关于推进运动休闲特色小镇健康发展的通知》，提出加强动态监管，持续开展评估督导和优胜劣汰。2019 年，国家体育总局《运动休闲特色小镇试点项目建设工作指南》进一步规范国家级运动休闲特色小镇试点项目建设。总体来看，近年来运动休闲特色小镇快速发展，逐渐走向规范化发展。

2.1.5 体育旅游发展环境进一步优化

近年来，体育旅游发展不断得到国家有关部门重视。2001 年，国家旅游局将当年旅游年主题确定为“中国体育健康旅游年”。2010 年，《关于加快发展体育产业的指导意见》（国办发〔2010〕22 号）提出促进体育旅游等相关业态发展。2016 年，《关于印发全民健身计划（2016—2020 年）的通知》（国发〔2016〕37 号）提出，支持各地、各行业结合旅游休闲等资源打造品牌赛事活动。2018 年，国家体育总局、文化和旅游部、海南省人民政府共同主办“全国体育旅游产业发展大会”，发布了《2018 年体育旅游发展报告》。2019 年，中共中央办公厅、国务院办公厅印发《关于以 2022 年北京冬奥会为契机大力发展冰雪运动的意见》提出兴建一批复合型冰雪旅游基地以及推动冰雪旅游产业发展。一系列的政策文件将体育旅游作为体育强国建设的基础，对于推动体育旅游发展提供了政策基础。

2.2 我国体育旅游发展趋势

2.2.1 旅游产业与体育产业深度融合

旅游是未来需求旺盛、潜力巨大的产业，把旅游市场带来的巨大的人流、物流、信息流、资金流转化为带动体育产业发展的强大动力，以巨大的市场力量和市场机制，为体育产业搭建巨大的供需对接平台，形成“体育 + 旅游”等产业的联动发展格局。充分发挥旅游的融合能力和集成作用，为体育产业和领域发展提供平台，不仅提升其发展水平，更要创造和放大其综合价值。

2.2.2 旅游产品发展更加精品化

自 2014 年开始，国家体育总局着手推进体育旅游精品建设，更好地满足人民群众对体育旅游的多层次消费需求。体育旅游精品项目本身具有示范带动作用，在扩大其影响力的同时，能够提升体育旅游品牌的社会认知度。各地加大力度打造体育旅游精品项目，“体育 + 旅游”极大提升游客对目的地的黏性，形成全域旅游的浓厚氛围。通过对体育旅游产品分层，形成全域化的产品体系，满足不同人群、不同时间段的诉求。

2.2.3 体育旅游品牌化更加明显

知名赛事和热门体育娱乐活动等品牌化、IP 化运作可满足游客多样化旅游需求。随着各项国际体育赛事的举办，国内各项赛事日趋完备的体系和逐渐提升的影响力，国内体育旅游的发展不断趋向品牌化，如正在不断形成和扩大规模的 CBA、中国网球公开赛等以及具有国际影响力的运动员，都在朝着体育旅游品牌化方向发展。游客的消费需求经历着“认知—参与—融入—沉浸”的变化，游客偏好具有核心吸引力及主题性的产品，期待在体育过程中获得身份认同感。知名赛事、明星级的运动员、著名体育俱乐部、热门体育娱乐活动以及具有地标意义的体育场馆等，都可以成为体育旅游 IP 和顶级流量，将能很好地带动一个地区和一个时期体育旅游的发展。

2.2.4 科技加速体育旅游智慧化发展

“十四五”期间建设 1000 个体育公园，要求推进“互联网 + 健身”，提高全民健身公共服务智能化、信息化、数字化发展。《国务院办公厅关于以新业态新模式引领新型消费加快发展的意见》颁布实施，鼓励发展智慧旅游，大力发展智能体育，创新无接触式消费模式。5G 技术的普及促进万物互联时代加速到来，体育旅游将与最新技术充分融合，加速向智慧化发展方式转变。2020 年以来，智慧旅游和智能体育的发展已成为政府工作目标。在互联网 + 的影响下，人们通过线上方式参与到体育旅游中，无论是通过观看体育赛事还是通过虚拟旅游等手段体验体育旅游，让体育旅游与互联网的联系越来越紧密。

2.2.5 赛事观赛游增长速度适当放缓

大型体育赛事产生更加广泛的影响，吸引更多的游客感受体育项目的魅力。体育赛事的举办对于体育项目的推广、宣传可以起到积极的推动作用，未来体育旅游发展将更加注重大型体育赛事的举办，通过赛事的传播和影响吸引更多的游客感受体育项目的魅力。未来体育赛事的活动在规模上将体现出小型化和区域化的特点，减少人口的跨区域流动，在发展方式上将体现出专业化和网络化的特点，依靠技术手段，跨时空跨区域同步竞赛。

第 3 章

黔东南州体育旅游高质量发展规划案例研究

3.1 规划背景与概况

云南省黔东南苗族侗族自治州（简称黔东南州）山地户外运动旅游资源禀赋良好，民族体育旅游资源异彩纷呈，具有发展体育旅游的天然优势，蕴含着巨大的旅游市场，体育旅游发展态势持续向好，在提升旅游规模质量、提高人民群众身心健康水平等方面发挥了积极作用。但目前，黔东南州体育旅游也存在服务设施不完善、专业人才缺乏、市场发展秩序亟待改进和规范等问题。随着新常态下我国经济发展转型，黔东南州社会经济发展面临全新的时代背景和内外环境，社会经济亟待复苏，人民对利于身心健康的生活方式有了新的思考，现代社会人们对体育旅游的多元化、高品质的需求愈发提高。

为深入贯彻落实党中央国务院关于体育旅游产业发展的战略部署和目标任务，习近平总书记关于建设体育强国工作的重要论述和对贵州提出的“百姓富、生态美”重要指示要求，以及《关于贵州省创建全国体育旅游示范区的意见》（黔府办发〔2019〕23 号）的任务要求，充分挖掘和发挥黔东南州体育旅游资源优势，推动全州体旅产业高质量融合发展，黔东南州文体广电旅游局委托中国科学院地理科学与资源研究所，结合黔东南州实际，编制《黔东南州体育旅游高质量发展规划》（以下简称《规划》）。

3.2 体育旅游发展现状与基础分析

3.2.1 规划背景与现状

1. 规划背景

（1）自然与历史人文背景

黔东南州主要区域海拔是最适宜户外运动的 500～2000 米，提供了从专业登山探险到大众山地娱乐体验所需要的山体条件；气候宜人，四季开展体育旅游活动的体感舒适度强；水资源丰富，境内有大小河流 2900 多条，以清水江、㵲阳河、都柳江为主干，呈树枝状展布于各县（市），适合开展漂流、溯溪、龙舟、皮划艇等水上运动和亲水性水上休闲游乐活动；生物种类繁多，既为体育旅游开展营造了良好的生态环境，也形成丰富的体育旅游生物资源。

（2）社会经济背景

近年来，黔东南州经济社会发展稳中有进，但经济依然是相对短板，亟须体育旅游带来新的经济发展动力。黔东南州是全国 30 个民族自治州中少数民族人口比例最高的自治州，民族文化氛围浓厚，民族体育活动丰富多彩，成为全州体育旅游发展的优势和特色。黔东南州是贵州最早的文化发祥地之一，文明历史久远，留下诸多体育旅游发展可供挖掘的历史文化和名胜古迹。州内名胜古迹众多，为人文类体育旅游活动的开展提供主要空间载体。

2. 体育旅游发展现状与存在问题

（1）体育旅游发展现状

黔东南州积极筹建体育旅游基础设施，全力推进“厕所革命”，不断改善旅游交通环境。目前已建成 6 个体育场、32 个体育馆和 12 个生态体育公园。建成乡镇级农民健身工程建设 177 个，覆盖率 93.65%，村级农民健身工程建设 1943 个，覆盖率 91.39%，全州人均体育场地面积 1.57 平方米。全州新建和改扩建旅游厕所 569 座。“两机场”“两高铁”“县县通高速”立体大交通网络的形成，开通运营“景区直通车”，逐步为游客提供方便、舒适、安全快捷的旅游交通出行方式。

① 体育旅游产品类型日渐丰富

经过多年探索，黔东南州依托本地原生态的自然地理环境和多彩的民族文化优势，积极开发以登山越野、徒步户外、秘境探险、定向运动、自行车等为重点的山地户外运动旅游产品，以漂流、皮划艇、龙舟等为代表的水上运动旅游产品，以低空飞行为代表的航空运动旅游产品，荡秋千、爬花杆、上刀杆、打陀螺、竹竿漂等特色鲜明的民族体育旅游产品等，体育旅游产品类型不断丰富，但开发深度、参与性和文化性参差不齐。

② 体育旅游赛事知名度不断提升

黔东南州积极采取多样化运营模式，因地制宜精心打造独特的山地户外精品赛事，充分发挥品牌赛事优势，助推体育和旅游融合发展，打造体育旅游新亮点，形成一批具有影响力的体育旅游赛事。例如，贵州“环雷公山超100公里跑”国际挑战赛、“多彩贵州”全国少数民族运动大会、大美黔东南·水墨云台山·畅游㵲阳河·施秉冬泳赛、中国凯里龙舟邀请赛等。其中贵州“环雷公山超100公里跑”国际挑战赛至今已连续成功举办了九届，并连续六年荣获中国马拉松金牌赛事。中国·黎平百里侗寨国际划骑跑铁人三项公开赛荣获“2018中国体育旅游博览会体育旅游精品赛事”。

③ 体育旅游运营主体不断多样化

黔东南州体育旅游活动运营机制呈多样化态势，运营主体不断壮大，充分体现全州体育旅游发展的蓬勃活力，既有国有平台公司运营的体育旅游景区和赛事，也有企业出资、民间协会承办的体育旅游赛事，如㵲阳河龙舟；同时还有群众自发组织的民族体育旅游活动，如斗鸡、斗鸟、斗狗、斗牛、独木龙舟等。

（2）体育旅游存在问题

① 体育与旅游融合不深

体育旅游是旅游产业和体育产业深度融合的新兴产业形态，其核心在于体育与旅游的深度融合，但目前黔东南州体育旅游发展尚未达到“能融则融、能融尽融”的要求。一方面，旅游景区的体育项目开发不足，致使诸多山地户外运动、水上运动优势突出的景区产品依然停留在观光阶段，参与性和体验性明显不足。另一方面，体育项目的旅游运营和游客参与不足。黔东南州有多样的体育赛事和民族体育活动，但由于缺乏旅游要素融入和旅游宣传等，参与主体主要是运动员和当地群众，旅游知名度低，旅游效益较差，未能充分发挥体育旅游对黔东南州“稳增长、促改革、调结构、惠民生”的重要作用。

② 体育旅游项目的文化体验性不强

黔东南州是全国30个民族自治州中少数民族人口比例最高的自治州，拥有丰富的传统体育项目，特色体育文化资源突出。但目前黔东南州的体育旅游发展处于初级阶段，短期逐利性浅层次文化开发较多，相关项目大多属于传统的观看（如斗牛）和浅层的参与（如漂流）。由于对当地民族文化内涵的深度挖掘不足，项目缺乏参与性、知识性、互动性的文化元素，具有深刻体验和难忘经历的文化体育旅游项目较少，未能体现黔东南州民族文化资源的优势，无法满足现代游客对集知识获取、猎奇体验于一体的高档次、高品位体育旅游需求。

③ 省外体育旅游市场开拓不足

外地客源是增加住宿、餐饮等经济收益，提高体育旅游综合带动能力的关键。但目前黔东南州体育旅游客源市场主要以贵州省内为主，占比为68.82%，且其中约有一半为本州游客，多为一日游或半日游行程，对本州的经济拉动作用有限。省外旅客占比仅为三成，还需加强省外营销力度，大力拓展省外尤其是长三角和珠三角体育旅游市场。

④ 接待设施无法满足体育旅游发展需求

从实地调研情况看，黔东南州高星级酒店少，精品民宿、农家客栈等住宿设施的隔音、防潮等措施不到位，高品质住宿设施尚有较大缺口，无法满足体育旅游持续发展的需求。目前，全州共有星级酒店 29 家，其中，四星级酒店 7 家（4 家在凯里市，见表 3–1），无五星级酒店。全州尤其是各县的住宿接待能力明显不足，共有 12 个县（市）没有高星级酒店，5 个县（市）没有三星及以上酒店，与全省 2021 年实现四星级以上旅游酒店县（市、区）全覆盖的目标还有较大距离，无法满足游客对高品质住宿的需求。亟须积极引入知名连锁酒店集团，同时着力建设各具特色客栈、民宿、度假村等住宿设施。

表 3–1 黔东南州三星和四星级酒店情况

序号	县（市）	四星	三星	序号	县（市）	四星	三星
1	凯里市	4	4	9	从江县	0	1
2	锦屏县	0	0	10	台江县	0	1
3	镇远县	1	3	11	天柱县	1	0
4	岑巩县	0	1	12	榕江县	0	0
5	剑河县	0	1	13	丹寨县	0	0
6	黄平县	0	2	14	施秉县	0	5
7	黎平县	1	3	15	三穗县	0	1
8	麻江县	0	0	16	雷山县	0	0
合计	四星 7 家，三星 22 家						

⑤ 体育旅游发展专业人才缺乏

体育旅游是体育产业与旅游产业交叉渗透产生的新兴领域，是体育与旅游相结合的特殊休闲方式。它更加强调体育元素的运用，与传统的观光旅游具有很大的差异性，有其专业性与特殊性。同时，体育旅游的开发经营广泛涉及体育、旅游、经营管理等领域，因而又需要具有广泛知识和经验的综合型人才。但是目前黔东南州体育旅游开发、管理、运营、服务等方面的专业人才供给不足，人才培养体系尚未构建完善，缺乏一批发展体育旅游的复合型人才。

3.2.2 旅游资源类型与等级评价

1. 体育旅游资源标准建立和单体筛选

《规划》共梳理了 5804 处旅游资源单体，依据国家标准《旅游资源分类、调查与评价（GB/T 18972—2017）》（以下简称《标准》）中的旅游资源分类标准和关于体育旅游资源分类体系的已有研究成果，结合黔东南州体育旅游资源实际，建立体育旅游资源分类表。体育旅游资源分类结构分为“主类”“亚类”“基本类型”3个层次，共有“地文体育旅游资源”“水域体育旅游资源”“体育旅游生物资源”“自然现象体育旅游资源”“体育遗迹旅游资源”“体育建筑与设施旅游资源”“体育旅游商品”“人文活动体育旅游资源”8个主类，34个亚类，105个基本类型。其中，前四个主类统称为自然类体育旅游资源，后四个主类统称为人文类体育旅游资源。

通过对黔东南州体育旅游资源相关资料（主要包括各县提供的体育旅游相关资源表、规划、工作报告、项目表）整理提取、重要资源单体实地考察以及与当地体育旅游相关部门主要领导深度访谈、会议座谈等途径和方法，对黔东南州体育旅游资源进行了全面调查。经整理与筛选，共提取了5804处代表性的旅游资源单体，见表3-2。

表3-2 黔东南州体育旅游资源类型及数量

<table>
<tr><th rowspan="2">主类名称</th><th rowspan="2">亚类名称</th><th rowspan="2">基本类型名称</th><th colspan="3">各类单体数量统计/个</th></tr>
<tr><th>基本类型</th><th>亚类</th><th>主类</th></tr>
<tr><td rowspan="22">A地文体育旅游资源</td><td rowspan="5">AA体育活动山地</td><td>AAA大众登山山体</td><td>65</td><td rowspan="5">598</td><td rowspan="22">1182</td></tr>
<tr><td>AAB专业登山山体</td><td>50</td></tr>
<tr><td>AAC体育活动岩壁、陡崖与石体</td><td>432</td></tr>
<tr><td>AAD探险山地</td><td>51</td></tr>
<tr><td>AAE军体活动山地</td><td>0</td></tr>
<tr><td rowspan="4">AB体育活动沙石泥地</td><td>ABA沙漠探险地</td><td>0</td><td rowspan="4">98</td></tr>
<tr><td>ABB沙丘运动场</td><td>0</td></tr>
<tr><td>ABC沙滩运动场</td><td>98</td></tr>
<tr><td>ABD泥地运动场</td><td>0</td></tr>
<tr><td rowspan="4">AC体育活动洞穴</td><td>ACA穿越洞穴</td><td>41</td><td rowspan="4">446</td></tr>
<tr><td>ACB探险洞穴</td><td>402</td></tr>
<tr><td>ACC军体活动洞穴</td><td>0</td></tr>
<tr><td>ACD水上活动洞穴</td><td>3</td></tr>
<tr><td rowspan="4">AD体育活动岛礁</td><td>ADA攀登岛礁</td><td>0</td><td rowspan="4">33</td></tr>
<tr><td>ADB生存训练岛屿</td><td>0</td></tr>
<tr><td>ADC军体活动岛屿</td><td>0</td></tr>
<tr><td>ADD探险岛礁</td><td>33</td></tr>
<tr><td rowspan="4">AE地质突变探险地</td><td>AEA探险火山</td><td>0</td><td rowspan="4">7</td></tr>
<tr><td>AEB探险地震区</td><td>0</td></tr>
<tr><td>AEC探险滑坡区</td><td>5</td></tr>
<tr><td>AED探险泥石流活动区</td><td>2</td></tr>
<tr style="display:none"></tr>
<tr><td rowspan="5">B水域体育旅游资源</td><td rowspan="2">BA体育活动峡谷</td><td>BAA探险峡谷</td><td>194</td><td rowspan="2">219</td><td rowspan="5">1069</td></tr>
<tr><td>BAB漂流峡谷</td><td>25</td></tr>
<tr><td rowspan="3">BB体育活动水体</td><td>BBA水面运动水体</td><td>771</td><td rowspan="3">850</td></tr>
<tr><td>BBB水下运动水体</td><td>0</td></tr>
<tr><td>BBC跳水深潭</td><td>0</td></tr>
</table>

续表

主类名称	亚类名称	基本类型名称	各类单体数量统计 / 个		
			基本类型	亚类	主类
B 水域体育旅游资源	BB 体育活动水体	BBD 游泳泉水	79	850	
		BBE 雪场	0		
		BBF 冰川	0		
		BBG 冰场	0		
C 体育旅游生物资源	CA 体育活动林地	CAA 探险林地	145	490	1128
		CAB 行军林地	216		
		CAC 滑道林地	0		
		CAD 林间体育活动场地	129		
		CAE 生存训练林地	0		
	CB 体育活动草地	CBA 体育活动草原	27	27	
		CBB 体育活动草坡	0		
	CC 体育活动湿地	CCA 体育活动湿地	275	275	
	CD 体育旅游生物	CDA 节点树木	336	336	
		CDB 障碍灌丛	0		
		CDC 乘骑动物	0		
D 自然现象体育旅游资源	DA 体育旅游气候	DAA 舒适气候地	4	4	4
		DAB 寒热气候地	0		
		DAC 有风天气	0		
		DAD 反季节天气	0		
	DB 体育旅游水文	DBA 波浪	0	0	
		DBB 潮汐	0		
E 体育遗迹旅游资源	EA 体育历史事件发生地	EAA 体育场所遗址	1	2	174
		EAB 体育事件发生地	1		
	EB 体育用品生产地遗址	EBA 体育设施生产地遗址	0	0	
		EBB 体育用品生产地遗址	0		
	EC 军事体育遗址	ECA 军事体育活动设施遗址	172	172	
	ED 体育教育文化遗址	EDA 体育教育遗址	0	0	
		EDB 体育文化遗址	0		
	EE 体育遗物	EEA 体育用具遗物	0	0	
		EEB 体育迷遗物	0		
F 体育建筑与设施旅游资源	FA 军事体育设施	FAA 军事作战设施	0	0	1831
		FAB 军事训练设施	0		
	FB 宗教礼制体育活动场所	FBA 宗教体育活动场所	0	146	
		FBB 礼制体育活动场所	146		
	FC 体育艺术和纪念建筑	FCA 体育艺术品	0	0	
		FCB 体育纪念物	0		

续表

主类名称	亚类名称	基本类型名称	各类单体数量统计 / 个		
			基本类型	亚类	主类
F 体育建筑与设施旅游资源	FD 体育名人归葬地	FDA 体育运动员墓	0	0	1831
		FDB 体育名人墓	0		
	FE 体育旅游交通设施	FEA 体育运动港口	50	372	
		FEB 体育运动机场	1		
		FEC 体育运动车站	4		
		FED 重力滑索	0		
		FEE 步道	145		
		FEF 体育运动桥梁	172		
	FF 传统体育特色聚落建筑	FFA 体育特色聚落	786	786	
		FFB 传统体育会馆	0		
	FG 体育教育科学文化场所	FGA 体育教育场所	12	120	
		FGB 体育科研机构	0		
		FGC 体育文化场所	108		
	FH 体育用品工厂	FHA 体育设施工厂	0	3	
		FHB 体育用品工厂	3		
	FI 体育游憩场所	FIA 体育公园	11	364	
		FIB 体育表演场所	137		
		FIC 体育俱乐部	0		
		FID 体育度假村	68		
		FIE 体育疗养院	0		
		FIF 体育观赏场所	148		
	FJ 体育旅游健身运动场所	FJA 体育场馆	35	39	
		FJB 人工冰场	0		
		FJC 人工雪场	0		
		FJD 人工泳场	4		
	FK 体育旅游购物场所	FKA 体育用品商店	1	1	
		FKB 体育纪念品商店	0		
G 体育旅游商品	GA 地方体育旅游商品	GAA 名优体育用品	10	60	60
		GAB 特色体育纪念品	50		
H 人文活动体育旅游资源	HA 体育人事	HAA 体育人物	11	11	358
		HAB 体育事件	0		
	HB 体育团体机构	HBA 体育团队	0	22	
		HBB 体育社团	22		
		HBC 体育管理机构	0		

续表

主类名称	亚类名称	基本类型名称	各类单体数量统计 / 个		
			基本类型	亚类	主类
H 人文活动体育旅游资源	HC 民间体育习俗	HCA 体育礼仪	0	278	
		HCB 体育习俗	90		
		HCC 体育节日	166		
		HCD 民间赛事	19		
		HCE 民间技艺	3		
	HD 现代体育节庆	HDA 体育旅游节	4	47	
		HDB 体育文化节	15		
		HDC 体育商贸节	0		
		HDD 体育大赛	28		
主类（8）	亚类（27）	基本类型（53）	单体数量（5806）		

2. 旅游资源类型

① 类型丰富，自然类和人文类资源单体占比相当

依据体育旅游资源分类体系，黔东南州体育旅游资源 8 个主类俱全，34 个亚类中拥有 27 种，占总量的 79.4%，105 个基本类型中拥有 53 种，占总量的 50.5%（图 3–1）。从体育旅游资源单体统计数量来看，自然类旅游资源单体数量较丰富，共 3381 处，占单体总量的 58.25%；人文类体育旅游资源单体共 2423 处，占单体总量的 41.75%，二者比重相差不大（图 3–2）。

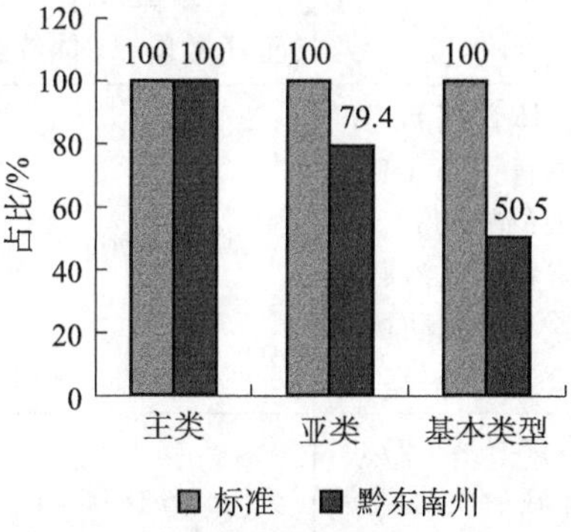

图 3–1 旅游资源类型的占比（%）

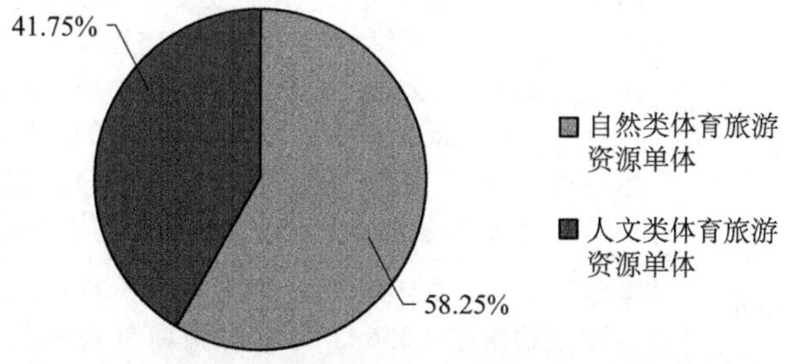

图 3–2 人文与自然类体育旅游资源单体数量占比（%）

② 建筑与设施、地文、生物和水域体育旅游资源四大主类单体数量最多

在八大主类中，黔东南州体育旅游资源的体育建筑与设施、地文体育、体育旅游生物和水域体育在全州的分布最广，总共约占旅游资源单体数量的 89.73%。其中体育建筑与设施旅游资源单体数量最多，共 1831 处，占单体总量的 31.54%；其次，地文体育旅游资源单体共 1182 处，占单体总量的 20.35%；体育旅游生物资源 1128 处，占单体总量的 19.42%；水

域体育旅游资源1069处，占单体总量的18.42%；自然现象体育旅游资源单体数量最少，仅4处，占总量的0.06%（图3-3）。

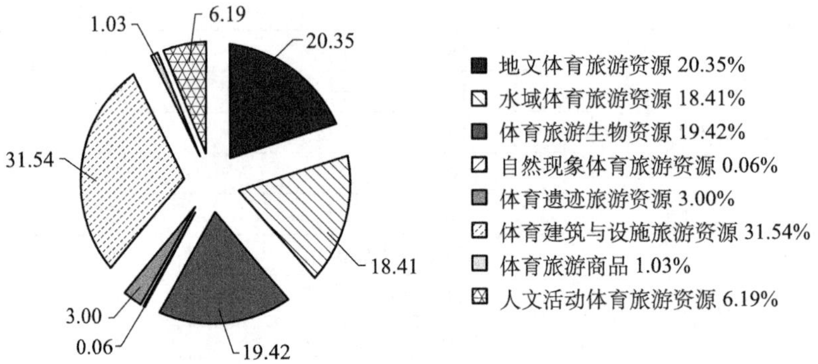

图3-3 黔东南州八大主类体育旅游资源单体数量占比（%）

③ 亚类体育旅游资源集中在水体、特色聚落建筑、山地、林地、洞穴

总体来看，黔东南州体育旅游资源亚类单体分布不均匀，其中亚类单体数量占比较重的有体育活动洞穴（446）、体育活动林地（490）、体育活动山地（598）、传统体育特色聚落建筑（786）以及体育活动水体（850）。其中，200处以下的旅游资源亚类数目最多，占总数目的59.26%，单体总数量占总量的13.64%；200处以上400处以下的亚类数目相对较少，仅占总数目的22.22%，单体总量占总量的31.76%；400处以上的亚类数目占总数目的18.52%，单体数量最多，占单体总量的54.6%，见表3-3。

表3-3 黔东南州体育旅游资源亚类数量统计

单体数量	亚类（数量）	单体合计（亚类数量/单体数量）
≤200处	体育旅游购物场所（1）、体育历史事件发生地（2）、体育用品工厂（3）、体育旅游气候（4）、地质突变探险地（7）、体育人事（11）、体育团体机构（22）、体育活动草地（27）、体育活动岛礁（33）、体育旅游健身运动场所（39）、现代体育节庆（47）、体育活动沙石泥地（98）、体育教育科学文化场所（120）、宗教礼制体育活动场所（146）、军事体育遗址（172）、地方体育旅游商品（60）	16/792
200～400处	体育活动峡谷（219）、体育活动湿地（275）、民间体育习俗（278）、体育旅游生物（336）、体育游憩场所（364）、体育旅游交通设施（372）	6/1844
400处以上	体育活动洞穴（446）、体育活动林地（490）、体育活动山地（598）、传统体育特色聚落建筑（786）、体育活动水体（850）	5/3170

④ 体育旅游资源基本类型的数量差别明显

从表3-4中可知，黔东南州53种旅游资源基本类型的分布悬殊较大，不同基本类型的资源单体数量差别明显。总体上看，体育特色聚落单体数量最多（786处），其次分别是水面运动水体（771）类、体育活动岩壁、陡崖与石体（432）及探险洞穴（402），仅 4 种基本类型，单体总量占总量的 41.18%；单体数量小于等于 20 处的旅游资源基本类型共 19 种，占总数目的 1.96%。单个基本类型中，单体数量最多的是最少的 786 倍。200 处以下的基本类型数目最多，占总数目的 86.79%，单体数量占总量的 44.57%；200～400 处的旅游资源基本类型仅 3 处，占总数目的 5.66%，单体数量占总量的 14.25%；400 处以上的基本类型单体数量占总量的 41.18%，仅占基本类型数目的 7.55%。

表 3-4　黔东南州体育旅游资源基本类型数量统计

单体数量	基本类型（数量）	单体合计（基本类型数量 / 单体数量）
≤200 处	体育场所遗址（1）、体育事件发生地（1）、体育运动机场（1）、体育用品商店（1）、探险泥石流活动区（2）、水上活动洞穴（3）、体育用品工厂（3）、民间技艺（3）、舒适气候地（4）、人工泳场（4）、体育旅游节（4）、探险滑坡区（5）、体育运动车站（4）、名优体育用品（10）、体育公园（11）、体育人物（11）、体育教育场所（12）、体育文化节（15）、民间赛事（19）、体育社团（22）、漂流峡谷（25）、体育活动草原（27）、体育大赛（28）、探险岛礁（33）、体育场馆（35）、穿越洞穴（41）、专业登山山体（50）、体育运动港口（50）、特色体育纪念品（50）、探险山地（51）、大众登山山体（65）、体育度假村（68）、游泳泉水（79）、体育习俗（90）、沙滩运动场（98）、体育文化场所（108）、林间体育活动场地（129）、体育表演场所（137）、步道（145）、礼制体育活动场所（146）、体育观赏场所（148）、探险林地（145）、军事体育活动设施遗址（172）、体育运动桥梁（172）、体育节日（166）、探险峡谷（194）	46/2588
200～400 处	行军林地（216）、体育活动湿地（275）、节点树木（336）	3/827
400 处以上	探险洞穴（402）、体育活动岩壁、陡崖与石体（432）、水面运动水体（771）、体育特色聚落（786）	4/2391

3. 体育旅游资源空间分布

（1）体育旅游资源总体特征

① 除三穗、丹寨和天柱外，各县体育旅游资源单体总量分布差异不大

黔东南州各县体育旅游资源单体数量较多，除三穗、丹寨和天柱外，各县体育旅游资源单体数量分布差异不大，见图 3-4。统计数据显示，分布有 400 处以上体育旅游资源单体的县有 8 个，分别是雷山县、从江县、凯里市、镇远县、岑巩县、施秉县、黎平县和黄平县，其中雷山县的体育旅游资源单体最多，共计 560 处；单体数量在 200～400 处的县有 5 个，分别是锦屏县、麻江县、榕江县、台江县和剑河县；200 处以下的县有 3 个，分别是三穗县、丹寨县和天柱县，其中天柱县拥有单体数量最少，为 135 处。

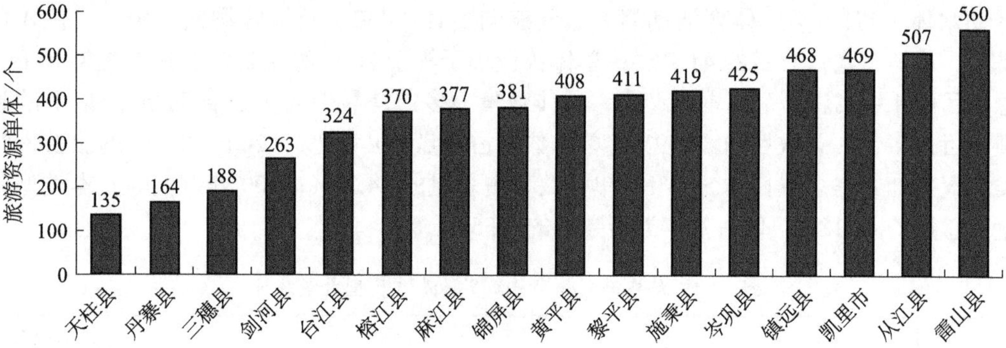

图 3-4　黔东南州各县旅游资源单体分布

② 各县体育旅游资源类型丰富，雷山、台江、黎平更为突出

总体上看，黔东南州体育旅游资源的主类、亚类、基本类型数量在各县的分布差异不大（表 3-5），其中，雷山、台江、黎平体育旅游资源类型相对更为丰富。在主类分布上，州内各县域资源主类分布较均匀且齐全，从江县、雷山县、黎平县、台江县拥有所有主类，主类相对较少的是剑河县；在亚类分布上，资源种类最多的是凯里市、黎平县与台江县，占总亚类的 85% 以上，三穗县与丹寨县亚类分布最少，各为 16 种；在基本类型分布上，凯里市（42 种）、雷山县（40 种）和黎平县（40 种）的较多，三穗县基本类型分布最少，共 24 种。

表 3-5　黔东南州各类旅游资源占比

	主类		亚类		基本类型	
	种类	占主类比重 /%	种类	占亚类比重 /%	种类	占基本类型比重 /%
岑巩县	7	87.5	18	66.67	29	54.72
从江县	8	100	18	66.67	31	58.49
丹寨县	7	87.5	16	59.26	28	52.83
黄平县	7	87.5	19	70.37	37	69.81
剑河县	6	75	18	66.67	32	60.38
锦屏县	7	87.5	20	74.07	33	62.26
凯里市	7	87.5	23	85.19	42	79.25
雷山县	8	100	22	81.48	40	75.47
黎平县	8	100	23	85.19	40	75.47
麻江县	7	87.5	19	70.37	35	66.04
榕江县	7	87.5	17	62.96	33	62.26
三穗县	7	87.5	16	59.26	24	45.28
施秉县	7	87.5	19	70.37	31	58.49
台江县	8	100	24	88.89	37	69.81
天柱县	7	87.5	18	66.67	31	58.49

续表

	主类		亚类		基本类型	
	种类	占主类比重 /%	种类	占亚类比重 /%	种类	占基本类型比重 /%
镇远县	7	87.5	19	70.37	34	64.15
全州	8	100	27	100	53	100

③ 各县具有优势的主类体育旅游资源分布具有相似性

通过对黔东南州 5806 处资源单体分析可知（表 3–6），体育建筑与设施旅游资源、体育旅游生物资源、水域体育旅游资源、地文体育旅游资源在各县的分布数量普遍较大，其他主类体育旅游资源分布数量悬殊。地文体育旅游资源、水域体育旅游资源、体育旅游生物资源在岑巩县、黄平县、凯里市、雷山县、施秉县和镇远县分布较多，在丹寨县和天柱县分布较少。其中，镇远、施秉、凯里市的地文体育旅游资源具有突出优势。体育遗迹旅游资源、体育建筑与设施旅游资源、人文活动体育旅游资源在从江县、雷山县、黎平县、榕江县、台江县分布较多，在岑巩县、三穗县和天柱县分布较少。其中，从江、雷山、黎平和台江的体育建筑与设施旅游资源具有突出优势。

表 3–6 黔东南州各县旅游资源主类分布结构

区域	A 地文体育旅游资源	B 水域体育旅游资源	C 体育旅游生物资源	D 自然现象体育旅游资源	E 体育遗迹旅游资源	F 体育建筑与设施旅游资源	G 体育旅游商品	H 人文活动体育旅游资源	小计
岑巩县	108	146	114	0	7	38	1	4	418
从江县	41	38	110	1	15	268	4	27	504
丹寨县	33	42	17	0	6	43	8	15	164
黄平县	111	101	72	0	16	89	3	13	405
剑河县	28	30	61	0	8	117	0	19	263
锦屏县	61	47	93	0	5	146	2	23	377
凯里市	143	65	76	0	5	140	3	34	466
雷山县	53	89	145	1	26	185	11	43	553
黎平县	28	30	53	1	29	210	9	37	397
麻江县	121	91	71	0	1	63	1	26	374
榕江县	26	73	67	0	10	136	6	45	363
三穗县	24	42	63	0	2	48	1	7	187
施秉县	171	110	45	0	7	65	2	17	417
台江县	25	42	45	1	5	172	1	31	322
天柱县	38	23	20	0	4	39	2	8	134
镇远县	169	100	76	0	28	72	6	9	460

（2）重点体育旅游资源空间分布特征

对全州重点体育旅游资源（四级和五级）进行空间分析发现，整体分布共形成三个集聚区。第一是北部山水体育旅游资源集中分布区。该区域以㵲阳河风景名胜区和世界自然遗产地云台山为核心，集中分布多样的地文体育旅游资源和水域体育旅游资源，主要包括体育活动山地（AA）、体育活动洞穴（AC）、体育活动峡谷（BA）、体育活动水体（BB）等资源类型。如云台山、施秉喀斯特、㵲阳河峡谷、高过河、铁溪等。第二是中部环凯里人文活动体育旅游资源集聚区。该区域以凯里市和雷公山为核心，集中分布多彩纷呈的人文活动体育旅游资源，主要包括民间体育习俗（HC）、现代体育节庆（HD）等资源类型。如“环雷公山超100公里跑”国际挑战赛、苗族姊妹节、独木龙舟节、国际徒步赛等。第三是南部民族体育旅游资源集聚区。该区域以黎平、从江、榕江为核心，集中分布独具地方特色的民族体育旅游资源，主要包括传统体育特色聚落建筑（FF）、体育教育科学文化场所（FG）、体育游憩场所（FI）等资源类型。如岜沙枪手部落、肇兴侗寨、增冲鼓楼、加榜梯田等。

4. 旅游资源等级评价

（1）等级评价依据

规划借鉴《标准》中“旅游资源共有因子综合评价系统”的赋分和划分等级的方法，设置了“资源要素价值”“资源影响力”“附加值”3个评价项目，包括“观赏游憩使用价值”“历史文化科学艺术价值”“珍稀奇特程度”“规模、丰度与概率”“完整性”“知名度和影响力”“适游期或使用范围”“环境保护与环境安全”8个评价因子，总分为100分。按得分高低可将旅游资源分为5个等级，其中五级（≥90分）、四级（75～89分）、三级（60～74分）旅游资源统称为“优良级旅游资源”，二级、一级旅游资源（≤59分）统称为“普通级旅游资源”。

（2）等级评价方法

整个等级评价过程采用专家打分法。由五位专家结合评价标准和资源点介绍分别打分，然后求取平均值作为资源点的最后得分。由于对黔东南州体育旅游资源初步调查的精度和对各体育旅游资源单体的实际情况掌握程度不一，在确定质量等级时，还参考了当地提供的地方志、政府报告、相关规划、旅游资源普查结果等文字材料对资源点的定性描述和等级评价。

（3）等级评价结果

由评价结果（表3–7）可知，黔东南州5806处体育旅游资源单体中，三级及以上旅游资源（优良级）共1178处，其中五级体育旅游资源单体43处，占优良级旅游资源的3.65%；四级旅游资源196处，占优良级旅游资源的16.64%；三级旅游资源939处，占优良级旅游资源的79.71%。

表 3-7 黔东南州优良级旅游资源等级评价

等级	资源单体	单体数量
五级	雷公山、云台山峰丛、黑冲一柱擎天、杉木峰峰丛、施秉喀斯特、杉木河漂流、㵲阳河、剑河温泉、中国生态蓝莓园——蓝梦谷、周家湾千年红豆杉、黎平会议会址、“环雷公山超100公里跑”国际挑战赛雷山段、翘街古建筑群、地坪风雨桥、西江千户苗寨、地扪侗寨、肇兴侗寨等 43 处	43 处
四级	莲花山、龙泉山、黔阳第一山——香炉山、青山界、太阳山、小高山山地、新州冷屏山及冷屏石林、朱家山、佛顶山、孔雀开屏、黑冲外云台峰丛、金钟山、谷陇太平洞、金山溶洞、刘家洞、云门洞、辟兵洲、远口百花岛、巴拉河河谷景观（凯里段）等 196 处	196 处
三级	龙头山、龙王山、苗岭精神高地、小冷坪山、玉林山、笔架山、刀背岭、高塘门洞山、小寨仙人岩、盐山翁井将军石、青山界、神奇山脉天堂界、狮子岩石林、石板寨万峰林、石柱岩、五老峰等 939 处	939 处

在黔东南州 1178 处优良级旅游资源中，人文类和自然类单体数量相当，占比分别为 48.73% 和 51.27%。其中体育建筑与设施旅游资源最多，占比为 37.18%；地文类和水域类占比同为 18%，体育遗迹类占比最少，为 2.12%。体育建筑与设施旅游资源主要包括具有苗侗等民族特色的村寨、鼓楼、风雨桥等，是民族体育活动开展的集聚区。地文类主要包括适宜开展山地户外运动的山地、峰丛等，水文类主要包括适宜开展漂流、划船等的河段、溪流和湖泊等水体。可见，全州具有开展民族体育、山地运动和水上运动的突出资源优势。总体上，黔东南州体育旅游资源三级、四级、五级之间的比例为 939 : 196 : 43，呈金字塔结构。其中，三级体育旅游资源数量多（939 处）、潜力大，是提高黔东南州体育旅游竞争力、扩大旅游容量的关键。

5. 体育旅游资源特色评价

结合上述定量分析结果，从体育和旅游融合视角总结黔东南州体育旅游资源特色如下。

（1）民族型体育旅游资源赋存环境好，优势突出

由前述分析可知，黔东南州体育建筑与设施旅游资源具有突出优势，其中多数是具有民族特色的体育旅游资源单体，如传统体育特色聚落建筑就达到 786 处。黔东南州作为全国少数民族人口比重最大的自治州（占比 80.6%），民族文化浓郁，既较为完整地保存了斗牛、武术、龙舟等传统体育项目，也为民族体育项目的开展奠定了群众基础。全州世居有苗族、侗族、布依族等 33 个民族，是全国 30 个自治州中少数民族人口最多的自治州之一。据全国第六次人口普查数据，全国共有苗族人口 942.6 万，黔东南州常住 146.5 万；全国共有侗族人口 288 万，黔东南州常住 101 万。黔东南州也是苗侗传统建筑、习俗、工艺、歌舞等物质文化和非物质文化遗存最为丰富，苗侗风情最为原生态和浓郁的区域，被誉为“苗族侗族文化遗产保存核心地”和“迷人的民族文化生态博物馆”，是民族体育旅游资源诞生、传承、利用和发展的沃土。

从贵州全省来看，黔东南州民族体育旅游资源也具有突出的文化环境和发展优势。贵州省仅有的1项世界级非物质文化遗产（侗族大歌）及2项世界文化遗产预备项目（苗岭山区雷公山麓苗族村寨和六洞、九洞侗族村寨）均位于黔东南州。贵州省拥有的85项国家级非物质文化遗产中，黔东南州有53项，占贵州省的62.4%，高出贵州省平均水平50个百分点；贵州省现有561项省级非物质文化遗产中，黔东南州有227项，占40.5%，高出贵州省平均水平28个百分点。这些受到良好保护的非物质文化中包含诸多民俗民间体育活动，如苗族的芦笙舞（滚山珠）、木鼓舞、赤脚爬刀梯等，侗族的抢花炮、斗牛、赛芦笙、斗鸟，布依族铜鼓舞、丢花包、高跷、抵杠、竹鼓操、板凳拳，水族的赛马，彝族的赛马、铃铛舞、摔跤、射鹿，瑶族的打陀螺，仡佬族的打秋千、较脚劲、高台舞狮等。

（2）山地型体育旅游资源类型多样，利于开发

黔东南州主要区域海拔高度为最适宜户外运动的500～2000米，提供了从专业登山探险到大众山地娱乐体验所需要的山体条件（图3-5），包含了地文体育旅游资源的所有亚类。黔东南州地处云贵高原向湘桂丘陵盆地过渡地带，州内地貌包括高原山地、丘陵和盆地三种基本类型。根据地层岩石和地质外营力作用，境内可划分为岩溶地貌区和剥蚀、侵蚀地貌区。镇远至凯里一线之西北属岩溶地貌区，常见的地貌形态有峰丛、峰林、石林、溶洞、溶洼、天生桥、暗河等，镇远至凯里一线之东南属剥蚀、侵蚀地貌区，主要由碎屑岩组成，山体大、切割深，常形成脊状山。州境内总体地势是北、西、南三面高而东部低。中部雷公山区和南部月亮山为中山地带，西部和西北部为丘陵状低中山区，东部和东南部为低中山、低山、丘陵、盆地。主要山峰有雷公山、云台山、冷竹山、南刀坡、佛顶山、轿顶山、香炉山、龙头岩、老山界、青山界、牛角山、天子岭、猫鼻岭、月亮山、孔明山等。如此富集的山地资源集中于黔东南州，提供了从小众的登山探险、专业攀岩探洞、溜索滑翔到中众蹦极、徒步穿越、露营，再到大众的攀岩、山地运动和骑游、拓展训练等娱乐体验的所有山体条件。

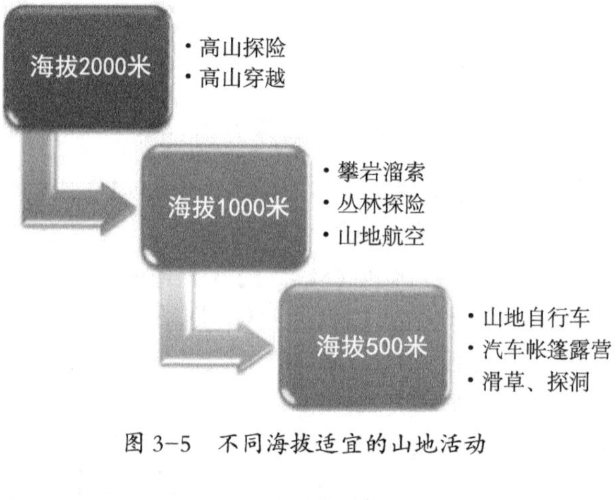

图3-5　不同海拔适宜的山地活动

（3）水文型体育旅游资源分布广泛，活动多样

黔东南州境内有大小河流2900多条，全州16个县（市）均有河流分布，河流、湖泊、溪瀑遍布，适宜开展多种类型的水上运动。整体上，水系以清水江、㵲阳河、都柳江为主干，呈树枝状展布于各地。清水江自西向东流经丹寨、麻江、凯里、黄平、施秉、台江、剑河、锦屏、天柱 9 县（市），境内河道长 376 千米，流域面积 14769 平方千米，主要支流有重安江、巴拉河、南哨河、乌下江、八卦河、亮江、鉴江等。㵲阳河自西向东流经黄平、施秉、镇远、岑巩 4 县，境内河道长 166 千米，流域面积 5106 平方千米，主要支流有杉木河、龙江河、车坝河等。都柳江自西向东南流经榕江、从江 2 县，境内河道长 141 千米，流域面积 8802 平方千米，主要支流有永乐河、污牛河、宰便河、平正河、双江河等。数千条江河在不同区域形成水库、湖泊、小溪和瀑布，丰富的水资源使黔东南州各县均可根据资源特点开展多样的水上运动和亲水的水上休闲游乐活动，见表 3–8。

表 3–8　水文型资源及适宜开展的运动

类型	资源名称	适合开展的活动
江河	清水江、㵲阳河、都柳江、重安江、巴拉河、乌下江、八卦河、亮江、鉴江等	自然水域游泳、横渡、漂流、龙舟、皮艇、划艇、摩托艇等
湖泊（水库）	紫荆水库、注溪水库、郑家沟水库、㵲阳湖、高碑湖、东湖、龙塘湖等	游泳、水上皮球、游艇运动、垂钓等
溪流	中寨小溪、上榨小河、龙灯浦小河等	溪掉、溪降、溯溪、激流回旋、滑道、溪中拔河、垂钓等

（4）节庆型体育旅游资源丰富多彩，四季不断

黔东南州被誉为“百节之乡”，一年中节日集会 400 多个，分散地分布在一年四季。如春季的侗族萨玛节、台江苗族姊妹节，夏季的苗族吃新节、稿午苗族水鼓节、侗族翁普节，秋季的侗族老人节、苗族祭尤节，冬季的壮年、苗族芦笙节、侗年以及一年举办多次的双倍嘎、歌会（四十八寨歌节）等，见表 3–9。这些节庆活动的地点不同、时间不同、特色不同，但均是民众开展休闲活动、放松身心的契机，其中包含多样的休闲体育活动，如武术、摔跤、斗牛、龙舟、岩鹰高跷、独竹漂、傩技、侗族花架、爬刀梯等。依托丰富的节庆型体育旅游资源，黔东南州已打造全州少数民族传统体育运动会、贵州“环雷公山超 100 公里跑”国际挑战赛、2020 年“雷公山之巅 · 巴拉河之夏”全国山地自行车赛、2020 年黎平划骑跑国际挑战赛、2020 年“探秘贵州”凯里定向越野赛、2020 年“大美黔东南州、水墨云台山”全国冬泳大赛、2020 年全国台球联赛、2020 年“速度贵州”铁人三项系列赛（施秉站）、施秉云台山轻度越野跑、2020 年“奔跑贵州”山地跑系列赛暨施秉山水越野赛等在国内有较大影响力的品牌赛事，有效推动体育旅游资源向赛事型体育旅游产品的转变，并消减旅游淡旺季的差异。

表 3–9　黔东南州四季节庆及其特色体育活动

季节	节日	赛事	特色体育活动
春	侗族萨玛节、台江苗族姊妹节、歌会（四十八寨歌节）、镇远赛龙舟、双倍嘎、高雍苗族三月三、侗族摔跤节	“苗岭之巅”雷公山国际徒步大会	

续表

<table>
<tr><th>季节</th><th>节日</th><th>赛事</th><th>特色体育活动</th></tr>
<tr><td>夏</td><td>苗族独木龙舟节、歌会（四十八寨歌节）、双倍嘎、苗族吃新节、稿午苗族水鼓节、侗族翁普节</td><td>“多彩贵州”世界民族运动大会</td><td rowspan="3">侗族武术、侗族摔跤、斗牛、龙舟、苗族武术、畲族武术、岩鹰高跷、侗族月牙铛、勾林、龙山苗拳、榕江独竹漂、傩技、侗族花架、爬刀梯绝技、过火海捞油锅绝技、黄平苗族咬扁担、黄平革家武—牛尾棍、黄平苗族石头仗、青虎板凳拳、苗族斗脚戏、仫佬族武术、苗族摔跤、双手握棒悬空比赛</td></tr>
<tr><td>秋</td><td>苗年、歌会（四十八寨歌节）、双倍嘎、侗族老人节、苗族祭尤节、小广侗族娶亲节、仫佬年</td><td>黎平百里侗寨国际划骑跑、“雷公山之巅·巴拉河之夏”全国山地自行车赛</td></tr>
<tr><td>冬</td><td>苗族鼓藏节、壮年、苗族芦笙节、苗族翻鼓节、苗族祭桥节、侗年、甘囊香苗族芦笙节</td><td>“速度贵州”铁人三项系列赛、“探秘贵州”凯里定向越野赛</td></tr>
</table>

3.2.3 旅游客源市场分析

为客观和精准地分析黔东南州体育旅游市场现状，规划进行了实地和线上市场问卷调查。本次共收集问卷 977 份，以下定量分析均基于问卷调查。

1. 客源市场现状

黔东南州体育旅游客源市场以贵州省内为主，省外市场有待开拓，国外游客极少。由图 3-6 可以看出，贵州省内游客是黔东南州体育旅游最大客源市场，占受访游客总数的 68.82%。在省内客源地构成中，黔东南州占比 30.2%，其他地区客源占比 38.62%。30.64% 的游客来自其他省份，国外游客占比 0.54%。

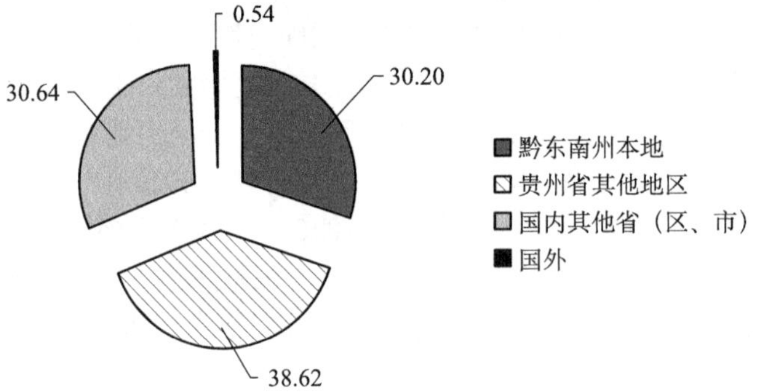

图 3-6 体育旅游客源市场占比（%）

但目前黔东南州旅游市场对体育旅游有很大需求，市场潜力大。市场调研结果表明，到访黔东南州的旅游者中八成以上有意愿参加体育旅游活动，而他们中有六成以上并未参加过体育旅游，体育旅游对他们有很强的吸引力。他们愿意选择法定假日（41.29%）、寒暑假（21.36%）和周末（17.52%）出游，并计划游玩两天及以上。以上说明体育旅游在黔东南州是新型产业，有充足的市场需求和强大的发展潜力。

2. 游客特征

（1）大众游客特征

从年龄结构来看，中青年游客为黔东南州体育旅游的主要客群，18～40 岁年龄段的游客占问卷调查总数的 70.66%，其中 18～30 岁游客占比为 41.86%，31～40 岁占比 28.8%，见图 3-7。从性别看，男性游客占问卷调查总数的 53.29%，女性游客占 46.71%，男性游客比重略微高于女性游客，见图 3-8；从职业构成看，公司职员占比最高，达到 22.98%，其次是自由职业者，占比为 18.02%，占比超过 10% 的游客职业中还有政府机关人员、专业技术人员、个体经营者。从个人收入看，游客中，收入在 2500～4999 元的，占比最高，为 47.68%，其次是收入在 5000～9999 元的游客，占比 28.59%，见图 3-9。

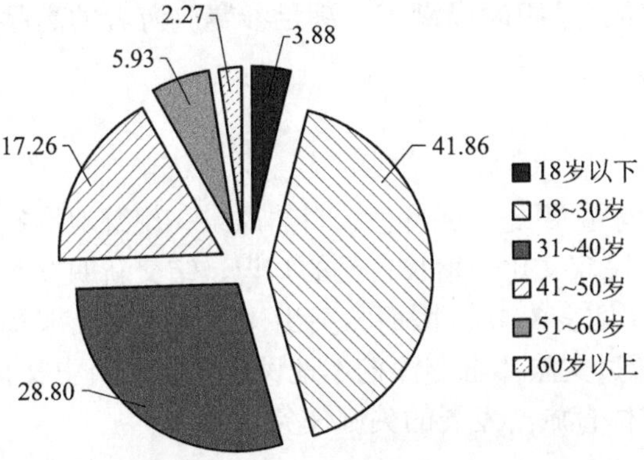

图 3-7　游客年龄结构比例（%）

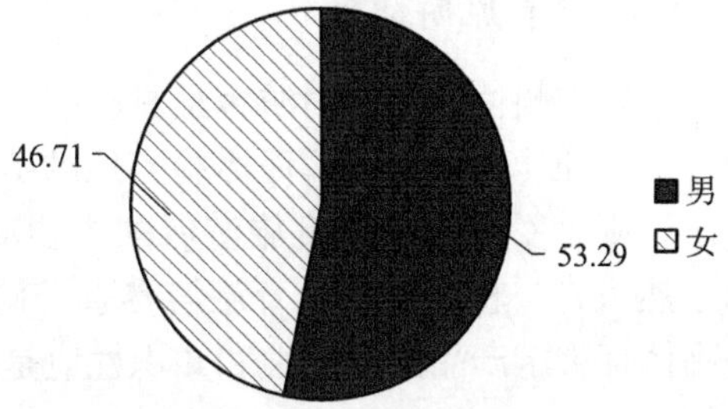

图 3-8　游客性别结构比例（%）

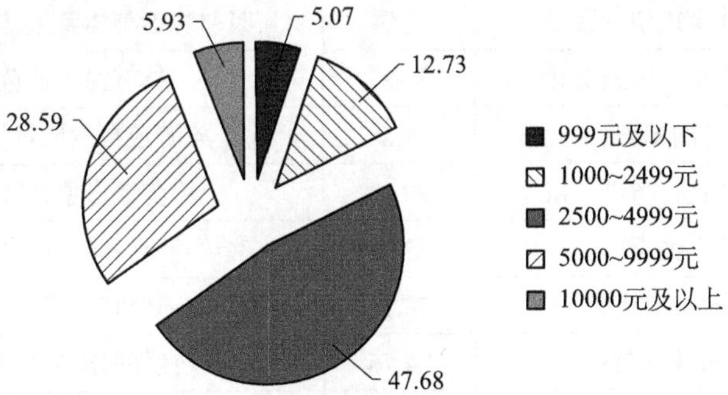

图 3-9　游客收入结构比例（%）

游客主要通过旅游 App、亲友介绍、电视广告宣传片等途径了解旅游信息，且市场忠诚度很高，重游率达 72.77%，其中第四次来黔东南州旅游的占比为 34.18%。他们大多通过自驾和铁路交通抵达目的地，占比分别为 41.45% 和 20.67%，并选择在黔东南州过夜。多数为结伴而行，更多游客选择陪同家人、朋友和同事参加体育旅游，占比分别为 36.73%、27.73% 和 15.95%。由此可知，游客对黔东南州旅游满意度较高，且来此参与体育旅游的意愿很高，但也从侧面反映了旅游公共交通接驳系统不够完善的问题。

(2)参赛游客特征

研究结果表明，与一般旅游者相比，参赛旅游者呈现以下特征：以男性游客居多，中青年群体为主力，受教育水平高，消费能力强，学习动机浓，旅游体验要求高，赛事服务影响大，是黔东南州体育旅游发展的优质客户，应予以重视。第一，参赛旅游者中男女比例约为7∶3；第二，30～50岁人群为参赛旅游者主体，其中80、90后人群最多；第三，参赛旅游者普遍受教育水平在专科以上，学历较高；第四，人均消费能力强，单次马拉松消费在5000元及以上；第五，参赛旅游者更注重参赛旅游过程中的经验和知识获取，喜欢学习型、开拓型产品；第六，参赛旅游者一般不再满足于“走马观花”式的旅游活动，而是更喜欢目的地的深度体验游；第七，赛事服务质量水平会对旅游者的消费行为产生影响，往往对旅游决策者起到决定性作用。综合上述分析可知，黔东南州体育旅游发展应当积极提高赛事服务水平，增加知识性和体验性体育旅游产品供给，紧跟时尚潮流，满足参赛旅游者的高品质需求。

(3)体育旅游动机

黔东南州体育旅游对游客最具吸引力的要素主要是民族特色、自然风景、旅游地形象口碑、节事和体育赛事等。而体验当地的历史和民族文化、增长自己的知识、结交新朋友和增进友情则是黔东南州体育旅游者的主要动机，见表3-10。因而，突出体育旅游的民族特色和自然风光，积极推动体育旅游赛事，同时通过文旅体融合深挖本地民族文化和历史文化，提高体育旅游产品的文化性和知识性应是未来体育旅游发展的关键任务。

表3-10　黔东南州体育旅游动机调查结果分析(%)

序号	促使您参与体育旅游的因素	比例	吸引您参与体育旅游的因素	比例
1	体验当地的历史、民族文化	85.87	具有民族特色	86.62
2	增长自己的知识	81.88	旅游地自然风景优美	86.30
3	可以结交新朋友，增进友情	80.58	旅游地形象口碑好	83.50
4	恢复身心健康	77.13	节事活动和体育赛事丰富	78.96
5	提高自己的运动技能	77.13	交通便利，可达性好	78.86
6	满足自己的好奇心	74.76	良好的服务品质	77.35
7	追求刺激	63.00	旅游基础设施完善	77.24
8	逃离日常生活	58.90	体育旅游项目多、形式新颖	76.27

(4)体育旅游产品偏好

在体育旅游产品选择上，游客更倾向于选择山地体育、水上体育、民族体育活动类旅游产品，其次为航空体育、康养体育和红色体育类活动，见表3-11。同时，除上述六大类体育旅游产品外，游客还喜欢拔河、踩高跷、冲浪、稻田抓鱼、弓箭、射击、滑草、滑沙、爬树等体育活动。这体现了游客对体育旅游产品需求的多元化及对参与性、体验性和趣味性产品的强烈需求。

表 3-11 黔东南州体育旅游产品偏好调查结果分析（%）

序号	体育旅游产品类型	占比
1	山地体育活动	63.09
2	水上体育活动	59.58
3	民族体育活动	59.55
4	航空体育活动	58.41
5	康养体育活动	54.15
6	红色体育活动	46.28

3.2.4 旅游发展 SWOT 分析

1. 优势

（1）民族文化优势

黔东南州是全国 30 个民族自治州中少数民族人口比例最高的自治州之一，民族文化氛围浓厚，民族体育活动丰富多彩，是全州体育旅游发展的突出优势和特色。一方面，民族文化资源丰富，风情浓郁，特别是节庆、服饰、饮食、婚俗、歌舞、祭祀、工艺美术、体育竞技、戏曲戏剧、民居建筑、民族医药以及独特的生产生活方式、思维方式和社会习俗等文化，具有空间分布广、品种多、原始古朴、神秘奇特、传承广泛等特点；另一方面，民族节日纷呈，共有各类民族节日 396 个，其中万人以上的节日有 128 个。主要的民族节日有苗族的芦笙会、爬坡节、姊妹节、“四月八”、吃新节、龙舟节，侗族的侗年、泥人节、摔跤节、林王节、“三月三”歌节、“二十坪”歌节，水族的端节，瑶族的“盘王节”等。此外，还有少数民族传统体育活动包括苗族的“划龙船”和武术，侗族被誉为“东方橄榄球”的抢花炮等。这些节庆，不仅是开展群众文化活动的重要内容，也是黔东南州体育旅游产业必不可少的重要资源。

（2）自然资源优势

黔东南州山地、森林、河流等资源丰富，形成了诸多知名的景区和景点，是开展登山探险、龙舟竞技、洞穴探秘等的极佳场所。全州有 1 个世界自然遗产地（施秉云台山），3 个国家级重点风景名胜区（㵲阳河、黎平侗乡、苗山侗水），1 个国家级自然保护区（雷公山），4 个国家级森林公园（雷山雷公山、贵州台江、黄平㵲阳湖、黎平国家森林公园），1 个国家级地质公园（黔东南州苗岭），7 个省级风景名胜区。具有开展登山探险、专业攀岩、探洞、溜索滑翔、漂流、蹦极等冒险刺激型体育旅游项目和徒步、骑游、亲子水上休闲游乐等休闲健身型体育旅游项目，以及深入开展拓展训练型体育旅游项目和马拉松、龙舟、独竹漂等竞技型体育旅游项目的资源禀赋。

（3）生态环境优势

黔东南州森林覆盖率高，大气、水质和空气质量优良，是体育旅游活动开展的健康型、舒适性天然场地。根据 2019 年贵州省林业局发布数据，黔东南州是全国 28 个重点林区之一，2018 年森林覆盖率高达 67.67%，连续 7 年位居全省第一。以雷公山、月亮山、云台山为主的原始森林植被保存完好，空气负氧离子含量高，每立方厘米高达 1 万～5 万个，这为体育旅游活动提供了天然氧吧。此外，全州“两江一河”（清水江、都柳江、㵲阳河）出境断面水质优良比例 100%，地表水环境质量保持全省第一位，城市空气质量优良天数比例达 98.9%，是都市群体向往的心灵和身体放松的家园。

（4）旅游品牌优势

近年来，黔东南州大力发展文化旅游产业，“民族原生态·锦绣黔东南”旅游品牌和“国内外知名民族文化旅游目的地”形象已为世人所熟知，既为体育旅游发展奠定了客源基础，也为体育旅游的后续营销打开了市场。截至目前，黔东南州已被列为国家全域旅游示范区；被国家民族事务委员会授予“中国·黔东南民族文化旅游示范区”。同时，黔东南州被《纽约时报》评为一生必去的旅行地，被《孤独星球》推荐为中国最值得去的地区之一。目前，州内有 A 级旅游景区 66 个，其中国家 5A 级旅游景区 1 个，4A 级旅游景区 14 个，4A 级以上旅游景区覆盖全州 11 个县（市），3A 级旅游景区 51 个，实现全州 16 个县（市）A 级旅游景区全覆盖。已有的旅游景区知名度较高，西江千户苗寨、肇兴侗寨、岜沙苗寨、镇远古城等已成为国内外知名的旅游品牌，带来高客流量和较高的旅游经济收益。

（5）体制机制优势

黔东南州响应国家体制机制改革要求，深入推进文化、体育、广电、旅游体制机制改革，成立文体广电旅游局，实现了黔东南州体育事业和旅游产业的统一管理。体育和旅游管理成为一家，有利于体育旅游的统筹规划，体育旅游发展规划的组织实施，体育旅游项目的落实推进，体育旅游管理政策和措施的制定、实施和监督检查，进而促进体育和旅游产业的深度融合发展，体育活动和旅游产品之间的互促互融。

2. 劣势

（1）资金

黔东南州体育旅游项目建设投入资金大，地方政府资金筹措难，建设进度滞后。资金矛盾限制着旅游基础设施的改善，制约着体育旅游发展。州内旅游项目建设推进基本依赖于上级资金投入，景区融资困难。景区多数属于新建景区，缺少银行贷款融资必要条件，信贷融资难度大。另外，由于州、县级财政紧张，旅游景区建设项目所需配套基础设施建设资金、项目后续资金、专项资金等投入不够，从而制约了黔东南州体育旅游建设项目的实施。

（2）人才

体育旅游业是劳动密集型产业，需要大量的体育专业和旅游运营管理、服务人才以支撑发展。在发展体育旅游的高要求下，黔东南州体育旅游人才总量和质量明显无法满足发展需求。一方面，一线的体育旅游服务人才不足，目前的人才机构还需要在服务技能和服务知识等方面加强培训。另一方面，缺乏既懂体育又懂旅游管理、会展策划、善营销的领军型、高层次人才，无法满足黔东南州体育旅游高质量、高标准发展的要求。

（3）基础设施

黔东南州旅游接待服务基础设施有待进一步增强。全州住宿设施规模偏小，高品质住宿接待设施数量少，结构不合理，住宿接待能力不足；从高铁站、机场到体育旅游景区景点的公共接驳系统不完善，不利于游客的自由流通，降低了体育旅游体验的舒适度和便捷度。

3. 机遇

（1）体育旅游迎来政策机遇

从国家战略到地方发展，黔东南州体育旅游发展迎来了前所未有的政策机遇。2016 年，国家旅游局、国家体育总局共同印发的《关于大力发展体育旅游的指导意见》提出大力发展体育旅游，充分挖掘和发挥我国体育旅游资源优势，推进旅游与体育的深度融合，不断满足人民群众多层次、多样化健身运动和旅游休闲需求。2019 年 8 月 10 日，国务院办公厅正式印发《体育强国建设纲要》，提出要“加快发展体育产业，培育经济发展新动能”。体育旅游是扩大体育消费、繁荣体育文化、促进体育产业发展的重要途径，将有力推动“体育成为中华民族伟大复兴的标志性事业”目标的实现。基于贵州富集的山地旅游资源，优越的自然生态环境，良好的户外运动基础，国家体育总局在 2017 年 9 月批复支持贵州创建全国体育旅游示范区。为加快推进贵州省全国体育旅游示范区创建工作，2019 年 10 月印发《省人民政府办公厅关于贵州省创建全国体育旅游示范区的意见》（黔府办发〔2019〕23 号），提出创建以亚高原山地户外运动为特色的全国体育旅游示范区，将贵州打造成国内一流、世界知名的体育旅游目的地。得天独厚的自然地理条件、舒适宜人的生态环境和多彩的民族文化，赋予了黔东南州发展体育旅游的独特优势，是贵州省全国体育旅游示范区创建的重要内容。

（2）体育旅游市场需求强烈

2019 年中国人均 GDP 首次超过 1 万美元，居民收入提高、消费升级带动国民健康意识全面觉醒。人们对高品质生活的无限追求，使之越发崇尚休闲、健康的生活方式，体育消费和旅游消费也持续增长。体育和旅游融合能够为游客带来更加深刻的参与体验，同时其在愉悦身心、强身健体等方面的功能优势，备受青睐，展现出了巨大的市场需求。观赛追赛旅游、时尚运动旅游、体育培训旅游、体育景观旅游等产品成为市场热点，网络互助、线上参与、订制出行等新型参与形态不断涌现。受需求带动，消费大众化、类别多元化、需求专业化成为体育旅游发展新趋势。

（3）国民健康消费观念增强

新冠肺炎疫情深刻影响了公众的健康消费观念，让消费者对增强自身体质、追求身心健康、提高免疫力有着强烈的需求。关于后疫情时代全民健身运动的趋势与变化的研究报告显示，疫情期间的2、3月，短视频平台上关于运动健身类的视频全网播放量超40亿，而各大知名运动健身App平台在疫情期间的用户数量也成倍增长，最高的平台用户量已超1亿。体育旅游对增强体质、增进身心健康、提高免疫力、丰富文化生活、改善人际关系具有重要作用。因而，可以预期同时具有休闲放松和开阔视野、强身健体功能的体育旅游将成为疫情后旅游消费的热点。

4. 挑战

（1）周边区域的同质化竞争

根据《省人民政府办公厅关于贵州省创建全国体育旅游示范区的意见》（黔府办发〔2019〕23号），全省各市（州）、各县均在积极推动体育旅游发展，加快体育旅游示范基地、项目等的创建，如何在全省和周边区域的发展中突出重围，避免同质化成为需要突破的难题。一方面，黔东南州与西部的黔南布依族苗族自治州、东部的湖南省怀化地区均为少数民族风情浓郁的地区，尤其是苗族、侗族特色的民族体育活动，民族类节庆和民族文化氛围均有相似性，找准自身特点和优势成为黔东南州体育旅游发展的关键。另一方面，黔东南州的16个县（市）中有多个县在地形、水文、民族文化和体育项目、基础设施等方面条件相近，寻求差异化和特色化是全州体育旅游竞合发展、体育旅游示范县创建的核心任务。

（2）生态约束强

黔东南州地处长江、珠江上游，是长江、珠江上游的重要生态屏障，在水源补给、气候调节、水土保持、维系生物多样性方面具有十分重要的生态功能，在全省乃至全国的生态系统中占有十分重要的地位。州内有1个世界自然遗产地、6个国家级自然保护地，属于国家层面禁止开发区域。在体育旅游发展中，如何协调生态保护与旅游利用之间的关系，降低旅游的负面环境影响，增加保护收益，对维护生态功能的稳定、为野生动植物提供良好的栖息环境、保护黔东南州地质地貌和自然景观意义重大。

5. SWOT 总结

分析可见，黔东南州体育旅游发展优势与劣势同在，机遇与挑战并存。黔东南州应该正确认识其体育旅游发展的优势、劣势、机遇与挑战，选择正确的体育旅游发展战略，大力推进州内体育旅游发展。黔东南州总体上兼具SO型和ST型发展模型的特性，建议采取以增长型战略为主，多元化战略为辅的总体方向，应对挑战，发挥优势，弥补不足。首先，充分发挥本州在民族文化与自然生态方面的资源优势、环境优势和品牌优势，不断完善基础设施，引进与培育专业人才和高端管理人才，逐渐补齐短板；其次，抓住体育旅游发展的政策机遇，把握国民不断增长的体育旅游、健康养生消费需求，加强体育旅游投融资的政策鼓励和引导力度，引入市场化机制，开发具有本地自然和文化特色的、生态友好的体育旅游产品，促进本州体育旅游的可持续发展。

3.3 体育旅游发展战略与定位

3.3.1 发展目标与战略

1. 规划指导思想

以习近平新时代中国特色社会主义思想为指导，全面贯彻党的十九大精神和贵州省第十二次党代会决议，认真落实党中央、国务院决策部署，统筹推进“五位一体”总体布局和协调推进“四个全面”战略布局，牢固树立创新、协调、绿色、开放、共享的发展理念，紧紧围绕贵州省旅游产业化发展战略，依据《贵州省全国体育旅游示范区总体规划（2019—2035 年）》《关于推动旅游业高质量发展加快旅游产业化建设多彩贵州旅游强省的意见》的发展要求，充分挖掘和发挥黔东南州体育旅游资源优势，推进文化旅游和体育产业的深度融合发展，培育体育旅游新业态、新产品、新模式，完善体育旅游服务体系，培育体育旅游市场主体，优化体育旅游产业结构和布局，加强体育旅游设施建设，提升体育旅游装备研发制造能力，改善体育旅游消费环境，打造一批城镇体育旅游示范基地、景区体育旅游示范基地、体育特色小镇，促进黔东南州体育旅游业供给侧改革，把体育旅游培育成黔东南州旅游产业新的增长点，打造全球知名的体育旅游目的地，为全面建成小康社会和体育旅游示范省建设做出更大的贡献。

2. 规划依据

（1）法律法规

- 《中华人民共和国旅游法》（2018 年修正）
- 《中华人民共和国体育法》（2016 年修正）
- 《中华人民共和国森林法》（2019 年修订）
- 《中华人民共和国水土保持法》（2010 年修订）
- 《中华人民共和国水法》（2016 年修正）
- 《中华人民共和国农业法》（2012 年修正）
- 《中华人民共和国城乡规划法》（2019 年修正）
- 《中华人民共和国文物保护法》（2017 年修正）
- 《中华人民共和国环境保护法》（2014 年修订）
- 《中华人民共和国环境影响评价法》（2018 年修正）
- 《中华人民共和国野生动物保护法》（2018 年修正）
- 《中华人民共和国非物质文化遗产保护法》（2011 年）
- 《中华人民共和国突发事件应对法》（2007 年）
- 《中华人民共和国安全生产法》（2020 年修正）
- 《中华人民共和国消防法》（2019 年修正）

▸《中华人民共和国自然保护区条例》（2017 年修正）
▸《风景名胜区条例》（2016 年修订）
▸《贵州风景名胜区条例》（2017 年修正）

（2）政策文件

▸《国务院办公厅关于促进全域旅游发展的指导意见》（国办发〔2018〕15 号）
▸《国务院关于加快发展体育产业促进体育消费的若干意见》（国发〔2014〕46 号）
▸《国务院办公厅关于加快发展健身休闲产业的指导意见》（国办发〔2016〕77 号）
▸《国务院办公厅关于加快发展体育竞赛表演产业的指导意见》（国办发〔2018〕121 号）
▸《国务院办公厅关于进一步扩大旅游文化体育健康养老教育培训等领域消费的意见》（国办发〔2016〕85 号）
▸《国务院办公厅关于印发体育强国建设纲要的通知》（国办发〔2019〕40 号）
▸《国务院关于印发全民健身计划（2016—2020 年）的通知》（国发〔2016〕37 号）
▸《国务院办公厅关于加快发展体育产业的指导意见》（国办发〔2010〕22 号）
▸《国家旅游局　国家体育总局关于大力发展体育旅游的指导意见》（旅发〔2016〕172 号）
▸《进一步促进体育消费的行动计划（2019—2020 年）》（体经字〔2019〕13 号）
▸《国务院办公厅关于促进全民健身和体育消费推动体育产业高质量发展的意见》（国办发〔2019〕43 号）
▸《国家发展改革委关于印发〈政府出资产业投资基金管理暂行办法〉的通知》（发改财金规〔2016〕2800 号）
▸《国务院办公厅关于促进通用航空业发展的指导意见》（国办发〔2016〕38 号）
▸《航空体育运动管理办法》（1991 年国家体委令第 15 号）
▸《经营高危险性体育项目许可管理办法》（2016 年修改）
▸《体育总局关于印发〈体育规划管理办法〉的通知》（体规字〔2019〕6 号）
▸《省人民政府办公厅关于贵州省创建全国体育旅游示范区的意见》（黔府办发〔2019〕23 号）
▸《山地户外运动产业发展规划》
▸《航空运动产业发展规划》
▸《水上运动产业发展规划》
▸《国家生态文明试验区（贵州）实施方案》
▸《贵州省生态保护红线管理暂行办法》
▸《贵州省国民经济和社会发展第十四个五年规划》
▸《贵州省"十四五"文化和旅游发展规划》
▸《贵州省"十三五"体育发展规划》
▸《贵州省全国体育旅游示范区总体规划（2019—2035 年）》
▸《贵州省全域山地旅游发展规划（2017—2025 年）》
▸《黔东南州苗族侗族自治州旅游业发展规划（2016—2025 年）》
▸《黔东南州苗族侗族自治州十三五旅游业发展规划》

- 《黔东南州体育事业发展第十三个五年规划》
- 《黔东南州山地户外运动产业专项规划（2013—2020 年）》
- 《黔东南州自治州土地利用总体规划修改方案（2013—2020 年）》
- 《黔东南州州域城镇体系规划（2013—2030 年）》

（3）规范标准

- 《旅游规划通则》（GB/T 18971—2003）
- 《旅游资源分类、调查与评价》（GB/T 18972—2017）
- 《旅游景区质量等级的划分与评定》（GB/T 17775—2003）
- 《文化和旅游规划管理办法》（2019 年）
- 《国家级旅游度假区管理办法》（2019 年）
- 《风景名胜区总体规划标准》（GB/T 50298—2018）
- 《环境空气质量标准》（GB 3095—2012）
- 《声环境质量标准》（GB 3096—2008）
- 《地表水环境质量标准》（GB 3838—2002）
- 《旅游民宿基本要求与评价》（LB/T 065—2019）
- 《自驾车旅居车营地质量等级划分》（LB/T 078—2019）

3. 发展原则

（1）市场主体，创新发展

大力推进加快体育旅游的供给侧改革，破解社会资本投资健身休闲产业的制约性问题，创新政府扶持、统筹规划、政策支持、标准引导模式，改善体育旅游消费环境，培养健康消费理念。加强体育旅游市场管理和监督，推进体育旅游服务标准化和专业化。加强国际合作和交流，学习国际先进体育旅游理念和方法，提升黔东南州体育旅游服务的现代化、专业化和国际化水平。

（2）生态优先，绿色发展

牢固树立生态文明意识，以体育的独特魅力发展绿色旅游，引领低碳、生态体育旅游发展模式等，构建绿色体育旅游产业体系，倡导践行绿色生产生活方式，推动体育旅游产品生态化，促进体育旅游示范区和生态文明试验区协同建设。

（3）多元互动，融合发展

分层分类、区别对待，保障大众基本健身休闲需求，加快开发一批具有山地和民族体育特色的新业态，推进体育服务综合体、体育健康特色小镇建设，促进“体育 +”“文化旅游 +”产业融合深化，以体育旅游关联业态交叉融合为牵引，不断优化体育旅游产品供给结构，推进体育休闲与旅游、文化、健康等产业融合互动，培育新的经济增长点、增强经济增长新动能。

（4）突出重点，集聚发展

深挖黔东南州优势资源，大力引进和培育赛事旅游、休闲旅游等重大项目、重点企业，加强重大体育旅游项目建设，依托金牌赛事，将景点与体育运动巧妙融合，以赛为媒，以体兴旅，推进赛事活动旅游、健身休闲旅游、体育旅游装备制造等业态集聚发展，带动黔东南州经济发展，助力产业振兴发展。

（5）打造品牌，特色发展

以满足人民群众日益增长的体育旅游需求为宗旨，根据自身资源禀赋和市场条件，开发具有地域特色、民族特色和产业特点的体育旅游产品及项目，加大体育旅游宣传推广和市场开拓力度，打造体育旅游品牌，扩大黔东南州体育旅游在国内外的知名度和影响力。

4. 发展定位

（1）总体定位

立足于黔东南州山地旅游和民族体育旅游资源，以提升山地体育运动旅游品质为着力点，以传承和弘扬民族民间传统体育旅游项目为特色，以打造国内外具有影响力的体育赛事为突破口，打造原生态民族体育文化展示中心、国际山地体育旅游目的地，争取早日实现黔东南州建成全国体育旅游示范区的目标。

① 原生态民族体育文化展示中心

发挥其为原生态文化的核心保留地和民族民间体育运动的综合优势，呈现以赛龙舟、水鼓舞、斗牛、抢花炮、赛马、打秋千、独竹漂激流回旋等为代表的黔东南州原生态民族体育文化，以欣赏、参与、体验为核心，融合传统农业、酸汤美食、民族歌舞、非遗展演等多种业态，弘扬、传承、创新民族文化，打造以原生态体育文化为核心竞争力的原生态民族体育文化展示中心。

② 国际山地体育旅游目的地

重点建设城镇和景区体育旅游示范基地、体育特色小镇、特色体育旅游黄金线路，将民族文化优势与山地观光、山地运动、野营探险、养生度假等业态相结合，创新开发高桥极限、洞穴探险、路跑健身、山地骑行、户外拓展、攀岩徒步、低空运动、民族体育等特色体育旅游新业态，推动体育旅游示范基地、重点体育旅游项目、体育旅游节点等点位建设，形成体育旅游产业融合示范、空间整合示范、产业主体协同示范、全域联动示范模式，全面打响黔东南州体育旅游市场知名度和影响力，将黔东南州建设成为全球知名、富有民族文化特色的体育旅游目的地。

③ 全国体育旅游示范区的先行样板

充分利用好黔东南州独具特色的民族体育、山地户外体育、文化旅游资源，广泛借鉴国际一流体育旅游目的地发展的成功经验，全面实施体育旅游目的地发展战略，提高体育旅游公共服务能力，加快体育旅游产业转型升级，推动体育旅游新业态提升发展，推进大众体育、休闲体育、经济体育三位一体发展，大力打造山地户外运动、民族体育竞技、体育文化表演等业态，打造全国知名的体育旅游示范区。

（2）形象定位

① 纵情山水间，“活力”黔东南州。

② 极限雷公山，“酷动”黔东南州。

③ 山地户外行，“康养”黔东南州。

④ 民族原生态，“律动”黔东南州。

⑤ 山水黔东南州，与您 FUN 享。

5. 发展目标

（1）总体目标

基于国际视野、中国经验和黔东南州实际，落实《关于大力发展体育旅游的指导意见》（旅发〔2016〕172 号）、《进一步促进体育消费的行动计划（2019—2020 年）》（体经字〔2019〕13 号）、《“一带一路”体育旅游发展行动方案》等政策，充分结合黔东南州文化旅游业升级转型的需要，基于自然、生态和民族人文资源基础开发体育旅游产品，打造高质量的体育旅游吸引物、体育旅游线路、体育旅游精品赛事、体育旅游企业与知名品牌，力争把黔东南州建设成为国家级体育旅游示范基地、贵州省体育旅游的引领性示范区、具有国际品质的山地户外运动休闲旅游目的地和山地户外运动文化（赛事和节庆）展示中心。

——体育旅游发展模式更加优化，旅游要素配置科学、规划布局合理，构建起点线面相结合、城乡一体的体育旅游发展新格局。

——体育旅游供给体系更加多元，体育旅游业与一、二、三产业加速融合，旅游新业态加快发展，现代体育旅游产业集群形成规模，发展质量显著提升。

——体育旅游服务体系更加健全，体育旅游基础设施日臻完善，公共服务日益丰富，体育健康等智慧化检测水平大幅提高。

——体育旅游管理体系更加科学，体育旅游市场监管能力显著增强，体育旅游设施建设和公共服务标准化水平大幅提升，全社会体育旅游氛围更加浓厚。

——体育旅游共享体系更加成熟，大众体育兴趣激发，体育旅游创业创新深入开展，体育旅游业综合带动功能不断释放，普惠民生成效显现。

（2）阶段目标

与贵州省体育旅游示范区规划保持一致，本规划分为两个阶段。

① 近期（2021—2022 年）：到 2022 年，创建全国体育旅游示范区，体育旅游产业规模达到 100 亿元，占比旅游产业总规模达到 10% 以上。

大力推进体育旅游基础设施和配套服务设施建设，不断促进“文化旅游 + 体育”建设，保持全州体育旅游经济中高速增长；推进“原生态民族体育旅游”特色产品体系与龙头项目产品建设基本形成；实现体育旅游服务设施、经营管理和服务水平与国际标准全面接轨；体育旅游人数增长显著，体育旅游消费规模逐步扩大；进一步充实和完善黔东南州体育旅游产品体系和营销网络，积极开拓国际体育旅游市场，进一步提升“中国黔东南州山地户外运动国际挑战赛”和“中国黔东南州山地户外运动国际文化节”的国际影响力。

② 中远期（2023—2035 年）：建成国内一流世界知名的体育旅游目的地，到 2035 年，体育旅游产业规模达到 500 亿元，占比旅游产业达到 20% 以上。

黔东南州体育旅游产业高质量融合发展体系基本形成，成为布局合理、功能完善、门类齐全的健身休闲产业发展格局；体育旅游成为州支柱产业之一，对综合经济带动能力显著；全省国际高端体育旅游项目体系及赛事体系成熟；产业环境不断优化，产业融合发展更为紧密，市场机制日益完善，消费需求愈加旺盛，服务质量和水平明显提高，高品质体育旅游环境与服务环境全面实现，体育旅游产业总规模达到 500 亿元（表 3–12）。

表 3–12　黔东南州体育旅游产业规模预测

基准年	贵州省		黔东南州	
	旅游总人次 / 亿人次	旅游总收入 / 亿元	旅游总人次 / 亿人次	旅游总收入 / 亿元
2018	9.68	9471.03	1.08	937.23
2019	11.34	12321.81	1.29	1212.13
预测年	贵州省		黔东南州	
	体育旅游产业规模 / 亿元	增速 /%	体育旅游产业规模 / 亿元	增速 /%
2022	1000	10	100	10
2035	5000	20	500	20

测算说明：贵州省 2018 年旅游总人数 9.68 亿人次、旅游总收入 9471.03 亿元，2019 年旅游总人数 11.34 亿人次，旅游总收入 12321.81 亿元，增长率分别为 17.1%、30.1%[①]。2019 年黔东南州接待旅游总人数为 1.29 亿人次，旅游总收入 1212.13 亿元。测算公式如下：

$$T_{qi}=(T_q/T_g)\times T_{gi} \tag{3-1}$$

式中，T_{qi} 表示黔东南州第 i 年的体育旅游预测值，T_q 为黔东南州第 $i-1$ 年的旅游产业总值，T_g 为贵州省第 $i-1$ 年的旅游产业总值，T_{gi} 为贵州省第 i 年体育旅游预测值。

6. 旅游发展总体战略措施

（1）因地制宜，促进多层级区域协同发展

鼓励各县（市）根据资源禀赋，打造各具特色的核心吸引物和精品化的体育旅游项目，形成“条带结合、一县一品”的整体和特色协同发展的一体化开发格局。在全州所有开展体

① 数据来源于《贵州统计年鉴》。

育旅游及其关联融合景区之间构建业态联动、产品组合、营销渠道互联、投资与消费信息共享的协同发展机制。

（2）交互融合，促进体育、旅游、文化融合提升

坚持体育旅游化、旅游融合化、文化渗透化，坚持体育及其经营项目按照旅游业的规范来规划、布局和运营，在“吃、住、行、游、购、娱”方面体现出融合作用，打造诸如体育主题酒店、低碳自行车、娱乐体育竞赛、体育装备和纪念品制造等新业态，使体育、旅游、文化在交互融合中得到价值的最大限度发挥。

（3）多元协同，推动产品多样性与集聚发展

围绕大山、大水、大森林等自然资源，开发不同类型和系列的体育旅游产品，力求体验类与观赏类相结合、普及类与提高类相结合、学训类与竞赛类相结合，做到动静相宜、快慢结合、宜居宜游，在各类产品线中都要形成极具吸引力的高端产品，通过高端标志性产品的打造促进资源集聚、产业集聚，形成“以高端倒逼升级，以潮流引领体育旅游发展”的模式。

（4）项目示范，提升全州体育旅游发展水平

以招引、实施典型体育旅游项目为抓手，加快山地旅游示范基地建设，结合全省体育旅游示范区建设，重点抓好各种类型的体育旅游示范基地、山地健康休闲养生示范基地、汽车露营示范基地等项目业态建设，引领全州体育旅游迈上新台阶。积极举办国际山地旅游产业博览会、国际山地运动会等专题展会，着力搭建山地旅游投融资平台，积极引进国内外战略投资者，搭建黔东南州体育旅游投融资平台。

（5）标准规范，全程掌控体育旅游发展品质

根据体育旅游活动和体育旅游服务的特色，推进实施黔东南州体育旅游标准化建设，包括体育交通设施和服务、体育主题宾馆、体育文化主题酒店、户外营地、体育旅游村寨、体育小镇等方面。鼓励体育旅游企业建立健全包括基础标准、技术标准、管理标准和工作标准的企业标准体系，形成政府部门、行业协会、旅游企业、科研院所、中介机构共同推进旅游标准化工作的合力。每年选择一批县级区域重点项目推行体育旅游标准化管理。

（6）全局统筹，实现分步实施有序建设

紧紧围绕全域统筹、整体规划、分步实施的发展原则，在尊重山地体育旅游开发利用规律和民族文化传统的基础上，采取渐进式方法，统一规划、统一设计、统一管理，实现一次性规划，分步实施，集中优势力量，打造重点亮点；要强化宣传，在项目的策划和包装上下功夫，不断提高民众的知晓度；要完善工作机制，加强全州各市（县）之间的沟通协调，确保体育旅游发展按序时进度推进。

3.3.2 产品开发规划

1. 产品谱系构建

（1）黔东南州体育旅游产品谱系构建路径

规划紧紧围绕“体育 + 旅游”的产业融合路径，以体育旅游资源实际为基础，以市场需求为导向，以特色体育赛事为抓手，以休闲体育运动为突破口，着力推动黔东南州丰富的体育旅游资源向优质的体育旅游产品转化。以“体育 + 山地旅游”“体育 + 水上旅游”“体育 + 民族旅游”“体育 + 航空旅游”“体育 + 康养旅游”为发展方向，重点开发山地运动旅游、水上运动旅游和民族体育旅游三大类主导产品，结合资源潜力着力培育红色体育旅游、航空体育旅游和健康养生运动旅游三大类特色产品。

推进重点旅游景区的体育活动引入，配套完善体育旅游基础设施，大力培育体育旅游新业态，打造国内外知名体育旅游赛事，开发峡谷漂流、房车营地、温泉疗养、重走长征路、山地马拉松等多种体育旅游产品，建设涵盖冒险挑战、健身娱乐、体育竞技、民族传统、红色怀旧、健康养生等类型的多元化体育旅游产品体系，构建时空结合、主题丰富、形式内容多样的体育旅游产品体系。

（2）黔东南州体育旅游产品谱系

规划设计的黔东南州体育旅游产品主要分为六大类：山地运动类、水上运动类、民族体育类、红色体育类、航空体育类和健康养生运动类旅游产品，见表 3-13。立足黔东南州体育旅游资源的品类和游客市场需求，突出特色，打造精品，以山地运动、水上运动、民族体育为主导，以红色体育、航空体育、健康养生为特色，实现全州“县县有产品、四季皆可游”的体育旅游产品目标。

表 3-13　黔东南州体育旅游产品谱系表

产品类型	产品组成	主要目标市场
山地运动类体育旅游产品	定向越野、山地马拉松、攀岩、露营、骑马、射箭、滑草、登山、越野、高空秋千、蹦极、野战游戏、滑草、探洞、溜索、拓展、野外生存、山地自行车等	中青年群体、山地运动爱好者、专业技能人员和亲子群体
水上运动类体育旅游产品	滑水、摩托艇、皮划艇、溪降、溯溪、峡谷漂流、潜水、快艇等	中青年群体、水上运动爱好者、专业技能人员和亲子群体
民族体育类旅游产品	国际斗牛争霸赛、国际龙舟邀请赛、少数民族传统体育运动会、侗戏、木鼓舞、水鼓舞、锦鸡舞、侗族武术、苗族武术、傩技傩戏、上刀山下火海侗族民间演艺、畲族武术、玩“水龙”扁担舞、捕鱼节、独木龙舟节、摔跤节、舞龙嘘花节、香炉山苗岭圣山文化旅游节、斗牛节、摆古节、稻草节、中国·凯里甘囊香国际芦笙节、河道赛马、龙舟竞渡等	中青年群体、民族传统文化爱好者、少数民族海外侨胞

续表

产品类型	产品组成	主要目标市场
红色体育类旅游产品	红色马拉松、重走长征路、红色峡谷漂流、红色研学旅行等	学生群体、军人、国企员工、公务人员、革命后代
航空体育类旅游产品	高空跳伞、翼装飞行、滑翔伞、热气球、动力滑翔、AOPA 国际飞行大会	中青年群体、飞行爱好者、专业技能人员
健康养生运动类旅游产品	高尔夫、广场健身操舞大赛、温泉疗养、太极、武术、瑜伽、围棋、垂钓、徒步等	养生爱好者、青少年及老年

2. 产品开发要点

（1）注重品牌化打造

旅游市场竞争日益加剧，体育旅游品牌直接成为体育旅游赖以生存和发展的重要物质载体，成为提升体育旅游核心竞争力的关键。体育旅游资源（产品）的品牌形象、品牌 IP、品牌产品，对区域体育旅游形象的塑造有着举足轻重的作用。充满特色与个性的体育旅游品牌是形成庞大旅游市场的源泉，有助于在旅游市场中形成较长时间的垄断地位。因此，挖掘区域资源特色，科学定位产品开发，塑造体育旅游品牌与区域形象，能有效提升体育旅游体验，刺激体育旅游消费，提高体育旅游目的地的旅游消费绩效，促进体育旅游发展。

（2）注重参与性提升

一是旅游者在体育旅游活动中的亲身体验行为，强调旅游者参与体育旅游产品体验与感受；二是体育旅游社区居民参与体育旅游经营，包括出售体育旅游产品、参与体育旅游讲解、运营餐饮住宿和体育旅游设施等形式；三是体育旅游活动参与旅游地的资源保护和经济发展，强调体育旅游活动对当地社区和自然生态环境的保护要求和责任。

（3）注重主题性突显

突出体育旅游主题特色，突出与传统旅游产品的差异化，体现体育旅游内涵，因地制宜、因景制宜。体育旅游产品设计与开发要突出其健身性、民族性、趣味性、生态性、可持续性等特点，充分保持自然与人文旅游资源的原生性或原始性，追求独到的产品特色。一方面，要依托当地特殊的地质地貌、水域风光、森林景观、遗迹古镇、传统文化等旅游资源的特色；另一方面，要突出体育特色和民族特色。

（4）注重产业化融合

融合发展充分发挥体育旅游业对相关产业的带动作用，是大力推动体育旅游新业态的关键着力点，是带动相关领域改革，也是以旅游为突破口带动地区全面改革发展的关键环节。通过发挥体育旅游业的融合、渗透和拉动作用，打造空间布局结构合理和产业融合充分的体育旅游发展体系，进一步扩大体育旅游产业规模，丰富体育旅游产品体系，提高体育旅游业发展质量和效益，联动各个产业、各个领域协同发展，最终实现全州体育旅游综合持续发展的目标。

3. 产品开发思路

（1）开发理念

黔东南州体育旅游发展要牢固树立创新、协调、绿色、开放、共享的发展思路，以全域旅游为理念，以融合发展为路径，以体育产业、旅游产业供给侧结构性改革为主线，以增进人民福祉、提高居民健康水平和满足新型旅游消费需求为出发点和归宿，以完善体育运动基础设施为支撑，培育和挖掘市场潜能，着力打造一批富有特色的体育旅游产品，培育一批体育旅游精品线路、精品赛事，优化体育旅游产业运行环境，进一步推动体育旅游产业持续健康发展，把黔东南州建设成为国内一流的体育旅游胜地，为贵州省旅游产业转型升级和旅游强省建设提供坚实支撑。结合黔东南州体育旅游发展的具体实际，坚持“两型四化”开发理念，推进体育旅游产品开发与设计。

① 安全型

充分把握体育旅游的特殊性，加强安全保障投入，深化安全责任意识，强化安全主体责任制、监管责任制和岗位责任制，系统构建跨区域协作、多部门联动的安全救援机制。

② 共享型

以满足人民群众健身休闲需求为出发点和落脚点，根据“健康中国”系列工程的要求，认真把握好户外运动及体育旅游发展的新方向，兼顾本地居民与外来游客需求，构建完善的体育旅游产业服务体系，增加体育旅游市场供给，努力向人民群众提供健康丰富的体育运动旅游产品，提高体育旅游的服务能力和水平，营造“人人参与，人人共享”的社会氛围，提高全民参与户外运动及体育旅游的积极性。

③ 生态化

牢固树立“绿水青山就是金山银山”理念，始终坚持“开发利用、生态优先”原则，努力实现生态产品价值，开发体育旅游优质生态产品，大力推行文明旅游和健康运动，提倡绿色生产生活方式，探索建立体育旅游发展的生态经济模式。

④ 市场化

扶持培育体育旅游市场主体与新型业态，进一步激发市场主体活力，全面促进黔东南州体育旅游市场化发展。此外，优先选择在黔东南州旅游产业发达地区开发体育旅游，丰富传统旅游目的地的产品供给，助推传统旅游景区的转型升级，并积极探索体育旅游发展推动贫困地区脱贫攻坚的新途径和区域间协同发展新机制。

⑤ 高端化

高端化是推动黔东南州旅游转型升级、提升产业核心竞争力的重点。因此，要以特色体育旅游资源为核心依托，整合丰富多彩的民族风情、深厚悠久的历史文化、舒适宜人的生态环境等资源优势，结合体育旅游的特殊性，积极引导市场主体研发精品化、精众化、精致化的定制性体育旅游产品，提升黔东南州体育旅游服务水平和体育旅游消费水平，鼓励开发高端体育旅游产品，打造体育旅游新项目，拓展体育旅游消费新空间，以更好地满足新型户外运动旅游消费需求。

⑥ 特色化

有利的地形地貌、广泛分布的江河溪流、多彩的民族体育活动是黔东南州体育旅游发展的资源优势，也是本州体育旅游与周边区域寻求差异化和特色化的基础条件。紧紧依托黔东南州具有突出比较优势的特色资源，瞄准目标市场群体，针对市场特点进行市场细分，从供需两个视角出发，开发一批体现本州体育旅游资源特色和迎合市场需求的细分体育旅游产品，培育打造具有较高市场知名度的体育旅游品牌赛事，以进一步增强黔东南州体育旅游的市场吸引力和产业核心竞争力。

（2）开发路径

① 建设施，打基础

推进全民健身场馆设施和全民健身路径建设，强化体育供给。广泛宣传开展全民健身运动和青少年体育活动，厚植群众体育和学校体育基础，营造浓厚体育氛围。

② 创模式，优流程

推进体育发展模式创新和制度创新，建立有利于政府主导、企业管理、市场驱动、社会参与、专业运营的体育工作制度平台。对体育工作特别是赛事运营服务商的选择以及赛事申报、审批、运营、监管、风险管控流程进行完善、规范和优化。

③ 建基地，抓试点

坚持世界眼光、国际标准、高点定位、地区特色，推进一点多核、一城一品、一馆多场、体教融合、体医结合、错位发展的体育综合体建设，打造集人才培养、科教研发、企业孵化、营销支持、健康生活为一体，宜训、宜教、宜业、宜养、宜居、宜游的体育旅游基地。

④ 引赛事，创“IP”

逐步引进国际、国内适应黔东南州特色发展的高附加值体育赛事。引进国内外知名赛事策划运营公司进行赛事孵化，重点扶持贵州省特色原创赛事，逐步打造出贵州省独有的精品赛事。同时，选择相对安全的比赛，积极稳妥推出竞猜彩票，为做强竞猜体育彩票积累经验。

⑤ 设基金，建集团

探索发起设立黔东南州体育发展基金，推动搭建体育产权交易及投融资平台。加大招商引资力度，推动成立黔东南州体育产业集团，做大做强黔东南州体育企业，扶持体育俱乐部建设及股份制、会员制的经营模式，以市场化、产业化方式吸引社会资本助推黔东南州体育事业发展。

⑥ 促集聚，谋联合

与国内国际体育组织进行战略合作，取长补短，共享共赢。做强“体育 +”大文章，加强投资企业整合，不断推进和实现跨企业、跨行业和跨地区的融合发展。

⑦ 引智力，聚人才

推动建立黔东南州体育产业发展人才智库，凝聚国内外体育专业机构、专家和企业家等智力资源，以项目为载体，以政府购买服务方式，推进体育“产、学、研、用”研究，吸引专家学者及成果落户黔东南州。同时，结合举办各级各类体育研讨活动，为黔东南州体育事业发展开拓思路、决策咨询、论证实践、总结推广提供智力支持，吸引更多人才聚焦黔东南州体育发展。

⑧ 建站点，办培训

与相关体育院校和科研院所合作，推动建立黔东南州体育博士科研工作站、体育博士后流动站，提升黔东南州体育科研水平，提高科技助推黔东南州体育发展能力。与相关国内外体育组织协会合作，开展黔东南州所需各级各类体育职业资格认证、培训工作。

⑨ 优网络，强智能

推动建立黔东南州体育产业资源云平台，理清黔东南州体育基础数字和动态趋势。大力探索和推进人工智能、5G 技术、物联网、穿戴设备、新能源等在黔东南州体育事业发展中的应用，为黔东南州体育科技产业赋能，适应互联网生态和黔东南州自然生态，迎接 5G 时代的到来。

⑩ 抓品牌，塑文化

坚持回应国家体育重大需求，坚持以人为本、兼容并蓄、守正创新，坚持打造黔东南州特色体育项目、体育赛事、体育活动、体育产品、体育衍生品、体育产业、体育业态、体育模式，树立黔东南州特色体育品牌，构建黔东南州独特的体育文化，不断提升黔东南州体育文化的传承力量、推广力量、传播力量和推动力量。

4. 重点开发四大类主导产品

（1）山地运动类旅游产品

① 依托资源

山地体育旅游不仅仅是一种体育运动，山地运动旅游产品依托的自然资源起到了吸引游客的重要作用。复杂的地形、丰富的自然景观，还有奇特的生物，给游客带来耳目一新的感觉，激发他们对生命的喜悦之情，为游客提供了深度体验的基础。黔东南州以典型的喀斯特地貌风光闻名遐迩。该地高山深谷遍布，激流跌宕纵横，是户外运动的胜地，拥有发展体育旅游得天独厚的优势。在黔东南州 5806 处体育旅游资源单体中适于开发山地运动旅游产品的地文体育旅游资源和体育旅游生物资源占比 39.78%，其中三级以上的优质体育旅游资源单体 391 处，包括世界自然遗产地云台山、国家级自然保护区雷公山等。

② 目标市场

以健身娱乐为特点的山地运动旅游产品主要针对中青年群体，有健身需求、体育技能较低、追求娱乐放松的游客。如学生群体、企业职员及公务员等。

以冒险挑战为特点的山地运动旅游产品主要针对中青年群体，敢于冒险、挑战极限的游客。如专业旅行者、极限运动爱好者等。

以体育竞技为特点的山地运动旅游产品主要针对中青年群体，如体育竞技职业选手、体育竞技爱好者等。

以亲子体验为特点的山地运动旅游产品主要针对家庭、亲子群体，主要是以“80后”“90后”父母及其未成年子女为目标客户群。

③ 产品细分

山地运动类旅游产品应以雷公山、云台山、冷竹山、佛顶山、轿顶山、香炉山、牛角山、高岳山、猫鼻岭、月亮山、孔明山等山体为核心，建设山地户外运动营地、公园，完善山地旅游基础设施，优化服务功能，大力开拓并推广健身娱乐产品、冒险挑战产品、体育竞技产品以及亲子体验产品。

具体产品设置明细可根据不同目标市场的喜好强化游客参与性和互动性，为游客提供独特的山地运动经历和旅游体验。健身娱乐产品以山林休闲和环山绿道为主，强调休闲游憩，让游客在保持一定兴奋度的同时，消除身心疲惫。冒险挑战产品更注重让游客在刺激、冒险的旅游方式中实现对自我的挑战，在很大程度上满足了游客的猎奇心理，依托山地、溶洞等富集的喀斯特地貌旅游资源，黔东南州可开展山林冒险、攀岩探洞、溜索滑翔、悬崖跳跃、蹦极等冒险刺激型体育旅游项目。体育竞技产品通过举行山地自行车越野赛、全地形车锦标赛、山地徒步大赛等专项赛事，吸引同类爱好者参赛，让游客在参赛过程中进行社交活动，有助于增强游客参与度和用户黏性。亲子体验产品主要利用黔东南州现有山地资源，同时对现有基础设施进行改造，局部设计微地形，打造更为亲近自然的游乐天堂，配套以自然主题的亲子酒店，激发儿童探索自然的天性，见图 3-10。

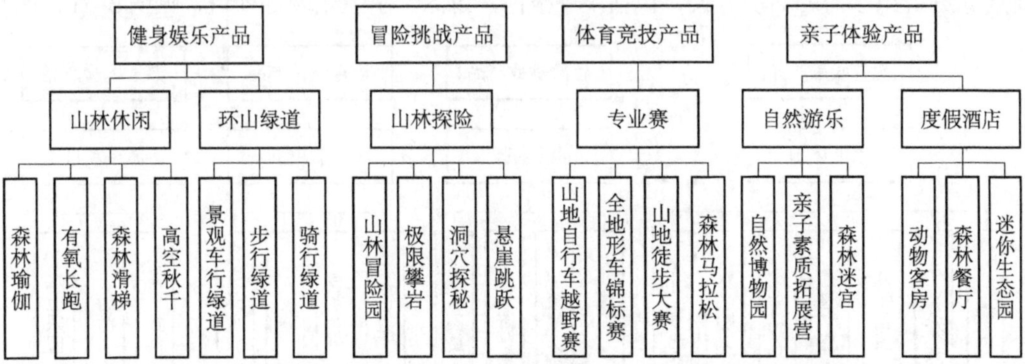

图 3-10 山地运动类体育旅游产品细分

（2）水上运动类旅游产品

① 依托资源

水上体育旅游活动是充分发挥黔东南州良好生态环境优势的途径，以黔东南州境内 2900 多条大小河流为依托，配合全州 16 个县（市）的湖泊、溪瀑，全力打造以漂流、皮划艇、野钓、帆船、溪降、溯溪和潜水等为重点的水上运动旅游产品。全面提升黔东南州特色鲜明、参与性、体验性强的水上运动旅游产品的供给，既满足当地居民健身休闲的需求，又为游客体验黔东南州水上运动旅游的魅力和特色提供机会，并力争把帆船、漂流、皮划艇、潜水等重点水上运动旅游培育成为水上体育旅游的亮点和品牌。

② 目标市场

以健身娱乐为特点的水上运动旅游产品主要针对中青年群体，有健身需求、体育技能较低、追求娱乐放松的游客。如学生群体、企业职员及公务员等。

以冒险挑战为特点的水上运动旅游产品主要针对中青年群体，敢于冒险、挑战极限的游客。如专业旅行者、极限运动爱好者等。

以体育竞技为特点的水上运动旅游产品主要针对中青年群体，如体育竞技职业选手、体育竞技爱好者等。

以亲子体验为特点的水上运动旅游产品主要针对家庭、亲子群体，主要是以 80 后、90 后父母及其未成年子女为目标客户群。

③ 产品细分

水上运动旅游产品要挖掘黔东南州水文化、水景观资源，开发水上旅游产品。以清水江、㵲阳河、都柳江为重点，建设、改造一批水上运动基地，建设水上运动综合体、活动中心，开展水上运动休闲体验游。

具体产品设置明细可根据不同目标市场的喜好强化游客参与性和互动性，为游客提供独特的水上运动体验。健身娱乐产品以水上为主，包括垂钓、水上高尔夫、水上蹦床等较为安逸的产品。冒险挑战产品则依托江河、湖泊（水库）和溪流等水体资源，开展溯溪、河流横渡、溪降、激流回旋等刺激性水上运动项目。体育竞技产品则以皮划艇、专业漂流、龙舟、滑水等专业水上运动来吸引体育竞技职业选手和竞技爱好者的到来。亲子体验产品主要是更为休闲安逸且适合家庭群组参与的活动方式，包括溪中拔河、游泳、水上乐园等项目，见图 3–11。

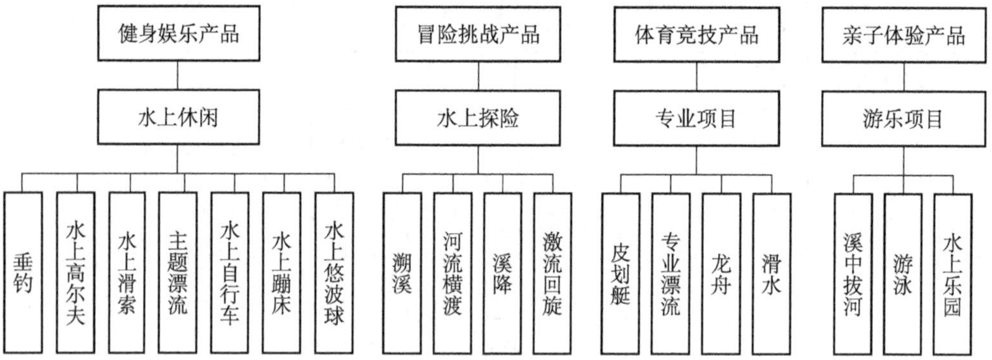

图 3–11　水上运动类体育旅游产品细分

（3）红色体育类旅游产品

① 依托资源

红色体育旅游在世界上来说是独一无二的，在其他国家是没有此类型的体育活动，通过在红色地区开展一系列体育运动，吸引人们去旅游观赏。一般由单位组织或个人自发来学习、瞻仰革命胜迹，希望通过追忆和感受先辈在艰苦岁月中的斗争精神和他们建立的不朽功绩，学习革命传统，感悟历史，启迪未来。为继承发扬红色体育的精神提供了一个很好的载体，是推动全民健身的发展、建设体育强国的重要抓手。作为革命老区，黔东南州拥有丰富的革命遗址资源和红色文化，革命历史积淀厚重。以黎平会议纪念馆、榕江红七军军部旧址、凯里党小组活动遗址、镇远周达文故居、和平村、锦屏龙大道故居、龙云故居、三穗杨至成将军纪念馆为代表的革命文化资源，是黔东南州发展红色旅游的重要载体和基础，充分整合和提升以上资源形成红色文化旅游线路，弘扬以苦为乐、朝气蓬勃的革命精神，为拓展黔东南州红色体育旅游市场、丰富红色体育旅游产品项目提供了良好的平台。

② 目标市场

以红色教育为特点的红色体育旅游产品主要针对学生、军人、国家公务员、企事业单位的干部职工、战士亲属及其后代以及研究革命斗争史及革命精神的专家学者等群体。

③ 产品细分

红色体育旅游是以革命历史事件、革命纪念地、纪念物及其所承载的革命精神为吸引物，把革命传统教育与促进体育产业发展结合起来的新型旅游形式。因此，红色体育旅游要紧跟当前“体验经济”的潮流，重点突出体育旅游的参与性，让游客能亲自加入并积极参与到景区开发的项目中来。

具体产品设置明细要设计、组合出“原汁原味、有惊无险、苦中有乐、先苦后甜”的多种实践项目，以适应红色革命精神主旨。除了传统的化装拍照、观赏节目、饭菜品尝等浅层产品上，还需要进一步延伸出更多形式、更多特点的旅游产品，如“穿红军服、唱红军歌、吃红军饭、走红军路”等参与性较强的活动，把一批体育元素突出，兼具运动、休闲、旅游一体的景区、目的地、赛事活动和具有文化、自然等富有特色的线路串联起来，开展徒步活动、露营、文化展示等项目，促使游客完成一场追寻自我的挑战，实现精神文化的洗礼，在路途中体悟先烈付出的初心，实现红色教育的目的。

（4）民族体育类旅游产品

① 依托资源

民族体育活动不仅是一种重要人文旅游吸引物，对延长旅游季节，扩大客源地地理分布具有重要作用，而且也是旅游区形象塑造的依托点、招商引资的激发点、基础设施改造的催化点、静态吸引物激活的作用点，对树立良好的体育旅游形象起着不可替代的作用。黔东南州是著名的歌舞之州、百节之州。民族体育文化资源丰富，底蕴深厚，特别是体育主题节庆、体育竞技、聚落建筑等，具有分布广、品种多、原始古朴、神秘奇特、传承广泛等特点，仅传统体育特色聚落建筑就达到 786 处，以斗牛赛马、赛龙舟等为代表的民族节日多达 396 个，这不仅是开展群众文化活动的重要内容，也是黔东南州体育旅游产业必不可少的重要资源。

② 目标市场

以文化体验为特点的民族体育旅游产品主要针对民族传统文化爱好者、少数民族海外侨胞、学生群体等。

以观赏体验为特点的民族体育旅游产品主要针对中青年群体，追求娱乐放松、感受民族特色的游客。如企业职员及公务员等。

③ 产品细分

民族体育旅游产品以黔东南州苗侗传统建筑、习俗、歌舞等物质文化和非物质文化遗存、风俗为主，大力发展民族体育体验、民族体育培训、民族体育表演、民族体育节庆等多元民族体育旅游项目，结合自身实际进行创新，找准定位，形成黔东南州民族体育旅游的特色品牌。

具体产品设置明细包括文化体验产品和观赏体验产品。文化体验产品以文化习得和感悟为主，针对民族传统文化研究者、爱好者和学生，注重民族体育文化的可获取性和知识性。观赏体验产品以参观游览、康体娱乐和民族节庆为主，围绕黔东南州民族体育活动和节事庆典，融合地方特色，开展一系列的旅游活动，为体育旅游增添大众参与性和趣味性，引起广泛的社会关注，迅速提升旅游地在客源市场的吸引度、知名度、美誉度和认同度，见图 3–12。

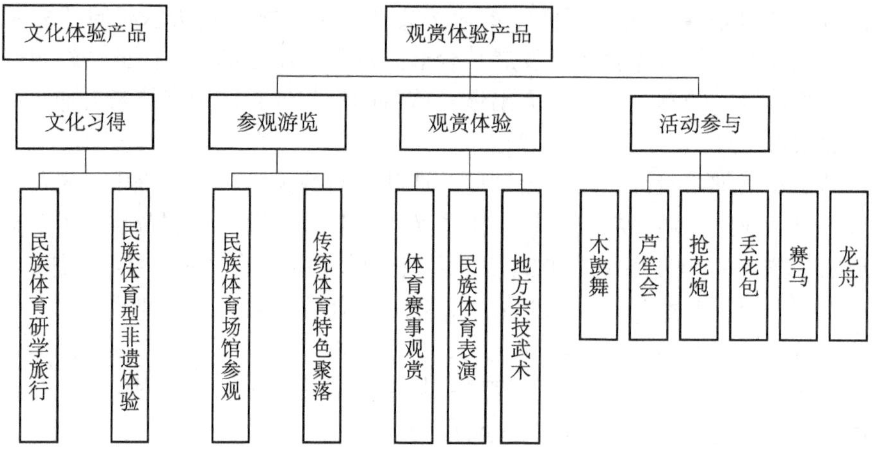

图 3–12　民族体育旅游产品细分

5. 着力培育两大特色产品

（1）航空体育类旅游产品

① 依托资源

航空体育旅游是以航空体育为载体所进行的探险、娱乐、健身、观赏等游览活动，是区域旅游产业转型升级的新方向与新抓手之一，同时也是新兴旅游消费需求的焦点之一，作为一种新兴的旅游活动为游客带来了全新的视觉冲击和心灵感受，受到越来越多人的青睐。

黔东南州具有多样的地文景观、生物景观、水域风光、气象景观、文化景观等资源，不仅拥有举世闻名的世界遗产、星罗棋布的高原湖泊（库区）、雄奇壮美的峡谷风光、奇特多彩的地貌景观、秀美震撼的田园景观、广袤葱郁的森林生态等大尺度旅游资源和优越的气候条件，还拥有历史悠久、文化底蕴深厚的文化遗产资源，为航空体育旅游产业的发展奠定了特色化的资源基础。黔东南州要依托喀斯特地貌条件，开展热气球、动力滑翔、翼装飞行航空极限运动体验项目，做大做强航空运动赛事体系。传承三线文化精神，整合通用、民用、军用机场资源，加强航空运动基础设施建设与供给，提升航空运动产业发展水平。

② 目标市场

以休闲参观为特点的航空体育旅游产品主要针对中青年群体，追求娱乐放松的游客。如学生群体、企业职员等。

以刺激体验为特点的航空体育旅游产品主要针对中青年群体，敢于冒险、挑战极限的游客。如专业旅行者、极限运动爱好者等。

以奢侈享受为特点的航空体育旅游产品主要针对高消费群体，如私人定制游客等。

③ 产品细分

航空体育旅游具有占地广、投资大、运行成本高等特点，属于奢侈性消费，被称为“贵族运动”，同时也是一项危险、刺激的活动，既具挑战又充满诱惑。因此，在进行相关产品设计时，要充分结合黔东南州地域特色开展适合发展的产品项目。

具体产品设置明细包括三大类：第一是休闲参观型，主要包括参观游览航空博物馆、航空主题乐园、航空体育节、航空体育表演与比赛、模拟飞行、航空博览会等。例如，模拟飞行馆提供体验者视觉、听觉、触觉等感官的真实模拟，感受驾驶飞机起降、翻转、空战、超重、失重与魔幻场景穿越等；开展飞行体验、航空夏令营、飞行装备展览、飞行培训等航空休闲活动。第二是刺激体验游，主要包括亲身体验滑翔伞、直升机、热气球、动力伞、水上飞机、跳伞等运动项目。例如，直升机观光游、跳伞基地、水上飞机体验游航线。第三是奢侈享受游，主要包括热气球结婚、私人定制游、度假游、主题游等，见图 3-13。

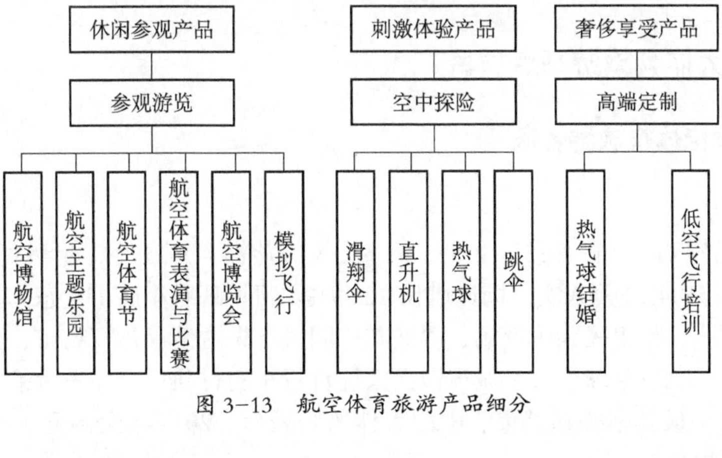

图 3-13　航空体育旅游产品细分

（2）健康养生运动类旅游产品

① 依托资源

随着人口结构的老龄化与亚健康现象的日渐普遍以及全球整体健康理念的革命性影响，人们对健康养生的需求成为市场主流趋势和时代发展热点。养生运动旅游集养生资源与旅游活动交叉渗透，实现融合，以一种新型业态形式的出现，满足了人们对身心健康的全方位需求。黔东南州具有丰富的温泉地热资源、中医药、传统武术与文化资源，倡导“养生 + 运动”的二元特色康复养生理念，通过引入国内外高资质的体育保健与康复的运营机构，打造以“康体养生”为品牌的、国际知名、国内一流的体育保健、康复、养生旅游目的地。

② 目标市场

以康体养生为特点的健康养生运动旅游产品主要针对中老年群体或亚健康群体，如避暑养生的老年人、亚健康的中年白领、运动损伤术后康复人群等。

③ 产品细分

黔东南州健康养生运动旅游应以高质量的自然环境、高水平的养生保健项目、人性化的活动项目以及和谐的养生氛围为基础，以深厚的养生文化内涵为底蕴，融合先进的当代养生技术，打造一流的养生运动度假概念模式。

具体产品设置明细将运动的学、训、赛与旅游观光、休闲、度假、养生、养老相结合，形成养生运动文化观光游、养生运动演艺观赏游、养生运动培训交流游、养生养老游等养生运动旅游产业体系，开展一体化的复合经营。例如，开展武术、太极剑、气功等养生休闲运动项目；有效利用体育场馆设施，开展体育舞蹈、健美操、羽毛球、游泳、棋牌等适合全民参与的文体活动；推动乒乓球、龙舟、羽毛球等体育项目业余等级评定，把群众体育爱好者特长量化，全面普及全民健身运动等。将运动文明与黔东南州优质山水文化资源相结合，开发集运动文化展示、体验、研修、国际交流与养生养老为一体的主题旅游板块，丰富和拓展黔东南州生态人文旅游的产品体系，打造以具有国际影响力的养生运动研修、旅游目的地。

3.3.3 重点体育旅游项目体系规划

1. 策划十大体育旅游亮点项目

（1）凯里国际体育旅游名城

① 现状基础

凯里拥有国家 4A 级旅游景区 2 个、国家 3A 级旅游景区 5 个，星级酒店 15 家，2019 年累计接待游客 5504.12 万人次，同比增长 22.39%。凯里现有小高山生态体育公园、云谷田园生态农业观光园、凯里民族体育场、碧波花诗园、下司古镇等体育场馆、公园、景点，规划新建奥体中心、凯里足球学校、城市慢性系统自行车骑行项目，并先后荣获中国优秀旅游城市、中国 100 个最具幸福感城市、中国十佳风貌城市、2019 年全国青少年校园足球试点县（区）等荣誉称号。

② 开发分析

近年来，凯里已形成了市、镇（街道）、社区三级全民健身组织体系，重点体育项目与城乡体育项目建设基础夯实，为赛事活动提供了良好保障。连续 36 届举办“元旦”长跑、万人健身跑暨自行车公路赛、中国贵州“环雷公山超 100 公里跑”国际挑战赛、“雷公山之巅・巴拉河之夏”全国山地自行车赛等大型品牌赛事。凯里结合体育赛事沿线进行景点优化，市内及赛道沿线的绿化、美化、亮化，沿线村庄整治、民居风貌的建设。综合来看，凯里交通区位优越，体育与旅游基础设施良好，体育旅游群众基础深厚，旅游市场稳步提升、体育旅游市场潜力巨大，在体育赛事节庆服务方面也积累了较多经验。

③ 发展定位

凯里通过打造体育旅游核心吸引物，在现有景区旅游项目的基础上叠加体育项目，将大众体育活动融入现有旅游产品体系，引入大众体育旅游项目，增加体育旅游的参与性，高标准、高质量、高水平、高品质、高品位打造成国内最具民族特色、最富有个性的具有民族运动元素的体育旅游名城，成为黔东南州体育旅游综合集散地、国际运动休闲旅游目的地。

④ 项目策划

高标准建设世界赛事名城。充分利用好“元旦”长跑、万人健身跑暨自行车公路赛、中国贵州“环雷公山超 100 公里跑”国际挑战赛、“雷公山之巅·巴拉河之夏”全国山地自行车赛、国际龙舟邀请赛、定向越野挑战赛、四国男篮争霸赛、国际斗牛争霸赛、中国乒乓球协会会员联赛、贵州省网球公开赛等大型品牌赛事，向国内外推广国际体育赛事名城形象，吸引国内外运动员和运动团体前来参赛，推广沿绿道、沿江、沿山体育休闲运动线路，大力发展国际上喜闻乐见的休闲体育活动，丰富体育旅游产品。凯里作为整个黔东南州的集散地和休闲度假地，将其作为体育旅游的大型游乐场所来整体打造品牌赛事活动集聚区，设置常态化的体育旅游项目与活动，串联多元化的体育旅游国际国内品牌赛事，打造苗族民族节庆体育游艺区，提升游客全时段的参与度与体验感。

高水平举办校园足球文化节与全国智力运动会。依托凯里足球学校建设与全国青少年校园足球试点县（区）已有基础，加强校园足球文化建设，策划校园足球文化节，提升学生体质健康水平，培育发展学生核心素养，提高全社会的关注度和参与度，营造浓厚的校园足球文化氛围。搭建青少年足球对外交流、竞技和展示平台，积极推动区域内全国和各级校园足球特色学校组织开展校园足球联赛。策划全国智力运动会，体现智力运动的文化内涵，强化全民身心均衡发展的健康理念，通过互动交流促进棋牌运动大众基础的深化，推动智力运动项目的广泛普及和发展，开设国际跳棋、五子棋、中国象棋、桥牌、国际象棋、围棋等智力运动项目。

高品质提升城市体育特色风貌建设。突出民族体育城市特色，在体育场馆、特色风情街、体育产业集聚区的建筑风貌上结合现代建筑艺术与技术，综合体现苗侗民族的文化精髓，在外观的建筑造型上将黔东南州少数民族建筑造型、结构、特点有机结合。塑造城市整体形象，提升城市品位，全力打造山、水、草、林、园融为一体的环境优美之城，对体育产业集聚区进行亮化升级改造，全面推进“公厕革命”。实施景观提升工程，对街道、游园节点、新建道路全部进行林荫式绿化，对重要节点、公园、广场进行补植提升。

高质量塑造黔东南州体育旅游集散中心。依托黔东南州体育旅游集散中心、全民健身中心、游客集散服务综合体、高铁凯里南站服务中心等城市运动休闲消费聚集区，集中构建体育旅游休闲娱乐消费中心。新建游客服务中心、美食街、汽车露营地、民族文创中心、旅居驿站、星级酒店、停车场等，完善相关配套设施建设。打造 2～3 条运动休闲娱乐街区，完善体育公园、健身场馆、精品酒店、运动俱乐部等运动休闲配套设施，打造集运动、健身、赛事、娱乐、养生、餐饮、购物、展示、交流九大功能于一体的都市体育文化体验区。

高品位培育城市运动休闲度假养生品牌。充分依托城镇完善的生活配套设施，发挥各类体育旅游文化要素和生产要素集聚优势，配套建设度假村、养老场所、医院、文化娱乐等设施，吸引周边地区特别是成渝地区人员到黔东南州休闲度假养老，打造城市运动休闲度假养老品牌，成为承载黔东南州体育旅游消费转型升级、推动体育旅游产业高质量发展的核心引擎。大力构建和推进全民健身公共服务体系建设，完善城市功能，营造全民健身氛围，加强健身娱乐组织建设，加大设施投入力度和大力开展健身娱乐活动，将体育、旅游、文化、医养四者有机结合、融合发展、整体推进。

⑤ 运营方式

采取“政府引导 + 商业娱乐 MALL+ 体育赛事节庆活动”的运营模式。文体广电旅游局成立体育旅游工作协调领导小组，负责体育旅游合作的总体组织和指导，加强对体育旅游的人才培养和对体育旅游的宣传推广。将凯里度假酒店集群、综合休闲项目、休闲地产社区等整体服务品质较高的体育旅游休闲聚集区，作为聚集综合体育 + 旅游功能的特定空间，打造成为泛体育旅游产业聚集区和体育旅游休闲目的地。通过国际性的体育赛事和节庆活动，扩大举办城市的影响力与知名度，创造更加多元化的旅游产品，完善城市旅游服务设施的建设，带动凯里旅游业、餐饮业、住宿业等相关产业发展。

（2）长征红色体育文化公园

① 现状基础

黔东南州是“红色贵州”的恢宏序幕，是中央红军长征进入贵州的第一站，有良好的长征红色文化资源基础，其中以黎平县最为突出，黎平会议会址与少寨红军桥是黎平县红色文化最为靓丽的名片。2020 年 4 月 11 日上午，贵州省 2020 年重走长征路启动暨长征国家文化公园和红色旅游推进会顺利在少寨红军桥落下帷幕，助力“红色黎平”发展。黎平县高屯街道于 2016—2018 年连续三年成为中国黎平 · 百里侗寨国际划骑跑三项公开赛首选办赛地点，赛事遍及各个景点。借助得天独厚的自然资源条件和“金牌赛事”影响力，目前高屯街道境内已建有少寨红军桥流域沿岸步道、徒步观光和垂钓旅游项目。黎平县长征国家文化公园骑行步道（共计五站）已被列入黔东南州“十四五”规划纲要的重大工程项目建议表。

② 开发分析

抓住长征国家文化公园贵州区建设的契机，以黎平为公园核心区，串联翘街红色文化博物馆、红军桥等红色历史文化资源，推动红军桥等红色资源与当地已有的“金牌赛事”——中国黎平 · 百里侗寨国际划骑跑三项公开赛结合。同时围绕“两带”（洪州—黎平—隆里集中展示带、锦屏至旧州集中展示带）、“四点”（黑冲战斗遗址、茅坪龙云故居、龙大道故居、三穗杨至成将军故居）建设推出一批红色旅游景区景点，并加强现代电影特技和 VR 等技术的运用，丰富长征文化的展示形式，进一步丰富产品体系，提升吸引力。

③ 发展定位

按照“坚持国家站位、突出国家标准、彰显文化内涵、弘扬文化精神”的要求，站在国家顶层设计的高度，以文化强国目标为引领，致力于建设好长征国家文化公园贵州黔东南重点建设区，建设成为国家级长征红色体育文化公园、长征国家文化公园的典范，着力打造体现国家价值、民族精神、人类共享的国家文化地标。

④ 项目策划

近期："红军长征路"徒步项目。进一步完善与发展"中潮佳所坪坝—羊角岩—黎平翘街""翘街—八舟—少寨""阳朝村—草坪村—下温村"三条红军长征路线，完善红色文化旅游基础设施建设，形成"一线串多点，亮点突出，景观丰富"的红色旅游线路，开展竞走和划骑跑等赛事活动，同时将红军长征路的项目常态化，形成日常徒步游线，提升沿线景点的热度，建立黎平红色旅游、国家森林公园、国家湿地健身步道，强化长征文化与体育旅游的融合。

"重走长征路"黔东南段。继续优化"锦屏隆里古城—龙大道故居—榕江红七军军部旧址历史陈列馆—黎平会议会址纪念馆—毛主席旧址—红军街（翘街）—八舟河红军桥—肇兴侗寨—岜沙苗寨—加榜梯田"这条"重走长征路"黔东南段线路，以"重走长征路"为特色发展深度体验游，展现黔东南独特的体育旅游目的地形象。

中期：红军长征主题展示区。划分核心展示园和特色展示点两种形态，其中核心展示园规划建设在黎平，特色展示点分散于黔东南州其他分散的红军长征文化资源点。通过全景画、地面塑型、立体沙盘、裸眼 3D 投影和高科技声光电演示系统等多种展示手段，对红军长征历史进行多媒体展示，策划《红军来到黎平城》电影特技实景展演项目、红军长征全息投影音乐舞台剧、长征文化 VR 体验馆，将展示和参与体验相结合，丰富展示形式，增强游客体验性和形象感知度。

红军长征研学旅行基地。在黎平县建设并完善社会实践基地、研学旅行基地、黎平红色文化培训学院等。利用重大纪念日和传统节庆日组织形式多样的主题活动，因地制宜开展宣传教育，并与"重走长征路"系列活动相结合，让研学者在旅游中深度体验长征文化、领悟长征精神。

远期：黎平"一城一街一馆"项目。在黎平县以"黎平会议会址"为核心，建设翘街红色文化博物馆群，打造富有特色的"一城一街一馆"，发掘好、利用好丰富的文物和文化资源，让文物说话、让历史说话、让文化说话，传承革命文化、发展先进文化。同时，把红色旅游与发展生态旅游、乡村旅游、民族文化旅游等结合起来，形成"以绿带红""以红促彩"的红色旅游模式。

黔东南州红色文创产品开发。通过深入挖掘提炼革命文物、文化资源精神内涵和红色文化价值，打造独特文化符号，研发长征文化旅游产品，重点结合历史实际，整理发掘黔东南州长征沿线文物和文化资源所荷载的重大事件、重要人物、重头故事，融入新时代特点，全面深入推动长征精神、黎平会议精神的传承发展，突显长征国家文化公园贵州黔东南重点建设区的更多亮点。

⑤ 运营方式

"文化为魂，体育为引，产业为体"的文化体育旅游产业综合体模式。长征红色体育文化公园的文化底蕴深厚，文化关联度强，通过长征红色文化这一核心文化引领，多元产业整合建设黎平县核心景区。以红军长征文化为线索，挖掘红军长征文化根源，理顺红军长征文化脉络，以文化体育旅游产业体系构建为落脚点，全方位、多角度呈现红军长征文化，聚合产业，打造文化体育旅游氛围浓郁的文化体育产业综合体。

（3）雷公山户外运动旅游基地

① 现状基础

雷公山户外运动旅游基地距州府凯里 29 千米，包含巴拉河生态旅游示范长廊、户外运动休闲度假基地、环雷公山“苗乡十景”旅游区。雷公山海拔 2178.8 米，由十多个海拔 1800 米以上山峰组成。雷公山是国家级自然保护区、国家级森林公园、世界苗族文化中心、世界十大森林旅游胜地之一，被联合国教科文卫组织称为“当今人类保存最完好的一块未受污染的生态文化净地”。

② 开发分析

雷山县 2019 年旅游人数达 1321.95 万人次，同比增长 2.37%，在 2009 年至 2018 年的十年间，雷山县旅游人数年均增长率在 30% 以上，旅游业保持了健康、持续、快速的发展态势。规划以雷公山作为苗族精神高地，发展山地运动休闲项目与民族体育旅游项目，联动周边优势资源，构成强大旅游吸引力，成为雷山县旅游又一增长极，共同打造苗疆圣地，实现雷山旅游全域发展。整体构建以“乡村聚落、山岳支撑、峡谷延伸、环线串联”为特色的国际级山地运动休闲度假旅游区。

③ 发展定位

以少数民族为特色，挖掘“世界苗族文化中心”这一世界级文化品牌，以山地户外运动、体育旅游休闲、体育节庆和民间民族体育为主导，大力支持发展探寻苗族体育文化圣地、探秘苗疆圣山、户外体育综合训练基地、避暑康养胜地和体育旅游盛会等群众喜闻乐见和有发展空间的体育项目。串联各民俗村，形成雷公山多彩山地运动环，逐步从单一性的观赏性公园，发展成融合赛事活动、极限运动、户外休闲、旅游度假、餐饮会议为一体的综合性山地户外运动公园，打造成为国际级苗族体育文化品牌。

④ 项目策划

探寻苗族体育文化圣地。依托世界最大的苗寨和世界苗族文化中心，以南花苗寨、郎德苗寨、昂英苗寨、交宫苗寨、红阳苗寨、西江千户苗寨为核心节点，以山间索道、观光巴士、自驾车、自行车等交通方式串联各度假村寨和游憩节点，深入挖掘苗族村寨丰富的传统体育文化资源、苗族文化活态博物馆，将传统体育文化以创新、新颖、大众、休闲多样的体育项目展现出来。依托西江现有的良好旅游开发基础条件和稳定庞大的游客量等资源，打造兼具娱乐性、参与性、趣味性、健身性、竞技性的体育旅游项目。策划集中展示表演竞技观赏、动物竞技观赏、趣味竞技体验的苗族传统体育文化体验园。

探秘苗疆圣山。策划苗疆圣山生态深度游系列户外运动项目，包括穿越雷公山、勇攀雷公山和飞越雷公山。穿越雷公山，包括森林徒步、星空露营、探洞、山地自行车、越野车、丛林穿越、探秘佛光、探寻云海等项目；勇攀雷公山，包括玻璃观景台、玻璃滑道、丛林飞拉达、丛林飞越、自然岩壁攀岩、栈道攀岩、人工岩壁攀岩等项目；飞越雷公山，包括直升机观光、滑翔伞、热气球等。

户外体育综合训练基地。依托雷公山户外运动休闲度假基地，加快建设国家登山健身步道、全国露营基地、自驾游基地、汽车越野赛基地、山地探险基地、户外拓展训练基地、山地越野自行车训练基地“七大户外运动基地”。面向大众客群开展登山徒步、滑索、滑草、森林马道、露营、攀岩、卡丁车、彩弹射击、山地自行车、马拉松、森林慢跑、户外拓展、越野、千人瑜伽等山地运动休闲旅游产品。

雷公山避暑康养胜地。充分利用雷公山森林避暑气候，深入挖掘山水生态养生资源，依托雷公山森林康养基地，以“体育 + 旅游 + 大健康”为核心，发展森林康养、运动健身、复健康体、休闲度假等为重点的健康产业，加强体育与旅游、健康、养老等生活性服务业的关联性，促进大健康产业与体育旅游业深度融合。

“文化 + 节庆”体育旅游盛会。联动民族村寨，结合传统民俗文化活动与乡村独特的田园自然风光发展体育盛会旅游，体育赛事绑定民族节庆，如过苗年、国际芦笙节、长桌宴等，活化民族传统运动。联合苗族、侗族等民族艺术家，推出赛事纪念品、少数民族节日纪念品，打造系列民族体育旅游文创产品。通过传统赛事促进少数民族体育交流，展示苗族传统体育文化、丰富西江文化旅游项目、延长游客滞留时间、增加旅游经济效益。

⑤ 运营方式

采取“旅投集团 + 山地运动度假综合体”的运营方式。旅投集团整合雷公山体育文化资源，贯穿旅游策划、规划、设计、投资、开发、运营、营销、管理等各环节。运动度假综合体依托雷公山的山地户外运动体育资源，建立在避暑度假综合体基础构成元素之上，以运动为主要元素，开发休闲度假运动，采用度假区、运动场等形式，配备完善的运动设施，打造集运动、休闲、观光、避暑、康养、度假于一体的体育旅游开发模式，带动周边体育、旅游等相关产业发展。

（4）榕江世界斗牛城

① 现状基础

乐里七十二寨斗牛城位于榕江县北部，距乐里镇政府 1 千米，是国家 3A 级景区。整个斗牛场依山而建，设计灵感来源于乡间斗牛文化，占地面积 41000 多平方米，最大限度可容纳观众 50000 人，目前是亚洲最大的斗牛场，是集斗牛文化、侗族民俗文化、种草养畜农业观光游为一体的综合旅游产业综合体。目前，斗牛城建成的项目有斗牛场、斗牛交易中心、牛博物馆、旅游酒店、民族文化展示广场、电商服务中心、农耕文化体验中心、名牛别墅、草场等，正在建设的项目有斗牛医院、培训中心、七十二寨。

② 开发分析

乐里斗牛城建设规模较大，斗牛产业发展较完备，民族斗牛特色鲜明，未来具有巨大的发展潜力。应整合现有景区景点，提升斗牛场所设施，完善吃、住、行、游、购、娱体育旅游配套服务设施，形成体育旅游产业集聚带，将榕江斗牛城建设成为支持南部的体育旅游的核心引擎项目。

③ 发展定位

深入挖掘乐里独特的牛斗人和、牛斗人乐、牛斗人奋的众牛文化，发展牛竞技、牛美食、牛文创、牛养殖、牛交易等相关体育旅游产业，以斗牛城为中心，辐射到七十二寨，将乐里斗牛城作为连接西江苗寨和肇兴侗寨旅游线路上的核心节点进行打造，最终建设成为世界上最大的斗牛交易中心、全世界最大的斗牛城、斗牛世界杯的发源地、全国斗牛文化产业发展中心。

④ 项目策划

斗牛世界杯。按照5A级景区标准提升建设乐里斗牛城，将斗牛场进行提升改造，打造世界级斗牛比赛场地，按照世界级比赛标准组织举办斗牛世界杯，与东亚、欧洲等地进行斗牛比赛，组织争霸赛、地区对抗赛、联赛、擂台赛等赛事，吸引全国和世界的目光，营造斗牛世界杯的火爆氛围。

斗牛文创风情街。提供以牛为特色的旅游文化商品，挖掘乐里侗族斗牛文化，提炼侗族服饰、建筑、装饰、工具等的文化元素，借助于现代科技手段对牵牛棍、牵子套牛脚杆、丝带、服饰等侗族斗牛文化资源、文化用品进行创造与提升，提供斗牛文创产品的附加值。

牛文化美食街。牛文化美食街以原生态的牛肉为主要特色，游客可集中体验牛百草汤（牛瘪）饮食、牛肉烧烤饮食、烧鱼特色饮食等侗族特色饮食，同时，利用大量的牛粪便发展生态农业，打造国家绿色有机食品生产基地，为当地特色农产品注册国家农产品地理标识，将乐里牛文化美食进行推广销售。

斗牛节。斗牛节每年3—11月举办，每天举办1次提供给游客观赏的斗牛表演赛，每周举办1次供斗牛爱好者参与的斗牛比赛。表演内容有斗牛、逗牛、驯牛、骑牛等表演，另外还有斗鸟、斗鸡、拔河等传统比赛活动，形成日日有表演、周周有比赛的斗牛火爆氛围。

斗牛网络视频直播。加大斗牛宣传推广力度，发展粉丝、网红经济吸引流量，开展线上线下营销活动，通过互联网工具进行斗牛网络视频直播，新增更多互动性、渗入式精准解决受众需求，吸引越来越多的斗牛爱好者，将斗牛文化推向全国，走向世界。

⑤ 运营方式

采取“公司＋基地＋合作社＋贫困户”模式。旅游公司牵头，吸收农户参与项目投资，群众以土地、“特惠贷”入股等方式参与景区开发建设，带动旅游项目建设辅助就业以及旅游配套服务行业就业，充分激发群众积极性，带动景区沿线村寨群众种植产业，带动农户增收。

（5）云台山·㵲阳河山水体育旅游示范基地

① 现状基础

㵲阳河国家级重点风景名胜区位于黔东南州所辖的镇远、施秉、黄平三县境内。面积625平方千米，分为历史名城镇远，铁溪，上、下㵲阳，云台山，杉木河，黑冲，飞云崖，旧州古镇，重安江十大景区共394个景点，是我国集自然风光、人文景观、民族风情为一体的全方位、多层次、高品位的风景名胜区，也是贵州东线生态旅游和风情旅游的中心和热点。云台山位于施秉县北部，是㵲阳河国家级风景名胜区的主要组成部分。主峰团仑岩海拔1066米，突起于群山之间，因山形“四面削成，独出于云霄之半”，山巅如台，加之云雾缭绕，故名云台山。施秉喀斯特是发育在5.7亿年的古老白云岩性基础上的锥状峰丛峡谷喀斯特，是世界热带、亚热带白云岩喀斯特杰出代表。2014年6月23日，在卡塔尔多哈召开的第38届世界遗产委员会会议审议并通过了以贵州施秉云台山等为代表的中国南方喀斯特第二期申请世界自然遗产的申请，云台山成为贵州省第三个世界自然遗产。

② 开发分析

目前围绕这一片区已经形成了杉木河漂流和云台山登山览胜两条游线，舞阳河景区也有上舞阳河和下舞阳河两条漂流游线。四条游线以杉木河漂流“一枝独秀”，其他游线经营较为冷清。漂流仅在每年的 5—10 月为开放时间，景区旅游市场呈现非常鲜明的淡旺季特征。由于云台山、杉木河景区周边地形地貌复杂、高程变化较大，不适宜在景区周边设置集中的配套服务设施，主要依托县城来提供配套服务。因此，规划设计以施秉县城为中心，呈现“纵山横河”旅游空间形态的云台山·舞阳河山水体育旅游示范基地（图 3–14）。该示范基地融合黔东南州云台山、舞阳河两大山水体育旅游核心资源，并充分考虑世界自然遗产、风景名胜区等自然保护地的生态保护功能，将配套服务体系规划于施秉县城，既充分利用现有的水电、环卫、公共交通的基础设施，又有利于发挥体育旅游发展对当地经济的带动作用。

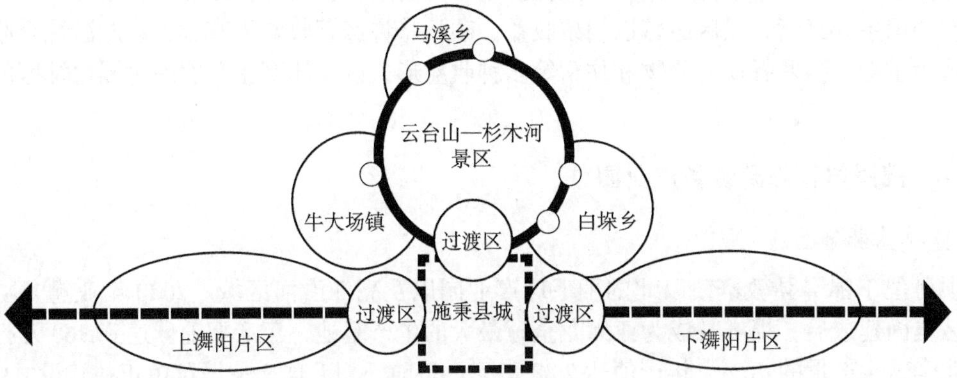

图 3–14　云台山·舞阳河山水体育旅游示范基地的空间形态

③ 建议范围

该基地以云台山—杉木河景区南部区域和上舞阳河、下舞阳河的游憩利用区为体育旅游发展的核心功能区，外围分布的村落（如牛大场镇、马溪乡、白垛乡）以及旅游集散中心——施秉县城作为体育旅游发展的配套服务区，主要提供旅游服务支持，以减少体育旅游发展给自然环境带来的人类活动压力。

④ 发展定位

围绕建设全国领先的“体育＋旅游”品牌的目标，把云台山“三山同登”群众登山健身大会作为一个重要 IP 活动建设打造，充分释放体育赛事的助力效应，不断增强景区核心竞争力，努力建设全国领先的体育旅游示范基地，打造全国体育旅游融合发展的标杆。

⑤ 项目策划

水上运动基地。沿水系规划沿河健身步道、自行车道、划船项目、飞碟训练场、打靶场、水上高尔夫、康养休闲运动营地，引进赛艇、帆船、静水皮划艇等专业训练和比赛，大力开展垂钓、游泳、独竹漂、龙舟、潜水、水上表演、水上摩托、水上飞机、水幕电影等休闲活动，开发机动橡皮艇、游艇、帆伞运动、水上蹦床等惊险刺激的水上运动项目。周期性开展龙舟赛、独木舟漂等水上竞技类体育旅游项目，常态化开展祭龙、陆上游行、水上游江、龙舟竞渡、抢鸭子、放河灯等一系列具有表演性的龙舟文化系列活动，展示贵州省优秀的民族传统体育项目。

山地户外运动基地。围绕云台山，以自然山地环境为载体，以参与体验为主要形式，以促进身心健康为目的，向大众提供登山健身步道、户外徒步、山地户外营地、骑行服务站、岩壁攀登、定向越野等山地运动相关产品，完善山地户外运动基础设施及配套服务。

品牌赛事体系。通过策划、举办“锦绣黔东南·水墨云台山”全国冬泳大赛、国际山地户外运动公开赛等赛事体系，培育特色活动、打造品牌赛事，丰富赛事活动供给，将㵲阳河·云台山联合打造成为融山地运动、水上休闲、户外探险及知名赛事为一体的国家级山水型体育旅游示范基地。

⑥ 运营方式

鉴于本项目的主要依托对象为自然保护地，为有效保护自然资源和国有自然资产，建议由国有公司主导经营，景区运营以门票收益、项目特许经营收益为基础，以旅游综合收益商业模式为主导，强调餐饮、购物和住宿等多种收益形式以及体育旅游发展对周边社区的带动作用。

（6）锦屏体育旅游装备产业园

① 现状基础

项目位于锦屏县敦寨镇以北的羽毛球产业园以及亮江沿河区域。2020 年亚狮龙羽毛球新厂区全面建成后，锦屏县成为亚狮龙全球最大的生产基地，年产羽毛球达到 360 万打，占亚狮龙全球生产量的 40%，年产值达 2.88 亿元。目前，羽毛球文化博览馆正在建设之中。

② 开发分析

依托亚狮龙羽毛球生产基地，融合群众体育和外延商业，打造集羽毛球生产制造、国际小球赛事体育、羽毛球文化展示、竞技教育培训、小球体育教育科普、竞赛娱乐、度假休闲综合体、“鹅”主题美食为一体的体育旅游装备产业园，整体培育以羽毛球为核心的“体育旅游产业链”，形成体育训练中心、国际赛事中心、羽毛球文化、体育休闲度假、体育产业孵化基地的羽毛球小镇，形成集装备制造、文化展示、赛事承办、文化休闲度假为一体的全球最大羽毛球生产及展示基地。

③ 发展定位

建设成为全球知名羽毛球生产制造、小球专业训练、羽毛球文化展示等一体的体育旅游运动小镇，打造轻重装备结合、研发制造销售服务兼顾的全产品链、全产业链、全生命周期的羽毛球体育旅游装备制造基地。

④ 项目策划

羽毛球产业孵化基地。重点围绕羽毛球产业为主导，逐渐向运动服、运动鞋、智能体育装备、运动功能饮料等产业群发展，形成羽毛球产业孵化基地，包括互联网平台、体育赛事运营、体育旅游、场馆运营及体育培训、体育衍生品开发、赛事直播等综合业务于一体全体育领域，建成羽毛球体育装备制造基地。

贵州体育创客工厂。打造大众创业服务、万众创新服务和产业链延伸服务众创服务平台，重点围绕体育用品研发设计、智能体育装备研究、体育互联网研究，打造体育设施、体育照明、健身器械、运动服装、防护器具等一流高端体育装备制造产业基地。

羽毛球文化博览馆。面向羽毛球大众群体休闲需求，建设羽毛球文化展览馆，集中展示全球羽毛球源流文化、主题赛事文化、生产消费文化、竞技文化，形成羽毛球主题综合性场馆。

羽毛球体育训练中心。围绕王睁茗羽毛球培训学校品牌，建设羽毛球专项训练馆、羽毛球单项训练馆、训练场看台、室外训练场、室外篮球场、室外羽毛球场、运动员公寓、科研教学用房、医疗康复用房、体能训练用房、生活服务用房等。

羽毛球国际赛事中心。通过承办国际羽毛球赛、篮球赛等重要体育赛事，举办形式各样的群众体育赛事，积极开展体育行业职业技能鉴定工作和体育人才培育，争取承办高规格羽毛球赛事，努力打造世界级的“体育＋旅游＋康养”的羽毛球文化运动之乡。带动体育运动旅游、羽毛球训练以及其他羽毛球装备制造等在内的下游产业。

国际温泉健康养生谷。建设羽毛球主题酒店、亚健康管理中心、体育名人俱乐部、“鹅”主题美食街等文体旅实体项目，打造体育康养综合体。

⑤ 运营方式

公益性场所由财政资金建设，营利性场所吸引社会投资建设，综合性场所由政府规划引导、社会资金投资建设。

（7）红阳万亩[①]草场户外营地

① 现状基础

红阳万亩草场是南宫森林公园内的重要景区，位于台江县台拱镇南部、雷公山北麓，红寨村辖境，距县城 16 千米、凯里火车站 62 千米，台榕公路穿境而过。万亩草场素有“南国天山”之美称，面积约 5 万亩，东西长 10 余千米，海拔 1200～1500 米，年平均气温 13.7 ℃。整个草场山峦碧绿，气势磅礴，每当旭日东升、夕阳晚照、苍山如海、云移峰动、雪景及雨凇出现之时，是观草场景观、森林景观、天象景观的良好场所。整个草场由水中林、杜鹃山、蒿廊池、蒿廊峰、天蛙谷、瓮翁往土城遗址、掌水坪古战场等自然景点和苗族英雄包利王的坟墓、著名抗清名将张秀眉练兵场、莲花屯土城址、古战壕等人文景观组成。草场主要为山地灌丛林草地，四周分布有保护完好的原始森林。草场物种丰富，动物种类上百种，珍稀动物种类 10 余种；植物种类上千余种，珍稀类上百余种，其中蕨类植物保护得比较完整，是天然的蕨类植物基因库，是科考的理想基地。

② 开发分析

红阳万亩草场是雷公山唯一的高山草场，具有建设户外营地的良好地形地势、气候与文化资源条件，在开发上，一方面，要注意巩固提升户外营地配套基础，按照 A 级景区标准建设交通、住宿、餐饮、服务等配套服务设施；另一方面，要进一步拓展多元化的体育旅游

① 1 亩≈666.7 平方米。

项目，充分发挥生态资源优势和项目自身优势，策划开发现代时尚体育休闲项目，并积极举办各类大型体育活动。

③ 发展定位

以“草场 + 运动”为特色，“低开发，少干预”思路最大化保持场地生态，打造集生态修复、休闲观光、绿色产业于一体的生态廊道和多功能户外运动营地，将红阳万亩草场打造成国际性草场户外营地，使其成为台江县的品牌项目和环雷公山国际体育旅游度假区的一颗璀璨明珠。

④ 项目策划

a. 近期

红阳万亩草场核心体育活动。借鉴国际草场营地的开发经验，规划建设草场观光、骑马、赛马及马术、围猎场、滑草等草场休闲项目和红阳草场滑翔、滑索、草场热气球、草地摩托、草地滚球、航空模型比赛等时尚挑战项目，并积极举办各类大型体育赛事活动，维持草场的热度，提高草场知名度。

露营基地与星空夜营。在营位设计方面，除了房车、木屋、独立帐篷、组合型帐篷等常规营位之外，还可规划设计星空帐篷，360° 全景玻璃，周围用帷帐遮挡，既保留私密性，又能满足露营者躺在床上仰望浩瀚星空的需求，配以野外摄影展、野生鸟类放生等主题活动，增加露营的趣味性与吸引力。

天线宝宝乐园。《天线宝宝》（Teletubbies）是 BBC 与 Rag Doll 公司制作的幼儿节目，他们的故事已经在 113 个国家被翻译成 45 种语言，受到全球约十亿儿童的喜爱，后期由于网络上华人社群的恶搞文化，“天线宝宝”成为网友喜爱的恶搞对象。红阳万亩草场户外营地的建设可充分利用草场的连片草地与风车景观，打造天线宝宝乐园区，从草地城堡到花园景观、游乐设施，尽量真实还原“天线宝宝”动画片，以故事还原、真人扮演、宝宝互动、拍照打卡等活动形式吸引儿童以及喜爱天线宝宝的广大青年群体，将该项目做成网红项目，成为红阳草场户外营地的一个吸引点，提升草场知名度。

b. 中期

科普考察与研学营地。红阳草场植物与动物物种丰富，是科考的理想基地，可在动植物稀有物种集中分布区建立科研营地、研学营地，同时利用其“天然的蕨类植物基因库”的美誉专门设计蕨类植物研究园，提供展览、采摘、种植等研学活动，完善周边配套设施，充分发挥草场的科研价值。

张秀眉练兵场再现。贵州苗族英雄张秀眉曾转战于此，抵抗清军，可将张秀眉练兵场景点改造成历史故事与现代体育运动项目相结合的体验型景点，并与莲花屯土城址、古战壕等人文景观进行串联，增强草场的文化内涵。

c. 远期

红寨村乡村旅游。红寨村既有悠久的历史，又有口碑传说、音乐舞蹈、医药、纺织、印染、土建、历法等底蕴十分丰富的民族文化，对红寨村乡村旅游进行整体规划与提升，再现雍乾年间的古军事寨门、美丽的传说“龙女潭”、千年古樟祭祀树、姜秧睡石等人文景观，打造独具特色的文创产品，延长产业链，与红阳万亩草场营地相呼应，延长游客逗留时间。

⑤ 运营方式

“景区为核，内修外拓”的景区深度提升发展模式。红阳万亩草场作为雷公山唯一的高山草场，体育旅游资源优势突出，且有较强辐射带动力，应通过内部提升和外部扩张建设体旅核心景区。以原有景区为核心，内部进行体旅项目业态丰富升级，提高大景区吸引力与接待力，外部拓展延伸产业链条，构建多元产业模式，借力核心景区带动区域发展，形成内外联动、内外兼修的品质体育旅游目的地。

（8）黄平飞虎低空旅游基地

① 现状基础

黄平飞虎低空基地依托旧州机场原址并拓展周边地块，整体形成约 2595 亩（173 公顷）的规划面积。黄平县旧州机场始建于 1939 年，一度作为“西南中心机场”使用。黄平飞虎低空旅游基地与旧州古城串接，并拥有相对完备的低空旅游基础场地设施，其中旧州机场现占地面积约 1000 亩，拥有 1.2 千米长、30 米宽跑道，现有十多架飞机，是贵州第三个国家航空营地，集飞行培训与航空娱乐为一体的特色航空活动基地。现有项目包括飞行执照培训、低空飞行体验及热气球等其他飞行体验项目，并计划引入滑翔机体验等。曾举办 AOPA 国际飞行大会、国际航空展、航空嘉年华等赛事活动。

② 开发分析

旧州机场与旧州古城仅相距 1 千米，机场所在区域地势平坦、视野开阔、风景秀美。应充分利用其区位优势、生态优势以及文化优势，以旧州古城和旧州飞虎机场为核心，辐射㵲阳河等周边区域，最大限度挖掘特色低空旅游资源，打造产镇一体的新型现代低空旅游基地。以低空飞行旅游打造贵州甚至全国现代化立体旅游靓丽名片，积极发展空中游览、低空飞行体验、航空会展、航空商务、航空物流、航空培训等多样化通用航空产品，打造以旧州文化为重点，以航空飞行和水上旅游为载体的低空旅游基地。

③ 发展定位

规划利用黄平丰富多样的低空旅游资源，以国际化的标准，高品质、高起点建设飞虎低空旅游产业体系，以低空旅游发展提升黄平旅游形象，将低空旅游培育为黔东南州体育旅游新名片，建设成西南第一低空旅游体验基地，将其打造成为省内领先、国内知名的世界低空旅游目的地。

④ 项目策划

通航培训基地。建立集飞机驾驶、空乘服务、飞机维修、地面控制等专业的通用航空人才培养体系，建立青少年航空科普教育基地，成立中国少年飞行总队（筹）黄平大队。可进行飞行执照培训和低空飞行体验。

户外运动休闲区。规划建设航空主题乐园，开展热气球、滑翔伞、滑翔机、小型固定翼飞行器、动力三角翼、无动力三角翼、升空热气球等各种惊险刺激的航空运动。

航空科技体验园。引进航空娱乐中心、航空博览馆、航空科技馆、飞行体验中心等项目，串联航空科技展示体验、模拟飞行、主题教育、航空培训、飞行广场等多个功能区块，将航空知识、航空VR体验和休闲娱乐进行高度融合，让游客在地面即可无风险地体验航空科技与飞行文化的魅力。

生态康体健身区。规划新建温泉养生中心、商务休闲度假中心、公共服务中心。

⑤ 运营方式

以机场培训与娱乐功能为主，兼具动态的健身休闲和户外运动功能，规划建设集水、陆、空综合体育旅游体验功能的低空旅游基地，主要发展教育体育、文化交流、节庆赛事、飞行培训、飞行体验、生态人居、养老健康等业态，培育发展体育和康养文化的综合产业体系，将运动产业向产业层次更丰富、消费群体更广的大众化健康休闲运动延伸，增加过夜游客，将其建成我国西南地区一流的运动休闲和健康养生目的地，西南地区第一飞行体验基地。

（9）岑巩温泉康养体育旅游基地

① 现状基础

思州国际温泉生态休闲度假区位于岑巩县北新区龙江河畔，温泉井深801米，出口水温46 ℃，为富碱高品质碳酸氢钠型热矿水，可以治疗动脉硬化、高血压等心脑血管疾病。温泉城规划尚未落地，有待后续开发建设。

② 开发分析

岑巩县地理位置优越，地处黔湘交界处，位于黔东南州东北部，东接玉屏，南连镇远县，西邻石阡县，北抵江口县。项目地块内横穿的一河一路贯穿，连接着新古两城。规划沿河向思州古城方向发展温泉休闲业态，向新城方向发展康养、社区业态，最终让一府、一城连为一体。

③ 发展定位

以温泉休闲为核心，延伸洗浴、桑拿、健身、娱乐体验等康体疗养产业链，整合会展、体育、农业观光、娱乐、购物、酒店、景观房地产等，实现旅游产品与城市载体功能相结合，打造多元化温泉产业集聚区，使温泉旅游成为岑巩旅游品牌的重要支撑，打造成为国内知名的温泉旅游目的地。

④ 项目策划

温泉酒店。建设五星级温泉酒店、温泉接待中心、汤屋、室外温泉区、大众温泉区、漂流河等。增设水上乐园，开设亲子、探险、情侣、休闲等主题区域，为旅游者及周边居住者提供城市休闲空间。

慢生活街区。与民族文化融合，沿河打造多个少数民族建筑组团，打造集滨水风情、民俗文化于一体的城市游憩商业带，配套美食街、酒吧街、书吧街、咖啡馆等慢生活业态。

自驾车露营营地。建设露营基地，丰富夜经济，打造夜晚小剧场、露天电影、篝火聚会、露天温泉等，令游客感受到身心的双重快乐。

村落型会务中心。建设国际一流会务中心，完善会议酒店、餐饮住宿等配套设施，以会务旅游带动整体旅游经济发展。

⑤ 运营方式

以“生态—养生—养心—养灵”为产品主线，开发休闲度假、生态涵养、温泉养生、美食游乐、民俗乡愁、养老宜居、亲子婚庆七大系列产品集群。通过系统化的管理模式，着力提升消费者的生活质量和生命质量。区别于其他的古镇，将温泉引入到古城内，将大大提升古城的价值；在不同类型的酒店、民宿，甚至部分的公共空间都可引用，在公共空间设置小型的泡脚池，游客玩累了，可以随时坐下来泡脚。通过“主题导入 + 多元住宿 + 多元业态 + 多样体验 + 多元消费”的多元体验，增加游客满意度、游客重游率，力争成为贵州乃至国内最具影响力的温泉康养旅游基地。

（10）八舟河生态体育旅游度假基地

① 现状基础

八舟河风景名胜区是国家级风景名胜区，位于黎平县高屯镇境内，地处黔、湘、桂三省（区）交界处，距离黎平机场 1 千米，分别沿八舟河、福禄江自西南向东北延伸，面积 15 平方千米，平均海拔 400 米。风景区由石灰岩喀斯特地貌景观，江、河、溪、库、湖、岛、水域景观，亚热带喀斯特森林景观，地下溶洞景观，丘陵草场景观以及村寨田园风光和侗苗风情所组成。区内生态良好，古朴自然，有着丰富的生物多样性和悠久的湿地文化，河流、沼泽、水库、稻田等湿地与森林组成复合湿地生态系统，是清水江乃至洞庭湖国际重要湿地的生态屏障，生态区位十分重要。依托八舟河山水田园风光、世界吉尼斯纪录的天生桥、天然溶洞、东风林场珍稀植物园等自然景观，景区不断得到保护和发展，景区内已初步形成生态农业、旅游资源相结合的产业资源集聚地。

② 开发分析

以绿色生态为基调、以湖泊森林为主景，综合考虑旅游观光、休闲娱乐、运动健身、度假养生等，实现自然风光由美化生活转变到引导健康生活，由景观设计向户外游憩空间设计转变，围绕休闲体育运动乐园、国家级体育旅游示范基地的目标定位，打造休闲体育康养组团、休闲体育公园组团、水上休闲体育组团以及休闲体育赛事与节庆组团，凝练高品质休闲体育核心吸引物，推出精品休闲体育产品和线路。依托毗邻县城和黎平机场的区位优势，以八舟河水系为纽带，整合桂花台茶旅体验园、八舟河国家级湿地公园、东风林场、高屯天生桥等，推进农体旅一体化。

③ 发展定位

以旅游和体育产业深度融合为新动能，对标优质旅游，聚焦融合发展，进一步扩大品牌影响，全环境打造、全方位服务、全产业布局，将八舟河生态体育旅游度假基地打造成为休闲体育运动乐园、国家级生态体育旅游示范基地。

④ 项目策划

a. 近期

悬崖丛林运动中心。充分利用天生桥户外资源，打造极限攀岩、极限蹦极、悬崖酒店等极限天生桥系列产品，并在东风林场策划露天剧场、丛林 CS（军事模拟类真人户外竞技运动）、军事文化体验区，整体打造文化体验集中营、东风林场集中营，配套建设森林木屋、马术俱乐部、射击与射箭俱乐部等主题俱乐部。

b. 中期

桂花台茶旅体验园。依托高屯镇桂花台丰富的茶资源，重点建设茶岭度假山庄、茶岭酒店、茶民宿、万亩茶海、茶文化馆，并强化茶园木栈道、茶间骑行道建设，开展茶园采摘体验、茶艺鉴赏、茶文化研学、茶道骑行等活动，建设集茶文化博物馆、茶文化市集、茶园生态营地、度假社区等众多业态于一体的体育旅游田园综合体。

康体养生基地。充分利用风景区的石灰岩喀斯特地貌景观、亚热带喀斯特森林景观、地下溶洞景观，打造集溶洞观光旅游、溶洞温泉体验、溶洞住宿体验等多种娱乐活动于一体的溶洞酒店；特色化开发溶洞温泉，以温泉康养为主，包括中医理疗馆、药膳养生馆、综合康疗馆，为游客提供养生保健、体检、饮食休闲等服务。

c. 远期

八舟河滨水休闲走廊。以八舟河滨水资源为依托，融入湿地文化、侗族文化、农耕文化、茶乡文化等元素，分段分主题建设滨水景观带、慢游滨水步道、游船码头等，开展滨水徒步、滨水骑行、滨水露营、水上皮划艇、低空飞行等立体游览方式，推进水陆空立体游览，营造生态宜人的滨水走廊，打造八舟河滨水休闲带，开展民间绝技独竹漂水上表演，并建设体育用品装备基地，延长产业链。

八舟湾水上休闲项目。依托八舟河水上资源，充分利用地形优势，开展水上漂流、水上皮划艇等活动，构建水上乐园；利用路亚垂钓的优势开展提倡“放流”和“环保”的路亚垂钓运动；利用码头原有资源，设置水上高尔夫场地，打造户外水上别样高尔夫。

⑤ 运营方式

“核心保护，外移开发”的保护性开发模式。八舟河景区资源保护要求高，应通过圈层布局，分级开发建设生态体育旅游度假基地。划分核心保护区、适度开发区、产业布局区，核心区不断创新保护性开发模式，提升体旅资源吸引力和号召力，适度开发建设旅游副吸引核，产业布局区完善体育旅游产业体系，构建完善的体育旅游综合服务产业体系。

2. 着力塑造 4 个城镇体育旅游示范基地和 9 个省级体育特色小镇

（1）打造 4 个具有“运动”元素的城镇体育旅游示范基地

将麻江马鞍山生态体育公园、雷山九十九农业观光园、榕江新城区体育馆、施秉㵲阳河龙舟训练基地建设为体育文化底蕴深厚、主题特色鲜明、运动休闲项目丰富，具有“运动”元素的城镇体育旅游示范基地。

① 麻江马鞍山生态体育公园

a. 现状分析

马鞍山生态体育公园是国家 3A 级旅游景区，面积约 735 亩，是麻江县唯一集生态旅游、体育、休闲多功能为一体的城郊型生态体育公园。目前建有乒乓球馆、羽毛球馆、标准篮球场、网球场、足球场、门球场、健身步道、游泳馆、四雅苑等系列健身休闲设施，有力推动了全民健身工作的开展。自 2015 年开放以来，已成功举办了具有国际国内影响力赛事 10 余次，基本实现季季有活动、月月有赛事。

b. 提升思路

盘活用好现有体育场馆资源，通过新的规划升级，实现城市有机更新，满足市民健身休闲的需求。重新梳理足球场功能，提标至标准足球场，增加赛事活动的配套设施，成为能够进行综合田径赛事和草地运动的综合性体育场，推动品牌赛事的常态化举办。对游泳馆实施硬件设施提升改造工程，成为市民健身游泳馆和青少年专业训练场所。单独设置体育组织的办公区，成立体育公园综合运营管理中心。新增体育旅游服务设施，包括壁球、击剑、体操、健身房等设施。适应市民及游客休闲游憩需求，提供更多生态空间，新增有氧公园、绿化景观、健身广场、户外拓展、林间健身跑道等公共运动休闲场地，打造成为城郊综合型城镇体育旅游示范基地。

② 雷山九十九农业观光园

a. 现状分析

园区面积 9.3 万亩，覆盖大塘镇、望丰乡 2 个乡镇的 13 个行政村，距离雷山县政府所在地 17 千米。园区以建设高标准生态茶叶和休闲观光为主导产业，配套发展经果林、畜牧养殖（黑毛猪）、特色种养殖等产业，带动发展农产品加工、生态旅游及民族文化展示等产业。

b. 提升思路

规划设计分为核心接待区、茶园示范区、田园休闲体验区、民族风情园、休闲农业园、山水茶园示范区、茶叶推广区七个功能区。新增自行车道、步道、露营地、垂钓园、水上乐园、滑雪场等体育活动设施、场地，引入户外运动、水上运动、冰雪运动、品牌赛事、体育健身、体育培训、休闲娱乐等体育旅游功能和大众体育旅游项目。新增体育旅游接待服务设施，包括木屋、民宿、酒店、茶室等。依托园区举办爬坡节、“吃新节”、“六月六”等特色民族节庆活动，打造成为具有侗族特色的城镇体育旅游示范基地。

③ 榕江新城区体育馆

a. 现状分析

新城区体育馆室内场馆拥有 3000 人观众席以及标准篮球场。2019 年，中国女篮和朝鲜女篮比赛曾在这里举行。体育馆位于榕江县新城区，交通区位条件优越，体育旅游接待基础较为成熟，可与滨江生态体育公园、恒温游泳馆、体育训练中心等体育场馆、公园形成体育旅游集聚区。

b. 提升思路

榕江县以新城区体育馆为核心，充分挖掘榕江“体操之乡”品牌，延伸“体操冠军”文化内涵，依托完善的体操训练场地、配套基础设施和卓越的体操训练氛围，引入品牌赛事、体育健身、竞技表演、创业孵化、体育培训、康体养生、休闲娱乐等体育旅游功能。推动品牌赛事的常态化举办。通过政府主导、市场运作、企业引领的模式，为全国包括体操冠军在内的冠军提供创业平台，规划体操文化体验、冠军创业孵化、运动休闲体验以及康体养生度假为一体的“冠军”主题的城镇体育旅游示范基地。

④ 施秉㵲阳河龙舟训练基地

a. 现状分析

龙舟训练基地位于施秉县城㵲阳河段，水面开阔，I类水质，可容纳3万人，是贵州省唯一一个自然水域室外冬泳赛。施秉县有60个独木龙舟队，群众参与广泛。每年端午节都在此举办大型龙舟比赛，比赛规模近年来已扩大到全州范围，在非比赛期间，游泳协会组织独竹漂展示或游泳灯光秀，但外地游客仅占一成。

b. 提升思路

依托龙舟训练基地开发水上娱乐和垂钓基地，引入户外运动、水上运动、品牌赛事、体育健身、竞技表演、体育培训、休闲娱乐等体育旅游功能。举办龙舟大赛、全国冬泳邀请赛等赛事节庆活动，推动品牌赛事的常态化举办。完善游客服务中心、旅游厕所、停车场、住宿、餐饮等旅游配套服务设施布局，提升旅游配套服务体系硬件建设水平和软件服务能力，打造成为“水上运动”主题的城镇体育旅游示范基地。

（2）培育9个省级体育特色小镇

以打造重点体育旅游产业聚集区为抓手，依托黔东南州各具特色的旅游乡镇，坚持世界眼光、国际标准、高点定位，突出黔东南州特色，坚持加强体育运动设施建设、提升休闲生活品质的基本原则，推进一点多核、一镇一品、体教融合、体医结合、错位发展的体育综合体建设，打造集人才培养、科教研发、企业孵化、营销支持、健康生活为一体，宜训、宜教、宜业、宜养、宜居、宜游的省级体育特色小镇。

① 凯里下司皮划艇体育特色小镇

a. 项目位置

凯里下司古镇至古镇东部中国皮划艇激流回旋训练基地，包括清水江沿岸区域。

b. 规划主题

以下司古镇及中国皮划艇训练基地为核心吸引物，打造水上运动休闲特色体育小镇。

c. 发展思路

依托理想的水上运动项目比赛和训练场地这一独特资源，大力培育、发展和推进水上运动的开展，提高承接水上运动赛事和活动的能力，提升水上运动娱乐主题元素，持续打造特色水上休闲体育项目，不断提高完善基础设施和服务水平，发展水上运动休闲相关产业，打造特色体育品牌，培育养生休闲产业，将下司古镇打造成水上运动休闲特色体育小镇的示范工程，成为集“康养 + 体育 + 旅游”一体化的特色体育运动度假地。

d. 重点项目

体育中心。规划新建体育馆、游泳馆，增加体育运动配套设施。完善建设篮球场、排球场、田径场等室外运动配套设施，为运动员体能训练以及大众游客进行运动休闲提供完善场地。

水上运动基地。按世界一流标准竞训场地设计建设体育训练基地，建设内容包括比赛、训练水道，综合楼、运动员宿舍、餐厅及室外配套设施。提升建设水上运动基地、水上运动训练场和2个水上活动中心。水上活动中心可开展漂流、帆船、帆板、皮划艇、汽艇、摩托艇、水上飞人、游艇休闲运动、“夏季冬泳”特色运动、自由潜水和浮潜等水下探险运动。

5 千米赛事观光栈道。沿清水江两岸打造 5 千米赛事观光栈道，由南北向木栈道呈带状分布，布置湿地、果园、滩涂、芦苇等景观，包括观光道、背景音乐、景观亮化、桥梁景观、管理用房、园林绿化等工程设施，常态化开展独竹漂等水上表演。

养生休闲中心。规划新建水文化主题精品酒店、康体养生馆、颐养居所、林间步道、运动中心、民宿酒店。依托苗药特色，建设集熏蒸苗药、苗家肚兜、苗侗医方、药方等系列苗药和苗药养生文化养生产品的原生态健康疗法健康养生中心。

自驾车营地。依托山体运动区设置露营设施，包括帐篷、营地小木屋、移动别墅等，配有运动游乐设备、公共服务设施、安全保障设施，提供汽车使用者日常生活用品的小型超市，安排露天电影、烧烤野餐、演出节目等娱乐活动。

② 镇远太极“武文化”体育特色小镇

a. 项目位置

以镇远古镇为核心，辐射镇远古城历史文化板块的苗疆古驿道、青龙洞古建筑群、卫城垣等景点景区。

b. 规划主题

结合镇远“武文化”，将古城文化与儒家文化、武术文化、太极文化进行融合，打造具有国际化品质的“武文化”体育特色小镇。

c. 发展思路

以镇远古镇历史文化为背景，以适宜环境、尊重自然、因地制宜为规划原则，塑造优美的景观与人文环境，以建筑、景观、水文、植物等形式诠释太极文化的思想意境与精神内涵，策划系列太极文化的旅游活动以及人性化的服务设施体系。走精细化、品质化的发展路径，作为镇远中国国际特色旅游目的地的重要组成部分，建成集健身休闲、培训研修、武术康养、体育旅游、影视基地、文创产业于一体的体育旅游综合体项目，打造一个具有中国太极文化特色、弘扬中国南拳武术、旅游服务配套完善的国际化特色小镇。

d. 重点项目

禅修文化区。规划新建禅修中心、禅茶、观景台、太极文化广场、休闲养生馆等禅修文化休闲设施。

武文化体验区。规划新建太极武馆、瑜伽馆、南拳文化园，设置名人堂、藏兵阁、宗史馆、南拳派别馆、武术馆会展中心，传承和弘扬南拳武术文化，打造和提升镇远武术品牌，推广和普及全民健身运动。新建新城体育公园，配套建设道路广场、旅游标识、广场小品、室外工程等。

山水运动区。依托环抱古城山地打造徒步健身道、山地自行车越野、山地自行车速降、小轮车场地运动、自行车休闲骑行、越野跑等运动，依托㵲阳河发展漂流、赛龙舟、水上竞技赛事、避暑康养、露营等项目，挖掘太极文化、武文化打造文化体验类项目。

康体养生区。规划新建童真乐园儿童游乐场以及吉祥乐园老年活动中心，铺设健身石板路。设置武文化主题酒店、武术运动损伤与康复中心。

③ 三穗高铁体育特色小镇

a. 项目位置

拟在三穗县工业园区、高铁新区、老县城交界处建立体育特色小镇。

b. 规划主题

充分发挥高铁站的区位优势和集散功能，打造具备体育旅游培训、集散、商贸、结算等总部基地功能的综合性体育特色小镇。

c. 发展思路

以三穗高铁站为依托，打造三穗高铁体育特色小镇，发挥三穗高铁站的交通优势、区位优势，规划体育旅游集散中心、体育旅游商贸中心、交通枢纽中心、自驾服务中心、云计算数据中心，打造集体育运动休闲、康体养生度假、体育旅游信息服务、体育旅游交通换乘、市场调度、体育旅游结算、体育旅游培训、体育旅游集散等多种功能于一体的区域体育旅游总部基地、体育旅游服务综合体，成为黔东湘西体育旅游集散地。

d. 重点项目

体育旅游集散综合体。以三穗高铁站为核心点，以高铁、高速公路和城际快速干道等交通大动脉为线，连接周边城市各点，使三穗成为黔东地区以及贵州省沟通内外的交通枢纽中心以及与多彩贵州自驾车中心项目相衔接，在高铁站 400 米步行圈层内，建设自驾服务中心，包括商务办公、租赁服务、车辆管理、配套服务等功能。

体育运动休闲中心。规划新建篮球场、足球场等体育场馆以及运动主题精品酒店。

黔东南州体育旅游总部基地。黔东南州各旅游企业、各大旅行社总部办公地。

体育旅游教育培训基地。专门提供体育旅游业务培训、相关体育旅游企业培训、组织学术交流及体育旅游教育培训咨询。

体育旅游商贸中心。充分发挥交通枢纽和旅游集散的优势，建设体育旅游商贸中心，以苗乡工艺、三穗地方文化特产和生态食品、健康医药产品为主题，形成特色的商贸采购中心。同时建设相关产品的研发、宣传设计、高附加值产业链开拓的集聚场所。

邛河景观美化工程。突出现代、亲水、生态、人性化的景观绿化理念，新建人行步道、景观小品和景观桥，提升沿河生态环境，营造生态宜居城市环境，满足居民游客对生活美、环境美的需求。

④ 天柱画廊慢活体育特色小镇

a. 项目位置

包括天柱县清水江三十里画廊景区和县城部分区域，项目北起赖洞村，东至社学乡芹桥，约 23 千米的鉴江、郎江流域。

b. 规划主题

突出清水江“漫游”特色和城郊江滩“慢生活”休闲氛围，为天柱城乡居民和外来游客提供一个亲水娱乐、运动锻炼、观赏休闲的优美山水长廊。打造以慢生活与休闲体育为主题的旅游综合体。

c. 发展思路

规划沿河进行景观打造，按照国家 5A 级旅游景区标准规划建设，建设完善基础设施提升工程，新增体育旅游业态，将其建设为集吃、住、行、飞、漂、蹦为一体的体育旅游基地。采取政府和社会资本 PPP 模式合作实施，将三十里画廊与县城一同创建成全国体育旅游示范城镇。

d. 重点项目

水上娱乐中心。选择开阔平缓水域，开展竹筏漂、水上摩托车、蹦极、水上排球、水上闯关、皮划艇、趣味赛龙舟等水上运动项目。

画廊提升工程。规划设计景观灯、园林绿化、景观小品、骑行道、广场等慢行系统，提升滨水公园、滨水码头景观，在保留原有风貌的基础上打造一条多功能滨水休闲观光带。

慢活长廊。在沿江画廊沿岸设施生态餐厅、观星露营地、汽车营地、木屋酒店、休闲酒吧、民宿、民俗表演、文化创意园、非遗文化园、原生态民族村落等体验性休闲项目。

休闲体育园。配套建设足球场、篮球场、排球场、羽毛球场、环三十里画廊骑行等体育旅游设施。

湿地园。策划渔耕生活体验活动，设置观鸟台、垂钓园。

温泉洗浴休闲中心。集商务、洗浴、自助餐、客房、棋牌、娱乐、健身等休闲功能于一体，设置桑拿浴、温泉浴、特色浴、冷水浴等特色水疗项目，提供休闲养生服务。

⑤ 台江苗族民族体育特色小镇

a. 项目位置

台江县施洞镇，包括施洞古镇、施洞文化旅游集聚区、施洞文化产业园、施洞大码头等区域。

b. 规划主题

充分挖掘台江县——“天下苗族第一县”的原生态民族特色，建成以苗族特色及非遗文化为主题的体育特色小镇。

c. 发展思路

突出“返璞归真、重返大自然”的“苗族腹地”原生态特色，依托境内古朴浓郁原生态的民族风情，保存完好的苗族人文资源，以非遗活化创新为核心的文化创意、体育旅游融合产业项目，改变“商业街”的传统面貌，采取前店后坊的模式让游客深度体验非遗技艺。设置体育健身活动中心、非遗活化体验中心、民族风情度假区，形成集自然风光、体育健身、民族风情、休闲度假于一体的知名苗族文化旅游目的地。

d. 重点项目

服务配套设施。进行古建筑群修缮和镇区码头扩建工程，设置客运中心及其他配套设施。规划新建精品养生酒店、银饰广场等住宿休闲配套设施。

民族体验园。开展苗族传统竞技类体育旅游项目，包括赛马、上刀山下火海、木鼓舞、芦笙舞等。开展苗族趣味竞技类体育旅游项目，包括爬竹竿、摔跤打陀螺、荡秋千、打花棍、堵脚鸡等项目。开展动物竞技类体育旅游项目，包括斗牛、斗鸡等。

体育健身活动中心。规划建设龙舟竞赛基地，并配套上下水码头、主席台、观礼台、观赛平台、运动员休息室、公共停车场、卫生间等硬件设施，可以承办大型国家级龙舟赛事，同时还可以作为皮划艇、游艇、赛艇等水上项目的训练基地。配套建设滨江广场、体育场、农村健身中心、岗党长征徒步道。

民族产业园。设置苗族文化传统技艺研习中心，开展苗族文化特色手工艺品的生产加工体验、服饰文化展销，汇集剪纸、银饰、刺绣等业态。

滨水漫游区。沿清水江设施滨江步道，沿途设置景观灯和休息座椅，设计建造高台观景、平台观江和梯台戏水为一体的大型滨江亲水空间。

⑥ 剑河苗族民族体育特色小镇

a. 项目位置

小镇位于剑河县寨章村，临近清水江，规划区域包括仰阿莎湖景区，辐射八郎古生物化石群景区。

b. 规划主题

深入挖掘苗族民族文化，打造活力、绿色、希望、创新的民族体育特色小镇。

c. 发展思路

充分开发苗族特有的少数民族特色资源，规划苗族体育文化展示、苗族体育活动体验、苗族文化体验类的特色体育旅游产品，开展丰富多彩的苗族传统体育活动呈现形式，打造集旅游观光、休闲度假、户外拓展、休闲运动、康体娱乐、风情体验等为一体民俗文化生态旅游目的地，将体育旅游项目及相关产业作为剑河县乡村振兴、产业扶贫的主要抓手，将华润希望小镇规划成大西南片区民族体育文化旅游度假地的样板。

d. 重点项目

民族文化大观园。设置苗绣苗银展示馆及民族文化大舞台，展示打禾鸡、打泥脚、舞狮、接龙舞、跳狮子、猴儿鼓舞、跳鼓、打花棍、苗拳和舞吉保等民俗表演和各类民俗活动。

苗族传统体育活动体验区。集中展示、教学、体验苗族的民族体育活动项目，包括射弩、摔跤、射背牌、押加、秋千、划龙舟、赛马、斗牛会、上刀梯、爬花杆、爬坡杆等，形成别具一格的民族特色。

户外拓展运动区。依托小镇周边山地、开敞场地，策划野外穿越、高空挑战、水上拓展、军魂拓展、运动魅力等拓展训练项目。

温泉养生度假区。突出温泉沐浴文化和养生文化主题，分为养生药浴区、激情动感区、乐活美食区、风情汤屋区、游泳馆、水疗区等功能区，提供各具特色的户外温泉泡池，配套温泉理疗房、干湿蒸“净桑”室、香薰屋、健身房、娱乐室等项目。规划新建精品酒店、沿江步道、会务中心、接待展览中心、驴友之家、美食街、运动公寓等配套基础服务设施和综合业态。

⑦ 丹寨体育特色小镇

a. 项目位置

以丹寨万达小镇为核心，辐射龙泉山蚩尤文化城、羊排古堡、卡拉民族风情游、杨颂苗寨等景区景点。

b. 规划主题

依托马术俱乐部、水上游乐、户外露营等体育旅游项目进行融合提升，打造马术主题体育特色小镇。

c. 发展思路

以旅游突出丹寨的民族文化和当地特色资源，将丹寨县 7 项国家级非物质文化遗产和 21 项省级非物质文化遗产全部引入小镇，使小镇以非物质文化遗产与现代品质生活体验相结合、自然山水风光与良好生态环境相结合，并配套了温泉康养酒店、会议中心、大型苗寨锦秀剧场、民宿客栈、万达影城、康养研学（泓文国际学校）、山水体旅（玻璃栈道、水滑道、旱滑道、悬崖秋千、水上游艇）、多彩非遗文化体验、青少年户外拓展基地（儿童乐园、萌宠园、射击俱乐部、赛马俱乐部）、度假拓展营地等各种业态，以中华民族悠久的“马术文化”为理念，融合国外和少数民族马术骑行、表演及马术比赛与交流，形成了一个集“食、住、行、游、购、娱”为一体的一站式体验中心。

d. 重点项目

马术主题园。对园区进行合理分区，分为赛马道、马厩、装备区、草场、练马场、备赛区、马球赛场、障碍赛赛场、停车场、康复中心以及生活区，开设马术实景剧、马术骑乘体验、骑马观光等游客体验活动。

运动健身区。规划建设多个体育场所，包括室内游泳池、网球场、健身会馆、羽毛球场、足球场等。

配套商业区。配套建设酒店公寓、马术俱乐部、山地体育公园、洗浴养生中心、会议室、茶室、瑜伽馆、书吧等休闲场所。

汽摩运动区。进行越野拉力、场地竞技、改装车房车集中体验及展示。

⑧ 从江东方斗牛城体育特色小镇

a. 项目位置

从江县洛香镇登岜村、大团村。

b. 规划主题

以斗牛为主题的体育特色小镇。

c. 发展思路

将自然景观、人文景观等资源进行整合，挖掘特色资源和斗牛文化，集中和集聚乡村优美环境、人文风俗、历史文化、特色资源，规划斗牛主题产品谱系，推动特色产业发展，将东方斗牛城打造成为乡村振兴强有力的龙头和载体，吸引城市资源要素的流入，承接城市消费的外溢。按照当代国家级文化创意产业园模式，面向世界打造“东方斗牛城”文化产业品牌，成为国内一流、国际知名的斗牛城。

d. 重点项目

民族民间竞技产业园。建设提升斗牛场、牛博物馆、牛交易市场等建筑设施，发展种草养牛产业，包括养牛、驯养、牛交易及斗牛文化竞技展演、斗牛赛直播等综合性业态。

民族特色区。集苗侗商贸、餐饮、文化产品、手工艺于一体，规划苗族芦笙场和表演大厅，建设小型斗牛场、斗狗场、斗鸡场、斗鸟场等民族竞技表演场，深刻感受苗侗特色。

健康养生区。围绕养生内涵，丰富养生产品品类，开发度假酒店、健康产品超市、旅游服务港、养生体验街、养生文化博览中心等不同功能载体，建设温泉、森林洗肺等产品，打造养生度假福地。

接待服务区。提升建设村寨酒店、特色餐饮、体育运动设施、“斗牛”文创商品及森林氧吧等旅游基础设施建设，为游客提供“吃住行、游购娱”良好服务设施。

景区化打造。按照传统景观打造手法进行景观核心及景观节点的设计，包括入口形象设计、核心广场设计、夜景照明设计、景观小品设计、绿化植被设计等。

⑨ 黎平侗寨民族体育特色小镇

a. 项目位置

肇兴侗寨位于贵州省黔东南州苗族侗族自治州黎平县东南部，占地18万平方米，是全国最大的侗族村寨之一。

b. 规划主题

充分挖掘“侗乡第一寨”的原生态民族特色，建成以侗族少数民族体育文化为主题的体育特色小镇。

c. 发展思路

充分利用侗族传统体育文化资源，着力打造侗族传统体育文化节、侗族千古情、花炮节等，成为特有的民族体育旅游品牌。积极建设以芦笙舞、哆耶舞、斗牛、斗鸡等侗族特色为主题的旅游特色产业，使乡村旅游与侗乡歌舞相融合，努力建设成“村村寨寨”农家乐，“家家户户”侗歌舞的旅游氛围，努力提高旅游服务质量，提高游客的重游率，作为侗文化体育旅游体验区的支撑项目，打造成为特色民族民间运动小镇。

d. 重点项目

侗寨民族体育文化体验园。集中展示、体验侗族丰富多彩的体育文化，包括摔跤、哆毽、骑木马（踩高跷）、抢花炮、要“春牛”、侗拳和三三棋等代表性的体育形式，展示侗族大歌、舞龙头、踩芦笙等民族歌舞表演。

侗族手工十坊。主要采取前店后坊的模式将侗族的精致手工艺、特色美食展现给游客。对于游客来说，不仅是买东西，而是开放式的了解、创作的全过程，给游客带来深刻的体验感。

户外运动基地。依托健身步道组织户外徒步活动，沿着肇兴至堂安侗寨（堂安梯田）再返回肇兴线路徒步，沿途可以欣赏田园风光。在六备山开始山地自行车等相关项目。

侗寨节庆活动。充分发挥侗寨月月有节日“万节民族”之举的特色，举办二月甜藤粑节，三月歌会、土王节，四月乌饭节、五月粽粑节，六月尝新节，七月“黄节”酸，八月芦笙节，九月苦酒节，十月过香节，十一月侗年，腊月姑婆节，开展丰富的节庆活动。

3. 大力打造5个景区体育旅游示范基地和多个支撑项目

（1）5个景区体育旅游示范基地

① 发展思路

依托现有较为成熟的景区景点，规划新建景区依托型的体育旅游项目，促进体育文化与旅游产业的融合发展，带动体育旅游相关产业联动发展，丰富景区景点旅游的内涵，加强民族传统体育文化的保护，将体育旅游产业作为成为景区转型升级、提质增效的主要抓手，打造成为黔东南州体育旅游的重点示范项目。

② 5个景区体育旅游示范基地

a. 苗山侗水体育旅游区

发展现状。榕江苗山侗水国家级风景名胜区位于贵州省黔东南苗族侗族自治州榕江县境内，2009 年 12 月 28 日被国务院批准为第七批国家级风景名胜区，总面积 168 平方千米，风景名胜区立足于千株百年古榕树资源和侗苗民族文化祖源地，规划分为四个景区，分别是：三宝千户侗寨景区，宰荡侗族大歌景区，七十二寨侗乡景区，龙塘奇观景区。2016 年景区接待游客 66 万人次。

规划思路。设计可供旅游者参与的专项体育旅游产品，以参与类的体育活动为主，如跳伞、山地车越野等；采用与其他旅游形式相结合的开发措施，开展观光＋体育旅游活动，如 CS 丛林实战、森林探险等；挖掘体育和旅游的契合点，以观光旅游为主，穿插体育娱乐活动、观看表演或了解体育知识，以体育表演和场馆参观为主要形式；结合苗侗民俗文化，开展民族民间体育表演、民族文化体验、民族特色养生和民族节庆活动。

b. 加榜梯田户外运动基地

发展现状。位于贵州省黔东南州苗族侗族自治州从江县西部月亮山腹地的加榜乡东北面，总面积近 1 万亩，主要分布在党扭至加榜全长 25 千米的公路两侧的党扭、加页、加车、从开、平引、加榜及加车河对岸的摆别、摆党等村。其中景色最美的当属党扭一组、加页三组、加页大寨、加车大寨、加车七组等景点。加榜梯田被评为中国最美的梯田之一。

规划思路。深入挖掘稻鱼鸭共作的古老体系农业文化遗产，新增农耕文化体验项目，包括小菜园种植、采摘、手工制作等；发展登山、骑行、越野等山地户外项目，打造户外运动基地；提升民宿、农家乐配套服务品质；加强水利、电力、通信、公路、停车场、商店、酒店、餐馆等基础服务设施的建设。

c. 隆里古城体育旅游信息化示范园

发展现状。隆里古城位于贵州省黔东南州苗族侗族自治州锦屏县西南边沿，是一座有着 600 多年历史的古军事屯堡，古城面积 48174 平方米，有 760 余户，3280 余人。隆里古城是中国与挪威合作“贵州生态博物馆群”之一和贵州省重点建设的文化古村镇之一，是省级风景名胜区、省级历史文化名镇。2007 年被列为“中国历史文化名村”。2013 年，隆里古建筑群被列为全国重点文物保护单位。2016 年隆里古城春节长假七天游客首次突破 10 万人次，比上年增加了 400%。

规划思路。提升隆里古城建筑特色的“运动”元素，建设体育与历史文化结合的特色建筑设施，规划新增春蕾林场森林徒步运动康养区。合理开发整个区域体育旅游资源，提升古镇体育基础服务设施建设，科学开发多样化体育旅游产品，将区域特色节庆活动、体育赛事活动等融入基础服务设施建设中，为游客提供优质的体育旅游、康体建设、养生度假服务。与区域旅行社、人才培训机构、高等院校等有机合作，共同培育具备高水平的复合型体育旅游专业人才，培养体育旅游发展体育旅游教练、向导。以游客需求为导向，高效应用已有的自然、人文等资源，提升体育旅游信息化发展程度，构建体育旅游信息化示范园区。

d. 东南大峡谷山水体育旅游区

发展现状。黔东南州大峡谷位于黔东南州岑巩县，是国家 3A 级旅游景区，距县城 34 千米、湘黔铁路玉屏火车站 17.5 千米、高铁铜仁南站 11 千米。该景区以农文旅融合发展为前提，充分挖掘马家寨陈圆圆墓等历史文化资源，加快景区基础设施建设，着力打造生态、休闲、人文旅游产业。2016 年，该县成立了“黔东南州大峡谷暨龙鳌河 · 马家寨景区建设指挥部”，围绕“多彩小花滩、惊险大峡谷、烽火隘门关、探秘马家寨、缘聚大树林、山水土家寨、有机农业主题公园”七个功能板块对景区进行升级改造，打造国内外知名山地康养休闲旅游目的地。

规划思路。进一步发挥大峡谷体育旅游资源的潜力，合理有效开发体育旅游资源，丰富体育旅游项目，开展峡谷探幽、徒步、攀岩、速降、定向越野、露营等山地体育休闲项目，依托河流、溪流开展漂流、溜索过河、溯溪、溪降等水上运动，以及赛龙舟、放竹筏等民俗运动和相关节庆活动。加强体育旅游公共配套基础设施建设，建立与生态体育旅游项目配套的专业服务设施和防护设备，提升公共服务能力。提高体育旅游的科技含量，将智慧体育旅游应用于体育旅游活动的每一个环节，保障活动安全、高效、顺利地开展。

e. 高过河运动康养基地

发展现状。高过河风景名胜区位于镇远北部羊场与尚寨乡的洞塘，西至大地乡路腊村境内，向西北蜿蜒 11 千米，河流落差 200 米，两岸原始森林植被拓展数千米，被誉为“一条会唱歌的河”，主要景点有高过河和三寨村。

规划思路。依托森林、河流自然生态资源，开展帐篷营地、漂流、篝火晚会、水幕电影、自行车道等运动休闲活动。规划新建兼具运动、度假、养生、疗养、康复功能的康养基地。完善健身步道、森林氧吧、练功场地、拓展营地等体育旅游配套设施，完善体育旅游产业体系与服务，推出系列体育旅游产品，提升体育旅游服务品质。

（2）多个体育旅游支撑项目

① 发展思路

充分挖掘黔东南州体育旅游资源，针对不同职业、文化程度、年龄段的旅游者，通过规划新建一批、已建提升一批、在建升级一批，加强特色健身休闲设施建设，增强体育旅游的内涵，推进体育旅游设施服务标准化建设，开发相适应的体育旅游活动或赛事，提升旅游资源增值能力，同步发展体育旅游关联产业，引入大型产业集团，加强品牌建设，在开发体育旅游项目的同时与自然生态形成动态的良性循环，保持人文、生态、资源、环境的和谐统一，形成黔东南州体育旅游项目支撑体系。

② 体育旅游支撑项目列表（表 3–14）

表 3–14　体育旅游支撑项目列表

序号	项目名称	重点建设内容	规划性质	所在县（市）
1	小高山体育公园	大型生态停车场、各区域停车场、五环中心广场、极限游乐区、极限攀岩区、康体生态公园、自行车速降赛道区以及游泳馆、篮球馆、羽毛球馆、综合馆、体育场	在建升级	凯里
2	云谷田园拓展基地	现代精品农业生产示范区、大型有机生态餐厅、农业休闲观光采摘。大回环滑梯、巨兽碗滑梯、加勒比海盗风格水寨等二十多款水上游乐设备，温泉 SPA（水疗）等	在建升级	
3	民族体育场	体育场馆升级改造工程，对体育馆的主体建筑、体育场主体看台的外立面和房间楼地面、内墙、顶棚等维修加固改造，围墙栏杆、塑胶跑道、足球场地和道路广场等重新整修，消防、电气、排水及照明系统等优化提升。积极申报体育旅游赛事，打造体育旅游品牌	已建提升	

续表

序号	项目名称	重点建设内容	规划性质	所在县（市）
4	碧波花诗园拓展基地	新增水上拓展、攀岩、骑行健身、林间步道、垂钓、蔬果采摘、露营基地、养生会所等项目	已建提升	凯里
5	陶尧体育游客服务中心	新建欢庆大道、祭祀广场、旅游集散中心、商业文化街、文化休闲区、徒步步道、温泉室内体育场等	规划新建	雷山
6	苗家大院民族体育旅游区	提升水上粮仓、民宿、油画艺术工作室、苗家大民俗博物馆已建项目。新增建设古法榨油、古法酿酒、手工制陶、手磨豆腐、苗药堂等古法手工坊。增设农业采摘、健身步道、露营、民宿节庆跳竹杠等体育旅游项目	已建提升	雷山
7	西江盛典大型山水实景演出	在演艺场馆的入口广场新增图腾大道、绣球广场、苗侗美食街、互动游乐馆等具有体验性、参与性的游乐项目。新增秋千桥、水上漂、独木桥等水上体育竞技类娱乐项目	已建提升	雷山
8	悦榕庄运动康养酒店	配套建设体育旅游设施，包括健身步道、瑜伽馆、健身房、高尔夫、养生按摩馆等	规划新建	雷山
9	榕江古街健身步道	规划新建滨江生态体育公园与榕江古街的连接道路。新增包括太极拳、滚轴、滑板、人工攀岩、小型健身器材等体育旅游设施。提升滨江生态体育公园的基础设施与服务品质	已建提升	榕江
10	游泳馆	新增水疗、按摩、桑拿、乒乓球、羽毛球、机械健美、女子瘦身等运动休闲类项目，积极承办国家级比赛	已建提升	榕江
11	新城区体育馆	发挥体育设施的多种功能，满足杂技、马戏、文艺、电影放映、举办展览等多功能需求，根据不同档次、不同价格分设贵宾包厢、VIP 观看区，积极承办国家级比赛	已建提升	榕江
12	体育训练中心	将体操训练基地作为观光景点来升级打造。提供观看体操训练、比赛或者演出的场地和设施。增设零售店、纪念品商店，新增饮食服务设施，积极承办体操比赛	已建提升	榕江
13	三宝侗寨民族体育旅游区	开展拍毽子、高脚马、斗鸡、斗牛角、扭扁担、打陀螺等侗族传统民间竞技活动。组织竹筒长桌宴、侗戏等项目观看体验侗族生产生活习俗	已建提升	榕江
14	乌公寨—露营基地	开展漂流、溜索过河、溯溪、溪降等水上运动以及皮划艇、放竹筏等各类水上游乐民俗运动和节庆活动	已建提升	榕江
15	乐里斗牛小镇	规划新建户外体育场馆，包括足球场、篮球馆、羽毛球馆以及垂钓点。新建体能训练基地，可开展户外拓展项目	已建提升	榕江
16	小丹江苗寨民族体育旅游区	开展铜鼓舞、芦笙舞、赛马等苗族民族表演类项目，打陀螺、射弩、押加等趣味体验类体育旅游项目以及斗牛、斗鸡等动物竞技类项目	已建提升	榕江
17	一场两馆	建成集场馆赛事、文体产业、美食商业、星级酒店、生态疗养等综合业态为一体的居民游客体育休闲度假地	在建升级	施秉

续表

序号	项目名称	重点建设内容	规划性质	所在县（市）
18	龙文化综合体育小镇	对县城水上运动基地进行升级改造，建成河滨体育旅游综合体，打造体育、文化、旅游融合的综合型体育小镇	规划新建	施秉
19	杉木河漂流旅游区	开展包括船只、竹筏、木筏、橡皮艇在内的多样化水上体育旅游活动。新增健身步道、特色餐饮、休闲养生等业态，增加体育旅游产业链。加强漂流运动的安全管理工作，加强景区的环境保护，特别是漂流河段两岸的生态环境保护	已建提升	
20	宏泰斗牛场	对标准场地进行翻新升级改造。规划新增休闲运动区，提供健身、运动、休闲功能。新增以牛为特色的文创产品和牛系列特色美食	已建提升	
21	㵲水云台文体广场	结合环城健身步道、音乐广场等现有基础设施，配套新增运动锻炼器材、舞蹈练功场地、有氧绿道、游客服务中心等设施，成为市民游客健身休闲的城市会客厅和旅游服务集散中心	已建提升	
22	云台山山地旅游区	在樱桃湾景点增加丛林穿越、徒步等体育旅游元素。加入峡谷探幽、徒步、攀岩、溯溪等参与体验型的体育旅游产品。提升景区的二次消费，加强景区的环境保护	已建提升	
23	高碑湖汽车营地	开发农业采摘、徒步、露营等休闲运动项目。规划新建汽车营地	已建提升	施秉
24	红六军团红军长征路	规划新建红军历史展览馆。以“重走红军路”为主题，设置健身步道。配套拓展运动设施和活动，开展红色体育党建活动	已建提升	
25	铁溪马拉松健步道	组织马拉松赛事。提升步道、厕所、垃圾桶、防护栏等体育旅游基础设施建设。进一步挖掘景区历史文化内涵，提升景区形象	已建提升	镇远
26	狮子山森林运动康养区	规划体育竞技中心、游客接待中心、石林观光区、生态宜居区以及养生度假区。营造出风格迥异的休闲氛围，创造出亲和、舒适、环境与人共生的宜居环境	规划新建	从江
27	銮里生态体育公园	规划新建篮球馆、田径场、博物馆、环形步道，组织徒步大赛	已建提升	
28	大歹苗寨水上运动区	规划新建智能民宿、客运码头和度假山庄。依托都柳河开展快艇、水上摩托、水上自行车、降落伞、仓鼠球等水上体育旅游项目	已建提升	
29	芭莎苗寨体育竞技园	开展竞技类、趣味类以及动物竞技类苗族特色民族体育旅游项目，开展射箭、射击类体育旅游项目	已建提升	
30	黎平国家森林公园山地运动基地	依托森林资源优势开展森林野战、森林氧吧氧浴、森林探险、丛林穿越、丛林溯溪、露营、骑马等体育休闲项目	已建提升	黎平
31	天生桥户外运动基地	组织开展露营、户外拓展、野外求生、音乐节等运动休闲活动	已建提升	
32	桂花台茶旅徒步园	组织自行车、徒步游活动。开展茶主题功夫表演，在茶园举行健身操或者太极拳的比赛。开发茶具制作体验项目，通过采摘、炒茶、做茶等方式参与茶的制作	已建提升	

续表

序号	项目名称	重点建设内容	规划性质	所在县（市）
33	清江阁体育旅游服务中心	开展夜间游船、水幕电影、水上灯光秀、龙舟、皮划艇等运动休闲活动	已建提升	剑河
34	未来城体育馆	依托已建的游泳馆、篮球馆、羽毛球馆、乒乓球馆开展体育健身、训练、锻炼、赛事及日常运动等活动	已建提升	
35	剑河体育场	依托已建标准田径场、篮球场、门球场、网球场、乒乓球场、羽毛球场组织开展各类体育健身、训练、锻炼、赛事及日常运动等活动。积极举办广场舞、水鼓舞赛事	已建提升	
36	剑河运动康养温泉酒店	依托国际温泉酒店、温泉汤屋、仰阿莎酒店、水上乐园、商业街开展水上体育旅游活动。依托周边风景名胜区新建游步道	已建提升	
37	屯州石板苗寨民族体育旅游区	开展苗族特色体育旅游项目，组织开展水鼓舞表演。规划新建温泉度假区，开展康体养生项目	已建提升	
38	八郎古山地运动景区	开展古生物科普、古生物挖掘活动，规划新建古生物博物馆。新增徒步、爬山、露营等体育旅游活动	已建提升	
39	排生村健身步道	规划新建田间步道、汽车露营地、帐篷营地、停车场、民宿等体育旅游配套设施	已建提升	台江
40	红阳寨马拉松步道	积极组织马拉松、越野跑活动，围绕体育旅游接待基地的定位，做好住宿、餐饮、养生、休闲等配套设施建设和服务。与台江县生态体育公园规划相衔接	已建提升	
41	长滩村独木舟基地	规划新建独木龙舟基地，开展龙舟竞技和竹漂等水上项目。依托美丽乡村健身步道开展马拉松等体育赛事	已建提升	
42	白水洞野营基地	规划新建野营基地小屋、溯溪攀爬设施、树屋、广场等体育旅游配套服务设施	已建提升	
43	交宫村汽车营地	规划新建汽车营地、民族养生馆、健身步道、休闲垂钓等运动休闲类项目	已建提升	
44	苗岭国家地质公园山地旅游区	依托国家地质公园开展科学研究、科普宣教和运动休闲项目。组织开展爬山、攀岩、定向越野等体育休闲项目	已建提升	
45	三门塘清水江皮划艇基地	保护修缮古建群。规划新建露营、步道、漂流项目。依托清水江发展皮划艇、赛龙舟等体育赛事，打造静水摩托艇、皮划艇基地，建成全国体育旅游示范景区	已建提升	天柱
46	龙舟纪念馆	收集大量龙舟制作工具、龙船模型、龙舟图、鼓、桨等珍贵藏品，通过各类手工艺品、特色服饰、油画、情境再现等手段，将龙舟习俗、龙船制作、龙舟饭等龙舟民俗场景进行一比一再现，传承龙舟非遗文化	规划新建	
47	天柱体育场	增设零售店、纪念品商店以及饮食服务设施。在体育场周边发展体育赛事、文体产业、美食商业、星级酒店、生态疗养等综合业态，延长体育旅游产业链	已建提升	

续表

序号	项目名称	重点建设内容	规划性质	所在县（市）
48	苗岭自行车运动基地	规划新建各具特色的民宿，积极举办自行车爬坡赛	已建提升	
49	蓝梦谷运动康养园	依托蓝莓科普馆、蓝莓研究院、游客接待中心、蓝莓酒庄、山地自行车赛道，山地嬉戏游乐项目和康养项目开展蓝莓采摘、骑行、垂钓、养生等项目	已建提升	麻江
50	夏同龢状元第自行车赛道	规划新建自行车赛道将夏同龢状元第和马鞍山生态体育公园连接	已建提升	
51	马家寨民族运动园	开展扽锣、花灯、金钱棍、傩技傩戏等民俗活动。开发农业采摘、健身步道、露营等休闲运动项目	已建提升	
52	木召生态运动度假区	规划新建攀岩探险、神树祭拜等项目。对道路等基础设施进行提升建设	已建提升	岑巩
53	玉门洞拓展园	体验土家特色民族风情，开展生态湿地观光、农耕文化体验、户外素质拓展等活动	已建提升	
54	大有镇雄鹰斗牛场	积极组织开展斗牛表演、赛事，可进行逗牛、驯牛、骑牛等表演。提升基础配套设施，提供吃、喝、玩、乐综合服务。与旅行社对接，提高旅游吸引力	已建提升	
55	体育公园	依托已建足球场、篮球场、网球场、羽毛球场、门球场等体育场地开展各类体育运动、赛事。规划建设大型体育场馆、酒店、服务中心	已建提升	岑巩
56	思州古城运动康养基地	依托古城、温泉特色资源，开发温泉理疗、水疗 SPA、温泉酒店、康体养生项目	规划新建	
57	朱家山森林公园山地旅游区	山底规划新建营地，依托山体开展登山、野钓、徒步等项目	已建提升	黄平
58	湘黔古驿道	保护修缮古驿道，新建徒步基础配套设施，串联一山一水一古城	已建提升	
59	龙泉山蚩尤体育文化园	提升建设健身步道、热气球、观光飞机项目。规划新建攀岩、索道	已建提升	丹寨
60	汞矿遗址运动园	规划新建汞矿博物馆以及公园体育配套基础服务设施。开展体育旅游项目。积极申报矿山公园	已建提升	
61	永灵山体育公园	依托现有全民健身步道开展徒步活动，围绕体育公园的定位，规划新建体育场、篮球馆、羽毛球馆、网球场、乒乓球场等体育旅游场馆设施	已建提升	
62	木良民族体育旅游体验基地	开发划龙船、放河灯、斗牛、斗鸟、唱山歌等民族体育活动，积极举办龙舟大赛	已建提升	三穗
63	颇洞农业生态运动园	依托乡村旅游体验项目开展开发农业采摘、徒步、露营等休闲运动项目，规划新增自行车车道，丰富产业业态，增加参与型体验式体育项目	已建提升	

续表

序号	项目名称	重点建设内容	规划性质	所在县（市）
64	贵洞拓展园	按照 4A 级景区标准进行建设提升，完善营地、步道、溶洞探秘、拓展训练等体育活动设施	已建提升	三穗
65	盛丰农业生态运动园	规划建设科技农业展览馆、生态农业体验餐厅、温室乐园、育苗中心、田间栈道、五彩稻田、现代农业科普示范园、台湾精品水果采摘园等集旅游观光、度假休闲体验、科普教育等为一体的现代生态农业园区。积极申报马拉松赛事	已建提升	锦屏
66	石斛产业康体运动园区	集农业采摘、农业观光、四季水果展销为一体。与羽毛球产业园联合开展体育旅游活动。依托产业园，利用园区内道路发展山地自行车等体育竞技活动，打造集体验、康养、采摘为一体的体育旅游综合体	已建提升	
67	木商体育文化古镇	依托已建足球场开展运动训练、体育比赛、健身锻炼、日常运动等活动，开发龙舟赛、水上运动赛事活动	已建提升	

4. 提升策划九大体育旅游国际品牌赛事

（1）发展思路

打造一批精品赛事和特色活动。推进重大品牌赛事市场化运作和商、旅、文、体联动发展，实现体育资源、文化资源和旅游资源优势互补，实现从体育赛事产品向旅游产品的转变与升级。联合专业体育机构和有实力的企业，通过专业化、市场化运作，重点策划打造 8 个国际品牌赛事，推动赛事常态化举办，每个县（区）培育 1 项成长性好的国家级品牌赛事，城乡居民人人培养 1 项户外运动爱好。

（2）品牌赛事策划

① 提升“环雷公山超 100 公里跑”国际挑战赛

举办时间：11 月 8—10 日。

举办地点：凯里市、雷山县、镇远古镇。

活动内容：赛程总长超过 100 千米，分为“三天三地三段”进行比赛，是目前中国唯一一个多地点、多段位、三日赛程的超长跑国际挑战赛。挑战赛是一项超长距离的跑步运动，也是一项高风险的竞技项目，分为两个全程马拉松和一个半程马拉松。

提升思路：推动“环雷公山超 100 公里跑”国际挑战赛的常态化举办。提升赛事的品牌识别性，内化为游客大众的价值主张，为与游客大众建立良好关系奠定坚实基础。通过商业开发实现自身品牌、商业品牌、媒体品牌以及城市品牌的共存共赢，提升品牌的无形资产。

② 策划国际山地户外运动公开赛

举办时间：9 月 2—7 日。

举办地点：雷山县。

活动内容：运动项目包括山地自行车、骑跑交替、定向越野跑、峡谷穿越、暗河穿越、溯溪、速降、四人橡皮艇、皮划艇、射击等近 20 个竞赛项目和抬滑竿、背背篼等独具地方特色的娱乐项目。该项赛事竞技项目的比赛，参赛的国外运动队来自十余个国家，代表当前国际户外运动水平最高、强度最大、设计最科学、最具有挑战性的顶级水平。

策划思路：因地制宜与项目创意相结合，依据黔东南州山地户外的地形地貌、自然环境特征策划系列竞赛项目，打造户外体育赛事的原动力与整合力。科学考察与论证紧密跟进，形成体育与历史、地理、人文资源高度融合，特别是与苗侗少数民族文化之间的紧密结合。

③ 策划环月亮山世界汽车拉力赛

举办时间：1—11 月。

举办地点：榕江县。

活动内容：世界汽车拉力锦标赛（WRC）是与 F1 齐名的另一个世界顶级汽车赛事。各队车手驾驶经过专业改装的量产车，战胜包括沙石、冰雪、柏油、泥泽、雨地在内数千千米的种种恶劣地形，力拼 11 个月决出最终的王者。

策划思路：利用月亮山自身的地理条件举办环月亮山世界汽车拉力赛，并将大型户外体育赛事开发与品牌经营相结合。依托黔东南州苗侗民族民间文化、自然地理资源特色，利用世界汽车拉力赛捆绑名山、名水，达到品牌组合营销的目的。借助整合营销传播策略，通过广告、公关、促销、数据营销等不同手段，以及制作专题节目、新闻发布会、采访报道、直播播报等方式，实现全方位推广策略。

④ 提升中国下司 · 国际皮划艇锦标赛

举办时间：5 月 1—2 日。

举办地点：麻江县下司皮划艇激流回旋训练基地。

活动内容：举办亚洲最高水平的激流回旋赛事，共设男、女子皮艇激流回旋和男子单人划艇激流回旋等 18 个比赛项目，其中男子皮艇激流回旋、女子皮艇激流回旋、男子单人划艇激流回旋、男子双人划艇激流回旋四个项目属于奥运会比赛项目。

提升思路：推动中国下司 · 国际皮划艇锦标赛的常态化举办。增强赛事的互动性，增设青少年赛事活动，创新比赛内容与形式，将时下新颖的内容形式与传统精华活动相结合，让赛事更具张力和活力，拥有持久生命力。多方协调配合，优化赛事服务，完善配套餐饮休闲服务。

⑤ 提升黎平百里侗寨国际划骑跑

举办时间：8 月 26 日。

举办地点：黎平县。

活动内容：分为划骑跑三项公开组、自行车单项组、全民健康跑。比赛起点在黎平县南泉山广场，终点位于黎平县肇兴侗寨。参赛者需在 10 小时内分别完成皮划艇、山地车、越野跑共计 111 千米比赛，是目前中国比赛距离最长的个人户外多项赛。

提升思路：推动赛事的常态化举办，在进行竞赛表演的同时，注重对赛事产品内涵的扩展与延伸。增加赛事与游客受众的互动性，增设大众游客可以参与体验的比赛项目，与赛事产生共鸣。建立参赛方利益共享的面向市场的长效机制，提高体育赛事质量水准。

⑥ 提升“苗岭之巅”雷公山国际徒步大会

举办时间：12 月 2 日。

举办地点：雷山县。

活动内容：起点为雷山县铜鼓广场，途经小郎当苗寨、乌秀苗寨、陶尧苗寨、白岩苗寨、响水岩瀑布景区、乌东苗寨，穿梭于雷公山国家森林公园大氧吧，最后到达苗岭之巅雷公山，全程 18 千米。

提升思路：推动赛事常态化举办、品牌化推广，结合雷山县苗寨民族文化特色、自然地理条件，深入挖掘，把培育品牌赛事作为推动体育旅游产业发展的载体，实现品牌赛事培育政策。强化新闻宣传和广告策划力度，对每届的赛事进行策划与创新。

⑦ 策划 AOPA 国际飞行大会

举办时间：9 月 26 日至 10 月 6 日。

举办地点：黄平县旧州古镇。

活动内容：活动包括特技飞行、热气球、动力伞、直升机、无人机等内容以及空中游览、编队飞行表演等一系列节目。

策划思路：依托旧州古镇飞虎机场打造 AOPA 国际飞行大会，力争打造连续举办、定期举办的系列赛事活动，形成组织规模不断扩大、赛事级别不断提高、社会经济效益不断发展、国际影响力不断增强的品牌效应。赛事既要融合体育赛事的竞技性特点，突出比赛的激烈性和观赏性，也要涵盖体育活动的群众性特征，吸引各类人群共享体育乐趣，展现活动的广泛性和参与性，达到以赛事创品牌、以活动促发展的目的。

⑧ 提升国际斗牛节

举办时间：10 月 1—4 日。

举办地点：从江县东方斗牛城。

活动内容：吸引来自国内以及越南、泰国、缅甸、柬埔寨等国家的斗牛爱好者参加，上百头斗牛参加比赛，在赛制方面按照不同的重量级别分组进行。为游客提供一场惊心动魄的东方斗牛文化大餐。

提升思路：推动赛事常态化举办、品牌化推广。建立参赛方利益共享的面向市场的长效机制，提高体育赛事质量水准。建立完善国际斗牛节的品牌保护制度，使国际斗牛节在国际市场得到广泛认可，实现品牌的可持续发展。

⑨ 策划镇远段长征文化登山锦标赛

举办时间：11 月 15 日。

举办地点：镇远县长征文化公园。

活动内容：为纪念“红军长征胜利”而举办一年一度的长征文化登山比赛活动，表达对革命先烈的深切缅怀之情和继承遗志。

策划思路：从镇远长征文化公园开始，串联镇远县红色旅游景点，途经缅怀革命烈士纪念广场、祝圣桥、四里桥，最终到达鸡冠岭，形成缅怀先烈、地形多样、强身健体、风光宜人的常态化赛事活动。

5. 构建特色多样的体育旅游黄金线路

（1）4条区域体育旅游联动线路

"湘"约黔行沿江游：张家界—凤凰古城—印江美女峰—石阡佛顶山—石阡温泉—思南九天温泉—思南石林—德江傩文化第一村—沿河乌江山峡—铜仁古城—张家界—凤凰古城—大明边城—朱砂古镇—亚木沟—梵净山—千户苗寨—镇远古城—黄果树—青岩古镇。

重庆+贵州跨省游：重庆（洪崖洞、磁器口古镇）—遵义（会议会址、海龙屯）—贵阳（花果园双子塔、甲秀楼）—凯里（西江千户苗寨）—剑河温泉城—镇远古城—㵲阳河国家级风景名胜区—施秉杉木河漂流—施秉云台山—黄平㵲阳湖—麻江蓝莓生态旅游区—丹寨万达小镇—荔波漳江风景名胜区。

文化遗产精品自驾线路：贵阳（贵州省博物馆）—镇远（古城）—玉屏（箫笛制作）—黎平（肇兴侗寨蓝靛印染、侗族大歌）—从江（瑶族药浴）—台江（反排木鼓舞）—榕江（侗族大歌、摆贝苗寨苗族蜡染）—三都（怎雷水寨、水书博物馆、马尾绣）。

山水运动休闲之旅：凯里市（下司古镇）—镇远县（镇远古城）—剑河县（剑河温泉）—万山区（朱砂古镇）—江口县（梵净山）—石阡县（石阡温泉）。

（2）4类体育旅游黄金线路

① 自驾线路

环雷公山自驾线路：凯里市（三棵树镇、季刀村）—郎德上寨—南猛村—陶尧村—白岩村—乌东村—格头村—雀鸟村—小丹江/昂英村—两汪乡—白道村—南宫镇—交密村—汪江村—交宫村—反排村—红阳草场—南刀村—九摆村—控拜村—麻料村—西江村—三棵树镇。

苗侗风情自驾线路：凯里—雷山（西江苗寨）—榕江县—肇兴侗寨—从江县（岜沙苗寨、加榜梯田）。

生态黔东南州露营线路：黄平㵲阳河坝区汽车露营基地—黄平旧州低空飞行康养体育特色小镇—施秉都市森林康养基地—三穗颇洞生态园—三穗贵洞景区汽车露营基地—天柱画廊慢活体育特色小镇—天柱麻卡天柱甘溪功夫村露营地。

② 骑行线路

黎平·百里侗寨骑行线路：南泉山生态体育公园—萨玛公园—二望破—中潮农业产业园—龙形冲茶园—顺化瑶寨—六背山大风车—肇兴侗寨。

雷公山骑行线路：雷山县城—黄里坳—乌东苗寨—雷公山顶—白岩苗寨—雷山县城。

③ 穿越徒步线路

黎平侗都红色徒步线路：佳所陈云住址—羊角岩战斗遗址—黎平翘街—黎平会议会址—八舟河国家湿地公园—牛耕部落种子博物馆—少寨红军桥—飞龙洞—天生桥。

环雷公山体育旅游黄金徒步线路：方祥乡陡寨—雷公坪—西江千户苗寨—郎德苗寨—乌东村（中国经典村落景观）—白岩村（梯田托起的村庄）—格头村（世界文化遗产预选地）—毛坪村—陡寨村。

月亮山徒步之旅：榕江加两村—计划村—摆绞村—上拉力村—污讲土家寨—加牙老寨。

长征徒步之旅：下温村—中潮佳所坪坝—羊角岩—黎平翘街—八舟—少寨—阳朝村—草坪村。

镇远段长征文化登山锦标赛线路：镇远长征文化公园（小河关战斗遗址）—缅烈革命烈士纪念广场—府城垣—祝圣桥（红军战斗遗址）—卫星桥（红军经过古遗道起点）—四里桥（红军经过古遗道终点）—桂花村—铁溪景区入口—龙潭（《儒林外史》第 43 回中的龙神嫁妹）—苗寨遗址—鸡冠岭。

④ 其他主题线路

"活力"黔东南州之旅：凯里国际体育旅游名城（舟溪甘囊香苗族芦笙节）—黄平（飞虎低空旅游基地、野洞河漂流）—黑冲景区（红色旅游教育基地）—施秉（杉木河漂流、云台山登山、高碑景区）—全国冬泳大赛—镇远（镇远太极"武文化"体育特色小镇、㵲阳河景区、高过河漂流、报京侗族播种节）—朱家山—赛龙舟—岑巩温泉—思州古镇—三穗寨头苗族祭桥节。

"酷动"黔东南州之旅：凯里（下司皮划艇体育特色小镇、云谷田园、香炉山爬坡节）—麻江卡乌苗族翻鼓节—丹寨（高要梯田、万达小镇）—雷公山徒步—千户苗寨药浴—巴拉河—台江独木龙舟（台江姊妹节、端午节赛龙舟）—翁密河（漂流）—剑河（苗族民族体育特色小镇、剑河温泉、仰阿莎湖景区）—文斗苗寨—锦屏三江水利风景区。

"康养"黔东南州之旅：榕江（月亮山、三宝侗寨、三宝侗族萨玛节）—从江（岜沙苗寨、加榜梯田户外运动基地、东方斗牛城体育特色小镇）—黎平（侗寨民族体育特色小镇、黄岗侗族抬官人节）—八舟河生态体育旅游度假基地。

6. 重点体育旅游项目建设期限（表 3-15）

表 3-15　重点体育旅游项目建设期限

项目类型	项目名称	建设期限		
		近期	中期	远期
十大体育旅游亮点项目	凯里国际体育旅游名城	√		
	长征红色体育文化公园	√		
	雷公山户外运动旅游基地	√		
	榕江世界斗牛城	√		
	云台山、㵲阳河山水体育旅游示范基地	√		
	锦屏体育旅游装备产业园	√	√	
	红阳万亩草场户外营地	√		
	黄平飞虎低空旅游基地	√	√	
	岑巩温泉康养体育旅游基地		√	
	八舟河生态体育旅游度假基地		√	
4 个城镇体育旅游示范基地	麻江马鞍山生态体育公园	√		
	雷山九十九农业观光园	√		

续表

项目类型	项目名称	建设期限		
		近期	中期	远期
4 个城镇体育旅游示范基地	榕江新城区体育馆	√		
	施秉㵲阳河龙舟训练基地	√		
9 个省级体育特色小镇	凯里下司皮划艇体育特色小镇	√		
	镇远太极“武文化”体育特色小镇		√	
	三穗高铁体育特色小镇			√
	天柱画廊慢活体育特色小镇		√	
	台江苗族民族体育特色小镇	√		
	剑河苗族民族体育特色小镇		√	
	丹寨体育特色小镇		√	
	从江东方斗牛城体育特色小镇	√		
	黎平侗寨民族体育特色小镇	√		
5 个景区体育旅游示范基地	苗山侗水体育旅游区	√		
	加榜梯田户外运动基地		√	
	隆里古城体育旅游信息化示范园			√
	东南大峡谷山水体育旅游区		√	
	高过河运动康养基地			√
多个体育旅游支撑项目	民族体育场、碧波花诗园拓展基地、苗家大院民族体育旅游区、西江盛典大型山水实景演出、榕江古街健身步道、游泳馆、新城区体育馆、体育训练中心、三宝侗寨民族体育旅游区、乌公寨露营基地、乐里斗牛小镇、小丹江苗寨民族体育旅游区、杉木河漂流旅游区、宏泰斗牛场、㵲水云台文体广场、云台山山地旅游区、高碑湖汽车营地、红六军团红军长征路、铁溪马拉松健步道、銮里生态体育公园、大歹苗寨水上运动区、芭莎苗寨体育竞技园、黎平国家森林公园山地运动基地、天生桥户外运动基地、桂花台茶旅徒步园、清江阁体育旅游服务中心、未来城体育馆、剑河体育场、屯州石板苗寨民族体育旅游区、八郎古山地运动景区、排生村健身步道、红阳寨马拉松步道、长滩村独木舟基地、白水洞野营基地、交宫村汽车营地、苗岭国家地质公园山地旅游区、三门塘清水江皮划艇基地、天柱体育场、苗岭自行车运动基地、蓝梦谷运动康养园、夏同龢状元第自行车赛道、马家寨民族运动园、木召生态运动度假区、玉门洞拓展园、大有镇雄鹰斗牛场、体育公园、朱家山森林公园山地旅游区、湘黔古驿道、龙泉山蚩尤体育文化园、汞矿遗址运动园、永灵山体育公园、木良民族体育旅游体验基地、颇洞农业生态运动园、盛丰农业生态运动园、石斛产业康体运动园区、木商体育文化古镇	√		

续表

项目类型	项目名称	建设期限		
		近期	中期	远期
多个体育旅游支撑项目	小高山体育公园、云谷田园拓展基地、一场两馆、剑河运动康养温泉酒店、贵洞拓展园		√	
	陶尧体育游客服务中心、悦榕庄运动康养酒店、龙文化综合体育小镇、狮子山森林运动康养区、龙舟纪念馆、思州古城运动康养基地			√
体育旅游支撑体系建设项目	智慧旅游服务“一中心三平台”项目		√	
	“漫游”交通网络建设工程	√		
	全民体育休闲工程		√	
	品牌营销推广工程	√		
	体旅标准化体系建设工程	√		

3.3.4 构建体育旅游新型产业体系

1. 整合体旅产业融合方式

（1）产业内部的重组融合

以体育旅游（简称体旅）产业价值链中的某一业务为核心，向体育旅游产业内部不同行业渠道延伸，实现体育旅游产业内部的融合。注重“食、住、行、游、购、娱、商、养、学、闲、情、奇、体”等体育旅游要素的融合，开发新的旅游产品和旅游设施，如皮划艇研学夏令营，喀斯特地貌探秘营、“悦动黔东南州”系列体育文创产品等，以满足游客的整体需求。鼓励有实力的企业以住宿、餐饮、旅行社、交通、赛事等业务为支点，通过业务扩展、并购、联合、整合、重组后形成旅游集团，为游客提供融合后的多元化服务。

（2）与传统产业间的延伸融合

体育旅游产业与传统产业之间的延伸融合主要是将体育旅游产业融入其他产业中，在传统产业中嵌入体育旅游功能，这种交叉融合使体育旅游资源更加丰富，体育旅游产业的边界扩大化。实现农业、林业、水利、装备制造业、文化等传统产业对体育旅游产业的延伸融合，在原有创意农业、森林公园、水利设施的基础上，融入体育旅游要素，如体育赛事、健身休闲、户外运动等，从而增加传统产业的附加值。充分挖掘黔东南州苗侗民族文化，促进传统村落、非遗传承、红色文化融体入旅，为黔东南州体育旅游发展注入文化动力。

（3）与新兴产业间的渗透融合

大数据、大健康等新兴产业的发展正渗透融合体育旅游的经营模式。以大数据为支撑实现智慧体旅，打造“数据 + 媒体 + 资本 + 资源”的全方位创新型科技服务平台，凝聚体育旅游产业链上下游资源，对接旅游相关行业。深入融合“大健康”产业，打造一批健康小镇、康养综合体和中医药体旅示范区，实现体育旅游与新兴产业之间的渗透融合。

2. 促进产业互动融合发展

（1）重点融合产业

① 体育旅游＋文化

注入优质、吸引力强的文化内容。推动“文体旅”大融合，激发文化传承的内生动力。深挖黔东南州地区苗侗民族文化，重点打造三类独具黔东南州特色的民族体育项目，包括独木龙舟、苗侗武术、独竹漂、抢花炮、射弩、押加等竞赛技巧项目，斗牛、斗鸟等斗赛观赏项目以及傩技傩戏、水鼓舞、跳芦笙等歌舞杂技项目。

丰富原生态民族节庆体验，促使体育旅游与黔东南州民族传统文化共生共荣。一是与当地民族村寨原生态文化汇聚，将极具苗侗民族代表性的“芦笙会”“吃新节”“摔跤节”“姊妹节”与体育旅游有机结合，放大传统节庆体育文化的附加值；二是以“剑河仰阿莎文化艺术节”“丹寨蚩尤文化节”等为载体，进行民族体育文化的集中参与性展示。

整合红色旅游资源，弘扬红色文化，传承红色基因。以黔东南州红军长征路线为主线，整合周边革命老区黎平县、榕江县，打造“重走长征路”系列经典徒步线路，促进红色旅游和文体产业的融合发展。

② 体育旅游＋大生态

推动传统林业与体育旅游的融合发展。充分发挥林业资源优势，构建具有可持续竞争力的森林体育旅游产品体系，打造集森林运动、山地户外、康养休闲等为一体的体育旅游综合体。在加强保护、严格监管的前提下，因地制宜地开展登山、山地自行车、定向越野、探险、攀岩、露营等森林体育旅游活动。实施森林体育旅游精品工程，聚焦月亮山原始森林、雷公山森林、佛顶山森林等，打造一批森林体育旅游精品景区，推出一批“森林体育旅游示范区”。打造“培育、加工、销售”为一体的林特产品生产基地，如太子参、铁皮石斛等，构建“路线＋商品＋活动”的森林体育旅游产品矩阵。

实现林业资源保护和利用的有机统一。将森林抚育、林下经济与体育旅游相结合，实施封山育林、退耕还林、天然林保护等生态工程，促进全州造林绿化提质增效。合理规划建设各类森林体育旅游设施，采用点状供地的方式，建设项目做到尽量不占或少占林地。加快景区造林绿化，加强风景林抚育和改造，全面提升植被景观质量。

以体旅促“水”，实现体育旅游与水利产业融合。以体育旅游促进水资源保护，以水质改善促进体育旅游可持续发展。依托清水江、㵲阳河、都柳江三条主要水系及其相关联的岸地，大力开发水上休闲运动基地。结合防洪工程、河湖疏浚、水生态修复、水环境整治等水利治理工程，以打造“水景观、水生态、水文化”为目标，进行河道两岸生态性、亲水性等方面的专项整治工作。

③ 体育旅游＋大健康

推动“体医结合”，加强科学健身指导。积极推广覆盖全生命周期的运动健康服务，发挥全民科学健身在健康促进、慢性病预防和康复等方面的积极作用，实现全民健身与全民健康的高度融合发展。形成集体育健身、体质监测、康复训练、休闲旅游于一体的健康旅游示范基地。

开发民族康养产品。挖掘民间苗药、侗药、瑶浴、骨伤治疗等各民族康体养生产品，打造养生、养心、康疗、健身主题旅游目的地。深度开发医药疗养、药膳养生等可体验、可消费的养生保健旅游产品，打造以从江高华瑶浴谷、麻江药谷江村、剑河温泉、思州温泉为引领的康养旅游示范基地。

完善健康监测体系，建立山地医疗救援中心。开发游客体质健康监测平台，整合国民体质监测数据，开展运动风险评估，根据游客体质条件打造专属个性化运动处方，在规避运动风险的前提下将运动效果最大化。

④ 体育旅游 + 大数据

推进体育旅游产业智慧化、精准化发展。加快大数据智慧体旅平台建设，全面掌握各体育旅游板块、线路、景区景点和企业的变化趋势和动态信息。运用大数据对游客数量、结构特征、兴趣爱好、消费习惯等信息进行收集分析，为旅游市场细分、精准营销、旅游战略制定提供依据。做好智慧营销与推广，打造大数据智慧旅游宣传名片，用好各类新兴媒体、自媒体，加强与知名网站合作，传递黔东南州好声音。

大数据助推体育旅游服务提质升级。融入人工智能（AI），实现新一代信息技术与体育旅游服务的融合创新发展，使游客能够通过移动互联网体验到线上定制化的体育旅游体验。在车站、机场、高速入口及各大景区、体育运动区入口处设置人脸识别系统，完成游客注册记录统计。借助 VR（虚拟现实）、AR（增强现实）技术，实现攀岩、武术、滑翔伞等运动的智能化指导培训，并对实时运动数据进行检测与反馈。

实现体育旅游业信息化建设。重视体育旅游资源、体育旅游市场、体育旅游产品等方面的数据库建设，实现信息共享。重视体育旅游基础设施信息化建设，实现场馆等基础设施的信息整合、商务运营与市场拓展。运用大数据对游客信息进行关联分析，进一步优化体育旅游公共服务资源配置。

（2）相关融合产业

① 体育旅游 + 农业

整合农业资源，延长传统农业产业链。将单一生产型农业资源向休闲化、景观化、艺术化等现代新农业转变。依托现有生态农庄，如锦屏县隆里盛丰生态园、三穗县颇洞农业生态体验园、雷山县九十九农业观光园等，开展瑜伽禅修、垂钓、露营、风筝等体育休闲项目，发展乡村绿色产业、休闲健康产业。组织举办农体融合节庆活动，开发衍生体验项目，如稻田摸鱼、茶园徒步、梯田攀缘等乡村体育活动，实现以体育旅游为引领的农业产业经济效益的综合提升。

助推乡村振兴，实现“体育 + 旅游”双核驱动。强化“景区化培育农村、景观化培育农居、旅游化培育农业、旅游商品化培育农产品、股东化培育农民”的发展手段，将黔东南州乡村体育旅游打造成扶贫富民产业。采用“市场 + 龙头组织 + 个体农户”“村民入股”等经营模式，实现多方利益共享，增加贫困人群的经济收入，巩固拓展脱贫攻坚成果同乡村振兴有效衔接，让农民持续稳定增收。

② 体育旅游＋教育

加强专业体育训练。推进各级各类训练基地建设，以锦屏亚狮龙羽毛球体育公园、清水江龙舟训练基地等基础较好的场地为重点，融合专业训练、赛事运营、娱乐休闲、康复疗养、产业孵化等功能，打造贵州精品体育训练基地。

发展体育研学旅游。拓展亲子体育旅游市场，融入团队拓展运动或集体定向运动项目，创新体育运动的内容和形式，围绕苗侗文化体验区、山水体育旅游区，打造国家体育研学示范基地。建设体育研学协同配合机制，加强管理体系建设，实现教育和旅行之间的无缝对接。

推广大众体育教育。加强青少年体育培训工作，尤其要发挥山地、民族体育文化的优势，合理突出优势项目，以游泳、篮球、气排球、武术、独木龙舟、独竹漂等为重点，全面实施“一校一品”建设，积极推动特色户外运动课堂，创新发展体育培训模式。

③ 体育旅游＋通用航空

依托黔东南州的山地地形优势及山地旅游热潮发展低空飞行，整合通用、民用、军用机场资源，确定低空旅游发展的产品体系、产业培育和产业链延伸。重点打造黄平县旧州飞虎机场航空特色小镇、加榜梯田低空飞行项目。开发通用航空培训、通用航空体验等产品业态，建设航空培训中心，开展直升机、热气球、轻型飞机、滑翔伞、动力三角翼等低空飞行体验项目及通用航空表演、博览，塑造贵州地区第一飞行体验区。

④ 体育旅游＋装备制造业

全产业链延伸，助推转型升级。以亚狮龙羽毛球制造基地为核心，将其打造成为全产业链深加工的赛事装备产业制造基地。开发市场需求大的装备器材，鼓励发展龙舟、皮划艇等配套材料、设备及零部件制造，整合周边资源形成国家体育旅游装备制造产业聚集区。

加强体育装备制造企业自主研发设计能力。鼓励企业积极参加高新技术企业认定，以满足大众体育旅游消费需求为主要目标，不断提升建造品质。支持优势企业开展国内外并购与合资，进一步提升产业集中度。

⑤ 体育旅游＋会展

落实会展品牌引进与培育工作。积极引进国内外成熟的知名会展品牌，同时培育本地会展品牌，将山地运动、民族文化、通用航空、中医药等作为黔东南州会展品牌战略的重要目标之一，发展以苗侗文化、山地户外运动、通用航空为主题的会展活动，借助会展业强大的辐射带动作用促进多种产业发展。

构建“一心多点”的体育旅游会展格局。以凯里市民族风情园会展中心为核心，结合雷山县民族文化体育旅游基地、镇远县文化体育旅游基地、剑河县康养体育旅游基地、黄平县旧州飞虎机场航空特色小镇等体育休闲旅游资源，建设一批体育旅游会展分会区，将体育旅游会展形成一个核心会展区，多个分展区的格局，带动黔东南州会展业发展。

⑥ 体育旅游＋金融

融入社会资本，拓宽融资渠道。推动体育旅游产业与资本市场对接，鼓励社会资本设立产业发展投资基金。鼓励体育旅游企业除借助传统的银行信贷、发行债券、上市等方式融资外，进一步依托电商金融、众筹等平台融资，拓展发展空间。创新融资平台建设，组建体育旅游投融资平台公司，撬动社会资金和金融资本投入体育旅游项目、赛事和体育用品建设。

推动线上线下体育旅游金融服务的融合。积极推动体育旅游支付、体育旅游消费信贷、体育旅游企业融资等线上、线下服务的融合发展，加强在数据、资源、人才、创新等多方面的整合，消除线上线下体育旅游金融服务融合的障碍，打造相对完善的体育旅游金融线上线下生态圈。

3. 激发体育旅游产业活力

（1）壮大体旅融合市场主体

① 支持社会企业发展

重点培育 3 家具有全国知名度和影响力的体育旅游企业，包括贵州亚狮龙体育文化产业发展有限公司、贵州东方斗牛城有限公司和黔东南州文化旅游投资（集团）有限责任公司，形成具有较高知名度、行业带动力和市场竞争力的领军体育旅游企业集团、知名品牌。扶持特色体育旅游企业发展，如贵州传统村落旅游发展有限公司、贵州多彩君悦文化旅游有限公司，打造一批具有自主知识产权的品牌体育旅游企业。引导本地中小微体育旅游企业向“专、精、特、新”方向发展，强调差异化经营和特色产品、服务的打造。

② 重视社会组织参与

大力支持全州各类非营利性的体育行业协会、联合会、俱乐部等社会组织依法独立运行，打造一批专业化的体育行业协会（俱乐部），包括龙舟、篮球、足球、游泳、乒乓球、武术等体育行业协会（俱乐部），切实增强凝聚行业共识和加强行业自律的能力。适当降低体育旅游社会组织的准入门槛，加强业务指导和规范建设。

打造黔东南州体育旅游社会组织统一管理平台，引导各类各级体育行业协会、体育俱乐部规范有序健康发展，承接政府公共体育服务职能，切实起到“桥梁纽带”作用。

（2）优化体育旅游产业发展营商环境

① 优化审批流程，切实推进管办分离

抓好“放管服”，落实“一网通办”和“不见面审批”制度，进一步优化审批流程。推进企业开办经营便利化，放宽小微企业、个体工商户登记经营场所限制。加快推进管办分离改革，开放更多赛事资源和体育资源，引导社会力量更加踊跃投入体育旅游产业。

② 加强招商引资，引导体育旅游产业健康发展

加大体育旅游产业的招商引资力度，采取委托招商、专业招商、协会招商、以商引商等不同方式，扩大对外合作。在降低投资者风险的关键环节推出优惠政策，在各项资源的产权保护和相关法律法规上为投资商提供利益保护。巩固招商引资成果，与体育旅游企业建立良好的工作关系和伙伴关系，做好安商稳商工作。

③ 实施财政支持，为体旅企业搭桥铺路

用好用足政策，积极为协会、俱乐部、企业争取中央、贵州省和黔东南州的产业引导资金、大型场馆免费或低收费开放补助资金、赛事补贴资金等各类资金支持。进一步强化财政对近期重点推进体育旅游重点建设项目和重点体育旅游企业的政策支持，给予财政补贴和贷款贴息补助。

④ 降低“双创”门槛，营造创新创业氛围

大力扶持“双创”企业，建设体育旅游产业创新创业教育服务平台，积极与北京体育大学、贵州大学、贵州民族大学等高等院校广泛开展产学研合作。充分利用运动员创业扶持基金，鼓励退役运动员自主创新创业，投身黔东南州体育旅游产业。加强双创宣传，营造创新创业浓厚氛围，依托黔东南州“创业创新创意”三创大赛等创意载体，定期举办体育旅游创业沙龙、创业讲堂等系列活动。

（3）促进体育旅游产业转型升级

① 加速体育旅游产品升级

a. 树立品牌意识，助推体育旅游产品高端特色化发展

深度开发符合城市定位具有城市特色的中高端休闲体育旅游项目或产品。充分挖掘黔东南州苗侗文化，结合黔东南州非遗文化展示，打造融合体育赛事、歌舞、杂技为一体的体育赛事旅游吸引物。牢固树立品牌意识，积极创建世界级、国家级、省市级体育旅游精品景区、精品线路、精品目的地等。

b. 完善赛事体系，打造品牌体育赛事活动

注重差异化打造，塑造以国际赛事为引领，以民族赛事为特色，以群众赛事为基础的层级式赛事体系，形成“一赛一品”“一县市一特色”的赛事发展格局。丰富体育赛事活动供给，与群众性好、参与感强的节事活动相结合，如侗族摔跤节、苗族水鼓节、独木龙舟节等。提升现有知名品牌体育赛事，如“环雷公山超 100 公里跑”国际挑战赛、“雷公山之巅·巴拉河之夏”全国山地自行车赛、黎平划骑跑国际挑战赛等大型品牌赛事活动的影响力。以民族特色体育赛事为载体，着力突显独木龙舟、斗牛、独竹漂等具有地方少数民族特色的体育项目，打造具有国际影响力、民族特色鲜明的体育旅游赛事品牌。

② 延伸体育旅游产业链

a. 重塑和优化体育旅游产业新链条

一方面，加强并完善体育旅游产业链整合与扩张或资本运营战略；另一方面，逐步建立和发展体育旅游产业集群，以锦屏亚狮龙体育文化产业发展有限公司为驱动点，按照资源相近、产业互补的原则打造健身休闲集聚区和产业带。建立黔东南州体育旅游信息网络平台以及体育旅游电子商务系统，实现体育旅游企业管理和经营方式创新，推动全产业链升级。

b. 强化产业链条的核心业务和关键环节

打造城市体育旅游产业链名牌企业，实施产业链关联企业品牌化运作。持续优化已有各级各类型体育旅游精品景区、精品线路、精品赛事、精品目的地，做强做大品牌形象。扶持黔东南州体育旅游企业向上下游产业延伸，向国内、国际扩展实现由产品经营向品牌经营转

变，打造黔东南州体育旅游新名牌。

③ 促进体育旅游产业国际化

a. 拓宽国际市场交流渠道

广泛邀请国外前政要和经济界、文化界名人走进贵州，深度体验黔东南州体育旅游项目，搭建友好城市和外商投资发展的桥梁。举办山地体育旅游国际会议论坛，推进与意大利、法国、瑞典、美国、加拿大、澳大利亚、日本等地的交流沟通。

b. 加强海外社交平台宣传推广

在 Facebook、Twitter、Instagram、Youtube、Pinterest 五大海外知名社交媒体开通黔东南州体育旅游专属账号，定期向海外游客推送丰富的黔东南州体育旅游资讯，全面展示黔东南州山地体育、民族体育的文化特色，促进黔东南州国际知名度的进一步提升。

c. 推进体育旅游国际化区域合作

打造体育旅游区域合作平台，加强与国际相关机构和组织的合作与交流，尤其是国际山地运动组织、体育旅游协会、亚太体育旅游协会、世界体育旅游城市联合会等国际组织及山地生态体育旅游典型国家（地区）旅游机构。不断学习国际先进的体育旅游理念和方法，提升我国体育旅游产业国际化水平。

3.4 体育旅游融合发展空间布局与发展指引

3.4.1 旅游空间布局与线路规划

1. 布局思路

整合黔东南州的优质山地和民族体育旅游资源，充分依托大山、大水开发山地户外体育旅游、河流湖泊体育旅游，围绕“活力、酷动、康养、律动”四大主题，以凯里国际体育旅游名城为中心，重点打造黔东南州云台山、雷公山、月亮山三大山地体育旅游组团以及㵲阳河、清水江、都柳江三条体育旅游产业带，形成纵向自运营，横向强辐射，综合效益佳的龙头组团和引领板块，把黔东南州打造成最具贵州特色的多彩山地民族体育旅游目的地。

2. 布局原则

充分遵循黔东南州大山、大水的资源分布脉络，利用山地、河湖等空间开发体育旅游运动项目，利用民族村镇、聚落等文化空间布局民族传统体育项目，利用重点景区和专项设施延伸体育旅游项目，共同形成不同主题片区的体育旅游项目集聚区，差异化发展、功能性互补，形成黔东南州体育旅游区域一体化、相协调的总体格局。

3. 布局方案

根据黔东南州发展体育旅游总体目标的发展定位，结合区内山地、河湖、民族人文资源禀赋和体育旅游产业基础，捏紧拳头、突出重点、做响品牌，以体育旅游融合理念为引领，以自然生态、文化脉络、市场圈层、交通体系、产业布局等为基础要素，全面推进资源跨区域整合，整体构建“一心、三山、三江”为主体，协同带动北、中、南三大片区优化发展的体育旅游发展新格局。

（1）高标准建设“一心”：凯里国际体育旅游名城

依托凯里作为自治州首府城市的基础优势，以满足体育旅游赛事参与、会议会展、户外休闲等消费需求，紧紧抓住创建黔东南州体育旅游示范区的战略机遇，以全民健身中心、民族体育特色博物馆、山水运动主题公园、体育运动俱乐部、特色旅游交通为依托，以完备配套、人才、经济基础为保障，以协同发展、串联融合、共享共建为路径，建设集高品质国际体育旅游赛事、体育旅游会议会展、体育产业峰会、体育旅游培育等于一体的全州体育旅游综合中心，构建黔东南州体育旅游 IP，使凯里成为黔东南州体育旅游的综合枢纽、集散中心、消费服务基地，成为全州体育旅游发展的先导区、示范区与引领区。

（2）“活力”“酷动”“健康”黔东南州

① 活力黔东南州：云台山山地休闲体育旅游组团

以喀斯特世界自然遗产云台山的原始自然生态、奇峰丽水的山地资源环境为发展依托，打造彰显山地休闲体育旅游为主题的发展区域，主要集中在施秉县。充分依托云台山自然风光和历史人文基础，大力发展森林探险、高山徒步、喀斯特高山 / 洞穴探险、高空索道 / 溜索、翼装飞行、高桥蹦极、山地热气球、路跑健身、自驾车房车营地等体育旅游项目，将云台山打造成为喀斯特体育旅游主题的黔东南州北部中心。

② 酷动黔东南州：雷公山山地户外运动旅游组团

以雷公山原生态山水和少数民族风情为特色创建雷公山世界级体育旅游区。充分依托雷公山现有体育旅游发展基础，涵盖环雷公山周围凯里（南花村、季刀、怀恩堡、龙井、寨瓦）、剑河（八万山、昂英）、台江（施洞、红阳、交宫、反排、南宫、翁密河）区域，构建环雷公山多彩山地运动区、“百里苗疆画廊”自驾线路，大力发展徒步登山、山地飞行营地、山地定向运动、山地攀岩、山地自行车、山地穿越挑战赛、温泉水疗基地等大众山地体育运动，鼓励发展龙舟、斗牛、斗鸡、射弩、苗族武术、舞狮、独竹漂、耍龙等民族传统体育项目。以雷公山户外运动营地（暨国家亚高原训练基地）为龙头，以红阳高山草甸野战营和环雷公山原生态运动休闲旅游基地为载体，通过山地越野 / 自行车骑行线、山地徒步穿越专业线路建设，与西江千苗寨、雷公山等景区景点互补运营，打造黔东南州山地户外休闲度假游的核心景区和品牌项目。

③ 健康黔东南州：月亮山体育旅游康体度假组团

主要是利用榕江青少年训练基地、隆里古城—八舟河景区、加榜梯田等知名景区以及黎平机场开通等多方面的条件，重点围绕体育康体和青少年运动训练布局，重点项目包括月亮山自驾车旅游线、榕江青少年训练中心、八舟河户外运动休闲中心、加榜梯田体育运动健康检测与康复基地、山地特色徒步道和自行车骑行道、高空探险（热气球、低空飞行）、高山帐篷 / 音乐营地等，将该组团打造成以中高端人群户外休闲、生态养生、运动颐养为特色的国家山地体育旅游度假区、原生态民族文化健康旅游目的地。

（3）“律动”黔东南州：㵲阳河、清水江、都柳江水韵体育旅游产业带

立足山水融合的自然风光，充分利用河流流域水、苗、侗等少数民族文化特点，优选一批重点项目进行招商引资，高标准推动项目建设，力争早日把㵲阳河、清水江、都柳江沿线建成体育旅游创新区，同时促进乡村旅游创新区、扶贫开发示范区、民族文化传承保护区的发展。

① 㵲阳河高端山水休闲运动带

以㵲阳河上游黄平、施秉、镇远为主体，联动岑巩、三穗，以㵲阳河为纽带，由镇远历史名城、铁溪、高过河、㵲阳河、云台山、杉木河、旧州古城、飞云崖、浪洞森林温泉等景区组成。以“醉美自然山水”为依托，充分发挥喀斯特地貌及水资源优势，整合镇远、施秉、黄平三县的“天下第一漂”资源，建设黔东南州漂流大联盟、“百里山水画卷”自驾线路，依托镇远古镇、黄平旧州古城等吸引物，提升发展古镇划船俱乐部和高过河山地户外教育营地、峡谷漂流与精品穿越线和自驾房车营地，重点发展登山、徒步、山地定向、拓展、攀岩等山地运动，开展激流回旋、水上赛龙舟、水上摩托艇、水中有氧运动、极限划水等水上极限运动，针对国内外大众客群，积极推动中国施秉·定向徒步公开赛、㵲阳河冬泳邀请赛等赛事，塑造国家级户外登山运动基地、贵州水上运动休闲度假区，打造精品运动休闲度假项目，力争使该组团成为黔东南州中高端运动休闲旅游目的地。

② 清水江水上体育休闲运动带

该组团以剑河温泉和天柱白市电站至锦屏仰阿莎湖一线两岸的民族村寨、峡谷森林、高山草原和高山湖泊为主体，以仰阿莎、木商文化、长征红色文化为品牌引领，融合苗族传统民族体育文化特色，重点建设剑河温泉运动康复中心、水鼓舞泥浆运动乐园、仰阿莎湖水世界、山地徒步道和自行车骑行道、木船水上游赏、钓鱼俱乐部等，大力发展各类体验性强的中高端水上运动，打造高端温泉及水上运动休闲养生度假地，提升黔东南州旅游品质，丰富黔东南州旅游产业体系，力争使该组团成为全国知名、全省一流的特种旅游精品线路。

③ 都柳江民族水上体育旅游带

整合都柳江流域沿线的榕江、从江各区段的体育旅游资源优势，打造都柳江民族原生态体育旅游带。深入挖掘沿线民族村寨等资源，开发独竹漂、骑木马、舞龙头、踩芦笙等民族体育项目，打造系列原生态民族体育旅游产品、“百里侗寨画屏”自驾线路，建设都柳江沿线“徒步健身道、自行车道、绿道、风景道”四道合一的慢行道系统，打造“中国最美旅游风景道”；深化“旅游 + 休闲运动”，布局建设一批山地户外体育旅游休闲基地、户外运动基地、自驾车露营基地等，打造都柳江国际户外赛事品牌。

（4）以山水体育旅游推进北、中、南片区协同发展

北部以云台山和㵲阳河为重点，彰显自然风光和历史人文，推动黔东南州北部片区自然生态体育旅游的协同发展；中部以雷公山和清水江为主，彰显传统村寨和苗族文化，推动黔东南州中部片区山水民族体育休闲片区的协同发展；南部以月亮山和都柳江为主，彰显侗族文化和农耕文化，推动以侗族文化和民族体育赛事为主的南部民族文化体育旅游片区的协同发展。在黔东南州深厚文化基础之上，做足黔东南州旅游文章，打造满足游客需求的体育旅游及文化产品，塑造山地休闲、户外运动、体育康体、民族体育等体育旅游文化品牌。

① 以自然遗产和民族融合为主的北部自然生态体育旅游协同区

该片区包括黄平县、施秉县、镇远县、岑巩县，依托北部山地自然风光和民族体育运动，提升建设皮划艇运动休闲小镇、太极“武文化”运动休闲小镇、飞虎航空运动休闲小镇、㵲阳河·云台山体育旅游示范基地、岑巩大峡谷体育运动基地等项目，打造以山地、户外、极限运动的产品体系，开展学、训、赛结合，游、购、娱一体化的复合体系。

② 以苗族文化和自然生态为主的中部民族文化体育旅游协同区

该片区包括麻江县、丹寨县、雷山县、台江县、剑河县、三穗县、锦屏县、天柱县，打造体现少数民族体育风情与山地户外运动相结合的体育旅游项目，以高品位时尚运动为卖点的深度运动休闲和度假产品，全力开拓中高端客源和团队客源，重点推动麻江下司激流回旋皮划艇基地和鞍山生态体育公园、雷山西江苗寨民族体育体验基地、三穗城市运动休闲小镇、台江非遗文化运动休闲小镇和红阳万亩草场户外营地、剑河仰阿莎体育运动小镇、丹寨马术运动休闲小镇、天柱三十里画廊运动休闲小镇等建设，带动高附加值旅游配套产业协同提升。

③ 以侗族文化和民族体育赛事为主的南部民族文化体育旅游协同区

该片区包括榕江县、从江县、黎平县，打造体现侗族文化风情和山地户外运动相结合的体育旅游项目，重点推动侗文化体育旅游体验基地、榕江体操冠军小镇、从江东方斗牛城、锦屏羽毛球运动休闲小镇、黎平八舟河体育旅游基地等项目建设，激发南部片区体育旅游发展活力，形成新的旅游经济增长点。

（5）分层次打造民族体育旅游城镇

进一步完善优化体育旅游城镇建设规划，促进城镇建设与旅游发展有机融合。强化城镇基础设施和服务设施建设，加强城镇环境整治和营造良好旅游环境，强化旅游咨询与客源组织功能，培育游憩商业街区和旅游综合体，完善城镇旅游公共服务体系。

结合旧城改造和新区建设，建设历史文化、休闲购物、餐饮娱乐等不同类型特色旅游街区。鼓励支持和引导各地利用城市大型商场、产业园区闲置空间、体育场馆、美丽乡村等现有条件，引入户外运动、水上运动、汽车摩托车运动、体育医疗等体育元素，打造城镇体育旅游基地。

突出城镇文化内涵和风貌特色，重视旅游节点塑造，结合体现城镇文化特色的文化场馆、体育场馆、城市公园、主题公园、博物馆等休闲场所，合理确定城镇景观风貌分区和景观视廊，积极打造一批具有国际影响力的山地体育旅游城镇形象。

专栏

黔东南州体育旅游城镇体系建设名单

1. 国际体育旅游目的地城市（1 个）

凯里

2. 区域性体育旅游枢纽节点城市（4 个）

镇远、雷山、剑河、天柱

3. 体育旅游节点城市（11 个）

丹寨、麻江、黄平、施秉、岑巩、三穗、锦屏、黎平、从江、榕江、台江

4. 体育旅游特色小镇（9 个）

下司体育康养小镇、镇远太极“武文化”体育特色小镇、三穗高铁体育特色小镇、天柱画廊慢活体育特色小镇、台江苗族民族体育特色小镇、剑河苗族民族体育特色小镇、丹寨马术体育特色小镇、黔东南州乡村民俗文化产业小镇（原东方斗牛城项目）、黎平侗寨民族体育特色小镇

3.4.2 各县旅游发展指引

1. 凯里市

（1）基本情况

凯里市别名苗岭明珠，总面积 1556 平方千米，位于贵州东部，是黔东南州苗族侗族自治州首府、黔中经济区重要中心城市，区位优势明显；地处云贵高原向中部丘陵过渡地带的苗岭山麓，清水江畔，分属清水江、重安江、巴拉河，在境内流域长分别为 52 千米、57 千米和 40 千米；森林覆盖率 38.71%，山地和丘陵占总面积的 97.2%；少数民族人口为 33.94 万人，占全市总人口的 75.78%，其中苗族人口 28.35 万人，占全市总人口的 63.3%。体旅基础设施方面，凯里市辖区范围内有足球场地 26 个、健身场地 151 个、全民健身路径 138 套、户外运动场地 2 个、室外体育场地 824 个、室内体育场地 35 个，总体育场地面积 1100839 平方米，乡镇体育场地建设仍有待加强。

（2）体育旅游资源

① 体育旅游资源类型

自然体育旅游资源：清水江、香炉山（五级）；小高山、巴拉河、平良十里古峡、石仙山、重安江（四级）；郎利河、巴拉河河谷、乌利大峡谷、虎长坡、白水河、白水洞、翁色

河、洗马河、龙头河、翁亚河、镰刀湾（三级）。

人文体育旅游资源：小高山生态体育公园、凯里民族体育场（未评级）；下司皮划艇激流回旋训练基地（五级）；旁海航电枢纽工程（四级）；东门水库湿地公园、白午村斗牛场、罗汉山森林公园、苹果山公园（三级）。

② 体育旅游资源定性评价

凯里市山、河、峡谷等自然体育旅游资源丰富，具有开展体育旅游的先天优势，且下司皮划艇激流回旋训练基地、凯里斗牛城等项目知名度较高，未来可结合国际体育旅游需求，以建设国际苗侗都市体育旅游目的地为目标，使凯里从两个原高地——生态高地、文化高地，走向两个新高地——旅游新高地、体育新高地。

（3）发展问题分析

一是面临周边区域竞争，发展挑战大。面对游客将凯里作为旅游中转站的尴尬局面，如何形成核心竞争力，如何与周边地区实现资源互补和客源共享是凯里体旅发展面临的重大挑战。二是旅游产品结构单一，游客体验不足。凯里旅游业发展水平与资源品位不匹配，对旅游资源的串联、整合能力不足。消费结构上，门票、购物消费所占比重大，住宿、娱乐消费明显不足，留不住游客和消费低成为突出问题。三是产业发展的支撑能力弱，组织能力欠缺。凯里市旅游发展仍然为数量增长型模式，尚未形成合理的内部结构和地域结构，缺乏旅游产业发展的有效行业管理体系，管理水平不高，影响体育旅游产业的进一步发展。

（4）重点项目规划

① 国际赛事基地

选点建议：下司古镇、凯里斗牛城。

开发思路：以下司皮划艇激流回旋训练基地和凯里斗牛城为抓手，其中斗牛城中融入斗鸟、斗鸡项目并进行项目升级，将凯里打造为中国的斗宠中心与富有民族特色的国际赛事基地，对整个黔东南州起到引领带头作用。

核心项目：下司皮划艇激流回旋训练基地、凯里斗牛城。

② 清水江运动长廊

选点建议：凯里市境内清水江流域沿岸。

开发思路：以苗侗风情为文化脉络，以清江山水为生态基底，构建清水江生态文化长廊，串联凯里市重点生态、体育旅游景区（点），打造凯里的生态绿廊、文化长廊、运动走廊。

核心项目：滨江绿道、旅游驿站、清江国家湿地公园、镰刀湾探秘旅游区、云谷田园拓展基地和水世界、旁海航电枢纽工程库区旅游基地。

③ 户外运动基地

选点建议：石仙山、民族体育场、小高山、碧波花诗园景区。

开发思路：借助基地的山地和场地优势，根据基地选址分别打造石仙山山地型、体育场民族型、小高山与碧波花诗园休闲型户外运动基地，助推凯里市体育旅游示范区建设。

核心项目：国际露营基地、低空飞行基地、小高山生态体育公园、赛事活动。

④ 漂流示范基地

选点建议：乌利大峡谷、平良十里古峡。

开发思路：依托凯里市峡谷资源优势，打造凯里市漂流示范基地，并与乡村自驾游相结合，丰富体育旅游产品，延长游客游玩时间。

核心项目：峡谷漂流、专题漂流邀请赛、乡村自驾游游线。

⑤ 下司体育康养小镇

选点建议：下司古镇。

开发思路：依托下司古镇已有的体育与旅游产业发展基础，围绕下司皮划艇激流回旋训练基地和国际赛事基地打造以水上运动项目为核心，山地户外与室内运动为补充，集运动与康养为一体的下司体育康养小镇。

核心项目：体育运动、健康养生、休闲度假、医疗康养。

（5）发展对策

① 打造全州体育旅游集散基地

作为黔东南州府，凯里市首先要发挥其旅游集散核作用，即重点推进体育旅游集散中心工程，完善体育旅游集散相关配套设施，提高体育旅游接待能力，将凯里市打造成名副其实的黔东南州体育旅游集散基地。

② 创新体育旅游产品体系

除了作为全州体育旅游集散核之外，凯里市还应发挥体旅发展的引领带头作用。故其应该结合国际体育旅游发展趋势，提炼苗侗民族体育特色文化，做好体育旅游产品体系创新工作，打造大凯里体育旅游发展新格局。

③ 加强大型赛事活动的组织

赛事活动是拉动黔东南州体育旅游发展的重要一环，凯里市应该从全州角度统筹考虑，串联全州大型赛事活动，并建立黔东南州大型赛事活动信息公布平台，做好活动的组织与宣传工作，打造出属于黔东南州的赛事品牌。

2. 雷山县

（1）基本情况

雷山县位于黔东南州苗族侗族自治州西南部，辖丹江镇、西江镇、永乐镇等 8 个乡镇，总面积 1218.5 平方千米，距省府贵阳 184 千米，距州府凯里 42 千米；地处云贵高原湘、桂丘陵盆地过渡的斜坡地带，地势东北高、西南低，森林资源丰富，全县林地面积 9.33 万公顷，森林覆盖率达 72%；2017 年，全县总人口 16.1 万人，少数民族人口占总人口的 91.2%，其中，苗族人口占 83.2%。体旅基础设施方面，雷山县现有各类体育场地 229 个，改造 1 个县级老年体育活动中心和 1 个县级全民健身中心，体育场地设施建设有待进一步加强。

（2）体育旅游资源

① 体育旅游资源类型

由雷山旅游资源单体统计表 3–16 可知，雷山县的自然与人文旅游资源均较为丰富，体育旅游资源开发潜力大，以雷公山、高岩大峡谷、响水岩瀑布等为代表的自然体育旅游资源和以雷山苗年、雷山鼓藏节、掌坳铜鼓舞为代表的人文体育旅游资源为雷山县体育旅游发展奠定良好的基础。另外，雷山县已有的山地体育旅游资源包括“环雷公山超 100 公里跑”国际挑战赛雷山段、“雷公山之巅 · 巴拉河之夏”全国山地自行车赛雷山段、雷山国际徒步大会等山地户外运动赛事活动和雷公山户外运动基地、排里坳绿道；康体养生旅游资源主要包括雷公山森林氧库、郎德—雷山康体养生道、雷公山森林公园登山步道。

表 3–16 雷山县普查旅游资源单体统计

类别	普查单体数 / 个	占比 /%	优良级 / 个
A 地文景观	113	9.44	6
B 水域景观	190	15.87	19
C 生物景观	243	20.31	9
D 天象与气候景观	8	0.67	1
E 遗址遗迹	48	4.01	5
F 建筑与设施	240	20.05	11
G 旅游商品	46	3.84	5
H 人文活动	77	6.43	7
I 乡村旅游	213	17.79	22
J 红色旅游	11	0.92	1
K 山地体育旅游	5	0.42	3
L 康体养生旅游	3	0.25	1
总计	1197	100	90

数据来源：《贵州省雷山县旅游资源大普查报告》（2016 年 12 月）。

② 体育旅游资源定性评价

雷山县山地资源优势突出，苗岭山脉自西南向东北横亘全境，最高峰雷公山海拔 2178.8 米；全县共有大小溪流 216 条，以苗岭作为分水岭，是长江和珠江的源头之一，具有优质的发展体育旅游的资源基础，其优势不仅在于山地观光，更有条件发展以身心健康为特色的山地避暑休闲、温泉养生、户外运动和民族文化体验等中高端山地旅游产品。

（3）发展问题

一是资源发展不平衡。雷山县山、水、城、寨等资源种类繁多，体育文化旅游资源丰富，但资源集中分布在北部，全县旅游发展不均衡，呈现西江千户苗寨旅游一枝独秀，其他景区知名度不高的局面，区域联动性弱，群龙无首，亟待联动发展。二是基础设施不完善。随着自驾游、自助游等旅游市场发展，雷山县旅游接待能力不足的问题逐渐显现，尤其体现在旅游集散中心、旅游标识系统、旅游厕所、旅游交通、通信工程等方面，因此雷山县旅游设施水平需要进行全面提升，县域体育基础设施也有待进一步完善。三是人才资金投入不到位。体育旅游人才缺口是制约旅游发展的重要因素，雷山县作为“面积小县、人口小县、经济小县、工业小县”，仍旧存在着区域竞争优势不明显、财力有限、人才引进困难等问题，对雷山县体育旅游开发造成重要影响。

（4）重点项目规划

雷山县应以苗疆圣山和千户苗寨为抓手，重点发展苗文化体育旅游项目，通过两极驱动助推雷山县体育旅游示范区建设，县级重点项目规划如下。

① 民族体育旅游体验区

选点建议：西江千户苗寨、郎德上寨、苗家大院、乌东村、格头村、麻料村、西江村。

开发思路：依托片区原真性、民族性的苗族村寨和民族体育文化的独特性，通过对苗族体育运动的挖掘，将以西江千户苗寨、苗家大院和郎德上寨为主的苗族村寨的体育功能进行综合提升，联动周边苗族村寨打造休闲度假型民族体育旅游体验区。

核心项目：斗牛城、民族运动区、雷山苗年、西江盛典大型山水实景演出、悦榕庄酒店、雷公山高排芦笙、麻料银匠之村。

② 户外运动基地

选点建议：雷公山景区、九十九农业观光园、达地大坪山、望丰有机茶园、雷公坪。

开发思路：依托片区自然景观完整性、地形地貌的独特性，根据基地选址打造不同主题的户外运动基地。

核心项目：低空飞行基地、NTS 登山步道、极限运动公园、水上运动基地、赛事活动。

③ 房车、自驾车、帐篷露营地

选点建议：郎德上寨、大塘新桥、雷公山、开屯梯田。

开发思路：依托高速路网与重要的景区景点，参考加拿大等国家成熟的全域自由自驾体系，建设覆盖全县的汽车自驾服务设施体系，打造省内首个自由自驾旅游示范区。

核心项目：星空步道、山地自行车运动环线、FICC 标准营地。

④ 体育小镇

选点建议：西江黄里。

开发思路：依托区域入口的区位优势（临近郎德上寨、千户苗寨、雷公山风景区）和良好的用地条件，完善交通基础设施和配套功能，打造以住宿接待、休闲购物、大众体育、赛事活动为主要功能定位的苗文化特色体育旅游小镇。

核心项目：体育品牌特色民宿、体育休闲街、县级体育馆。

（5）发展对策

① 加强县城集散辐射功能

面对“只知西江千户苗寨不知雷山”的尴尬局面，雷山县首先要做的就是提升县城的知名度：加强县城的旅游接待设施建设，发展夜游经济及现代服务业，使县城成为雷山县旅游集散中心、休闲与消费中心。

② 做强环雷公山赛事品牌

环雷公山赛事活动已初具规模，未来需要从已有赛事活动提升和新增赛事活动融合两方面着手对环雷公山赛事活动进行整合提升，朝着体旅发展核心的方向培育与发展，打响“环雷公山”赛事品牌，并拉动整个黔东南州的体旅发展。

③ 加强区域联动

面对“西江千户苗寨一枝独秀”的窘境，雷山县需要通过道路提升、景观升级等方式，利用绿道串联与驿站设置将雷山县体育旅游项目串联起来，打造“苗岭天路”精品体旅环线，联动县域体育旅游协同发展。

④ 加强文化旅游与体育旅游的融合

依托深厚的历史文化等资源，建设文化项目、创新演艺产品、设计旅游纪念品，同时维持西江千户苗寨的示范带头作用，在此基础上寻求西江苗寨文化旅游与全县体育旅游的协同发展模式。

⑤ 加强生态旅游与体育旅游的融合

以水、乡、园、田等生态资源为底，通过景观改造提升和植被绿化美化，塑造良好的生态休闲环境，开发生态旅游专项产品，并依托雷公山良好的生态环境基础，打造雷公山生态体育旅游度假区。

3. 台江县

（1）基本情况

台江县位于贵州省东南部、黔东南州苗族侗族自治州中部，总面积 1108 平方千米，辖 4 个镇、3 个乡、2 个街道、71 个行政村（居、社区）、385 个自然寨，2020 年年底，全县总人口 17.3 万，城镇化率 48%，境内有苗、侗、土家、布依等 15 个少数民族，其中苗族人口占 98% 以上，有“天下苗族第一县”之称。台江地处云贵高原东部苗岭主峰雷公山北麓、清水江中游南岸。境内地形地貌奇特，高山、盆地、河谷错落有致，最高海拔 1980 米，最低海拔 455 米，平均海拔 717.5 米，境内植被保存完整，森林覆盖率达 60%，是贵州的十大林区县之一。在体育基础设施上，2019 年台江县荣获村级农民体育健身工程项目 12 个、健身路径 1 条，生态体育公园项目与健身绿色步道启动实施，但城乡体育发展不平衡，公共服务供给能力不足的问题依然存在，竞技体育短板和空白项目需要加快补齐。

（2）体育旅游资源

① 体育旅游资源类型

台江县旅游资源是以雷公山麓的翁密河、翁你河和经凯里流入的巴拉河、清水江为轴线来展开的。村寨和村寨群落资源、民族文化遗产资源、田园人文景观资源等人文景观丰富；森林、高山、草场（红阳万亩草场等）、河谷（百鸡山瀑布和白水洞瀑布峡谷风光等）、水库库区（姊妹湖、长滩湖等）以及可供游客观光体验的果园等自然山水生态资源也十分丰富。

② 体育旅游资源定性评价

台江县是雷公山国家森林公园、雷公山国家级自然保护区、国家苗岭地质公园的重要组成部分，原生态的民族文化保护较好，结构体系完整；具有完整、原始的自然生态系统及丰富的植被类型和生物种类，生物多样性丰富。可充分利用雷公山唯一的高山草场、唯一会诉说情感的翁密河漂流、唯一的瀑布峡谷景观、唯一的风能景观等旅游资源打造台江县体育旅游品牌。

（3）发展问题分析

① 产品与市场不相适应，吸引力弱

台江旅游产品建设比较滞后，旅游产品开发层次低，不适应市场需求变化；产品开发仍以观光旅游产品为主，未能充分体现本地优势和资源特色。同时，旅游产品间还未形成互补效应，对游客的吸引力较弱。

② 产业要素配置不到位，竞争力弱

当前台江旅游产业体系尚未成型："食"没有推出知名的特色产品；"住、行"条件相对滞后，还满足不了黄金时段游客的需求；"游"没有形成吸引力较强的旅游线路和景区（点）；"购"未形成与旅游市场相匹配的旅游购品产业链。

③ 景区建设不到位，承载力弱

由于建设资金缺乏，作为游客集散中心的县城尚未建有功能齐全的游客服务中心；各景区（点）内的交通、住宿、餐饮等配套设施建设较为薄弱，档次低，承载游客能力有限。

（4）重点项目规划

① 清巴独木龙舟水上运动基地

选点建议：清水江沿岸施洞镇、巴拉河下游老屯乡长滩村、巴拉河姊妹湖。

开发思路：利用施洞镇的独木龙舟文化传统和长滩村的"独木龙舟冠军之乡"美誉建立独木龙舟水上运动基地项目；并在姊妹湖上开展水上娱乐和休闲度假等体育旅游项目，依托台江县独木龙舟知名度发展巴拉河水上项目。

核心项目：独木龙舟竞渡、赛艇、游船观光、水上划艇、水上演出、水上垂钓。

② 户外运动基地

选点建议：红阳万亩草场、白水洞旅游景区、苗岭国家地质公园。

开发思路：以山为脉，山、水、林、草资源相融合，分别打造以草地、山水和公园为主题的户外运动基地，形成环雷公山国际体育旅游度假区这颗璀璨的明珠。

核心项目：自行车与山地摩托车赛、滑翔基地、露营基地、树屋营地、帐篷营地、溯溪探险区、密林拓展区、滨水游赏区。

③ 翁密河漂流区

选点建议：翁密河。

开发思路：漂流是备受欢迎的水上运动项目，台江县应充分利用翁密河的天然优势，进一步升级改造翁密河漂流项目，突出“女人之河”的独特性，增强台江县体育旅游吸引力和核心竞争力。

核心项目：独木舟漂流、森林之漂、漂流节、配套服务设施。

④ 乡村体育旅游体验区

选点建议：排生村、红阳寨、交宫村、交密村、南刀村等。

开发思路：完善各地体育旅游配套设施，结合各地资源禀赋，规划新建汽车营地、民族养生馆等运动休闲类项目，积极组织马拉松、越野跑步活动，与台江县生态体育公园规划相衔接。

核心项目：健身步道、民族养生馆、山野运动区、拓展训练区、运动宿营区、马拉松赛事活动。

（5）发展对策

① 以“三大节庆”为亮点，提升体旅吸引力

台江县的“独木龙舟节”“元宵舞龙嘘花节”与“姊妹节”已经初步成为台江县的三大代表性节庆，在体旅发展过程中，要进一步打响这一品牌，加强对游客的吸引力。

② 以重点项目为抓手，推动体育旅游跨越发展

台江县体育旅游发展基础较为薄弱，需要走“以点带面”的发展模式，通过加强独木龙舟水上运动基地、红阳万亩草场户外运动基地与翁密河漂流等重点项目建设，实现台江县体育旅游的跨越式发展。

③ 完善景区体育要素，增加景区体验性、参与性

台江县体育旅游资源开发潜力大，但是已有景区的体育要素严重不足，未来在建设体育旅游产品之余，可考虑完善已有旅游景区的体育要素，促进台江县旅游产品从观光型向参与型、体验型转型升级。

④ 完善体育旅游服务体系，拓展体育旅游消费链条

加快旅游服务体系建设，满足游客“吃住行游购娱”需求，进一步提升旅游产业整体素质，在树立台江体育旅游良好形象的同时拉动体育旅游消费，带动当地经济发展。

4. 麻江县

（1）基本情况

麻江县地处贵州省中部，清水江上游，是黔东南州苗族侗族自治州西大门，也是滇桂黔

石漠化片区国家扶贫开发工作重点县；处于云贵高原向湘桂丘陵过渡的斜坡地带，全县以山地为主，低山、低中山、丘陵、河谷及盆地占全县总面积的 78.4%，有国家级地质公园 1 个、州级自然保护区域 1 个、国家级森林公园 1 个。全县面积 960 平方千米，辖 4 镇 1 乡 2 个街道，以苗族、瑶族、畲族、仫佬族、布依族为主体的少数民族占全县总人口的 80.6%。在体育基础设施方面，马鞍山生态体育公园内的体育场地与设施较为齐全，但城乡体育发展不平衡的现象较为严重。

（2）体育旅游资源

① 体育旅游资源类型

自然体育旅游资源：篙河千亩草场、马鞍山生态体育公园、老蛇冲自然保护区、乌羊麻生态旅游景区、蓝梦谷景区、桃源岛避暑山庄、斗篷山景区、水落潭瀑布、老山河峡谷景区。

人文体育旅游资源：夏同龢状元第、河坝瑶族、仰村苗家风情、苗妹 – 苗族非物质文化遗产博物馆、药谷江村、侗鼓村苗家风情。

② 体育旅游资源定性评价

现有景区的类型主要有民族风情类、历史人文类、自然观光类、乡村旅游体验类，以满足大众观光游为主，缺乏深度体验游产品。麻江县体育旅游资源丰富，可利用优势资源打造体育与旅游、苗族文化相结合的深度体验游产品，实现麻江县旅游业跨越式发展。

（3）发展问题分析

① 体育产业化严重不足

麻江县体育旅游资源较为丰富，但是现有体育资源多面向当地居民免费开放，归属于事业型，体育事业的产业化道路任重而道远。

② 体育与旅游的融合不足

麻江县现有体育产品多为单一的体育项目，例如马鞍山生态体育公园，其产品具有核心竞争力，但产品开发缺乏计划性，与旅游要素的融合不足，亟待向体旅融合发展模式转变。

③ 人才引进和人才培养能力不足

麻江县体育旅游产业处于起步阶段，体育旅游发展人才的缺乏在很大程度上制约着麻江县体育旅游业的高质量发展。

（4）重点项目规划

① 山地特色公园

选点建议：麻江县城。

开发思路：以马鞍山体育休闲公园和夏同龢状元第为抓手，突显麻江民族文化特色和山地生态特征，完善文化娱乐、健康休闲、生活服务、产业聚集和生态体验的城市功能，将麻江县城打造成山地特色公园。

核心项目：马鞍山体育休闲公园、官井湖湿地公园、后坝民族民俗文化博览园、凤凰山森林公园、狮子滩户外拓展运动公园。

② 体旅小镇

选点建议：麻江县谷硐镇、坝芒乡。

开发思路：结合上位规划，在麻江县打造以“健康、乐活”为特色，集“体育运动、民族风情、有机生活”于一体的农旅综合体，成为国家4A级特色旅游小镇示范区建设项目。

核心项目：民族传统体育片区、亲水体育运动片区、怀旧时光体育片区、山地户外运动片区（篙河千亩草场风情区、老蛇冲自然保护区等）、乡村田园体育片区。

③ 山地户外运动基地

选点建议：清水江沿线、苗岭、蓝梦谷景区。

开发思路：充分利用麻江县已有山地户外运动资源，以苗岭和蓝梦谷景区为点，清水江为线，点线结合打造以竞技体育、休闲度假、健康养生为主要功能定位的麻江县山地户外运动基地。

核心项目：清水江浅水游泳基地、清水江沿线户外运动路径、苗岭屋脊户外登山步道、“云上苗寨”户外休闲客栈、山地自行车赛道。

④ 苗侗瑶文化体育体验区

选点建议：麻江县东部少数民族文化旅游资源集聚区域。

开发思路：对麻江县东部民族文化景点进行改造升级并建立徒步、自行车、自驾游线路串联河坝瑶族、仰村苗家风情、苗妹－苗族非物质文化遗产博物馆等各大民族文化景点，形成独具特色的苗侗瑶文化体育体验区。

核心项目：民俗文化体验区、民族体育展示区、徒步＋自行车＋自驾游线路。

（5）发展对策

① 加快体育产品的产业化进程

一方面，从健身娱乐、竞赛表演、体育教育与培训、体育用品等方面着手加强体育事业本身的产业化进程；另一方面，依托旅游业培育体育旅游市场体系，拓宽体育产业链条，持续激活体育要素驱动力。

② 加强体育产品与生态、文化旅游的结合

对马鞍山生态体育公园进行全面改造升级，充分利用其变废为宝的修建过程以及四雅苑的文化元素，将其打造成“生态＋文化”示范性体育公园，并利用赛道与夏同龢状元第相连接，实现麻江县体育产品与生态、文化旅游的结合。

③ 实施“人才强旅”计划

通过多渠道引进关乎全县体育旅游产业发展的高层次人才、急需人才，提高人才待遇；加强对旅游行政管理人员、旅游企业人员的教育培训力度，全面提高其国际视野、行政管理能力和创新能力，更好地为全县体育旅游业谋发展。

④ 建立组织保障措施

组建麻江县体育旅游工作领导小组，推进旅游行政管理部门“局改委”工作，建立考核监督推进制度，强化旅游绩效考核；并制定积极的土地、财税、金融、招商政策，保障全县体育旅游产业健康有序发展。

5. 从江县

（1）基本情况

从江县位于贵州省东南部，与广西壮族自治区接壤，县城驻地距省城贵阳 290 千米、州府凯里 250 千米。县境属珠江流域、柳江水系，地处都柳江中段，其地貌特点总趋势为：西南高、北面次高、中部低、东部更低的复势倾斜。山地面积 2963 平方千米，占总面积的 91.34%，河流滩涂面积约占 4%。截至 2017 年，全县总人口 37.5 万人，其中少数民族占 95%，主要民族以苗族、侗族、壮族、瑶族、水族等少数民族为主。在体育基础设施上相对滞后，有足球场建设计划受资金制约未能落地，未来需要大量基础设施资金的投入。

（2）体育旅游资源

① 体育旅游资源类型

五级旅游资源：岜沙苗寨、小黄侗寨、占里侗寨、增冲侗寨、增冲鼓楼、侗族文化；四级旅游资源：银潭侗寨、秋卡瑶寨、月亮山、高吊苗寨、都柳江、加鸠腰带梯田；三级旅游资源：大洞苗寨、巨洞侗寨、高增侗寨、高华瑶寨、龙图侗寨、田底侗寨、高仟侗寨、高脚瑶寨、高文壮寨、宰船壮寨、宰鸭壮寨、摆亥水族寨、太阳山、孔明山、龙王潭山、平正河、吴勉迷宫、林上林公园、秋卡梯田、十里椪柑园、四寨河水库、龙王潭水库、雍里湖、西翠河、加榜梯田、从江长寿文化等。

② 体育旅游资源定性评价

旅游资源十分丰富，景点众多，类型齐全，科学价值与文化价值高，体育旅游资源开发潜力较大，且旅游资源空间分布相对集中，组合优势明显。但外部交通的通达性和内部道路的可进入性差，未来可利用其处于国家西部旅游线和贵阳—桂林旅游线路上的地理优势，与周边旅游资源形成良好的整合与互补关系，形成跨区域旅游线路。

（3）发展问题分析

① 内外部交通通达性差

从江县外部交通的通达性和内部道路的可进入性差，在很大程度上降低了从江县体育旅游核心吸引力，制约了其体育旅游品牌知名度提升。

② 资金人才问题突出

从江县在整个黔东南州的经济相对落后，资金人才问题对旅游业发展的制约作用尤为明显，所以发展从江县体育旅游产业，需首要解决的问题是资金人才问题。

③ 体育旅游产业滞后

从江县旅游资源丰富，发展体育旅游的资源潜力大，但是目前从江县旅游业以观光旅游为主，缺乏深度体验产品，体育旅游产业相对滞后。

（4）重点项目规划

① 都柳江水上运动旅游中心

选点建议：从江县境内都柳江流域。

开发思路：以都柳江、民俗文化为主要吸引物，以竞技体育、运动休闲、民俗体验为主要功能定位，依托321国道及都柳江，构建民俗风情景观带，通过该景观带的串联，将榕江、三江联通起来，形成区域协调发展新格局。

核心项目：都柳江漂流、水上赛事活动。

② 户外运动体育休闲基地

选点建议：狮子山森林康体养生示范基地、栾里生态体育公园。

开发思路：以生态和森林康体为主题，营造出风格迥异的休闲氛围，创造出亲和、舒适、环境与人共生的宜居环境，形成从江县独具特色的户外运动体育休闲基地。

核心项目：环形步道、体育竞技中心、石林观光区、生态宜居区以及养生度假区。

③ 侗文化体育旅游体验区

选点建议：高增乡、贯洞镇、洛香镇、庆云乡、谷坪乡、往洞乡。

开发思路：以小黄侗族大歌、增冲侗寨、银潭侗寨等为主要吸引物，以侗文化体育旅游体验、乡村体育旅游为主要旅游功能，发挥从江县的少数民族文化资源优势，打造具有核心吸引力的从江县侗文化体育旅游体验区。

核心项目：侗乡生态康养公园（在建）、东方斗牛城（在建）、狮子山森林康体养生示范基地（在建）、小黄歌乡。

④ 苗瑶文化体育旅游体验区

选点建议：县城丙妹镇（岜沙苗族文化）；西山镇、翠里瑶族乡、斗里乡（西山瑶族文化）。

开发思路：以县城景观、岜沙苗寨枪手部落文化、秋卡瑶寨及瑶浴为主要吸引物，完善旅游道路交通体系，串联岜沙苗寨和西山瑶族的重要旅游景点，打造独具特色的苗瑶文化体育旅游体验区。

核心项目：秋卡瑶寨、西翠河休闲度假区、高脚瑶寨、摆翁瑶寨、高文壮寨、登面瑶寨、高华瑶寨、岜沙景区（多人秋千运动）、瑶浴城。

⑤ 黔东南州乡村民俗文化产业园

选点建议：洛香镇。

开发思路：依托贵州东方斗牛城项目，以民族传统体育竞技文化——“侗乡斗牛”为主题，融合现代与传统，强化侗乡民俗文创产品制造，延长产业链，打造集斗牛、餐饮、娱乐、购物、休闲、住宿、康养于一体的黔东南州乡村民俗文化产业园。

核心项目：东方斗牛城项目、侗乡民俗文创产业、乡村民俗旅游。

（5）发展对策

① 加强内外部交通体系建设

从江县应致力于解决好从江县的内外交通联系，将发展交通与发展体育旅游进行综合考虑，优先建设近期和重点发展的旅游景区的交通系统，积极发展跨区域旅游线路。

② 建立体育旅游发展的资金人才保障制度

加大体旅发展资金投入，加强体育基础设施建设，培养体旅人才并加大对紧缺的中、高层次人才的引进力度，制定专项优惠政策，吸引有旅游专业知识和实际工作经验的旅游人才到从江县各旅游部门工作。

③ 加强深度体验性产品开发

从江县应充分利用其侗、苗、瑶族等文化本底，以民族体育旅游体验为主要发展方向，加强已有景区的体育元素嵌入，并将小黄侗族大歌等特色民族产品开发成参与性、趣味性强的体验型旅游产品。

6. 锦屏县

（1）基本概况

锦屏县位于黔东南州东南边隅，是黔东南州通往湖南、广东、广西的重要门户，是中国南方典型集体林区县、贵州省重点林业县，素有“杉木之乡”“舞龙之乡”美称。锦屏全县仅拥有隆里古城国家 4A 级景区 1 个，国家 3A 级景区 5 个、国家级水利风景区 1 个、省级风景名胜区 1 个。近 5 年（2015—2019 年）锦屏县旅游总收入与总人次稳步提高，见表 3-17。锦屏县旅游住宿设施主要分布于县城，已统计的酒店、宾馆共计 170 余家，床位约 2800 个。目前尚无星级酒店、宾馆，高端住宿设施缺乏，住宿设施体系不完善。

表 3-17　近年锦屏县旅游总收入与总人次

年份	各年旅游总收入 / 亿元	同比增长 /%	各年旅游总人数 / 万人次	同比增长 /%
2019	42.40	37.57	496.78	26.35
2018	30.82	30.04	393.19	30.68
2017	23.70	41.92	300.87	40.68
2016	16.70	47.14	213.87	42.58
2015	11.35	21.91	150.00	25.00

（2）体育旅游资源

锦屏县对于发展体育旅游与文体旅融合的产业综合体具有较高的热情，拥有丰富的文体旅资源，如隆里古城、盛丰农业生态园、石斛全产业链示范园区等；同时拥有以茅坪镇为代表的历史悠久的木商文化、赛龙舟为主的丰富的民族传统体育运动；拥有黔东南州唯一一个较为成熟的羽毛球装备制造基地，并拟在此基础上规划建设一个羽毛球运动培训基地赛事基地，打造全贵州省的羽毛球国际赛事中心。

目前，锦屏县体育设施现状布点及规模情况见表3-18，所有体育设施场馆均向公众免费或低收费开放，但依然无法满足人民群众日益增长的体育健身需求。2020年，锦屏县实施11人制足球场和锦屏县公共体育场田径跑道和足球场项目，现已完工并投入使用，现正在加快进度建设全民健身中线，积极为群众提供良好的体育运动场地，推动锦屏县体旅融合发展。

表3-18　锦屏县体育设施现状布点及规模情况

设施	个数	备注
体育场	1	全县唯一一个，占地2000平方米
户外灯光篮球场	2	两侧建有7级看台，是全县举行篮球、拔河等体育项目和各种集会活动的唯一场地
羽毛球场	5	
网球场	2	
乒乓球场	3	
乒乓球活动室	1	利用闲置房改造，免费开放
标准足球场	1	塑胶400米、8跑道运动场，座席2000个，单侧看台
全民健身站点	5	清水江广场、小江广场、钓鱼台、飞山庙广场、二桥头广场，主要开展健身操舞等体育活动
乡镇级农体工程	14	实现行政村的全覆盖
多功能健身场	3	解决了搬迁群众无健身场地、无健身器材的问题
滨江健身步道	1	目前项目已完工，并投入使用
羽毛球馆	1	目前项目已完工，并投入使用
全民健身中心	1	项目建设中

（3）发展问题分析

① 基础设施薄弱，经费投入不足

全县体育事业发展水平低于地区经济发展水平，经费投入有限，导致场馆建设、群众文体活动、体育资源保护和文体产业培育等跟不上经济发展的需要，与老百姓日益增长的文化体育需求还有较大差距。经费投入渠道单一，投资数量和人均经费明显偏低，经费投入部分过度依赖体育彩票公益金的局面仍未改变。

② 竞技体育基础仍比较薄弱

具体表现在体育专业人才缺乏。大型体育赛事需一定数量专业体育竞技人才的组织、管理与培育。锦屏县竞技体育专业人才数量偏少，高层次拔尖人才紧缺；人员年龄结构趋于老龄化，专业结构失衡。竞技体育优势项目单一，综合竞争能力不强。全县可用于进行体育比赛和训练的场馆、设施不足。

③ 景区品级低，体育旅游要素缺乏

锦屏全县仅拥有隆里古城 1 个国家 4A 级景区，其余体育旅游资源小散弱问题突出，例如，木商文化与周边县区同质化竞争严重，没有打出自身特色牌；景区内体育旅游配套要素的建设相对缺乏，需要进一步整合提升。

（4）重点项目规划

① 羽毛球体育旅游小镇

选点建议：亚狮龙羽毛球制造基地。

开发思路：以有机运动休闲度假目的地，立足亚狮龙的羽毛球品牌效应，联动锦屏有机生活体验 IP，打造成涵盖羽毛球运动、山地森林体验、有机休闲度假的有机运动小镇。延伸发展第三产业，增加体育休闲、旅游休闲、文化创意、体育度假等休闲产业业态，延展亚狮龙羽毛球产业链，实现羽毛球产业升级，培育立足全贵州省的羽毛球国际赛事中心，打造黔东南州羽毛球体育旅游小镇。

功能定位：竞技体育、羽毛球赛事中心、羽毛球主题运动休闲小镇。

核心项目：体育训练中心、国际赛事中心、体育产业孵化基地、体育文化体验区、体育康养中心等。

② 超百公里马拉松（隆里古城、盛丰农业生态园、石斛全产业链示范园）

选点建议：隆里古城、盛丰农业生态园、石斛全产业链示范园及周边。

开发思路：依托隆里古城历史文化街区，将其设置为超百公里马拉松锦屏站站点，联动周边盛丰农业生态园、石斛全产业链示范园区发展赛事带动型体育旅游项目。利用园区内道路发展体育竞技活动（如山地自行车等），打造集体验、康养、采摘为一体的体育旅游综合体；吸附周边县市、外省游客，充分发挥隆里古城文化、旅游、农业资源优势，实现农文旅深度融合发展。盛丰农业园、石斛示范园与隆里古城采用联票制，既可以起到一定分流作用，又可以带动周边景点与体育旅游深度融合。

功能定位：品牌赛事、竞技体育、休闲观光、度假体验。

核心项目：超百公里马拉松赛、山地自行车赛、健身步道、采摘农业园、森林康养度假区。

③ 龙池多彩田园

选点建议：锦屏县敦寨镇龙池多彩田园。

开发思路：依托石斛产业园、3000 亩龙池多彩田园有机蓝莓基地，进行多彩田园农文旅旅游综合开发。依托园区内山地资源，打造山地户外自行车骑行、徒步、半程马拉松运动基地。

功能定位：田园综合体、户外运动基地。

核心项目：石斛种植、农业观光采摘、骑行、徒步、马拉松、户外运动。

④ 三板溪湖区水天堂综合体

选点建议：锦屏县三板溪库区（卦治电站库区、白市电站库区）。

开发思路：改造沿湖旅游公路，修建码头、旅游步道，建设游客接待中心、斗牛场、歌舞场及配套基础设施。新建水上旅游娱乐项目，打造以龙舟为主的水上运动基地。

功能定位：水上综合体、龙舟基地。

核心项目：龙舟训练、水上项目、斗牛场、民族歌舞。

⑤ 木商文化茅坪古镇

选点建议：茅坪镇周边及沿岸水域。

开发思路：结合茅坪镇百年木商文化，依托清水江开发龙舟赛、水上运动赛事活动，依托已建足球场开展运动训练、体育比赛、健身锻炼、日常运动等活动，带动古镇及周边区域体育旅游活动。

功能定位：大众体育、民族赛事、休闲观光。

核心项目：少数民族龙舟赛、摩托艇、足球赛、木商文化参观体验。

（5）发展对策

① 完善景区体育旅游要素建设

以隆里古城及羽毛球小镇为核心，联动周边产业园区，以超百公里跑为核心吸引，以特色乡村休闲活动为支撑，以文化、自然生态资源为配套，完善各景区、小镇体育旅游配套要素，打造特色鲜花养生健康餐饮，房车露营、乡村民宿等特色住宿，开发健身步道、山地自行车车道、乡村绿道等特色体育旅游配套设施。

② 大力发展培育体育装备产业

以亚狮龙羽毛球制造基地为核心，大力发展培育体育装备产业，将其打造成为全产业链深加工的赛事装备产业制造基地。融合群众体育和外延商业，以羽毛球产业为中心，打造集赛事体育、教育培训、全民健身、教育科普、竞赛娱乐、度假休闲、体育医疗、赛事装备制造为一体的综合性体育公园，整体培育以羽毛球为核心的“全体育产业链”，形成体育训练中心、国际赛事中心、体育文化体验区、体育康养中心、体育产业孵化基地的羽毛球小镇。

③ 创新体育旅游产品和业态

以赛事体育、大众体育为突破口，以民族传统体育为着力点，培育以羽毛球装备制造业、金牌马拉松赛事为主体的创新型体育旅游产品及系列国际性体育赛事；同时通过赛事承办，积极开展体育行业职业技能鉴定工作和体育人才培育工作；挖掘和发展体育精品旅游线路，整合隆里古城及周边农业生态园、完善羽毛球小镇文体产业孵化，将锦屏县体育旅游与农业、装备制造业、会展、文化产业等产业深度融合，丰富体育旅游新业态。

④ 推动文化旅游和体育深度融合

重点打造隆里国际新媒体艺术节、锦屏文书文化节、隆里元宵花脸龙狂欢节、端午龙舟赛等节庆文化品牌，鼓励引导乡镇有序推出“一乡一节”“一月一节”。结合民俗体育节庆，促进文化旅游与体育旅游深度融合，构建大健康、“农文体旅”旅游目的地。

7.天柱县

（1）基本概况

天柱县位于贵州省东部，位于黔东湘西结合处，清水江下游。近 5 年（2015—2019 年）旅游总人数及总收入持续增长，2019 年总收入同比增长幅度较高，旅游总人数同比增长与去年持平（表 3–19），天柱县共有旅行社分社 2 家，旅行社网点 3 家；酒店旅馆 169 家；旅游星级客栈 1 家；旅游星级农家乐 4 家。

表 3–19　近 5 年锦屏县旅游总收入与总人次

年度	各年旅游总收入 / 亿元	同比增长 /%	各年旅游总人数 / 万人次	同比增长 /%
2019	21.27	33.61	286.28	19.65
2018	15.92	23.99	239.2736	20.29
2017	12.84	45.58	198.92	44.2
2016	8.82	50.5	137.95	19.96
2015	5.86	23.9	115	38.58

（2）体育旅游资源

天柱县资源禀赋优良，拥有较为丰富的民族体育文化与节庆。其依托风景秀美的清水河，稳步推进以三门塘、三十里廊项目为代表的重点旅游景区建设。在“十三五”期间支持和培育了蓝田东风、渡马共和、凤城南康等一批乡村旅游村寨，培育和发展了以“相约巴州”为代表的一批星级农家乐，接待水平逐步提高，为体育旅游改善了基础配套设施。

近年来天柱县先后建成了金凤广场、天柱县体育场等大型全民健身场馆。实施了 186 个“村级农民健身工程”、16 个“乡镇级农民工程”，全县共有 707 个体育运动场地，全县体育公共设施面积达到 319375 平方米，人均公共体育设施面积 1.62 平方米。天柱县体育竞技成绩显著，民族体育活动丰富，未来将大力开发和弘扬少数民族优秀传统体育文化，积极参加省、州少数民族传统体育运动会和年度少数民族传统体育比赛，将体育融合入民众生活、民族活动，更好地推动体育旅游融合发展。

（3）发展问题分析

① 自然资源优势不明显

天柱县原以矿产业为主，旅游业发展滞后，自然资源优势不突出，依托清水江流域发展体育旅游与周边县同质化的情况较严重。

② 文化资源优势难以突出

天柱县具有一定少数民族特色节日，拥有 28 个民族歌场，开展斗牛、对歌、赛歌等丰富的民族节庆活动，但民族文化精品建设项目缺乏，文化资源未经统筹、难以突出亮点，全县缺少品牌项目建设。

（4）重点项目规划

① 三门塘景区建设

选点建议：三门塘古建筑群与周边清水江水面及沿岸。

开发思路：三门塘古建筑群是国家文物局核定公布为第七批全国重点文物保护单位，当地政府拟投资10亿对核心古建筑群进行修缮。挖掘三门塘家祠文化，依托清水江发展静水体育项目（皮划艇、赛龙舟等），以民族赛事、大众体育活动带动体育旅游发展，打造体育旅游示范景区。

功能定位：民族赛事、大众体育、水上运动。

核心项目：皮划艇、赛龙舟、家祠文化体验活动。

② 三十里画廊景区建设

选点建议：包括天柱县清水江三十里画廊景区和县城部分区域。

开发思路：规划沿河进行景观打造，按照5A级景区标准规划建设，建设完善基础设施提升工程，新增体育旅游业态，将其建设为集吃、住、行、飞、漂、蹦为一体的体育旅游基地。采取政府和社会资本PPP模式合作实施，将三十里廊与县城一同创建成全国体育旅游示范城镇。

功能定位："慢生活"旅游、休闲综合体。

核心项目：沿河慢行步道、水上极限项目、综合旅游住宿。

③ 龙舟体育馆

选点建议：三门塘景区上游清水江沿岸。

开发思路：收集大量龙舟制作工具、龙船模型、龙舟图、鼓、桨等珍贵藏品，通过各类手工艺品、特色服饰、油画、情境再现等手段，将龙舟习俗、龙船制作、龙舟饭等龙舟民俗场景进行一比一再现，传承龙舟非遗文化。

功能定位：龙舟博物馆、非遗传承。

核心项目：龙舟历史科普、特色民俗文化体验。

④ 天柱体育场

选点建议：黔东南州苗族侗族自治州天柱县擎天路天柱体育场及周边商业街。

开发思路：完善基础旅游设施，增设零售店、纪念品商店以及饮食服务设施。在体育场周边发展体育赛事、文体产业、美食商业、星级酒店、生态疗养等综合业态，文体旅休闲融合，延长体育旅游产业链。将体育融入大众生活、民俗文化，更好地推动文、旅、体融合。

功能定位：大众体育、体育旅游综合区。

核心项目：全民体育场、美食商业街、生态疗养、综合旅游住宿。

⑤ 金凤山体育公园

选点建议：天柱县邦洞镇金山村、六合村区域。

开发思路：打造以"佛教文化"为主题的休闲康养体育公园。近期主要建设金凤山景区大门、旅游公路、金山溶洞、游客集散中心、金凤山寺等，进行登山步道改造，增加大众休闲、健身、登山、攀岩等设施，打造高端主题康养酒店。按照国家 5A 级旅游景区标准进行规划设计和建设，建成后将成为知名的祈福度假旅游目的地。

功能定位：康体疗养、休闲体育、佛教文化体育公园。

核心项目：登高祈福、登山健身、艺术养生馆、高端主题酒店、佛教文化体验等。

（5）发展对策

① 打造天柱体育旅游品牌形象

整合提炼天柱体育旅游亮点，打造体育旅游品牌，突破自身自然文化资源与周边县市同质化的困境。认真搞好旅游品牌顶层规划设计和策划，加强旅游业态的对外宣传促销与协作。重点推广天柱县清水江沿岸“家祠文化”，在此基础上形成品牌效应，打造相关特色体育旅游精品项目、民族特色养生产品。

② 打造体育运动休闲体验精品路线

全力推进清水江库区旅游综合开发，着力打造成为“生态养生乐园、度假康体胜地、国际龙舟赛场、水上游乐天堂”的旅游走廊，建成木商文化旅游示范基地和白市电站库区水上运动及水上游乐基地，建设成国家级旅游康体度假区和国家 3A 级水上旅游景区，打造龙舟纪念馆，创建基地（静水摩托艇、皮划艇赛艇基地），培育省际自行车比赛。

③ 围绕民族节庆文化，打出“民族牌”

挖掘提升侗歌、侗戏、苗侗建筑、服饰、饮食、民俗、民族特色产品，重点办好四十八寨歌节、注溪社节、斗牛节、渡马二十坪歌节等民族节庆活动，大力发展龙舟比赛等民族体育项目，积极打造具有广泛影响力的大众参与类体育节庆品牌。

④ 加大体育旅游服务设施的建设

加快景区基础设施建设，完善旅游交通、住宿、餐饮、购物、文化娱乐和旅游服务体系，满足游客“吃住行游购娱”需求。打造配套水上娱乐设施、景区慢行系统，为体育旅游与景区的融合奠定基础。

8. 黄平县

（1）基本概况

黄平县位于贵州省东南部，黔东南州苗族侗族自治州西北部，距州府凯里 50 千米、省府贵阳 179 千米。全县面积 1668 平方千米，辖 8 镇 3 乡、142 个行政村 9 个社区，总人口 39.8 万人，其中苗族、亻革家人等少数民族占 68.5%。湘黔铁路、株六复线横穿县内谷陇、翁坪 2 个乡镇，有余安高速、安江高速、天黄高速、凯里黄平机场立体交通网络。

（2）体育旅游资源

① 体育旅游资源类型

自然体育旅游资源：飞云崖景区、上㵲阳河风景名胜区、上㵲阳河水利风景名胜区、野洞河风景区、飞云大峡谷风景区、重安江十里古峡、黄平㵲阳湖国家森林公园、浪洞温泉、朱家山森林、重安江间歇瀑布。

人文体育旅游资源：旧州古镇、旧州飞虎机场遗址、枫香亻革家民族村寨、望坝亻革家民族村寨、太平洞苗族和亻革家村寨。

② 体育旅游资源定性评价

黄平体育旅游资源数量较多，类型丰富。黄平具有地域根植性强、有一定影响的文化——且兰文化，是射日民族亻革家族的聚集地，占全国亻革家人口近半，民族风情独特。黄平山水资源丰富，自然生态条件相对优越。地貌多元，具有中山、地中山、丘陵和河谷盆地多种地貌，包括飞云大峡谷、飞云崖等景区。水体资源丰富，境内有 100 多条河流，涵盖上㵲阳河、㵲阳湖、野洞河等水域资源。黄平体育旅游资源种类丰富，组合良好虽品级不高，并不具有资源的唯一性或垄断优势，但具有比较明显的资源聚集优势，适合开展多种类型的体育旅游项目。

体育设施方面，黄平县体育设施的数量和质量均明显不足。近年来黄平县建设了 1125.6 平方米的室内篮球场和占地面积 52200 平方米的黄平县综合训练体育场馆，但由于资金问题，综合训练体育场馆施工一度停滞。公共体育场所健身器材因资金短缺，无专人管理，经常性损坏。

（3）发展问题分析

① 产品开发初级，旅游发展滞后

黄平县旅游开发尚处于观光产品的初级阶段，开发方式较为传统，资源依赖特征明显。现有体育旅游产品较少，仅有的飞虎机场低空飞行体验和野洞河漂流开发水平较低，体育旅游发展整体滞后。

② 现状体育旅游资源分散，尚未形成合力

黄平县体育旅游资源丰富但分散，全县体育旅游发展没有统一的规划和明确的开发重点，旅游品牌形象模糊，缺乏整体竞争力。

③ 融资渠道单一，体育旅游建设资金不足

黄平县旅游项目开发建设资金多来源于政府，市场融资渠道单一，企业、社会融资较少，项目开发建设缺乏资金保障，发展迟缓。

④ 体育旅游配套设施薄弱

旅游饭店数量有限，高标准酒店数量少，接待设施类型单一。旅游服务设施不完善，仅在个别景区设置景区服务点，尚未有旅游集散中心和旅游服务站，智慧旅游体系明显滞后。

（4）重点项目规划

① 旧州机场航空特色小镇

选点建议：旧州飞虎机场遗址。

开发思路：依托旧州飞虎机场，以通用机场为平台，重点建设集飞行体验、娱乐观光、空中救援、紧急输送等功能为一体的航空活动基地，开展空中跳伞、飞行表演、航模竞赛、高空旅游、私人飞行等航空运动项目，将旧州航空小镇打造成国家级通用航空产业基地和大众体育休闲中心。

功能定位：低空飞行、赛事活动、科普教育。

核心项目：空中跳伞、热气球体验、低空飞行体验、飞行竞赛等。

② 㵲阳湖乐百年康旅小镇

选点建议：黄平县旧州古镇西侧，㵲阳湖国家森林公园西侧组团。

开发思路：依托㵲阳湖优势资源，打造集康体疗养、医疗保健、中医药养生、森林运动、文化教育等大健康产业为核心的康养体育旅游目的地，立足㵲阳湖、服务黄平县、辐射黔东南州全域的综合型旅游服务基地，引领国内大健康旅游潮流的黔东南州旅游第一站。

功能定位：康体疗养、休闲运动、医疗保健。

核心项目：艺术养生馆、森林运动公园、水上观光旅游项目、高端主题酒店、农林综合体等。

③ 朱家山森林公园

选点建议：瓮安县、黄平县境内朱家山。

开发思路：依托现有森林资源，坚持在“保护中开发”的基本原则。在山脚建设露营营地，完善山上游步道，开展登山、徒步等户外运动。建设森林瑜伽平台、森林太极平台，开设瑜伽太极公开课。

功能定位：户外运动、森林休闲。

核心项目：露营营地、游步道、森林瑜伽平台、森林太极平台等。

④ 湘黔古驿道（黄平段）

选点建议：旧州镇至上塘乡青杠垴今县界处。

开发思路：湘黔驿道黄平段是经过县境的两条驿道中保存最好的一段，长 17.5 千米，今存 13.5 千米。过去是商贾、马帮们运输货物到达云南、缅甸等地的重要通道。在充分保留驿道风貌的前提下，将其打造成为特色徒步线路，串联㵲阳湖和朱家山。

功能定位：户外运动、休闲观光。

核心项目：徒步线路。

⑤ 冷坪山低空飞行项目

选点建议：黄平县冷坪山。

开发思路：冷坪山距离黄平县城仅 5 千米，依托冷坪山海拔优势和景观资源，布局落地滑翔伞、热气球等低空飞行项目，实现 360° 立体全景式旅游。

功能定位：低空飞行、休闲观光。

核心项目：滑翔伞基地、自驾车房车营地、民宿酒店。

（5）发展对策

① 丰富体育旅游业态，实现产业融合发展

以“体育旅游 +”为核心理念，融合通用航空业、农业、林业、健康医药业等产业，大力发展专业体育赛事、体育特色小镇、民俗体育节会等新型体育旅游业态，推出低空飞行、峡谷漂流等体育旅游精品项目，引导全县体育旅游突破传统开发方式桎梏。

② 整合优势资源，构建有序开发格局

强化优势资源整合，对县体育旅游进行总体发展规划，梳理全县体育旅游资源，确立旅游形象，制定旅游建设时序，指导黄平县体育旅游建设工作有序进行。

③ 创新融资途径，壮大体育旅游发展经济实力

强化政府与社会资本联系，营造社会资本进入黄平县旅游投资建设的宽松环境，积极探索运用 BOT、PPP 等融资模式，拓展体育旅游建设融资渠道。

④ 加大配套设施投入，保障体育旅游服务品质

加强黄平县服务体系建设，完善“食住行游购娱”等旅游要素设施以及道路、卫生等基础服务设施的建设。加快构建智慧体旅平台，创建智慧体育旅游景区（点）示范点，基本实现智慧服务全覆盖。

9. 施秉县

（1）基本概况

施秉县位于黔东南州西北部，系黔东南州、铜仁、遵义三地州（市）结合部。总面积 1543.8 平方千米，辖 4 乡 4 镇，居住汉、苗等 19 个民族，总人口 16.9 万人，少数民族人口占总人口的 55.5%。湘黔铁路横穿县境，在杨柳塘镇设有施秉站，距县城 17 千米。县城距州府凯里市 78 千米，距省会贵阳市 230 千米，湘黔公路穿越县城，横贯全境。县城位于中部盆地，地势开阔，三面环水，一面临山。地势西北较高，东南较低，平均海拔 800 米左右，属亚热带季风湿润气候区，气候温暖湿润。

（2）体育旅游资源

① 体育旅游资源类型

自然体育旅游资源：杉木河景区、云台山景区、上㵲阳河和下㵲阳河、佛顶山、清水江、诸葛洞等。

人文体育旅游资源：㵲水云台广场、宏泰斗牛场、高碑景区、偏桥驿道、诸葛洞古纤道、鹅翅膀战斗遗址、古佛山遗址等。

② 体育旅游资源定性评价

施秉体育旅游资源类型多样，种类齐全，自然山水资源种类齐全、品级较高，具有典型特色的喀斯特景观、峡谷景观、低山景观、江河景观、湖泊景观、瀑布景观、森林景观，原生态性强、分布面广且相对集中，形成大尺度资源集合体，适宜开展多种体育运动。其中，云台山景区和杉木河景区是施秉“中国南方喀斯特”世界自然遗产的核心，上、下㵲阳河景区是施秉自然山水资源的精华所在，具有突出的普遍价值，未来发展潜力巨大，见表 3-20。

体育设施方面，施秉县现有体育场地明显不足，缺少大型室内运动场地，难以满足群众

日益增长的体育健身需求。一场两馆仍在建设，但项目落地过程中遇到阻碍，仍需进一步推进。

表 3-20 施秉县体育设施现状布点及规模情况

设施	个数	备注
音乐喷泉	1	水濮云台音乐喷泉广场，占地 68000 平方米
一场两馆	0	已落实选址
休闲广场	23	
健身驿站	2	平宁桥头、澜泊湾
画眉场	2	位于杨家街后院，占地 400 平方米
健身休闲广场	4	佳誉景城健身休闲区、舞阳春天销售旁、施秉老大桥桥头旁、三角洲广场
篮球场	10	佳誉景城小区篮球场、南沙集贸市场、城关镇篮球场、平宁社区、平宁小学大门口、水务局、南宫山社区、东山安置区、飞凤社区、纪委
羽毛球场	0	
全民健身场地	1	
室内气排球场	2	供电局等
龙舟训练基地	1	关城濮阳河
室外气排球场	30	县一中、二中、三中、民中、一小、二小、三小、飞凤社区、南宫山社区、东山安置区、城关镇

（3）发展问题分析

① 开发与保护的矛盾突出

施秉喀斯特世界自然遗产保护面临一定压力，体育旅游设施建设及产品开发受到较大制约。

② 季节性制约严重

目前旅游发展未能突破季节性制约，客流量主要集中于夏季，市场呈现显著的淡旺季差异。秋冬季节旅游吸引力明显减弱，平季、淡季时间相对较长，出现消费市场低迷、旅游资源闲置等季节性失衡问题。

③ 品牌知名度和影响力较低

施秉云台山虽为世界自然遗产“中国南方喀斯特”的重要组成部分，其知名度和影响力却远低于其他世界自然遗产地，且中国共有 19 座云台山，其中“河南焦作云台山”知名度最高，“施秉云台山”却未能打响世遗品牌。

（4）重点项目规划

① 龙文化体育旅游特色小镇

选点建议：施秉县城关镇。

开发思路：投资建设龙文化体育旅游特色小镇，以施秉的龙文化为主线，融合特色水上娱乐、水车文化，配套以温泉酒店、山体公园、旅游特色街区等，打造具有施秉特色的体育旅游小镇。

功能定位：运动训练、康养健身、休闲娱乐、旅游度假。

核心项目：户外休闲体验基地、温泉疗养中心、赛事活动。

② 施秉体育旅游综合体

选点建议：施秉县迎宾大道。

开发思路：打造多功能体育旅游综合体。包括“一场两馆”项目和商旅中心。“一场两馆”中体育场建筑面积13761平方米（10000座）、体育馆占地面积12567平方米（3000座）、游泳馆建筑面积7933平方米（1000座）。商旅中心含商旅大楼（吃、住、娱、购）、民族民间工艺品（旅游商品）产销一条街、施秉县民族文化展示演出中心建设项目。

功能定位：健身运动、赛事活动、文化演艺。

核心项目：一场两馆、商旅大楼、民族民间工艺品产销一条街、民族文化展示演出中心。

③ 杉木河景区提升项目

选点建议：施秉县杉木河。

开发思路：结合施秉县“城景一体化”的整体定位以及“水舞云山，慢城施秉”旅游休闲慢城的城市形象定位，整合利用临近县城的杉木河河段的天然优势。以夜漂和徒步为两条提升主线，开发杉木河夜漂项目，规划建设沿河徒步带，作为举办国际徒步大赛和施秉铁人三项赛的重要赛段。

功能定位：漂流体验、赛事活动、观光休闲。

核心项目：漂流体验带、沿河徒步带、露营基地、自助烧烤体验区。

④ 高碑汽车营地

选点建议：高碑景区。

开发思路：建设综合服务区、房车营位区、帐篷露营区、休闲娱乐区、房车酒店等。在㵲阳河段开展垂钓、泛舟等休闲体育旅游项目。作为端午龙舟赛的重要赛段积极打造赛事品牌。

功能定位：户外休闲、水上娱乐、赛事活动。

核心项目：房车营地、帐篷露营地、房车酒店等。

⑤ 云台山山地旅游区

选点建议：施秉县云台山。

开发思路：在坚持生态保护的前提下，依托“世界遗产”云台山风景区的资源优势，重点打造樱桃湾户外体验区，结合形式多样的自然教育，建设康体旅游步道、登山救助点、观景台等体育旅游设施，加入峡谷探幽、徒步、丛林穿越、攀岩等参与体验型的体育旅游产品。

功能定位：户外运动、自然教育。

核心项目：樱桃湾户外体验区。

⑥ 宏泰斗牛场提升项目

选点建议：施秉县杨柳塘镇。

开发思路：对标准场地进行翻新升级改造。规划新增休闲运动区，提供健身、运动、休闲功能。提升服务设施品质，新增以牛为特色的文创产品和牛系列特色美食。

功能定位：赛事场地、休闲综合体。

核心项目：休闲运动区、服务设施提升。

⑦ 㵲水云台文体广场

选点建议：施秉㵲水云台广场。

开发思路：结合环城健身步道、音乐广场等现有基础设施，配套新增运动健身器材、舞蹈练功场地、游客服务中心等设施，布局完善商业业态，打造成为市民游客健身休闲的城市会客厅和旅游服务集散中心。

功能定位：休闲健身、旅游集散。

核心项目：健身设施提升、游客服务中心。

⑧ 龙舟训练基地

选点建议：㵲阳河城关三角洲。

开发思路：举办龙舟大赛、全国冬泳邀请赛等赛事节庆活动。组织独竹漂展示、游泳灯光秀等日常展示表演。规划新增水上娱乐项目和垂钓基地。

功能定位：赛事活动、水上运动。

核心项目：龙舟赛配套设施、垂钓基地。

⑨ 红六军团黑冲战斗遗址纪念馆

选点建议：施秉县白垛乡白垛村黑冲战斗遗址。

开发思路：规划新建红军历史展览馆。以“重走红军路”为主题，设置红色主题步道。配套拓展运动设施和活动，开展红色体育党建活动。

功能定位：红色文化体验、爱国教育。

核心项目：红军历史展览馆、红色主题步道。

⑩ 全州气排球训练基地

选点建议：施秉县城关镇。

开发思路：建设服务全州的气排球训练基地，每季度举办 1 次全州气排球邀请赛，每年举办 1 次全国邀请赛和全国老年气排球赛。

功能定位：赛事场馆、训练基地。

核心项目：气排球场馆、生活配套设施。

（5）发展对策

① 坚持“保护第一，开发第二”的原则，走可持续发展道路

针对施秉中国南方喀斯特世界自然遗产地，在保护的前提下，适度开展生态体育旅游活

动。根据世界遗产保护要求进行分类管理、合理开发，切实保护世界自然遗产地及其周边区域的自然环境资源，严格控制旅游设施建设，科学确定旅游承载力。

② 双管齐下破解季节性难题

一是构建全季体育旅游产品体系，根据施秉县生态资源特征，开发山地户外运动、康体度假旅游、研学体育旅游等多种类型的体育旅游产品。二是推出遍布全年的系列节庆活动和体育赛事，营造赛事期间的特殊气氛，并通过团体包价等方式引导赛事参与者（尤其是冬泳大赛）留在施秉开展旅游活动，提升区域整体经济效益，持续引爆施秉体育旅游市场。

③ 加大体育旅游营销力度

围绕重点体育赛事活动、精品体育旅游线路、特色体育旅游产品，以世界自然遗产为宣传重点，借助全媒体整合营销、精准营销、口碑营销等手段，做到体育赛事传播、文化旅游宣传的有机统一、互动互融。打造施秉县体育旅游品牌，建立完善的品牌营销体系，提升品牌知名度。

10. 丹寨县

（1）基本情况

丹寨县地处贵州省东南部，境内地势东北高，西南低，全县以低山地貌为主，总面积940平方千米。东与雷山县接壤，南靠三都水族自治县，西与都匀市、麻江县交界，北抵凯里市。全县辖3镇4乡1个国营农场，县境内多民族聚居，有苗、汉、水、布依等18个少数民族，总人口17.2万人，其中苗族占总人口的85.57%。

（2）体育旅游资源

① 体育旅游资源类型

自然体育旅游资源：丹寨大瀑布、四方山茶海、夹岩峡谷、牛角山森林公园、猫鼻岭森林公园、锦绣谷。

人文体育旅游资源：龙泉山蚩尤文化城、高要休闲体验园、金汞矿工业遗址博览园、卡拉民族风情园、丹寨万达小镇、石桥苗疆古法造纸文化小镇、绿海蓝星苗疆大健康产业园、巫威苗寨、送陇苗寨、麻鸟苗寨。

② 体育旅游资源定性评价

丹寨县的体育旅游资源，以历史人文与自然观光为主，加上苗族特色风情，满足基本观光需求。丹寨县拥有7项国家级非物质文化遗产，可充分利用自身优势，开发、规划深度体验型旅游项目，集合休闲观光、运动养生，完善相关配套设施，打造沉浸式体育旅游体验。

③ 体育基础设施现状及规划（表 3–21）

表 3–21　丹寨县体育设施现状

项目名称	现状
锦鸡广场	使用中
鼓楼顶公园大型室外健身活动场地	使用中
县级体育场馆	使用中
龙泉山生态体育公园	使用中
乡级农民体育健身工程 7 个	具体位置、名称不明确
州级少数民族体育传统学校	具体位置、名称不明确
州级乒乓球项目训练基地	具体位置、名称不明确
县级科技体育训练基地	具体位置、名称不明确
厚德跆拳道馆	使用中
篮球场（覆盖全县各行政村）	具体位置、名称不明确
县城民族体育场	具体位置、名称不明确
县城民族体育馆	具体位置、名称不明确
体育馆外附属工程（含两个标准篮球场、单侧看台及小型广场 1 个）	具体位置、名称不明确
老年人活动中心	具体位置、名称不明确
丹寨县鼓楼鼎体育公园	规划中
丹寨县东湖体育公园	规划中
丹寨县扬武镇足球场	规划中
丹寨县龙泉镇足球场	规划中
丹寨县兴仁镇足球场	规划中
丹寨县全民健身活动中心	规划中
丹寨县游泳馆	规划中
龙泉山户外体育运动旅游休闲基地	规划中
丹寨县汞矿矿洞探险健身步道	规划中
丹寨县猫鼻岭生态体育公园	规划中
丹寨县金钟开发区全民健身活动中心	规划中
丹寨县城北足球场	规划中
丹寨县开发区足球场	规划中

（3）发展问题分析

① 潜在的体育资源优势尚未充分发挥出来

目前对县域内潜在的体育旅游资源开发明显不足。例如，位于龙泉镇南部的金汞矿遗址，废弃的矿山尚未得到体育旅游层面的开发，若围绕废弃矿山打造独特的探险乐园，将成为众多探险爱好者的热门目的地之一。

② 景区开发存在客观阻力

龙泉山景区拥有的自然环境，可以让其打造丰富的山地运动产品，如徒步、攀岩等。但是空中娱乐项目，如低空滑翔、热气球游览等项目将受制于风速、降水、气温、气压等要求，发展缓慢。

③ 国家级非物质文化遗产项目没有得到开发

丹寨县汇集了8个国家级非物质文化遗产，但非遗项目价值未充分体现，拥有围绕部分国家级非物质文化遗产发展体育旅游的潜力。

（4）重点项目规划

① 矿山探险公园

选点建议：金汞矿遗址矿山主体区域。

开发思路：围绕废弃矿山及其独有的历史特色的背景，打造穿越时空为主题的矿山探险主题乐园。

功能定位：运动休闲、探险旅游。

核心项目：矿山探险、汞矿历史展览。

② 龙泉山空中飞行基地

选点建议：景区里适合建设空中旅游项目的区域。

开发思路：空中旅游项目是备受欢迎的旅游项目，通过打造低空飞行、热气球游览等空中项目，增强龙泉山景区的体育旅游吸引力。

功能定位：竞技体育、休闲旅游。

核心项目：低空飞行基地、热气球游览线路。

③ 体育小镇

选点建议：丹寨万达小镇。

开发思路：依托万达小镇环湖的天然优势以及现有的健身步道，延长步道的长度，打造更多的慢跑路线，以满足不同需求的游客。完善基础设施和配套功能，打造苗文化特色体育旅游小镇。

功能定位：住宿接待、休闲度假、康体养生。

核心项目：环湖慢跑、健身步道、苗族特色住宿。

④ 斗鸡小镇

选点建议：丹寨万达小镇、卡拉村。

开发思路：围绕黔东南州独特的“斗”文化，依托丹寨万达小镇、卡拉村现有的斗鸡场地以及浓郁的斗鸡氛围，打造丰富的斗鸡节目，建设“斗鸡”主题餐馆。以斗鸡文化为主线配套以“斗”文化展示区、公园、旅游特色街区等。

功能定位：民俗文化、休闲旅游。

核心项目：斗鸡表演、斗鸡宴、斗鸡文化。

⑤ 造纸小镇

选点建议：丹寨石桥村。

开发思路：围绕石桥村国家级非物质文化遗产“皮纸制作技艺”，依托成熟的古法造纸作坊基础设施建设，开发纸系列旅游商品以及融合古纸文化的体验式旅游，加深游客对纸文化的理解，从而促进以造纸文化为主题的特色旅游。

功能定位：民俗文化、休闲旅游、科普教育。

核心项目：古法造纸文化体验、不同款式石桥纸购买、古法造纸研学团。

⑥ 打鼓井景区建设

选点建议：丹寨龙泉镇展良村。

开发思路：耶告夫（雷公石）、嘎佝娜（稻魂）是众神在苗族人民心中的存在，是苗族人民的尊崇者，将打鼓井景区打造成为“耶告夫”的出生地、“嘎佝娜”种植稻谷的初始地，重点围绕“讲好一部苗族神话史（耶告夫、嘎佝娜）、过好两个传统节日（粽子节、吃新节）、办好三个民间赛事（赛马和马术、迷你龙舟、登山）、抓好四项地质遗迹科普（间歇泉、喀斯特和白云岩、溶洞瀑布、古生物化石）、建好产业观光带（提子、蓝莓、稻田养鱼、黑皮冬瓜、蛋鸡、草莓）”，集群众体育、观光旅游、研学科普、发展产业为一体的体育旅游科普景区。

功能定位：民间赛事、山地运动、水上体育、研学科普、民俗文化。

核心项目：民族传统赛马、马术实景表演、武术训练、洞穴探险、瀑布攀岩、环湖徒步健身、登山、龙舟、独竹漂、地质遗迹科普、耶告夫嘎佝娜文化体验。

⑦ 半程马拉松跑道

选点建议：丹寨县县城、开发区、卡拉村、排牙村。

开发思路：将 2019 年、2020 年举办的贵州“环雷公山超 100 公里跑”国际挑战赛（丹寨站）跑道起点万达小镇锦经县城龙泉大道经金钟大道到瓦厂村返回终点万达小镇优化调整为万达小镇锦经县城龙泉大道经金钟大道绕卡拉、排牙两个旅游村寨回到终点万达小镇。

功能定位：举办国际马拉松赛事。

核心项目：马拉松赛道、全民健身步道。

（5）发展对策

① 整合优势资源，推动体育旅游发展

梳理全县体育旅游资源，着重对尚未得到体育旅游层面开发的区域进行发展规划。与现有的旅游发展格局进行结合，挖掘体育旅游精品旅游线路，推动丹寨体育旅游发展。

② 丰富景区体验，丰富景区体育旅游活动

加强龙泉山景区空中飞行基地的建设，对于存在的客观开发阻力，鼓励以创新型思维去开发建设，丰富景区体育旅游产品，增强景区体育旅游吸引力。

③ 创新开发路径，拓展体旅产品融合

充分挖掘和利用国家级非物质文化遗产的当代价值，以弘扬当地民族特色为主要方向，加强体育旅游产品的创新融合开发，完善体育旅游产品体系。

11. 榕江县

（1）基本概况

榕江县位于湘黔桂三省结合部中心地带，东邻黎平县、从江县，西与雷山县、三都县接壤，北接剑河县。全县总面积 3315.8 平方千米，辖 8 镇 11 乡，总人口 37.2 万人，其中，侗族、苗族、水族、瑶族等少数民族人口 29.8 万人，占总人口的 85.14%。

榕江被誉为“中国侗苗文化祖源地”，县内侗族有 7 个支系，为中国侗族语言标准音基地。苗族文化方面，榕江是苗族迁徙进入贵州的第一站，是苗族文化的发祥地，共有苗族 15 支。

（2）体育旅游资源

① 体育旅游资源类型

自然体育旅游资源：月亮山、雷公山、寨蒿国际养生度假区、五榕山文化公园、车江水上乐园、乐里斗牛城、小丹江—四道瀑景区、茅人河景区、都柳江、十里百瀑景区、老山界景区、孔明山景区、笔架山、八万山景区。

人文体育旅游资源：红七军历史纪念馆、乐里七十二寨侗乡景区、大利侗族、三宝侗寨。

② 体育旅游资源定性评价

县域内平永河、寨蒿河、都柳江三江汇流，水资源丰富。以厦蓉高速、剑榕高速和贵广高铁为重要交通轴线，围绕都柳江和车江坝区农文体旅打造生态观光、水上运动、文化体验、滨江度假、康体养生等功能于一体的体育旅游产品体系。

以山地原生态优良的自然环境为重要载体，重点加强对月亮山的开发，以月亮山、孔明山、加宜梯田等资源为依托，重点开发山地运动、农业观光、康体休闲、医药养生等产品，积极打造月亮山山地旅游产品。建设国家山地公园、国际山地自行车公园、国际户外运动基地，助推月亮山整体规划的提升。

③ 体育基础设施现状及规划（表 3–22）

表 3–22　榕江县体育设施现状

项目名称	现状
城北新区体育馆	使用中
榕江县室内游泳馆	使用中
老年人活动中心	使用中
乒乓球场 1 个	使用中

续表

项目名称	现状
400 米环形跑道田径场 1 个	使用中
足球场 1 个	使用中
篮球场 6 个	使用中
生态体育公园	使用中
灯光球场 1 个	使用中
异地扶贫搬迁多功能健身场地 4 个	使用中
移民小区健身场地 3 个	使用中
榕江县乐里侗文化体育旅游体验区建设项目	已完成选址
榕江县足球训练基地建设项目	初步选址城北新区
榕江县村级农民体育健身及路径工程项目	使用中
榕江县东一环综合体育馆建设项目	初步选址城北新区
榕江县全民健身登山步道建设项目	初步完成线路选址
榕江县全民健身田径场建设项目	初步选址城北新区
榕江县国际体操馆建设项目	初步选址城北新区

（3）发展问题分析

① 月亮山体育旅游发展与雷公山体育旅游同质化

雷公山山地旅游产品开发较成熟，且举办赛事如“环雷公山超 100 公里跑”国际挑战赛。同样作为山地旅游开发，月亮山的开发存在同质化威胁，山地越野、山地自行车、山地徒步、野外探险、山地露营、攀岩等项目以及开展月亮山汽车拉力赛、山地运动赛事等赛事活动与雷公山体育旅游发展项目雷同。

② 都柳江作为重要水系开发尚浅

榕江的“水文章”存在品牌遮蔽的发展隐患，将制约都柳江的开发。尚未打造成型的旅游产品和具有市场口碑的体育旅游品牌。

③“体操之乡”的影响力未充分发挥

榕江县作为中国体操之乡这一优势资源，并未给当地带来切实的效益。当地体操培训、比赛、体验等特色活动较少，需要将体操这一特色体育与旅游活动有机结合起来。

④ 山地旅游相关的户外装备产品开发不够

尽管有月亮山及各类山地运动、水上运动、森林运动、野营露营等旅游项目，民族特色登山杖、登山鞋、帐篷、背包、可穿戴电子设备等类型的旅游商品开发不够。

（4）重点项目规划

① 月亮山户外运动基地

选点建议：月亮山。

开发思路：依托月亮山现有地形条件，在遵循保护原生态环境的原则下，通过开发多类型的体育旅游产品，打造户外运动基地，吸引市场关注，推动、增强月亮山体育旅游的发展和影响力。

功能定位：竞技体育、休闲度假、探险旅游。

核心项目：国际山地自行车公园、空中飞行基地、极限运动基地、原始森林探秘体验区、徒步旅游精品线路。

② 车江水上乐园

选点建议：车江大坝南部滩涂地。

开发思路：利用车江大坝南部滩涂地，引入寨蒿河水，开发一处供当地居民及游客亲水娱乐的水上乐园，以充气设施及可拆卸设施为主体，满足游人亲水爱好。

功能定位：休闲旅游、水上娱乐、民宿体验。

核心项目：亲水乐园、活水体验园、欢乐水车园、水上码头、独竹漂水上基地。

③ 小丹江峡谷户外体验基地

选点建议：平阳乡小丹江苗寨、四道瀑及其沿线峡谷区域。

开发思路：对峡谷水系进行梳理，利用景区地形复杂、沟深山险的特点，结合登山、攀岩、露营、绳索操作、野外求生、定位等综合性技术的户外活动，开展峡谷探秘活动。

功能定位：户外探险、休闲度假。

核心项目：岩石堆穿越、横移、涉水、攀登瀑布、爬行高绕。

④ 乐里斗牛城

选点建议：乐里镇。

开发思路：依托现有的斗牛场，以七十二侗乡斗牛文化为主题，做大做强斗牛产业，打造“斗牛侗寨”，让游客在乐里观看斗牛表演、食用斗牛盛宴、欣赏和购买斗牛主题工艺品等。

功能定位：休闲度假、竞技体育、民俗体验。

核心项目：斗牛表演、斗牛主题工艺品、斗牛盛宴。

⑤ 茅人河漂流景区

选点建议：榕江县境内茅人河流域。

开发思路：依托茅人河保存良好的原始生态，完善基础设施建设，开展漂流、垂钓、休闲、探险等旅游项目，结合“女人河”的独特魅力，打造具有体育旅游吸引力的漂流景区。

功能定位：水上运动、娱乐休闲、漂流体验。

核心项目：漂流体验、垂钓、探险。

（5）发展对策

① 以“体操之乡”为推手，提升榕江体旅吸引力

榕江应发挥“体操之乡”影响力，建设国际标准的体操训练基地和比赛场地，成为州内、省内、国内各类运动会体操项目的比赛场地和训练场地。榕江可与贵州省体操队联合打造全国体操优秀后备人才训练营，进一步扩大榕江的知名度，并积极争取举办全国体操锦标赛、全国青年体操锦标赛、全国体操冠军赛等。

② 协同周边地区共同开发月亮山

在与雷公山体育旅游差异化发展的基础上，榕江要加强同月亮山区域的从江县的联系，规划一系列整体骑行路线、徒步路线、自助游线路，打造一批具有探索、探险、探秘、新奇等特点的旅游产品，如月亮山徒步穿越、环月亮山骑行、百里梯田小火车观光、原始森林露营、低空观光等。

③ 加强都柳江水上活动开发

依托都柳江水上游线，推进都柳江航道整治、码头站点建设，开发水陆两栖码头，让游客可以通过一系列水上运动，例如驾驶喷射快艇、游艇体验都柳江。

④ 加快体育旅游配套产品开发

山地旅游的开展需要户外装备产品的支持，需要加快推进榕江旅游业与体育业相融合，建立完善的体育旅游体系，助力山地旅游产品的总体开发建设。

12. 黎平县

（1）基本概况

位于贵州省东南部，地处黔、湘、桂三省（区）交界，全县面积 4441 平方千米，总人口 56 万，居住侗、苗、汉、瑶、壮、水等 13 个民族，其中侗族人口 40 万，占全县总人口的 71%，是全国侗族人口第一、全省面积第二、全州人口最多的县。交通区位优势明显，黎平是贵州“东进两湖、南下两广”的桥头堡。

（2）体育旅游资源

① 体育旅游资源类型

人文体育旅游资源：黎平会议会址、红军桥、苗族情歌、苗族刺绣、瑶族挑花刺绣、翘街、两湖会馆、桂花台茶园、肇兴侗寨。

自然体育旅游资源：黎平的山、水、林、泉、洞、桥、瀑自然资源配置合理，生态基底良好。拥有全球农业文化遗址侗乡稻鱼鸭复合系统、黎平国家森林公园、八舟河国家湿地公园、三省坡国家自然保护区、国家级森林公园东风林场、南泉山生态体育公园、天生桥、飞龙洞、黎平机场奥林航空培训基地。

② 体育旅游资源定性评价

黎平拥有丰富的自然和人文景观、极具开发潜力的红色旅游资源。黎平又称曙光之城，

境内的红色文化资源丰富，以八舟河、南泉山为载体，加快红色和体育旅游的融合。例如，八舟河风景区内拥有少寨红军桥等红色旅游资源，推动红军桥等红色资源与当地已有的“金牌赛事”—中国黎平·百里侗寨国际划骑跑三项公开赛结合。翘街景区作为红色旅游重点景区，鼓励依托南泉山生态体育公园，探索红色与体育旅游的融合发展。黎平拥有浓郁的侗族文化气息，以肇兴侗寨这座原生态的侗族文化博物馆为载体，推动民俗特色体育旅游的一系列体育活动开展。

③ 体育基础设施现状及规划（表 3–23）

表 3–23　黎平县体育设施现状

项目名称	现状
黎平县体育馆	使用中
门球馆 3 个	使用中
多功能运动场 1 个	使用中
五人制足球场 2 个	使用中
拼装式游泳池 1 个	使用中
室外篮球场 4 个	使用中
黎平县南泉山生态体育公园	使用中
黎平县公共体育场田径跑道和足球场项目	建设中
黎平县全民健身活动中心	建设中
乡镇级农民体育健身工程 10 个	使用中
村级农民体育健身工程 91 个	使用中
全民健身路径 2 条	使用中
易地移民安置点干凉亭多功能体育健身场地 1 个	使用中
体能健身训练房 1 个	使用中
易地移民安置点体育场地 7 个	使用中
黎平县 5 人制足球场	规划中
黎平县 11 人制足球场	规划中
黎平红色旅游·国家森林公园·国家湿地健身步道	规划中
黎平县太平山国家森林公园健身步道	规划中
黎平县“八寨一山”健身、骑行步道	规划中
黎平县盎寨旅游健身步道	规划中
黎平县老山界旅游健身步道	规划中
黎平县洪州镇三省坡长征国家文化公园旅游健身步道	规划中
黎平县长征国家文化公园骑行步道	规划中
黎平县少数民族斗牛场	规划中

续表

项目名称	现状
黎平县少数民族传统体育训练基地	规划中
黎平县肇兴镇皮林探洞探险运动基地	规划中
黎平县肇兴镇归杩攀岩运动基地	规划中
黎平县天生桥攀石运动基地	规划中
黎平县青少年水上训练基地	规划中
黎平县城北新区全民健身中心	规划中
黎平县龙形街道兰溪谷易地移民安置点多功能运动场	规划中

（3）发展问题分析

① 少数民族传统体育资源优势未充分发挥

尽管有瑶族的打陀螺，侗族的摔跤、抢花炮，水族的赛马，苗族的芦笙舞、竹竿舞、锦鸡舞等民族传统体育项目，但都局限于民族内部进行表演和观赏，传统体育项目与体育旅游的发展规划未能很好结合，一定程度上阻碍了体育旅游效益的提升。

② 红色资源整合力度不够，发展分散

黎平县的红色旅游资源较为分散，前期虽然有对一些红色旅游资源的开发和景区提升打造，但是各旅游资源分布、宣传及展示都很分散，没有形成合力。造成黎平县红色旅游资源多而不精，没有形成整体的品牌形象。

③ 悠久历史文化尚未与体育旅游相结合

黎平县有着悠久的红色文化，但旅游产品开发仍以观光旅游产品为主，尚未将红色历史的优势充分挖掘，从而与体育旅游很好地结合，融入各种体育竞技、体育旅游活动。

④ 资源挖掘深度有限，缺乏特色

如翘街、肇兴侗寨等景区和景点，发展过程中对本地性的挖掘和展示不足，容易与周边区域的街区和少数民族村寨形成同质化竞争。而黎平县的景区由于其独特性较差，在竞争中会处于劣势。

（4）重点项目规划

① 八舟河红色生态体育旅游带

选点建议：八舟河风景区。

开发思路：八舟河毗邻黎平机场，交通便利；属于低山丘陵地貌，气候为亚热带湿润季风气候，凉爽舒适；在文化方面，长征时于此召开“黎平会议”。据此，可以开展“沿长征路，感悟红色历史”的野外求生探险活动，并积极开发邻近天生桥的攀岩体旅融合项目，创建红色体育旅游体验区。

功能定位：休闲度假、红色文化、探险旅游。

核心项目：中国黎平·百里侗寨国际划骑跑三项公开赛、徒步精品路线、水上游览、水上漂流、攀岩项目。

② 户外运动基地

选点建议：黎平县老山界。

开发思路：依托老山界保存良好的原始生态，开展野外探险活动，如徒步、露营，探索原始奥秘，丰富黎平县体育旅游体系，增强黎平县体育旅游吸引力。

功能定位：竞技体育、休闲度假。

核心项目：露营营地、徒步精品线路、山地自行车赛。

③ 红军长征路线体验

选点建议：红军长征在黎平县内的线路。

开发思路：以红军长征在黎平县的线路为基础，打造红色旅游线路，串联翘街景区、红军桥、长征国家文化公园等红色历史文化资源。同时，进一步挖掘沿线红色文化资源，形成“一线串多点，亮点突出，景观丰富”的红色旅游带。

建设一条红色公路，串联黎平的各红色景区；提升翘街、红军桥、长征国家文化公园等公园的红色旅游氛围；挖掘资源，打造若干个具有特色吸引力的红色旅游景区。

功能定位：休闲度假、红色文化体验。

核心项目：红色公路、红色徒步旅游线路、红色旅游景区。

④ 历史文化体旅体验区

选点建议：翘街历史文化街区。

开发思路：对翘街进行升级，以北京南锣鼓巷、成都宽窄巷子、福州三坊七巷等著名历史街区为样板，将翘街打造为在黔东南州乃至整个贵州都具有一定知名度的历史文化街区。通过对翘街进行升级，以邻近南泉山生态体育公园为推手，推动文化与体育旅游相结合。

功能定位：民俗体验、休闲度假、运动休闲。

核心项目：历史文化体验区、体育馆、健身步道。

（5）发展对策

① 利用少数民族传统体育文化开发多样化沉浸式体验

黎平县居住着侗、苗、汉、瑶、壮、水等 13 个民族，各个民族都有自己的少数民族传统体育，充分利用各个民族不同的体育舞蹈表演形式，如瑶族的打陀螺、侗族的摔跤，可以让游客进行沉浸式体验参与；侗族的抢花炮、水族的赛马，可以发展特色体育竞技项目；苗族的芦笙舞、锦鸡舞等，可以开发特色舞蹈沉浸式体验，加强对少数民族体育文化的认同了解，进一步提升经济效益。

② 以“红色文化”为爆发点，推动红色文化＋体育旅游融合发展

黎平拥有浓厚的红军长征红色文化，可以对应地开展红色徒步行走，科普峥嵘岁月文化，将红色精神融入山地徒步、山地赛车等新型赛事中，提升文化内涵底蕴。

③ 以“金牌赛事”为依托，提升黎平体旅吸引力

依托八舟河风景区、八舟湿地公园、国家级森林公园东风林场、天生桥等著名景点，持续推动划骑跑三项公开赛的开展。黎平县 2017 年被贵州省体育局命名为“划骑跑训练基地”“摔跤训练基地”“自驾游露营基地”，应以此为推手，充分发挥黎平县自驾游、露营、划骑跑体育活动的影响力，吸引更多的游客。

④ 加快体育旅游产品开发转型升级

为避免与邻近景区和县形成同质化竞争，黎平县应充分挖掘当地人文资源特色，与当地红色文化相结合塑造独特性，并促进与体育旅游的融合。将单一的观光旅游产品转型升级为体验性旅游产品。

13. 岑巩县

（1）基本概况

岑巩县地处贵州东部，黔东南州东北部。东接铜仁市玉屏侗族自治县，南连黔东南州镇远县，西邻铜仁市石阡县，北抵铜仁市江口县。境内体育旅游资源类型丰富，体育场馆设施相对完善，已具备一定体育旅游发展基础。2018 年全县旅馆 82 家，床位数 2623 个，旅游接待总人次 115.17 万。

（2）体育旅游资源

岑巩县体育旅游资源丰富，类型以地文资源、水域资源和生物资源为主，说明该县自然环境基础优良，为户外体育旅游的发展奠定了基础，见表 3-24。然而，在诸如体育建筑与设施、人文活动等人文旅游资源方面极为薄弱。因此，文化内涵的挖掘是岑巩今后体育旅游发展的重要课题，进而借助良好的自然生态环境提升体育旅游文化层次，加速体育旅游产品的提档升级。

表 3-24　岑巩县体育旅游资源概况

类别	数量	示例
A 地文体育旅游资源	108	黔东南州大峡谷景区、云门洞风景区
B 水域体育旅游资源	146	将军山水库
C 体育旅游生物资源	114	雷公田生态休闲风景区
D 自然现象体育旅游资源	0	—
E 体育遗迹旅游资源	7	古墓群、杨泗庙
F 体育建筑与设施旅游资源	38	岑巩体育公园
G 体育旅游商品	1	水尾镇古法造纸
H 人文活动体育旅游资源	4	注溪镇岑王村锣戏

（3）发展问题分析

①优质体育旅游资源有待开发

该县体育旅游发展的自然生态优势突出，但优质资源的挖掘、产品开发和景区运营还有待提升。如思州温泉在出水量、水质和温度均有较高开发利用价值，但仍处在待开发状态；客楼红豆杉景区、木召生态度假区、黔东南州大峡谷景区等体育旅游发展优势突出，但旅游发展仍停留在观光阶段，体育活动局限于徒步、登山等，亟须体育要素的融入。

②已有体育旅游项目缺乏专业运营

岑巩县在体育场馆和设施方面已具有一定基础，但管理方式粗放、发展质量不高、经营效益仍旧相对较低。如雄鹰斗牛场体量庞大、设施相对齐全，但民族体育文化内涵挖掘不够，缺少专业运营，大量投入资金难以回笼。

③体育旅游与文化融合不深

岑巩历史文化悠久、民族文化多彩，但体育旅游发展的文化要素明显不足。岑巩古称思州，文明早孕，始名于唐，置府于明，迄今已有1300多年的历史。古思州为楚、黔、滇交通要衢，中原的政治、经济、文化、科技首先从这里传播于黔境，是贵州政治、经济、文化的最先发祥地，素有“先有思州、后有贵州”之说。同时，这里居住着汉、苗、侗、仡佬、土家等18个民族，苗侗等少数民族风情浓郁。但当前体育旅游发展与本县的历史文化和民族文化资源仍呈现脱节状态，亟须寻求契合点，提升文化与体育旅游融合发展的深度与广度。

（4）重点项目规划

①“斗”文化民族体育旅游小镇

项目选址：岑巩县大有镇。

规划思路：依托雄鹰斗牛场现有场馆、酒店和餐厅，打造西南地区规模最大、影响力最广、知名度最高的斗牛场。同时在周边区域设置斗鸡、斗狗、斗蟋蟀等附属场馆，丰富可观赏、可参与的“斗”文化民族体育旅游项目。邀请专业化赛事运营公司，对小镇的文化、赛事、住宿、餐饮、交通线等进行统一规划和设计，打造特有的“斗”文化IP，形成系列赛事。

②木召户外拓展基地

项目选址：岑巩县大有镇木召村。

规划思路：依托木召生态度假区优美的自然生态环境、木召古庄园遗址、千年古树、傩戏傩技文化以及已建成的木屋别墅及民宿，打造融专业性、文化性和趣味性为一体的木召户外拓展基地。主要设置团体山地自行车比赛、古道穿越、真人CS、丛林穿越、攀岩等项目。但同时要尽快解决景区缺水严重、交通路网较差、基础设施有待完善等问题。

③客楼康养旅游基地

项目选址：岑巩县客楼镇。

规划思路：依托客楼镇优美的自然环境、宜人的气候和红豆杉资源的天然优势打造客楼红豆杉康养旅游基地。首先，利用镇内以千亩荷花、绿茶、牡丹、桃花等为代表的乡村旅游资源，建立融合健康饮食、健康睡眠为主题的乡村民宿群。其次，利用客楼红豆杉景区开发太极课堂、养生武术、垂钓、瑜伽等为特色的康养体育旅游产品。

（5）发展对策

① 严格市场准入，加强顶层设计

政府有关部门应确立体育旅游差异化和个性化的发展理念，加强规划管理，完善市场机制，定期对体育旅游发展进行监督检查，保障旅游服务的品质，在大力支持体育旅游的同时实现有效监管，充分发挥“有形的手”的作用，扩大体育旅游产业有效供给。

② 着眼市场需求，深入挖掘本土文化资源

文化是岑巩县体育旅游发展的核心竞争力，是可持续发展的驱动力。挖掘体育文化内涵要在充分挖掘历史文化资源，彰显本土文化特色的基础上实现传统文化和现代理念的有机融合，推动传统文化对体育产业及旅游产业的创造性转化和创新性发展。

③ 创新融合体系，实现体育和旅游无缝连接

要创新文化、体育、旅游融合体系，协调好县域内旅游企业与外部体育旅游市场需求的有效对接工作。在掌握体旅系统大众需求和资本规范接口的基础上，开发出与上下游需求兼容的体旅产品，更多采取能够满足大众旅游需求并与旅游投资相匹配的开发手段，以便更快更好地推进产品创新开发，推动产业规模化发展。

14. 三穗县

（1）基本概况

三穗县自然禀赋优越，是文化和旅游部评选的“中国民间竹编艺术之乡”，素有“麻鸭之乡”和“斗笠之乡”美誉，是中国地方名鸭——三穗鸭的泽源地。全县有少数民族 13 个，以侗族、苗族为主，少数民族人口 15.8 万人，占总人口的 74.8%。全县基础设施亟待完善，旅游资源品级不高，有 4 个国家 3A 级景区，年均游客 30 万人次。

（2）体育旅游资源

三穗县体育旅游资源丰富，自然资源方面以生物资源、水域资源和地文资源为主，人文资源方面较为单一，以建筑设施类为主。总体资源数量上，三穗县并不占有优势地位，且旅游资源品级较低。在未来体育旅游发展中，要重点依靠该县侗族等少数民族风情挖掘地区特色，融合地文、水域、生物等体育旅游资源优势，实现融合发展和提质升级（表 3–25）。

表 3–25　三穗县体育旅游资源概况

类别	数量	示例
A 地文体育旅游资源	24	老虎崖、狮子岩、圣德山景区
B 水域体育旅游资源	42	月牙湾、贵秧水库、塘冲水库

续表

类别	数量	示例
C 体育旅游生物资源	63	竹园竹林、雪洞梯田、千亩油茶
D 自然现象体育旅游资源	0	—
E 体育遗迹旅游资源	2	上寨村红军标语遗址、桥头古战场遗址
F 体育建筑与设施旅游资源	48	渔荷园休闲农庄、风云际会山庄
G 体育旅游商品	1	纺布
H 人文活动体育旅游资源	7	六月十六文化旅游节

（3）发展问题分析

① 体育旅游发展的基础设施薄弱

三穗县经济综合实力不强，发展质量不优，经济总量小，基础设施薄弱，产业发展不足，基础设施和公共服务设施薄弱，很大程度上制约了体育旅游产业的培育与发展，旅游业硬软件水平还需要大力提升才能满足未来体育旅游发展的需要。

② 体育旅游发展处在初级阶段

景区品级较低，大都停留在初级阶段，现有体育资源亮点较少，缺乏成熟的体育旅游项目规划，纵向深度开发有待进一步加强。同时，全县体育旅游产业缺乏系统性管理和规划布局，地方特色缺失，需要深入挖掘。

（4）重点项目规划

① 永灵山体育公园

项目选址：三穗县城永灵山。

规划思路：按照旅游景区融入体育要素的思路，依托本县知名景区永灵山和其上古刹甘霖寺的知名度和美誉度，完善登山步道，增加体育运动和日常休闲设施，将永灵山打造成为三穗县居民和游客共享的体育公园。

② 木良民族体育旅游体验基地

项目选址：三穗县桐林镇。

规划思路：木良村拥有浓厚的传统习俗和侗族文化，有“三月三”、端午龙舟赛、“七月七”古银杏树下对情歌等多项民族节庆活动。通过整合开发木良景区的民族体育项目（龙船、放河灯、斗牛、斗鸟、唱山歌等），结合鹿洞河进行新型业态的培育，打造民族休闲康养度假区，将乡村振兴与民俗体育旅游结合。

（5）发展对策

① 促成已规划项目的落地，打造龙头产品

在发展三穗县体育旅游时，首先尽快积极推进体育小镇及体育公园规划的落地实施，营造良好的发展氛围，积极筹备及开发群众休闲体育、民俗赛事体验与沿河水上项目，引进体育旅游新业态，集中力量打造一个引爆性产品，成为拉动三穗县体育旅游发展的引擎。

② 大力发展民族体育旅游，助力乡村振兴

以少数民族体育旅游作为民族文化内涵挖掘和民族地区乡村振兴战略的重要途径，对侗族村寨进行重新规划和立面改造，将民族地区乡村振兴与民族体育旅游充分结合。以侗族文化丰富多彩的民族节庆体育及民俗赛事为基础，以举办大型节庆体育活动盛会为重要抓手，积极开展少数民族传统体育运动会等赛事，吸引游客参与，满足游客体育旅游活动需求，打造富有地域特色的民族节庆体育旅游品牌。

③ 坚持以市场为导向，提高产品竞争力

坚持以市场为导向，针对当下体育旅游兴起、休闲旅游升级、旅游需求日益多元化的市场现状，打造具有参与性、趣味性、体验性、知识性的体育旅游核心产品，找准三穗县优势和特色，提高体育旅游市场吸引力。丰富当地体育旅游品牌内涵，积极推进具有体育元素的文创产品进景区，满足游客多元化、品质化消费需求。同时，积极开拓外地市场，加大对外宣传体育旅游形象的力度，提高体育旅游发展效益。

15. 镇远县

（1）基本概况

镇远县具有“滇楚锁钥、黔东门户”的区位优势。湘黔铁路、株六复线、320 国道、沪昆高速公路穿境而过，距铜仁、湖南芷江和贵阳飞机场分别为 90 千米、170 千米、270 千米。辖 8 个镇、4 个乡（其中 1 个民族乡）：㵲阳镇、蕉溪镇、青溪镇、羊坪镇、羊场镇、都坪镇、江古镇、金堡镇、涌溪乡、报京乡、大地乡、尚寨土家族乡。总人口 25.9 万人，其中苗、侗、土家等 22 个少数民族 9.9 万人。2018 年共接待游客 1120 万人次，实现旅游综合收入 95.0 亿元。

（2）体育旅游资源

① 体育旅游资源类型

自然体育旅游资源：下㵲阳河风景名胜区、铁溪、高过河风景区、西峡、㵲阳三峡、白水溪、白岩河、吴王洞、华洞、凯言瀑布、柏杨坪温泉、相见河、龙江河、海百合化石群、吉祥山、绞把湖、大溪沟古树群、杨柳坪古树群、台盘山原始森林、蔡家田古香樟树群、十万屯草原、黄龙洞景区。

人文体育旅游资源：镇远古城、镇远赛龙舟、苗疆古驿道、青溪金奇谷游乐园、文德关、镇雄关、天印古村落、猛溪古村落、铺田古村落等。

② 体育旅游资源定性评价

镇远县体育旅游资源类型丰富，适宜开展漂流、溯溪、探险等多元化的户外活动。地貌变化丰富，河谷—丘陵—低山—中山过渡完整，立体空间特征明显，在山地户外运动方面具有极大的开发潜力。但高品级自然资源的数量少，且不具备独占性。民族体育旅游资源拥有两个国家级非物质文化遗产“赛龙舟”和“报京三月三”。

（3）发展问题分析

①体育旅游资金缺乏

体育旅游项目开发大多数由中小型企业进行开发利用，形式单一，配套设施标准不一、低层次开发突出，运营企业缺乏管理经验。

②体育旅游发展空间失衡

主要集中在中部的镇远古城和高过河风景名胜区，西部山水生态和民族村寨未得到充分挖掘开发，仍停留在较为初级的发展阶段。

③体育旅游产业总体规模不大

具有竞争性、影响力的专项体育旅游项目比较缺乏，与㵲阳河、高过河等核心景区的业态融合仍有较大提升空间，存在供给不足、体制机制不活等问题。

（4）重点项目规划

①镇远古镇划船俱乐部

选点建议：西门码头至青桥的㵲阳河段（环城S形河道）。

开发思路：由船艇码头、船艇库房和会所三个部分组成，划道主要利用西门码头至青龙桥这一段最美的环城S形河道，每天早晨和傍晚向俱乐部会员和游客开放，开展皮艇、划艇、赛艇、小帆船（OP级）、肥仔艇、龙舟、水上摩托、水上自行车等多种载体的水上运动游乐体验和训练竞赛，提高景区的体育旅游业态和参与度。

功能定位：体育训练、赛事场地。

核心项目：皮划艇、小帆船等水上运动体验及训练竞赛。

②高过河漂流营地

选点建议：镇远高过河景区。

开发思路：高过河景区由原始森林峡谷和深潭险滩飞瀑激流构成。景区内有户外营地露宿面积8000平方米，有停车场6000平方米，有苗族、侗族、土家族风貌的民族村寨房屋数十栋，以及表演广场、水幕电影等服务设施。规划建设以青少年、企事业素质拓展为主要客源类型的户外运动营地，包括拓展训练区、攀岩区（包括自然岩壁、人工岩壁）和汽车帐篷露营区以及1条漂流穿越线和3条徒步穿越线。

功能定位：汽车露营、文化演艺、拓展训练。

核心产品：汽车帐篷露营地、拓展训练基地。

③赛龙舟传承展示竞技基地

选点建议：㵲阳河中峡段。

开发思路：依托国家级非物质文化遗产“镇远赛龙舟”，打造镇远赛龙舟传承展示竞技基地。建设非遗展示中心、非遗创艺坊和标准龙舟竞渡场地，传播镇远赛龙舟民族体育文化。配套建设上下水码头、主席台、观礼台、观赛平台、运动员休息室等硬件设施，可以承办大型国际级龙舟赛事。同时还可以作为皮划艇、游艇、赛艇等水上项目的训练基地。

功能定位：非遗展示、文化体验、运动训练、赛事活动。

核心产品：非遗展示中心、非遗创艺坊和龙舟竞渡场地。

④ 石屏山、铁溪森林探险项目

选点建议：石屏山。

开发思路：建设垂直电梯、索道、生态游道、旅游驿站、农耕体验、露营基地、文创产品、实情演出、康养修养中心、亲子欢乐园、森林探险体验基地、花海、自行车车道、攀岩胜地及基础配套设施。

功能定位：森林探险、户外拓展。

核心产品：垂直电梯、森林探险基地。

（5）发展对策

① 拓宽资金渠道，给予政策优惠

建立体育旅游发展专项资金，通过财政预算、政策规定筹措、社会募捐等方法进行资金筹措，实行“以奖代补”支持相关企业发展。鼓励民族资本以固定资产、资金、技术等方式入股，拓宽旅游建设资金投融资方式。

② 资源整合，统筹引导全域体育旅游发展

充分整合镇远古城历史文化资源、山地生态资源、民族文化资源和乡村资源，确定体育旅游项目建设时序，激发体育旅游新动能。

③ 产业联动，构建体育旅游大产业格局

以大项目为带动，加强历史文化、民族文化、山地农业与体育旅游的有机融合。完善体育旅游的智慧服务体系、体育装备制造、体育旅游创意产品等旅游要素，不断延长产业链，构建山地旅游大产业格局。

16. 剑河县

（1）基本概况

剑河县距州府凯里 55 千米，西距省城贵阳 210 千米，南距黎平支线机场 130 千米，北距湘黔铁路（复线）镇远 50 千米。320 国道、G60、剑黎和思剑高速公路穿境而过，水陆交通便利。全县面积 2176 平方千米，辖 1 乡 11 镇 1 街道办事处 180 个村（居），2019 年年末常住人口 18.41 万人，年末户籍人口 27.397 万人，其中以苗、侗为主的少数民族占总人口的 96%。2019 年地区生产总值 548212 万元，城镇居民人均可支配收入 31945 元，农村居民人均可支配收入 9682 元。

（2）体育旅游资源

① 体育旅游资源类型

自然体育旅游资源：剑河县温泉文化旅游景区、昂英景区、八万山、老山界、天堂界、青山界、八郎古生物化石群、平塘坡溶洞群、清水江、南哨河、巫密河、仰阿莎湖、百里原始阔叶林、青山界千里草海、十里杜鹃等。

人文体育旅游资源：仰阿莎文化旅游景区、剑河未来城体育馆、剑河体育场、仰阿莎生态体育公园、剑河县江北岸健身步道、剑河县后山健身步道、革东镇屯州石板苗寨景区、巫包红绣旅游景区、稿午苗族水鼓舞、革东苗族飞歌、牯藏节、招龙节、姊妹节、祭桥节等。

② 体育旅游资源定性评价

自然体育旅游资源以地文景观和水域风光为主，人文体育旅游资源主要是建筑设施和民族体育活动。剑河县具有“泉、文、村、山林、药材、湖”六大特色资源，其中“温泉 + 仰阿莎文化”具有独特性和唯一性。

（3）发展问题分析

① 民族村寨通达性差，开发难度大

剑河 90% 的贫困村在剑河内部大山深处，且处于高原山地地形，县内道路弯曲，部分路段路况较差，交通可达性较差，民族村寨可进入难度较大。

② 体育旅游产品供给不足

体育旅游开发尚处于初级阶段，资源条件、设施场馆都已具备，但未能得到充分利用，仍需进一步探索适合剑河县发展的体育旅游业态、联动发展。

③ 空间联动弱，龙头带动能力不强

吸引力最强的剑河温泉景区偏居一隅，与沿仰阿莎湖和八万山原始森林分布的自然体育旅游资源距离远，联动性较差。剑河温泉与体育旅游融合需提升。

（4）重点项目规划

① 剑河温泉运动休闲中心

选点建议：剑河县温泉度假区。

开发思路：将剑河高品质的温泉资源与运动休闲养生项目相结合，打造运动休闲型温泉度假胜地。建设山地 SPA 区（室外温泉池）、休闲运动区（室内温泉游泳馆、天体瑜伽馆、跑马场、棋牌俱乐部）和综合室外运动中心（网球场、篮球场、草地小足球场）。

功能定位：运动休闲、康体疗养、度假休闲。

核心产品：山地 SPA、休闲运动中心、综合室外运动中心。

② 水鼓舞泥浆运动乐园

选点建议：剑河温泉出入口、清水江边的寨章。

开发思路：将水鼓舞与泥浆运动相融合，打造独具魅力的水鼓舞泥浆运动乐园，由水鼓舞表演唱、泥浆竞技场、盐泥 SPA 养生馆等组成。

功能定位：文化体验、休闲娱乐、舞台演艺。

核心产品：水鼓舞表演唱、泥浆竞技场、盐泥 SPA 养生馆。

③ 仰阿莎湖水世界

选点建议：剑河柳川景区。

开发思路：积极开发仰阿莎湖（三板溪库区）周边传统村落旅游资源及体育旅游融合，同时开发水上特许游船观光项目。对水上游乐中心进行运动休闲主题化改造，以“水上＋草地运动”为特色，整个水世界分为湖上运动区、水上游乐区和湖边草地运动区。主要开展各类划船运动（包括皮艇、划艇、赛艇）、帆船帆板运动和游艇潜水运动，建设增加水上自行车、水上摩托艇、肥仔艇、香蕉船、滑水、水上蹦床、水上跷跷板、水上冰山、水上步行球和水上高尔夫练习场。开展草地网球、足球、羽毛球、沙滩排球、帐篷露营、草地音乐会、露天电影院、篝火烧烤等。

功能定位：户外运动、娱乐休闲。

核心产品：趣味水上游乐项目、草地休闲运动项目。

④ 清水江水上体育旅游运动基地

选点建议：剑河县县城清水江景观湖。

开发思路：建立水上体育旅游运动基地，拟开展龙舟、独竹漂、皮划艇、小竹舟等项目的训练、比赛、培训等活动。

功能定位：水上运动、体育培训、赛事举办。

核心产品：各类体育运动项目。

⑤ 华润希望运动小镇

选点建议：剑河县寨章村。

开发思路：在剑河县寨章村华润希望小镇建立水上体育旅游运动基地，建设米兰花酒店、野营营地、苗寨传习所、水鼓舞广场、非遗馆、村民活动中心等。

功能定位：乡村振兴、民俗文化、休闲体验。

核心产品：米兰花酒店、野营营地、苗寨传习所、水鼓舞广场、非遗馆、村民活动中心。

⑥ 柳川体育运动小镇

选点建议：剑河县柳川镇。

开发思路：以老县城设施为基础，依托仰阿莎湖，发展以水上运动、登山、露营、丛林穿越等为一体的户外运动项目；以斗牛、斗鸟等为主的民族体育项目；以山地自行车、定向越野跑等为主的山地运动项目三大主题，将运动融入民族体验、旅游度假和运动休闲之中。

功能定位：山地运动、民族特色运动。

核心产品：山地穿越、户外越野、民族体育。

⑦ 剑河城市体育场运营提升项目

选点建议：剑河体育馆。

提升思路：在已有体育基础设施的基础上，广泛开展羽毛球、游泳等大众体育项目，丰富城市体育休闲业态。

功能定位：大众体育休闲。

核心产品：休闲娱乐、体育健身。

（5）发展对策

① 完善交通设施，提升村寨可达性

高标准建设风景绿道，以境内的省道 S311、县道 X854 以及通村乡道串联的环状公路为轴线，串联昂英村、反召村、基佑村等各具特色的少数民族村寨。建设一批服务驿站、观景平台和露营基地，满足自驾游游客需求。

② 业态引进，丰富体育旅游产品体系

强化温泉核心吸引，引进创新体育旅游产品业态，积极培育康体养生、温泉疗养、民族体育赛事、山地休闲等项目。

③ 打通辐射廊道，强化空间联动

以剑河温泉为龙头核心，打通辐射廊道，向西南延伸康养探秘体验带，向东南延伸民族体育休闲带，促进各类优势资源的空间聚合，带动民族村寨的经济发展和民生建设。

3.5 专项规划

3.5.1 推动体育旅游发展支撑体系

1. 智慧服务体系

（1）加快构建“一中心三平台”

① 智慧体旅大数据云监测中心

建立完善的数据储存、管控及安全标准，形成数据全面、安全可靠的综合型数据管理及分析机制。对客流进行动态监测，为黔东南州体育旅游发展提供数据支撑和决策依据。推动全域智慧体育旅游大数据共享，统一接口服务规范，采取数据互换、市场换资源、购买服务等方式，实现文、旅、体相关部门和体育旅游相关企业之间的数据交换和共享。

② 智慧体旅产业管理平台

推动智慧体育旅游产业管理平台建设，开展智慧监管、应急指挥、舆情分析等工作。丰富完善体育旅游产业基础数据，实现对体育旅游产业运行情况动态的量化监测。加快建设体育旅游应急指挥系统，实现远程视频实时监控、安全预警、游客智能疏导、紧急救援、旅游指挥调度等功能。建立旅游业舆情监测分析系统，对黔东南州体育旅游舆论进行实时监控和深度分析，不断提升行业监管和服务能力。

③ 智慧体旅营销互动平台

充分发展和运用各类旅游新媒体，整合信息资源，实现跨区域、跨平台、跨终端立体化宣传营销。创新黔东南州旅游市场大数据分析，挖掘游客兴趣点、关注度、消费行为、满意度、出游趋势等，提高旅游市场营销精准性和转化率。鼓励黔东南州与旅游电商、搜索引擎、门户网站、旅游网站、社交平台等合作，发展社交电商、网络口碑传播、“粉丝”经济等网络营销新模式。

④ 智慧体旅健康监测平台

搭建黔东南州智慧体旅健康监测平台，统筹全域公民健康体系。以移动互联网、云计算、大数据技术为支撑，利用可穿戴物品（如智能手环、智能眼镜、智能跑鞋等）和传感器技术、定位技术，将监测到的运动数据及时反馈给体育旅游者和相关部门管理者。通过对丛林穿越、攀岩等极限户外运动参与者身体状态及位置信息的实时监控，及时开展预警和救援工作，最大限度上避免危险发生。

（2）完善智慧体育旅游服务体系

① 优化在线服务平台建设

按照国家智慧旅游公共服务平台建设标准，按照“全地域、全过程、全天候”目标，为游客提供全程个性化、便利化的智慧旅游服务。依托现有在线旅游服务平台——“一码游贵州”小程序，增加场馆预订、智能教练、运动分析、体质监测、赛事参与、线路规划、智慧停车场等功能，为游客聚合“吃住行游购娱体”的全流程服务。

② 推进体育场馆信息化建设

利用信息技术手段构建体育场馆服务管理新模式，开展硬件与软件建设。完善会员管理软件系统、人脸识别闸机、水控系统、智能储物柜、自助终端机、商品售卖和租赁等硬件智能设备。搭建智慧体育场馆信息平台，满足各级体育主管部门对下辖各体育场馆的客流监控、运营管理、场馆预订、赛事活动、应激事件处理等信息及时掌握，通过信息化管理手段提高运营效率。

③ 探索 5G 体旅数字经济建设

探索“5G+”模式，与网络通信公司达成合作协议，推动 5G 通信技术在体育赛事、户外运动、群众体育、休闲体育等领域的应用合作。利用 5G 实现各类体育赛事的高清直播，进一步拓宽赛事传播渠道。将 5G 与物联网有机结合，探索“5G+ 健身器材、设施物联网智能管理应用”模式，为黔东南州体育旅游装上“5G”大脑。

2. 交通配套体系

（1）构建便捷完善的体育旅游交通网络

① 打造“水陆空”联动的立体交通网络

推进对外铁路通道建设，落实凯里黄平机场、黎平机场改扩建工程和天柱民用机场建设工程，积极支持通用航空机场布局建设。打造以凯里为核心的交通枢纽，以高速铁路和普通铁路、高速公路、机场、水运为骨架的“水陆空”联动的交通网络。不断强化市州辐射，加强路网衔接，以沪昆、贵广国家高速公路为基础，在完善省域高速公路网络的基础上，形成“一环、三横、四纵、多联线”骨干高速公路体系。依托区域和州内高速网络，提高黔东南州景区景点通达性（表 3-26）。

表 3-26　黔东南州体育旅游交通体系

交通方式	空间格局	具体线路 / 站点
铁路	四横	沪昆高铁（麻江—三穗），贵广高铁（都匀—从江），兴义至永州铁路（三都—榕江—黎平），湘黔铁路（麻江—岑巩）
	三纵	涪陵—柳州铁路（余庆—黄平—凯里—雷山—榕江—从江），都匀至南川铁路（余庆—黄平—凯里—丹寨—三都），玉屏—黎平—从江城际客运专线
	三联线	凯里—都匀城际客运专线，凯里—镇远—三穗城际客运专线，凯里—遵义城际客运专线
高速	一环	凯里环城高速
	三横	北部福泉—黄平—施秉—镇远—岑巩高速，中部沪昆高速—三穗—天柱—会同高速，南部贵广高速
	四纵	西部贵新高速，中西部余庆—凯里—羊甲高速，中东部思南—剑河—榕江—荔波高速，东部铜仁—新晃—天柱—锦屏—黎平—从江（洛贯）高速
	多联线	凯里—镇远，雷山—榕江，雷山—黎平，剑河—黎平，剑河—锦屏，镇远—三穗，黎平—靖州，麻江—昌明，从江—融水（至柳州），榕江—宜州（至南宁）等高速
公路	一心	凯里市
	四环	一环线：凯里市中心城区绕城环线，主要道路为 G320—S308—环城西路—G320 二环线：环凯里市游憩环，主要连接下司镇、南皋乡、郎德镇、西江镇、三棵树镇、龙场镇、炉山镇等区域，涉及 S311、S204、S205 等道路 三环线：主要串联雷山、丹寨、麻江、黄平、台江等区域，涉及 G210、G243、S308、G211 等道路 四环线：主要串联麻江、黄平、施秉、镇远、岑巩、三穗、天柱、锦屏、黎平、从江、榕江等区域，涉及道路为 G321、G551、G210、G242 等
	六射线	一射线：凯里—麻江，辐射贵阳方向 二射线：凯里—丹寨，辐射黔南州方向 三射线：凯里—台江—剑河—三穗—天柱，辐射湖南怀化方向 四射线：凯里—黄平—施秉—镇远—岑巩，辐射铜仁方向 五射线：凯里—雷山—榕江—从江，辐射广西桂林方向 六射线：凯里—台江—剑河—黎平，辐射湖南通道、靖边方向

续表

交通方式	空间格局	具体线路 / 站点
水运	㵲阳河	施秉县城关镇、镇远县县城、青溪镇
	清水江	凯里市龙场镇，剑河县柳川镇，锦屏县茅坪镇，天柱县远口镇，白市镇，瓮洞镇
	都柳江	榕江县古州镇，从江县县城，停洞镇，下江镇，贯洞镇

② 建设七位一体的“慢游”交通网络

推动打通旅游交通“最后一公里”和“毛细血管”，建设集“吃住行游购娱体”于一体的“慢游”交通网络，因地制宜建设旅游风景道，建设自行车道、步行道等“慢游”设施，打造具有运动、游憩、健身等功能的主题线路。支持体育旅游景区、民族特色村寨、体育旅游小镇的旅游公路建设。通过加强“快进慢游”的体育旅游交通网络建设，为体育旅游客群提供良好休闲运动体验。

（2）完善体育旅游交通服务设施

① 健全基础设施建设，打通景区间连接渠道

加快干线公路与景区公路连接线以及相邻区域景区之间公路建设，在有条件的地区形成旅游环线，并根据景区旅游规模科学确定公路建设标准。升级和完善通达景区和景点的交通设施，加强旅游交通公路沿线景区景点的服务设施建设。实现不同旅游交通方式的无缝衔接和交通服务设施的“运游一体化”。

② 建设旅居营地，完善自驾服务设施

在各县市高速出入口与交通枢纽周边建设“租车港”“泊车（房车、自行车）港”。建设黔东南州共享租赁系统，推动完善“异地租车、异地还车”共享服务。设立自驾游服务中心体系，依托高碑景区、红阳万亩草场等建设一批不同类型、特色突出的房车或旅居车营地。

③ 加强交通枢纽设施建设，完善集散功能

按照零距离换乘的要求，在凯里南站、三穗站、榕江站和从江站四个高铁站点设置旅游集散中心，加强以铁路、公路客运站、机场和城市中心站场等为主的综合客运枢纽建设。依托客运枢纽，加强干线铁路、城际轨道、干线公路、机场以及城市轨道交通、地面公共交通、私人交通等不同交通方式的有机衔接，形成不同方式之间便捷、安全、顺畅换乘。

3. 品牌营销体系

（1）明确市场定位

① 一级市场

稳固拓展基础市场，包括贵州省内及湖南、广西、四川、重庆、云南等邻近省（区、市）主要客源以及港珠澳、长三角、京津冀等全国重点客源市场。

② 二级市场

实现国内客源市场的扩展，覆盖到全国省会城市；国际客源市场包括韩国、日本等周边国家。

③ 三级市场

实现全国客源市场的覆盖，国际客源市场拓展到欧美国家、澳大利亚、新西兰等经济发达国家。

（2）树立体育旅游品牌

聚焦黔东南州山地户外资源和苗侗原生态文化特色，塑造重点突出、特色鲜明的黔东南州体育旅游品牌：灵山秀水苗侗乡，律动户外黔东南州；活力黔东南州，纵情山水间；中国百节之乡，户外运动天堂；徒步原生态，万象黔东南州。

（3）实施多主体营销模式

① 政府统筹

统筹区域体育旅游品牌一体化发展，注重整体特色的挖掘，打破地域局限，避免各县零散发展。加强与新闻媒体的合作，保障良好的公众与新闻舆论环境，助力各项外部推广。充分征集公众对黔东南州体育旅游品牌形象设计的意见，与社会团体、组织紧密合作，扩大品牌影响辐射范围。

② 政府＋企业联动

政府建立健全相关政策法规，为品牌形成提供公平、公正的外部制度环境，当地体育旅游相关企业积极配合，共同推动体育旅游品牌的创建规范化。政府还应积极与企业对接，如将赛事参与者交由旅行社统一组织，从而进一步开展旅游活动。企业则需要在政府的积极扶持下培育自主品牌，由点及面，擦亮黔东南州体育旅游品牌名片。

③ 企业推动

体育旅游相关企业应明确自身品牌定位，突出品牌核心价值，制定有效的品牌战略。联合不同行业、不同层次的商业主体，整合黔东南州体育旅游发展渠道，将文体旅不同产业捆绑营销，如体育赛事与俱乐部、餐厅消费送景区门票等，通过异业整合实现价值最大化。创新交互营销方式，通过众筹众创、快闪、自媒体直播等途径，实现线上线下的交互宣传。

（4）构建立体式品牌营销网络

① 全媒体整合营销策略

创新全媒体营销模式，采用传统平面媒体、广播电视、传统网络及网络新媒体实现整合营销，充分发挥各方优势，合理配置各媒体渠道比例，以网络媒体与电视媒体为主，传统纸媒与户外媒体为辅，实现从传统营销向新媒体营销、智慧营销的转变。建立“线上＋线下”立体营销网络，重点利用微信公众号、微博等社交平台和抖音、快手等短视频 App 等新媒体平台，有机整合内外部营销资源，强化黔东南州体育旅游品牌的塑造，不断提升黔东南州体育旅游品牌的整体形象与影响力（表 3–27）。

表 3–27　黔东南州体育旅游全媒体营销策略

营销渠道	投放内容	营销平台		目标市场	比重
电视媒体	黔东南州体育旅游的电视广告、专题片、风光片等；相关综艺节目	央视	1 套、4 套、5 套	全国市场	★★★
		卫视	贵州卫视、湖南卫视、四川卫视、广东卫视、东方卫视等	重点市场	★★
		旅游	旅游卫视、贵州旅游卫视	潜在市场	★★
		其他	体育、生活、休闲类电视媒体	专项市场	★
户外媒体	各类规模的平面广告、品牌形象标识、宣传手册	机场	贵阳龙洞堡机场、遵义机场等	省内市场	★★★
		火车站	贵阳、从江、凯里、镇远火车站	省内市场	★★★
		公交站	省内	重点市场	★
		出租车	周边县市	基础市场	★★
纸质媒体	在主要旅游杂志、户外体育类杂志、报纸上刊登关于黔东南州体育旅游的报道	旅游杂志	《中国国家地理》《旅游天地》《时尚旅游》等	专项市场	★★★
		户外体育杂志	《户外探险 Outdoor》《户外 Adventure》《体育博览》等	专项市场	★★★
		摄影杂志	《大众摄影》《摄影之友》、《摄影世界》	专项市场	★★
		汽车杂志	《汽车之友》《车主之友》	自驾市场	★
		报纸	《中国旅游报》《贵州都市报》《重庆晚报》《南方都市报》等	重点市场	★★
网络媒体	宣传黔东南州体育旅游的新闻、游记、公众号 / 微博推文、网络广告、短视频	综合门户	网易、新浪、人民网、搜狐	全国市场	★★
		垂直门户	携程、马蜂窝、途牛、驴妈妈、去哪儿	全国市场	★★
		社交网络	微信公众号、微博、豆瓣、小红书、知乎	全国市场	★★★
		短视频 App	抖音、快手、微视	全国市场	★★★

② 节事推广策略

建立健全节庆活动、赛事活动营销体系，积极宣传黔东南州体育旅游品牌形象（表 3–28）。一是利用重大体育赛事引爆体育旅游，举办“环雷公山超 100 公里跑”国际挑战赛、环月亮山世界汽车拉力赛、“雷公山之巅 · 巴拉河之夏”全国山地自行车赛等高级别品牌赛事。二是深度开展、推介少数民族节日文化活动，尤其是群众基础好、独特性高、市场吸引力强、融合民族体育旅游项目的少数民族节日，如苗族“苗年”“姊妹节”“鼓藏节”“斗牛节”，侗族“侗年”“萨玛节”“摔跤节”等。组织开展黔东南州体育旅游产品推广促销活动，如开展山地旅游目的地推介会、民族传统体育年会等。

表 3-28 黔东南州节庆赛事活动重点品牌

举办时间	举办地	节事名称
1月	榕江县、从江县	环月亮山世界汽车拉力赛
	岑巩县	思州傩技傩戏文化节
2月	雷山县	祈祥纳福民间体育大赛
	黄平县	革家踩亲文化艺术节
	锦屏县	侗乡灯节
	黎平县	“百里侗寨”芦笙大赛
3月	榕江县	民间斗牛争霸赛
	天柱县	注溪社节
	丹寨县	苗族鼓藏节
4月	台江县、剑河县	苗族姊妹节
	黎平县	侗族摔跤节
	黄平县、雷山县	爬坡节
	锦屏县	四十八苗寨赶歌节
5月	凯里市	“多彩贵州”世界民族运动大会
	雷山县	“苗岭之巅”雷公山国际徒步大会
	凯里市	苗医侗药健康养生文化节
	凯里市	中国下司·国际皮划艇锦标赛
6月	黎平县	黎平百里侗寨国际划骑跑
	台江县	施洞独木龙舟节
	施秉县	黔东南州龙舟嘉年华
7月	凯里市、天柱县	舟行水上运动系列赛（黔东南州站）
	凯里市	中国·凯里龙舟邀请赛
	凯里市、雷山县、镇远县	吃新节
	雷山县	“雷公山之巅·巴拉河之夏”全国山地自行车赛
8月	施秉县	吃卯节
	雷山县	国际山地旅游暨户外运动大会
	凯里市	下司国际斗牛节
9月	黄平县	AOPA 国际飞行大会
	施秉县	“速度贵州”铁人三项系列赛

续表

举办时间	举办地	节事名称
10 月	剑河县	仰阿莎文化艺术节
	凯里市	“探秘贵州”凯里定向越野赛
11 月	雷山县、凯里市、镇远县	“环雷公山超 100 公里跑”国际挑战赛
	凯里市、雷山县、镇远县、台江县、榕江县等县（市）	苗年
12 月	施秉县	“大美黔东南州、水墨云台山”全国冬泳大赛
	锦屏县、榕江县、从江县等	侗年
	榕江县、黎平县、从江县	侗族萨玛节

③ 精准营销

在确定黔东南州游客构成的基础上，对黔东南州体育旅游市场进行细分，分析不同游客群体的出游特征，针对不同游客群体开展精准营销。面向亲子家庭，主打夏令营、冬令营、研学旅游产品和素质拓展活动；面向户外爱好者，力推山地户外运动与水上体育运动，打造户外运动体验之旅；针对银发市场和运动康复需求者，主打康养度假产品；面向普通旅游者，主打门槛较低、参与感较强的休闲体育运动、民族体育运动及民族节庆活动。

④ 区域联合营销

黔东南州地处三省交界，地理区位和交通条件具有一定优势。应贯彻区域联合、优势互补、线状串联的一体化发展思路，与周边省（市）知名旅游景点捆绑联合，发挥规模集聚效应，共享旅游客源市场，推动区域体育旅游协同发展。

4. 应急救援体系

（1）构建体育旅游安全预警机制

① 建立安全预警预报系统

建立集预警信息、预警决策、预警发布于一体的体育旅游安全预警预报系统。预警预报系统应与各地旅游部门、地质灾害部门、气象部门密切合作，同时以旅游企业、行业协会、实体及网络俱乐部提供的各种预警信息为补充，根据危机类型和影响程度进行分类分级，形成预警信息库。实现一个政府主导、多部分协同配合、全方位监测，在体育旅游安全事故发生前解决问题，减少因信息传输障碍导致的安全事故。

② 加强高风险事件安全预警

强化对自然灾害事件、疾病灾害事件和高风险体育项目等高风险事件的监控和预警工作。由当地气象部门及时对暴雨、冰雹、大风等气象灾害进行预警和信息发布，联合当地自然资源部门对滑坡、泥石流等地质灾害加强监测与防范。当地卫生部门应加强疫情防控能力，及时发布预警信息。针对具有较高风险性和挑战性的极限户外项目，如洞穴探险、低空飞行、攀岩攀瀑、崖降溯溪等，均应及时做好安全信息预警工作。

（2）完善专业化安全救援体系

① 建立应急救援指挥中心

组建黔东南州体育旅游应急救援指挥中心，对户外运动事故应急救援工作进行指挥协调和统一部署。应急救援指挥中心应坚持“统一受理、统一指挥、快速有效”的原则，建设高科技的应急救援通信指挥调度平台和求救专线号码，24 小时开通，保证遇险求救时一拨即通、一呼即应。

② 推进跨部门协作救援

融合体育和旅游行政管理部门、安全部门、公安消防部门、武警、医院、工商部门、通信、交通、信息发布机构等职能体系。经过相应职能的集成和调配，组成统一指挥、功能齐全、反应灵敏、运转高效的体育旅游安全保障系统。完善服务指挥中心的指挥调度职能，实现系统的有序化、规范化、高效化和可操作化。

③ 整合社会救援力量

整合民间户外救援队、户外运动协会、俱乐部等社会组织的力量，与蓝天救援队、绿野救援队等专业民间救援团队达成密切合作，充分发挥专业团队在山地救援、水域救援、灾害救援方面的实力。进一步完善通信部门、新闻媒体、保险公司等间接救援机构建设。

5. 品质服务体系

（1）丰富体育旅游服务业态

开展体育旅游公共服务平台建设，建立完善的旅游咨询、集散体系，提供体育旅游信息咨询、游客集散、赛事订票等服务，实现服务功能全域覆盖。完善体育旅游咨询中心、旅游集散中心、旅游引导标识信息服务、旅游移动声讯和终端信息服务、体育旅游信息网站、体育旅游信息指挥调度中心的建设，保障体育旅游服务品质。

（2）打造全民体育休闲工程

优化现有调配体育场地资源，全面提升现有运动场地的开放率和利用率，鼓励机关、学校等单位内部体育设施加大对外开放力度。完善篮球场、羽毛球场、乒乓球场、健身房等场地设施。丰富体育旅游项目类别，尤其是登山、骑行、徒步等健身类体育旅游项目和赛龙舟、独竹漂等民族体育旅游项目，推动体育旅游全民参与。营造社区“15 分钟健身圈”，做到“周周有活动、月月有赛事”，大力弘扬体育文化，激发群众健身热情。

（3）注重体育旅游食宿保障

构建多层次的体育旅游住宿配套体系，丰富提升主题酒店类、精品民宿类、户外营地类和特色住宿类共四大类住宿业态，打造一批山地主题、温泉养生主题、民族运动文化等特色体育文化主题酒店，尤其注重汽车营地、悬崖酒店、集装箱酒店等特色住宿设施打造，提升星级酒店的数量和品质。实施“健康餐饮、吃在黔东南州”美食工程，主推如以苗家酸汤鱼、侗家牛（羊）瘪等为主的苗侗民族美食，以农家土鸡、河鱼、绿色蔬菜等食材为原材料的生态有机餐饮，以太子参、何首乌、蓼头花、虫草等中药材为原材料的高端养生餐饮系列。深度开发黔东南州地方特色饮食文化，打造黔东南州苗族风情和侗族风情餐饮品牌。

6. 体旅标准化体系

（1）完善体育旅游相关标准

以国家标准和行业标准为主体，加强现有国家标准和行业标准的实施力度，以地方标准和企业标准为补充，借鉴国内外先进经验，在原有标准基础上进行创新突破，构建适应黔东南州发展需求的体育旅游标准体系。研究编制涵盖黔东南州体育旅游公共服务标准、体育旅游资源分类与开发标准等在内的体育旅游质量标准体系。鼓励体育旅游企业建立企业标准体系，实现品牌服务和品牌质量引领，形成市场认可的知名体育旅游品牌。

（2）完善服务水平规范治理

实现从服务标准化向服务品牌化的升级，将体育旅游服务标准化作为旅游服务水平提升和产业高品质发展的重要支撑。制定《服务品质标准管理办法》，打造“黔东南州体育旅游品质服务”认证。完善服务质量评价监督机制，实现服务质量监测评价常态化。明确政府在体育旅游标准化建设中的管理主体角色定位，探索发挥行业协会和中介组织在标准实施及评价中的作用。

（3）实施体育旅游标准化试点工程

坚持试点先行，全面推广。在“镇远古城及西江苗寨旅游服务标准化试点”和“黎平肇兴侗文化旅游服务标准化试点”两个国家级服务标准化试点基础上，融入体育产业要素，建设贵州省体育旅游服务标准化示范标杆。在体育旅游景点、民宿客栈、体育旅游村寨等开展等级标准动态管理试点，以试点单位为龙头，充分发挥典型示范、带动与辐射作用。

3.5.2 环境影响评价与生态保护规划

1. 生态环境保护目标与原则

（1）生态环境保护目标

结合贵州省生态保护红线划定范围，充分考虑黔东南州国民经济、生态旅游资源、生态环境与传统文化现状，针对体育旅游资源与环境保护中出现的问题和主要矛盾，黔东南州体育旅游生态环境保护的总体目标确定为：近期，避免体育旅游项目开发建设中的重复建设和资源浪费，尽量减少项目建设与体育旅游活动对环境的破坏；中远期，应加强环境保护宣传，形成经济效益、社会效益、环境效益等多方共赢的格局，确保黔东南州体育旅游产业的可持续发展。

规划期内，努力保持并力争提高黔东南州体育旅游项目建设区的生态环境状况，特别是“三山三江一中心”重点生态区域的水源涵养能力，维护生物多样性和各类生态景观，确保生态红线内区域不被开发，水环境清洁、水质稳定问题得到遏制和治理，部分裸露山地得到修复、水土流失得到治理，生态脆弱区的环境治理取得明显成效，形成有利于黔东南州体育旅游资源与环境保护的法规和管理体制机制，保障体育旅游业可持续发展，确保切实保持重要生态系统健康安全，提升生态服务功能。

在各体育旅游景区，水体质量按照《地表水环境质量标准》（GB 3838—2002）应达到或高于Ⅲ类水质；空气质量常年应达到《环境空气质量标准》（GB 3095—2012）一级水平；住宿接待设施的噪声应达到《声环境质量标准》（GB 3096—2008）的Ⅰ类标准；原生状态的生态环境保持完整性，并且进行持续的生态监测；污水处理率大于90%，达到《污水综合排放标准》（GB 8978—1996）二级标准；传统文化方面，尊重当地民俗文化，控制建设规模，保护原有文物以及古建筑。

（2）环境保护原则

①保护优先原则

黔东南州体育旅游环境保护应坚持贯彻“保护优先，合理利用，综合开发”的原则，将旅游环境的保护放在旅游开发的首要位置。对风景资源及其环境系统的各个组成部分进行全面保护，保护其多样性、真实性与完整性。

②可持续发展原则

在体育旅游开发中，应遵循可持续发展的原则，加强对水环境、声环境、大气环境等的保护和优化，降低游客对旅游环境的人为破坏，最终实现旅游资源的可持续利用和景区的可持续发展。

③安全舒适原则

体育旅游的游览区域内必须充分考虑游客的人身安全和财产安全，为游人提供一个安全卫生、方便舒适的旅游环境。在旅游开发中，应充分考虑满足游客的游览兴趣、环境舒适度以及对安全、卫生等方面的需求，对景区环境容量进行科学的预算，力求为游客提供安全舒适的旅游环境。

④协调保护原则

自然保护地管理机构与各级政府的有关部门进行合作，加强公众参与，有效地保护体育旅游依托的自然资源、文化资源及其存在环境。在法规体系的保障下，提出保护分区或分级保护的方法，落实具体要求及措施。

2. 生态环境保护现状

总体而言，2019年全州生态环境质量得到进一步巩固。黔东南州主要旅游区域内自然旅游资源丰富，生态环境良好，由于黔东南州体育旅游活动正处在起步阶段，资源开发利用处于初级阶段，许多旅游资源保持着原有的自然本色。“十二五”及“十三五”期间，黔东南州先后制定、出台了《黔东南州生态文明示范工程规划 2014—2020 年》《黔东南州省级生态文明先行示范区建设实施方案》《关于加快推进黔东南州生态文明建设的实施意见》以及《黔东南州建设生态文明示范州三年行动计划（2014—2017 年）》等系列指导性文件，水、气、土壤、农村环境治理等生态文明工程在黔东南州得以大力实施。

2019 年年末全州自然保护区（点）19 个，其中，国家级保护区 1 个，省级保护区 1 个。自然保护区面积 23.75 万公顷，占全州面积的 7.8%。全年营造林面积 3.46 万公顷，比上年增长 0.6%。其中，人工造林面积 1.01 万公顷，封山育林面积 2.45 万公顷。新增综合治理水土流失面积 176.57 平方千米，解决 34.11 万人农村饮水安全巩固提升问题。凯里、黄平和施秉 3 个县（市）石漠化综合治理面积 62 平方千米。

（1）空气环境质量状况

① 全州环境空气质量进一步巩固

2019 年，全州全年城市（县城）环境空气质量优良天数比例为 98.8%，优于省下达年度目标 2.3 个百分点，污染物浓度均达到二级标准；环境空气质量综合指数为 2.24，同比下降 4.7%；丹寨县、镇远县、雷山县、施秉县、天柱县、从江县、黄平县共 7 个县进入全省 88 个县（市、区）空气质量排名前十位。

② 全年无酸雨

2019 年，凯里市降水 pH 月均值范围为 7.58～8.27，年均值为 7.89（同比上升 0.02），全年无酸雨。

③ 城市降尘未超限值

2019 年，凯里市降尘量年均值为 5.54 吨 / 千米 ^{2}，同比下降 2.46 吨 / 千米 ^{2}，未超过南方城市标准限值。

（2）水环境质量状况

① 主要河流水质状况明显改善

2019 年，黔东南州主要河流“两江一河”共布设 32 个监测断面，达到或优于《地表水环境质量标准》（GB 3838—2002）Ⅲ类标准的断面有 32 个（其中：都柳江 4 个、㵲阳河 7 个、清水江（含重安江、巴拉河）21 个），水质优良率为 100%。都柳江、㵲阳河水质保持稳定，清水江水质明显改善。

② 集中式饮用水源地水质稳中向好

2019 年，全州开展了 16 个县（市）的 31 个（25 个地表水型水源地和 6 个地下水型水源地）县城及以上集中式饮用水源地水质监测工作，采用《地表水环境质量标准》（GB 3838—2002）、《地下水质量标准》（GB/T 14848—2017）评价，全州县城及以上集中式饮用水源地水质达标率 100%。省“水十条”考核断面水环境质量全省排名第 1 位，国家“水十条”考核断面水环境质量全国地级及以上城市排名第 10 位，是全省排位最高的市州。

（3）声环境质量状况

① 道路交通噪声有所下降

2019 年，全州道路交通噪声监测点位共 172 个。平均噪声值为 64.1 dB（A），比 2018 年平均噪声 64.2 dB（A）下降了 0.1 分贝。

② 城市区域环境噪声明显改善

2019 年，全州区域环境噪声监测点位共 671 个。噪声监测结果范围值为 32.2～71.4 dB（A），平均值为 52.0 dB（A），比 2018 年 54.6 dB（A）下降了 2.6 dB（A）。

（4）辐射环境质量状况

2019 年，黔东南州辐射环境质量仍保持在原有水平，全州辐射环境质量总体良好。电离辐射、γ 辐射累积剂量、环境空气中氡浓度均未见异常。

电磁辐射值处于限制值范围内；对 6 家重点辐射污染源开展监督性监测，监测结果符合《含密封源仪表的放射卫生防护要求》（GBZ 125—2009）要求。

（5）突发环境事件

2019 年，全年全州未发生较大以上环境污染事件。

3. 体育旅游对生态环境影响评估

由于黔东南州体育旅游活动正处在起步阶段，许多旅游资源保持着原有的自然本色，资源利用处于初级阶段，依托自然山水合理开发黔东南州体育旅游，尽最大力量改善当地生态环境和综合利用自然资源，在开发前，要做好旅游规划，严格按规划进行，才能达到在进行旅游开发的同时保护资源环境的目标。

（1）体育旅游开发类型及项目

随着黔东南州旅游经济发展方式的转变和产业结构的调整，以体验式为特色的体育旅游正在旅游市场中活跃起来，体育旅游逐渐得到游客的青睐。通过对黔东南州目前已开发的体育旅游项目的调查发现，其开发的体育旅游项目主要以自然、人文资源为依托：其中自然体育旅游资源包括依托山地、水域文体旅游、自然生态的体育旅游类型；人文体育旅游资源包括依托建筑、遗迹、历史文化、民风民俗的人文活动体育旅游，见表 3–29。

表 3–29　黔东南州体育旅游开发的类型及项目归类

大类	旅游类型	项目
自然体育旅游资源	依托山地资源	登山、攀岩、户外拓展、骑行、蹦极、溯溪
	依托水域资源	摩托艇、快艇、滑水、潜水、龙舟、漂流
	依托自然生态资源	森林探险、草地活动、狩猎场、骑马、飞行
人文体育旅游资源	依托建筑、遗迹、历史文化、民风民俗	体育场所发源地、军事活动遗址、体育装备制造、民族节庆体育赛事、竞技体育赛事（马拉松等）

(2) 体育旅游开发的负面影响评估

体育旅游开发对旅游自然环境会造成一定的负面影响。由表 3–30 可知，体育旅游的规划与开发主要影响主体有建设活动中的码头、酒店宾馆、道路和景区等工程，由此制约着水资源、林草资源、土地资源、江河景观等自然生态影响受体，不同体育旅游项目对旅游自然环境的负面影响存在差异。

表 3–30 体育旅游开发对旅游生态环境的负面影响识别矩阵

影响受体		相关活动							
		建设活动				项目活动			
		道路建设	食宿建设	景区建设	码头建设	山地旅游	水域旅游	生态旅游	人文旅游
自然资源	土地资源	Z BK C	Z BK C	Z BK C	Z BK C	Z BK C	J BK C	Z BK C	?
	水资源	?	?	J BK C	J K D	?	Z K C	Z K C	J K D
	林草资源	Z BK C	Z BK C	Z BK C	?	Z BK C			
景观资源	山岳景观	Z BK C	?	Z BK C		?			
	江河景观	?	Z BK C	Z BK C	Z BK C		?		
生态环境	空气环境	Z K D	Z K D	J K D	?	?			J K D
	水环境	?	Z K D	J K D	Z K D	?	Z K C	?	J K D
	声环境	J K D	?	?	Z K C	?	Z K C	?	J K D
	水生生态	?	?	?	Z K D	?	Z K C	?	?
	陆生生态	Z K D	Z K D	Z BK C	?	Z BK D		?	?
环境敏感区	自然保护区	?	?	?	?	?		?	
	地质公园	?	?	?	?	?		?	
	水源保护区	?	?	?	?	?		?	
	野生动物栖息地	Z BK C	?	?	?	Z K D	Z K C	?	

注：Z 为直接负面影响，J 为间接负面影响；K 为可逆负面影响，BK 为不可逆负面影响；C 为长期负面影响，D 为短期负面影响；？为不确定影响；空格无影响。

① 山地依托型体育旅游对生态环境的负面影响

山地体育旅游的项目主要是以探险、刺激类为主，如登山、攀岩、滑草、户外拓展、野外生存等，这些项目的开展是以森林植被作为资源依托，必须对地貌进行挖掘、砍伐树木、溪水截流，势必会对原有自然生态系统造成破坏。游客在旅游过程中乱折树木、乱丢垃圾等也会给森林景观和环境带来负面影响；经营者大兴土木、盲目建设对土地资源、自然景观、森林等资源要素造成负面影响。

② 水域依托型体育旅游对生态环境的负面影响

水域体育旅游不同项目的开发对旅游环境带来不同程度的负面影响，其中以游艇、帆船旅游对旅游环境的负面影响最大。由于黔东南州体育旅游项目多依托三大主要水体资源（清水江、㵲阳河、都柳江），开展摩托艇、滑水、游船、龙舟、漂流等水域体育旅游项目，应重视这些项目可能带来的负面环境影响。

水域体育旅游所需的基础设施主要是码头，而黔东南州码头设施总体处于初步建设阶段，在其建设活动中会对滩涂、水生生态等生态环境造成破坏。在旅游过程中，游艇、帆船所产生的废水、噪声和“滴、漏”产生的油污都会对水体环境、声环境和水生生物的栖息地带来直接的负面影响；游客随意丢弃的生活垃圾给水面的环境卫生造成一定的影响。

③ 自然生态依托型体育旅游对生态环境的负面影响

体育旅游对生态环境的影响集中体现在对旅游目的地动植物的物种组成、自然环境质量、地表形态变化、自然资源等方面。一个地区物种的组成和生态平衡要经过几千年甚至几万年的自然演变而逐渐形成，但往往会在较短的时期内被体育旅游开发以及相关活动打乱，如植被减少、林草退化、水土流失、野生生物正常规律被打乱、生态失衡等。

④ 人文活动体育旅游对环境的负面影响

人文活动体育旅游对生态环境的负面影响主要表现在：第一，游客聚集参与或观看体育活动赛事过程中乱扔垃圾对环境和景观产生污染；第二，在旅游节假日，交通工具如旅游大巴、小轿车等排放有毒有害气体，严重影响了旅游景区的生态景观环境；第三，黔东南州是少数民族聚集区域，少数民族的节庆赛事是民族体育旅游的重要内容之一，由于体育旅游能带来经济效益，受其驱动，往往会导致商业化，如何保护、传承与发扬少数民族文化成为发展难题之一。

4. 体育旅游环境容量估算

（1）体育旅游环境容量估算原则

环境容量是指旅游目的地生态平衡免受破坏，生态平衡不因旅游者过多而引起退化的前提下，在某一时期所能容纳的旅游者人数。具有有限性、可测性、可控性、反馈性及动态变化的特征。

环境容量测算要坚持两个原则：一是在保证旅游资源质量不下降和生态环境不退化的条件下取得最佳经济效益的原则；二是以满足旅游者的舒适、安全、卫生、方便等旅游需求为原则。

（2）旅游环境容量测算

景区最大承载量是指在一定时间条件下，在保障景区内每个景点旅游者人身安全和旅游资源环境安全的前提下，景区能够容纳的最大旅游者数量。

规划采用面积法进行最大承载量预测，预测公式为：

$$C=\sum X_i/Y_i\times \ln t\left(\frac{T}{t}\right) \quad (3\text{-}2)$$

式中：C 为黔东南州体育旅游生态容量；X_i 为第 i 景点的有效可游览面积；Y_i 为第 i 景点的

旅游者单位游览面积，即基本空间承载标准；T 为景区每天的有效开放时间；t 为每位旅游者在景区的平均游览时间，$\ln t\left(\frac{T}{t}\right)$ 为 T/t 的整数部分值。

黔东南州面积为 30282.34 平方千米，实际可游览面积取总面积的 0.01%，即 $\Sigma X_i=$ 3.0282 平方千米（3028200 平方米）；每位游客占用的合理面积参考最大标准即 Y_i 为 10 平方米；黔东南州平均可游时间（包括夜间游览时间）为 10 小时，即 $T=10$ 小时；游客平均游览时间为 3 小时，即 $t=3$ 小时。

则黔东南州旅游日环境容量 $C=(3028200\div10)\times\ln t(10\div3)=908460$ 人次。严格执行《关于大力发展体育旅游的指导意见》（旅发〔2016〕172 号），按照国家旅游局制定的《景区最大承载量核定导则》（LB/T 034—2014）要求，景区内体育旅游者数量达到最大承载量的 80% 时，立即停止售票。当黔东南州游客接待人数接近日最大环境容量的 80%，即 726768 人次时，需采取分流、停止售票等措施应对旅游高峰。

近期，黔东南州年平均开放天数为 280 天，年旅游环境容量为 25436.88 万人次。2019 年，黔东南州全年接待旅游总人数 12892.98 万人次。对比市场预测游客量可以看出，规划期内，黔东南州游客接待量不会受到生态环境容量的限制。

（3）旅游环境容量调控措施

① 统筹规划，适当分流

针对体育旅游区长期连续性饱和或超载的状况，应统筹规划，协调好旅游供求关系，适当地采取以下分流性措施：一是通过大众传播媒介，向潜在的体育旅游者陈述已发生的饱和超载现象及由此带给旅游者的诸多不便；二是允许或以立法形式要求体育旅游区经营者和管理者采取浮动价格，在旅游旺季提高门票、食宿、交通等费用，以使部分旅游者因此而改变流向。

② 建立各区域旅游环境承载力数值

把握生态优先、最小值优先的原则，掌握影响景区环境承载力数值波动的各参数变化规律，使环境承载力系统的调控工作有规律可循、有标准可依。

③ 建立 GIS（地理信息系统）技术支持下的景区环境承载力调控系统

在景区的入口、通向各个景点的路口、景点内设立电子显示牌，显示不同时段、不同景点之间的客流量大小情况，给旅游者提供最及时的旅游信息；同时，定时或不定时地给旅游者提供建议旅游项目和可选旅游线路，使客流量在同一时段不同景点之间进行合理的调配，避免出现同一时段个别景点人满为患，而另一些景点则门可罗雀的状况。

④ 休养生息与环境补给

对短期旅游环境饱和或超载的体育旅游区应充分重视旅游淡季的休养生息和环境补给。由于在旅游旺季，体育旅游环境系统的物质、能量、信息等消耗过量，在旅游淡季时，就不能仅靠环境本身的调节能力去休养生息，而需要人工补给大量物质、能量和信息等来促使体育旅游环境尽快恢复，保持其容纳能力。

⑤ 轮流开放，分区恢复

对局部性体育旅游环境容量饱和超载的体育旅游区，除采取上述排斥旅游者进入饱和超载旅游景区以及分区引流调控措施外，可采取轮流开放，分区恢复。

⑥ 人工治理，加快环境恢复

采取人工治理措施，对受干扰严重的自然生态环境系统，要靠人工干扰恢复其生态平衡；对受污染的水体等要采取相应的措施加以治理；对造成的旅游者与当地居民紧张的关系要多做疏导、教育工作，使体育旅游环境保持其较佳的容量。

5. 体育旅游生态环境保护措施

在得到有效保护的前提下，实行资源合理优化开发与永续利用，达到近期利益与长远利益相统一，局部利益与全局利益相兼顾，从而实现旅游资源的可持续利用。以可持续发展为目标，以稳定和改善旅游环境质量为核心，依法逐步处理环境污染、生态问题和旅游经营管理问题，最终达到黔东南州整体区域旅游环境质量的优化，到“防”“治”有机结合，以“防”为主，努力从源头控制环境污染问题的产生，对已生成的污染问题要采用科学方法综合治理。

（1）分类保护

根据风景资源的种类和属性特点，黔东南州体育旅游发展需要重点保护的区域可划分为民族村寨保护区、自然景观保护区、游赏体验区、核心保护区四个区。

① 民族村寨保护区

西江千户苗寨、黎平侗寨等需要重点保护的民族村寨划为民族村寨保护区，严格保护民族村寨原有的聚落空间及生活真实性，区内应严格控制乱搭乱建行为，民居的新建、改建须经风景名胜区管理机构和相关文物保护单位的管理部门批准。

② 自然景观保护区

世界遗产地、自然保护区、风景名胜区、地质公园等自然保护地范围内建设有关项目必须依照相关法律、法规的规定办理审核审批手续。需要严格限制开发行为的特殊景源和景观，在区内可以配置必要的步行游览和安全防护设施，以控制游人进入，严禁机动交通进入。

③ 游赏体验区

将各类体育旅游小镇、景区、体验点、沿河步道两岸及风景游赏对象集中地划为游赏体验区，区内可以进行适度的资源利用行为，适度安排游赏体验项目，分级调控游人规模、机动交通、旅游设施的配置以及居民活动的进入。位于自然保护地内体育旅游项目需符合相关建设规定，禁止非法占用风景名胜资源或者自然保护地范围内土地，擅自改变风景名胜资源性质或者自然保护地土地使用性质。不得修建破坏景观、污染环境和威胁自然保护地生态安全的建筑物设施。

④ 核心保护区

一是要严守生态保护红线要求，各类体育旅游项目及活动不得在生态保护红线内开发建设。对生态保护红线内区域原则上按禁止开发区域的要求进行管理，严禁不符合主体功能定位的各类体育旅游开发项目及活动，严禁任意改变用途。

二是要遵循自然保护区、饮用水源地保护办法。禁止在自然保护区内核心区、缓冲区开展任何体育旅游项目，在自然保护区的外围保护地带建设的项目，不得损害自然保护区内的环境质量；已造成损害的，应当限期治理；在自然保护区实验区内开展参观、旅游活动，由自然保护区管理机构编制方案，方案应当符合自然保护区管理目标。

（2）景观保护

① 物质文化景观保护

加强对文物古迹、古村寨的保护，加强山水、民族和红色文化遗产保护。建立少数民族文化保护区，保护现有少数民族的遗址、建筑、服饰等物质文化遗产。各类民族村寨的保护对象包括村寨民居、巷道、石板路、活动场地、花桥等特色元素，主要确定民族村寨的保护范围，严格保护村寨格局和建筑风貌，确保村寨的持续健康发展。

② 非物质文化景观保护

黔东南州少数民族文化的保护对象包括当地民族语言、歌舞、服饰、工艺品、节假庆典等，主要保护苗族文化所承载的有意义的历史和情感信息。形成民族文化自发传承与保护的长效机制，有意识地培养苗、侗族为主的少数民族文化在民间的自我复苏。重点推进黔东南州文化融入餐饮、住宿、演艺娱乐、公共服务、体育旅游商品等体育旅游消费生活中，形成黔东南州特有的体育旅游文化气氛，为国际山地体育旅游目的地构筑文化内涵。

③ 自然景观保护

保护自然景观的真实性，保护好主要景观周围的自然生态环境，严禁滥施人工，防止人工化。保护自然景观的完整性，保护视觉通廊，满足观赏需要，保证景观视线的可达性，禁止一切破坏景观环境的人为活动，要保护田园、山水、植被与民族村寨的自然格局，加强植被抚育，禁止乱砍滥伐，保护水体环境质量，防止水土流失和自然灾害的发生，主要景观视线通廊内的电线电缆要暗地敷设。

（3）环境保护

① 水体环境

水体环境保护需符合《长江十年禁渔计划》及相关环评要求，于 2020 年 1 月 1 日零时起，开始为期 10 年的常年禁捕，期间禁止天然渔业资源的生产性捕捞。水上项目需遵守饮用水源保护办法，在饮用水源准保护区内不得开展破坏水源涵养林、护岸林等与水源保护相关植被的活动；饮用水源二级保护区内禁止经营有污染物排放的餐饮、住宿和娱乐场所，建设产生污染的建筑物、构筑物；在饮用水源一级保护区内禁止从事旅游、垂钓、捕捞、游泳、水上运动和其他可能污染水体的活动。《地表水环境质量标准》（GB 3838—2002）达到二类标准。经净化处理后的污水水质要达到《污水综合排放标准》（GB 8978—1996）中规定的标准值。为保障水资源保护规划目标的有效实施，必须完善水资源保护管理监测网络。

② 山体地貌环境

为保护独特的山体地貌景观，必须严格控制各项建设行为；防止水土流失和土壤污染，有计划地实施植树造林和退耕还林，提高风景名胜区、地质公园的森林覆盖率。建立开发审批制度，完善审批手续，在游览区内的各项建设都必须经过风景区管理机构的核查批准。保护喀斯特地貌和森林植被，实施封山育林和植树造林，保水固土，防止自然灾害，风景区的绿化覆盖率应达到 80% 以上。

③ 大气环境

控制二氧化硫、煤烟等的污染，改革能源结构，使用优质清洁环保型能源，在农村推广使用沼气池，在旅游服务村使用液化气，由于村寨较多，其空气质量应符合《环境空气质量标准》（GB 3095—2012）中规定的二级标准。

④ 噪声环境

加强交通管理，在敏感区域设置减速、禁鸣等措施，降低交通噪声对周边环境的影响；项目建设时进行合理布局，选用低噪声设备，采取必要的隔声措施。娱乐活动需严格控制活动时间，并采用吸声材料进行处理。严格控制人为噪声，重点降低交通噪声。按功能的不同，分区域控制噪声，其宾馆服务区应＜45 dB，生活服务区＜50 dB，风景游览区＜55 dB。

⑤ 固体废物环境

固体废物管理按照“减量化、资源化、无害化”的原则进行控制，采用分类收集，定期清运、转送，生活垃圾无害化处理达到 100%。餐厨垃圾按照相关管理办法单独收集，交有资质的单位清运处置。

⑥ 生态环境

体育旅游项目以不破坏生态环境为前提，减少不必要的人工设施、场地建设侵占生态环境；项目建设应远离自然保护区缓冲区与核心区，并采用“生态化、低干扰”的建设模式，采取必要的环保措施，减少对生态环境的破坏；加强监管，建立山林火灾、废水泄漏等环境风险事故的应急预案。严格保护区域生境，保证动物迁徙廊道的完整，防止外来物种入侵，保护生物物种多样性。

⑦ 工程环境

体育旅游开发项目必须进行环境影响评价，不得建设破坏景观和环境的工程设施。在工程施工过程中，应采取有效的保护措施，工程竣工后，应及时清理现场，恢复植被。

（4）政策措施

做好与城镇体系规划、生态环境规划等上位规划衔接，坚守“发展与生态”两条底线不动摇，实施保护性开发，最大限度降低体旅项目开发对资源造成的影响。

① 加强资源环境保护

建立生态环境保护与体育旅游业发展相互促进机制，严格执行体育旅游项目环境影响评价制度；实施体育旅游能效提升计划，降低资源消耗，推动构建绿色体育旅游标准体系；对项目开征适当的体育旅游资源维护费；培养熟悉体育旅游资源开发和保护的专门人才，提高人民群众环保意识，实现主客参与管理。

② 健全资源保护制度

明确规定体育旅游资源开发及团体成立的申请、审批的实质条件和程序条件；组建有关体育旅游资源和环境的管理机构、基金会、社会团体等，具体规定机构或团体的性质和作用、权利义务和责任等；所有的体育旅游项目都必须按照国家颁布的法律、法规和部门规章来进行规划建设和管理。

③ 增强体育旅游环境保护意识

鼓励体育旅游企业对节能环保、绿色环保技术的运用，提高资源的有效利用率。大力推行清洁生产、发展循环经济，鼓励体育旅游酒店、景区、度假区、体育小镇、交通等利用先进科学技术节能减排，促进体育旅游景区景点低碳式发展。利用网络社交媒体、体育旅游网站等传播平台，宣传“绿色出行”“环保体育旅游”理念，增强环境保护氛围，多途径引导居民和游客加强环保意识。

④ 加强规划环境影响评价

规划实施过程中，各项目和区域的规划开发必须遵循《中华人民共和国环境保护法》《中华人民共和国环境影响评价法》《长江十年禁渔计划》的要求，规划实施的同时同步开展规划环评。各相关单位和部门需采取必要的环境影响减缓措施，以促进环境、社会、经济效益协调统一。加强对水、气、声环境的保护，做好污废水处理，减少废气排放，增大绿化面积，保护生态环境。建立体育旅游区开发生态恢复和补偿措施机制，健全山地与水源生态损害赔偿制度。严格执行《中华人民共和国文物保护法》，提升游客保护文物的意识。

3.6 体育旅游政策保障体系

3.6.1 加强体育旅游组织领导

建立体育旅游产业项目推进工作领导小组。领导小组下设办公室，办公室设在产业发展科。领导小组办公室的主要职责：一是负责组织实施重点体育旅游项目具体工作；二是研究提出需领导小组决策的意见建议；三是负责各相关单位的协调和联络工作。

加强体育旅游的顶层设计。各级政府和体育部门应加强对全民健身工作的重视，加大资源的配置、人力的投入，转变传统的体育发展方式，对群众体育的认识从只重视强身健体和竞技体育扩展到重视群众体育、体育产业、体育文化等各个方面，充分发挥群众体育的多元功能和综合价值。加强群众体育旅游的顶层设计、理论研究和方法手段。整合媒介资源，加大对体育旅游及其改革工作的宣传，扩大黔东南州体育旅游在州内外的影响力，营造体育事业发展的良好氛围。

强化组织领导与督促落实。发挥州人民政府共建有关工作联席会议作用，定期召开联席会议解决本方案推进过程中遇到的问题。各级各部门要认真履职、密切配合，形成合力，加快推进落实本方案确定的各项工作措施。建立体育旅游改革工作考核评价机制，对各级各部门推进本方案落实情况进行年度监测。

3.6.2 完善体育旅游政策体系

健全完善体育旅游政策保障措施。不断探索创新做好政策保障工作，积极推动国家、省等各级相关政策的实施和落地，让体育旅游发展确实享受到政府政策支持的红利。一方面对于重点建设的、发展情况好的、具有典型意义的体育旅游项目可以在政策上予以支持和鼓励，协调争取在基础设施配套建设、税收优惠等方面的政策，逐步出台税收减免细则并落实执行；另一方面要创新区域体育旅游发展模式，提升区域体育旅游发展的整体水平，拓宽体育旅游消费空间。

创新体育产业扶持政策。建立健全黔东南州重大体育旅游项目库及动态管理机制。鼓励各地通过政府和社会资本合作方式兴建体育场馆设施，推广“体育综合体”“全民健身中心”模式：打造以体育运动服务（体育场馆免费低收费公益运营）为基础、体育培训、体育赛事、体育文化、体育旅游、体育健康产业为纽带，体育配套商服务为支撑的全民健身城市体育产业综合体和体育产业集群。在投资核准、融资服务、财政、土地使用、公益开放等方面给予优惠政策，支持社会力量投资建设运营体育旅游产业项目。

加大资金投入和税费政策优惠。各级体育旅游工作经费足额纳入本级财政预算予以保障，各级财政要采取贴息、先建后补、以奖代补等方式，引导支持本地体育旅游龙头企业发展和重大体育项目建设。依法落实相关税费优惠政策。体育场馆设施自用的房产和土地，按规定减免房产税和城镇土地使用税。对体育场馆等健身场所的水、电、气、热价格按不高于一般工业标准执行。

加大体育旅游用地保障。将全州体育用地纳入国土空间规划，保证体育项目用地指标。落实国家、省体育项目用地优惠政策。对符合划拨用地目录的非营利性体育项目用地可采取划拨方式使用土地。营利性体育项目用地可采取长期租赁、先租后让、租让结合等方式供应。在新审批住宅、商业等用地中严格按照标准配套公共体育旅游设施功能区域。鼓励各地在旧城改造、河湖治理及道路、水利等基础设施建设时统筹安排或预留体育旅游设施用地。

3.6.3 健全完善体育管理体制机制

强化“大体育”工作格局和机制。由黔东南州文体广电旅游局牵头，建立健全各级“党委领导、政府主导、部门协同、社会组织、市场推动、群众参与”的“大体育”工作格局和运行机制。完善各级全民健身、体育产业、改革发展、运动员文化教育和运动员保障工作部门联席会议制度，每年制定实施联席会议工作要点和任务清单。各级党委和政府每年根据工作需要研究体育工作。

改革完善体育事业服务机构。黔东南州文体广电旅游局负责指导和管理州级体育社会组织发展以及加强党的全面领导、党的建设等综合监管工作。推动州县两级业余体校建设，加大高层次体育人才培养力度。医体结合，服务运动队和社会大众需要。积极推动体育旅游主管部门从监管型向服务型转化，重点加强政策法规、战略规划、法规标准、公共服务和市场监管等方面的工作，把微观主体经济活动的管理交给市场调节。推动黔东南州体育 + 旅游事业发展，助力黔东南州山水户外运动品牌打造。

健全体育法规和执法队伍。健全体育旅游市场综合管理执法体系，打击各种体育旅游经营过程中的非法、违法行为。完善《黔东南州大型体育赛事及群众体育活动突发公共事件应急预案》《黔东南州体育社会组织发展专项资金资助办法》等相关内容，深化体育“放管服”改革，加强对体育赛事、体育市场经营等活动的事中事后监管。建立健全各级体育行政部门执法队伍，将体育执法职能纳入各级文化市场综合行政执法队伍，推动基层体育与文化、教育、市场等联合执法。

3.6.4 不断增强人才供给保障

开展体育旅游人才发展规划。组织实施体育旅游发展人才战略，统筹推进体育旅游人才队伍发展，努力构建科学规范、运行高效的体育旅游人才队伍发展治理体系，着手建立体育旅游人才库。加强体育旅游领军、创意、经营管理、服务等人才队伍建设，开展体育旅游产教融合等试点示范工程，培养创新型、应用型、复合型人才。

建立体育旅游教育培训体系。不断加强与大专院校的产学研合作，加强与贵州大学、贵州师范大学体育学院以及州旅游大学的合作，探索建立适合的体育旅游专业技能培训和认证系统，优化体育旅游专业人员的结构和数量。加大对包含体育指导员的体育旅游产业人才培养力度，普及岗前培训，加强在岗培训，鼓励自学成才等，确保体育旅游人力资源的有效供给，促进体育旅游业的可持续发展。

完善人才公共服务体系。完善人才管理体制，创新人才培养开发、评价发现、选拔任用、流动配置、激励保障机制，营造充满活力、富有效率、更加开放的人才制度环境。健全以政府奖励为导向、用人单位和社会力量奖励为主体的人才奖励体系。

结合行业发展适度引进人才。实施开放的人才引进政策，大力吸引海内外从事体育旅游的相关专业人才。采取优惠政策，吸引有实力的强势体育旅游企业前来投资，带来先进的管理经验和优秀的经营管理人才。创造优越的发展条件，吸引旅游院校毕业生来发展和工作。引入激励机制，实施岗位竞争制，吸引区域外或行业外优秀的经营和管理人才加入体育旅游企业管理行列。

3.6.5 努力加大资金投入力度

拓展资金来源渠道。通过增加政府投资、广泛吸引国内外资金和建立体育旅游发展基金来组建多元化的投资融资体系，建立和完善政府引导、政策保证、市场化运作的招商引资机制。引入市场机制，提高外来资金、民间资本投资的积极性和主动性。鼓励企业根据自身条件采取公开权益融资、相关权益融资或债务融资的方式进行融资。

鼓励商业银行加大对体育旅游企业的信贷投放。增加适合中小微体育旅游企业特点的信贷品种。鼓励企业采取多渠道融资方式，在体育公共基础设施建设与运营上，探索推广政府和社会资本合作模式。

创新金融政策吸引社会资本。鼓励引导社会资本以投资、参股、控股、并购等方式参与体育旅游产品开发和项目建设；积极引导预期收益好、品牌认可度高的体育旅游企业探索通过相关收费权、经营权抵（质）押等方式融资筹资。

3.6.6 进一步增强科技保障

建立体育旅游科技助力机制。加强体育旅游情报信息和最新技术收集研究。加大体育科技投入，扩大先进设施设备在训练中的应用，推进训练信息化和智能化。建立健全州级运动队“科医训”复合型训练管理团队。整合州内外高校、科研院所、医疗机构等科研力量，构建多学科、跨部门的体育旅游科技协同创新平台，促进科技与训练的融合。

通过科技创新体育旅游经营管理。运用管理思想和科技成果，实施精细化和标准化管理。积极吸收新的管理思想和科技成果，实施精细化和标准管理。将管理创新落实到体育旅游企业日常经营管理中的各环节，减少执行过程中不必要的消耗，提高效率，进一步提升市场领先能力和塑造成本领先优势，体现精细化管理的经济效益。

提高体育旅游产品的科技含量。加快科技手段的应用，面向大众健身、运动休闲市场需求，不断推出高科技的体育旅游产品，用科技打造体育娱乐化多元服务，创新体育旅游产品。

3.6.7 建立规划实施考核机制

结合《旅游发展规划实施评估导则》，州政府尤其是体育和文化旅游相关部门应设有专门人员，负责对体育旅游融合发展规划的实施情况进行监测和评估。

首先，将体育旅游融合发展纳入经济社会发展工作全局，以是否纳入地方政府考核、是否推进体育旅游综合管理和综合执法的体制机制改革、是否设立专项经费推进体育旅游融合发展等内容为考核依据，明确任务分工、工作职责、负责部门、完成时限，做到领导责任到位、组织部署到位、宣传培训到位、统筹协调到位。

其次，完善规划中期和终期评估制度。针对规划近、中、远期目标和任务，及时检查规划落实情况，分析规划实施效果，找出规划实施中的问题，提出解决问题的对策建议，形成中期和终期评估报告，分项、分部门指导和督促规划落实。

最后，积极推进规划公开，征求公众意见，接受社会监督，并将规划实施情况及时向州政府报告。

第 2 篇

草原旅游高质量发展规划

——以额尔古纳市为例

第 4 章 草原旅游的内涵和特征

4.1 草原的定义

草原与草地是多个学科和部门广泛使用的名词术语，但因不同领域的使用者对其内涵的界定不同，在使用过程中造成分歧、交叉、重叠等诸多问题（董世魁，2022）。王栋（1955）最早从农学范畴给草原和草地作了定义，将草原定义为自然条件不适于树木和作物生长、只适于经营畜牧业的广大地区，将其与英文的“Rangeland”对应；同时将草地定义为生长或栽种牧草的地方，将其与英文的“Grassland”对应。在植物地理学中，草地的内涵不仅囊括了植被分类系统中以草本植物为主的所有天然植被类型：草原、草甸、草本沼泽、草本冻原和（灌）草丛，而且还包括除农作物之外的所有以草本植物占优势的栽培群落（中国植被编辑委员会，1980）。在资源地理学中，草原是一种土地资源类型，其内涵与植物地理学是基本一致的，但不同学者对草地功能范围的限定有所差别，分别认为草地是牧业用地、人类生产或生活土地以及主要为牧业但还有其他功能的土地（杜占池 等，2009）。我国《土地利用现状分类》（GB/T 21010—2017）中对草地进行了定义，指出草地是一种土地利用类型，是生长草本植物为主的土地，包括天然牧草地、人工牧草地和其他草地，并以此作为国土资源第三次调查中草地分类的基本依据。

董世魁（2022）通过回顾以往各学科领域对草原的定义和内涵分析，进而对其系统总结，得出如下结论：草原和草地的概念有广义和狭义之分，广义的定义主要为国际的农学和植被学定义以及国内的农学和法律定义，可以概括为草原和草地是同义词，主要指生长草本植物或兼有灌木和稀疏乔木，可以为家畜和野生动物提供食物和生产场所，并可为人类提供优良生活环境及许多生物产品，是多功能的土地 - 生物资源和草业生产基地，该定义广泛应用于林草和农业行业的政府文件、中外科技文献、教材课程等领域，具体使用时泛称“草原”或“草地”；狭义的定义主要为国内植被学范畴的草原定义和土地类型学范畴的草地定义，植被学范畴内的草原主要用于植被分类，其定义为半干旱半湿润区的地带性植被，由旱生多年生草本植物为主（有时为旱生的小半灌木）组成的植物群落，该定义主要用于植物地理学或植被学等学术领域，具体使用时应称为“草原植被”；狭义的土地类型学范畴的草地定义为一种土地利用类型，是生长草本植物为主的土地，该定义主要用于国土（自然资源）

部门的土地利用分类，具体使用时应称为“草地地类”。

4.2 草原旅游的内涵

目前，一些国内学者将草原旅游又称为草原生态旅游，并根据研究领域给出定义及内涵阐述，但无论是哪种定义都认为草原旅游离不开草原生态系统及草原民族文化（刘志军 等，2015）。广义上，草原旅游是以草原生态系统为旅游对象的旅游产品（钟林生 等，2005）。狭义上，草原生态旅游是指在部分具备条件的草原风光旅游接待区，扩充草原生态项目与文化内涵，将民俗风情活动项目中的部分民俗，作为草原生态旅游产品中人文生态的构成内容，着力营造真切的民族风情氛围，推出具备草原生态旅游特征的新产品（董笑梅 等，2004）。尽管对于“草原旅游”的界定存在多重性，刘丽梅等（2009a）认为，可以从三个角度看待它。一是基于旅游者的视角，“草原旅游”是一种有别于山水、森林、城市等旅游体验活动，“天苍苍，野茫茫，风吹草低见牛羊”，这种苍茫旷野又和毡房、赛马、奶茶、民俗歌舞组成特殊景观，是旅游者体验的特殊追求；二是基于旅游目的地经营者的视角，是经营者应对旅游者需求，将服务与草原景观要素所组合而形成的一种“旅游产品”；三是基于地方政府和社区居民的视角，是地方经济社会发展的一种新型模式，这种模式是基于旅游者需求、旅游经营者利益诉求和地方社区的利益而确定的一种产业发展战略观。因此，草原旅游对于旅游者来说是体验消费的对象；对于旅游目的地经营者来说是市场供给的产品；而基于地方政府和社区居民利益的视角，“草原旅游”是指以草原生态系统为对象，发展旅游产业的一种战略模式。

4.3 草原旅游的特征

草原旅游具有自然性、保护性、文化性、季节性四个本质特征。

（1）自然性

草原旅游的生态环境和文化环境的自然原始性。草原旅游资源的核心是草原植被。各类草原植被与其环境，如山地丘陵、滩川平地等组成宁静迷人的旅游景观综合体，是吸引游客的资源基础。但对自然资源极大依赖性的同时也决定了草原旅游生态环境承载力较低，草原土壤（栗钙土）沙质含量高，冬春季节大风频繁，风蚀力极强，一旦地表植被遭破坏，土地沙质荒漠化迅速发展和蔓延（伊利勒特 等，2014），对人为活动的干扰非常敏感。

（2）保护性

草原旅游强调对草原资源和旅游环境的保护性开发、利用。传统旅游由于在开发时没有充分地考虑旅游活动可能带来的生态冲击，无视旅游资源和环境的社会和生态价值，盲目追求经济效益，这就使传统旅游保护旅游资源和环境的措施不可能真正落到实处。而草原旅游将生态保护的思想融入草原旅游产品开发和管理的过程之中，不仅重视经济效益，同时强调旅游资源和环境的生态效益、社会效益，是一种“保护性旅游”。

（3）文化性

我国主要草原区是蒙、满、哈萨克、藏、裕固等少数民族聚居区，其豪放热情的性格、游牧的生活方式及由此产生的居住蒙古包等生活方式，对自然的敬畏与热爱等都与草原紧密结合构成一个浑然天成的体系。自然资源和人文资源的良好组合为草原旅游的多样性奠定了良好的基础（伊利勒特 等，2014）。在此基础上，草原旅游包含了民族特色、赛事体验、篝火露营、草原美食等各类文化体验活动，推出研学旅游、亲子旅游、婚纱旅拍、户外探险、冰雪旅游等旅游新业态，丰富了旅游产品，加快了品质化发展并提高了草原旅游核心竞争力。

（4）季节性

草原旅游淡、旺季明显，草原景观季节变化大，春夏秋冬各有不同。一年中最适合草原旅游的季节为盛夏与初秋，即6—10月。由于具有明显的季节性，草原植被群落在不同季节处于不同的物候期，形成群落的季相变化，增加了旅游价值，但由于冬季草原景观美学价值较低，也成为阻碍草原旅游可持续发展的重要因素之一。

第 5 章 我国草原旅游发展现状和趋势

5.1 我国草原牧区的空间分布特征

我国草原分布一般可以划为五个大区：东北草原区、蒙宁甘草原区、新疆草原区、青藏草原区、南方草山草坡区。其空间分布主要有以下特征。

（1）主要分布在半干旱地带

从干湿地带划分上看，我国草原资源主要分布在半干旱地区。由水分条件所决定，半干旱地区以西则是我国的荒漠、戈壁地区，往东则是我国的农区，是人类文明的集中地带。我国草原主要划分为四大类：牧区草原区、半农半牧区草原区、农区和林区草原区以及部分隐域性低地草甸草地（湖滨、河滩、海岸带地区）。

（2）主要分布在中西部欠发达省份

从自然地理区域上看，我国草原资源主要分布在中西部欠发达省份。内蒙古高原、黄土高原的一部分、青藏高原大部分是草原资源的集中地带，涉及西藏、内蒙古、新疆、青海、甘肃、四川、宁夏、黑龙江和吉林共 9 个省（区）。

（3）主要分布在黑河—腾冲线以西地区

从人口密度地域划分上看，我国草原地区主要分布在黑河—腾冲线以西地区。与我国人口密度集中区相反，我国草原资源主要集中在人口较少的西北部，而人口密集的东南部分布较少。

5.2 我国草原牧区的主要景观类型

根据钟林生等（2005）对草原资源景观分类，我国草原牧区主要景观类型为以下四种。

（1）草甸草原景观

在半湿润气候控制下，以黑钙土—草甸草原为基质，分布在大兴安岭东西两侧山麓地带和松嫩平原，如呼伦贝尔草原。建群种为中旱生和广旱生的多年生草本植物，种群落茂密而高大，有人称之为“高草草原”，观赏性好。

（2）典型草原景观

在半干旱气候控制下，以栗钙土—干草原为基质的景观，在内蒙古高原本部广泛分布，建群种为旱密丛禾草植物，分布层次分明。

（3）荒漠草原景观

在干旱气候控制下，以棕钙土—荒漠草原为基质，并往往与荒漠群落斑块相结合的景观，占据草原向荒漠过渡的居间位置，广泛分布在内蒙古乌兰察布高原和鄂尔多斯高原中西部。建群种由强旱生丛生小禾草组成，草丛低矮，覆盖稀疏。

（4）沙地草原景观

在半湿润—半干旱气候区，以固定、半固定沙丘为基质的沙生草原，往往是与疏林、灌丛斑块相结合的景观，植被覆盖率低，主要分布在腾格里沙地、科尔沁沙地、毛乌素沙地、浑善达克沙地，为超地带性景观。

5.3 草原旅游资源现状

5.3.1 草原景观资源

中国有数量众多、分布广泛、品位较高的草原景观资源。草原总面积约 4 亿公顷，约占国土面积的 40%，广泛分布于东北的西部、内蒙古、西北荒漠地区的山地和青藏高原一带，横亘于北纬 30°—50° 的黑龙江、吉林、辽宁、内蒙古、宁夏、甘肃、青海、新疆、陕西、河北、山西和四川 12 个省（区）。草原的类型居世界第一，共有 18 个大类、37 个亚类、1000 多个草地型，几乎涵盖了世界上主要的草地类型。从热带亚热带草原、温带不同类型草原到高寒草原等呈现出草甸、草原、荒漠间或伴有沙地疏林、灌丛、河漫滩草甸、熔岩台地、湖泊沼泽等规律的生态格局（艾琳 等，2009）。随着社会经济的发展，草原以其独特的资源和文化，成为人们日益关注的休闲和旅游场所。草甸草原景观、山地草原景观、荒漠草原景观等不同的草原类型所具有的不同的气候、地理状况、水文特征、土壤结构、植被特征造就了独具特色的草原风光，多类型的草原不但蕴含着丰富的牧草资源，而且使草原植被景观错落有致、层次分明。不同草原带的景观不同，甚至同一草原带或同一草原类型在不同季节都有很大的变化（虞敬峰 等，2011）。目前，逐渐形成内蒙古、青藏高原、新疆、甘肃、川西北、宁夏、河北坝上和京西草原具有一定规模的草原旅游区。

5.3.2 野生动植物资源

草原上丰富的植物种类主要体现在品种繁多的优良牧草，国家级珍稀保护植物和名贵中草药材。世界上主要栽培的优良牧草，如紫花苜蓿、黄花苜蓿、红三叶、红豆草等在新疆草原上均有大面积野生分布；很多珍稀植物也已被列为国家重点保护对象，并建立了自然保护区（虞敬峰 等，2011），如新疆野核桃林自然保护区、雪岭云杉自然保护区、小叶白蜡自然保护区、原始胡杨林自然保护区。

5.3.3 草原民俗文化资源

我国主要草原区是蒙古族、哈萨克族、藏族、裕固族、柯尔克孜族等少数民族聚居区。长期以来，由于交通不便，受现代文明的影响相对较小，使得当地传统民风、民俗得以原汁原味地保留。草原人民的衣食住行、生活习俗、历史文化都各具特色，优美朴实、特色鲜明的民族风情成为吸引游客的重要资源。这是中国草原最突出和最具竞争优势的生态旅游资源。草原民族文化旅游正在成为民族地区一项重要的旅游活动和经济活动。目前已开发有草原典型自然风光观光、野生动植物观赏、草原科普教育、科学考察、生态牧业观光、草原野营、少数民族民俗风情游等多种旅游产品。但是草原生态旅游资源也存在着生态脆弱性和旅游开发的季节性，首先，草原旅游区对人为活动的干扰非常敏感，旅游生态环境承载力较低。其次，草原生长的季节性使得一年中适合旅游的时光短暂，旅游淡旺季的矛盾给旅游开发和接待设施的充分利用造成困难。

5.4 草原旅游发展面临的问题

（1）生态环境破坏严重，自然资源旅游价值衰退

草原旅游发展对草原生态环境的影响，主要是通过旅游活动的践踏、旅游工程建设、植物的采摘与折损、废弃污染物、游客的喧闹、草原特色旅游商品和草原风味餐饮的制作等来对草原旅游地及其中的植物、动物产生干扰和胁迫。另外，旅游生产、旅游服务过程中产生的废弃物和旅游者带入旅游地的生活用品包装、用餐包装等固体废弃物，严重污染环境。总之，不恰当的旅游生产活动和旅游者行为，对区域自然地理环境的组成要素（主要是地貌、土壤、植被、水体、大气和动物）产生了破坏或构成了威胁，出现了地貌破坏、水体富营养化、大气质量下降、土壤板结、植物损伤等生态环境退化或破坏现象，进而使旅游区整体草原生态系统受到破坏，降低了草原生态系统的景观价值（刘丽梅 等，2009b）。

（2）景区规模小且分散，整体竞争力不强

草原旅游发展的早期，开发经营草原旅游进入壁垒小，成本较低，加之近年政府加强草原生态建设的政策导向，发展草原旅游成为改变对草原资源利用方式的最佳选择，成为农牧民致富的一条有效途径。草原旅游开发热潮在草原地区兴起，各地依托自己拥有的草原景观资源，进行不同程度的旅游开发，草原旅游景区（点）数量迅速增加，但成规模的草原旅游景区（点）极少（黄志敏，2014）。这些景点不仅规模小，大多数草原旅游区年接待量的规模小于 10 万人次，而且景区间相距甚远，比较分散，文化内涵的挖掘和旅游活动的丰富性受到制约，知名度难以提高，不利于联合发展（赵晓峰，2014）。这种重复性建设、同质化严重的局面很容易造成恶性的价格竞争，降低草原旅游的整体竞争力。分散性不仅加大了政府规范管理的难度，也容易造成很多其他隐患。

（3）产品结构单一，吸引层次偏低

目前，依托草原生态旅游资源、民族文化开发的草原旅游产品大多为草原观光、民族风情观光，但草原旅游资源与旅游文化开发的深度和广度不够，缺乏明显的特色和突出的优势。旅游产品档次低，内容不丰富，文化含量少，民族特色不突出，结构单一，缺乏层次感，地域之间的差异也较小。在开发方式、活动组织和规模上严重雷同，没有形成产品的规模等级，造成游客逗留时间短，游客吸引层次停留在观光为主的水平上，档次较低。草原旅游发展侧重于基础建设开发，缺少科学、系统性的规划，对草原资源价值的研究不够，缺乏深刻认识。人文与生态结合的资源开发意识不足，零散分布的旅游景点无法诠释整体的草原文化，严重影响草原旅游资源的整体开发步伐和预期经济收益，甚至造成草原生态环境的恶化（毛培胜 等，2016）。

（4）草原旅游发展未建立合理的利益分享机制

自古以来，草原地区牧民生活依赖于草原畜牧业发展，但在草原旅游开发过程中，为建设旅游基础设施、满足草原旅游的开发要求，牧民将放弃传统的草原放牧利用方式或被限制草原游牧范围。如果没有相关政策作为生活或生产保障，将会直接导致牧民的经济收入锐减。因此，需要充分考虑当地牧民的利益，牧民从中受益必然支持旅游业的进一步发展。例如，在新疆维吾尔自治区天池草原牧区的旅游开发建设中，虽然政府主导采取措施实现了哈萨克牧民的定居，以牧民家访、餐饮接待为主的旅游参与形式发展旅游经济，成为当地牧民主要的生活经济来源，但牧民几乎完全放弃了草原畜牧业生产，在旅游发展波动情况下，易造成牧民生活的不稳定，缺乏完善的利益保障机制（毛培胜 等，2016）。

（5）管理水平落后，生态安全隐患突出

草原旅游开发普遍存在现代管理专业知识缺乏，服务质量差，管理手段落后，生态、社会与经济效益不显著等现象。政策法规有所滞后，如环境影响评价制度和生物多样性保护地方性法规没有完全建立，对草原旅游区的管理也较为粗放，游客数量没有实行控制管理，游客拥挤时没有良好的旅游氛围，直接威胁草原的生态安全（刘丽梅 等，2009a），且政策法规有所滞后，游客满意度差。

5.5 草原旅游的发展趋势

（1）制定科学可行的旅游开发规划，加强对草原生态环境的保护

随着草原旅游开发的深入，对草原地区社会环境和自然环境所产生的负面影响也逐渐显现出来，因此，在草原旅游资源开发过程中要加强对草原区自然生态和人文生态的保护，促进开发与保护的良性互动、协调发展（虞敬峰 等，2011）。在草原旅游资源梳理的基础上，通过进行可行性研究，精心策划，结合目的地行政区划制定出全面系统的、切实可行的草原旅游开发总体规划，以发挥各地区草原旅游资源的整体优势，防止草原旅游景点或旅游项目雷同和重复建设（钟林生 等，2005）。

（2）挖掘草原文化内涵，促进与民俗风情和其他自然资源有机结合

独具特色的草原文化是内蒙古的特色资源与文化品牌，是内蒙古特色经济发展的优势所在。丰富的民族文化和历史文化以及多重民族性和特定地域性，为内蒙古草原文化旅游景区的开发与建设提供了得天独厚的条件（赵晓峰，2014）。在开发草原旅游的同时，应该同时开发其他形式的旅游，如森林旅游、地景旅游、水上运动、温泉疗养等，综合发展旅游业，加强旅游市场的感召力，为开发丰富多彩的旅游产品和旅游活动提供了广阔空间（钟林生 等，2005）。

（3）完善利益补偿机制，提高居民对当地草原旅游开发的参与度与满意度

草原旅游开发要充分考虑当地居民的利益，当地社区以及社区居民是草原生态系统不可分割的组成部分，寻求激励草原社区参与旅游发展的机制（刘丽梅 等，2009b），建立和完善草原旅游发展的利益补偿机制。在草原旅游开发中，明确规定草原区及附近社区利益集体或当地政府具有优先开发草原旅游资源的权利，在优先开发权转让以后也应确保其优先受惠权。完善草原旅游资源开发地的利益分配机制，调整相关税收政策（钟林生 等，2005）。

（4）强调综合管理，提高草原旅游基础设施建设

草原旅游资源开发基础环境建设的完善与否，直接关系到旅游经济效益的好坏和草原旅游能否实现可持续发展。它主要包括两方面的内容：一是支撑草原旅游区的基础设施和提供草原旅游服务的设施建设；二是促进草原旅游发展和提供旅游服务的人力资本的开发与储备（虞敬峰 等，2011）。此外，强调综合管理对草原旅游发展尤为重要。一方面，要做好教育与宣传工作，提高旅游经营者和游客对草原旅游可持续发展的认识；另一方面，要开发多种不破坏环境具有草原特色的旅游产品，并在农牧户中进行专业化生产经营（刘丽梅 等，2009b）。

第 6 章

额尔古纳市草原旅游高质量发展规划案例研究

6.1 草原旅游发展条件和现状

6.1.1 草原旅游业的内涵

草原旅游业的发展是以草原为旅游资源的不断开发与创新为必备条件的，是发挥草原景观资源美学价值而产生经济效益的一项开发性活动，只有依法处理好相关的责任，保护好旅游资源，合理地开发好旅游资源，使之永葆特色，得到持续利用，才有草原旅游业的广阔未来。

1. 草原的定义

草原是地球生态系统的一种，分为热带草原、温带草原等多种类型，是地球上分布最广的植被类型。草原的形成原因是土壤层薄或降水量少，草本植物受影响小，使植物无法广泛生长。中国是世界上草原资源最丰富的国家之一，额尔古纳所处呼伦贝尔草原是东北草原区的重要组成部分。

2. 草原旅游的含义

草原旅游是指在草原地区以草原风光、气候和少数民族的民俗、民情为旅游目标，以具有民族特色的歌舞、体育、餐饮、观赏、避暑等为主要内容的旅游活动以及为这种旅游服务的经营活动。草原旅游资源的核心是草原植被，各类草原植被（在农牧交错区还包括农田、林地等人工植被）与其生境，如山地丘陵、滩川平地、水体和道路、建筑物等组成宁静迷人的旅游景观综合体，是吸引游客的资源基础。

3. 草原旅游产品类型

草原旅游产品是以草原生态系统为旅游对象的旅游产品类型。主要产品形式包括草原观光、越野、体育、娱乐、休闲度假、文化体验、骑马等。额尔古纳草原景观辽阔、悠扬，文化天人合一，与草原动植物及传统游牧文化、风土人情相结合，更有独特的草甸——森林生态系统，具有产品空间尺度较大、生态环境脆弱、依托背景相对单一等特征。草原旅游不仅在数量上要满足旅游者的需求，更要在草原旅游地构建比较完善的旅游产品系列，在类型上满足旅游者的需求。根据我国草原旅游资源特色及市场状况，可以开发以下产品类型（表 6 -1）。

表 6-1　草原旅游产品类型

产品类型	定义	优势
草原观光	观光旅游是处于基本层次的旅游形式，并且符合旅游市场的需求、生态回归的发展趋势	草原及草原民族文化特色鲜明，在国内外有很高的知名度，极具市场开发潜力，开发成本较低，是草原旅游活动中首推项目
休闲度假旅游	以休闲、度假、养生、放松身心等为目的的草原旅游产品类型，在当前旅游需求下很有开发此类旅游产品的价值条件	草原上一般污染较少、空气清新，利用大草原空旷宁静的自然环境，可以吸引游客前来休闲度假；甚至吸引专家学者等前来写作、研究、思考
生态旅游	该类产品主要指向自然系统和人文环境的协调，旅游过程中注重贯穿环境教育、树立可持续发展观念。分为大众生态旅游产品和专门旅游产品	大众生态旅游产品为不损害旅游对象、不破坏生态环境、可持续观念贯穿其中的旅游产品；专门生态旅游产品重点推出草原野生动物观赏和徒步旅游
民俗风情旅游	基于草原居民在长期的发展中形成的各具特色的文化习俗、宗教信仰、生产生活方式、风味饮食、居住、服饰、歌舞、节庆活动等形成的旅游产品，具有深刻的自然和人文内涵	民族风情本身的差异性，可以造成一种强烈的新鲜感，可满足人们猎奇、寻求刺激的需要。因此，草原旅游地是开展民族风情旅游的上乘之地
体育旅游	草原体育旅游是指以健身或体育性娱乐为主要目的的草原旅游活动。结合草原居民的民族竞技比赛，既具有民族色彩，又有着广泛的群众性，同时又丰富了旅游的内容	草原广阔平缓，基本没有道路限制。在草原上开车对于城市中长期被堵车困扰的爱车族有极大的诱惑力；此外，还可开展草原居民的一些民族竞技比赛，如赛马、射箭、摔跤等

6.1.2　草原旅游国内外发展概况

1. 国外草原旅游发展典型案例

草原资源是一种可更新资源，是旅游资源的重要组成部分。现代世界草原面积为 34 亿公顷，约占地球陆地总面积的 24%。世界草原资源在各大洲的分布不平衡，非洲、亚洲、拉丁美洲和大洋洲所占比重较大，欧洲最小。

如今，全球许多国家依托当地各具特色的草原资源兴起草原旅游业，倡导生态旅游，以“牧场观光＋有机乐活体验＋农牧产品出售＋高端度假＋私人牧场租用”的形式打造多样化旅游产品。草原旅游已成为旅游业重要的形态。

案例一

阿根廷潘帕斯草原旅游

潘帕斯草原又称阿根廷草原，面积约 76 万平方千米。它北边有神秘的大查科平原，南接雄伟的巴塔哥尼亚高原，西抵复杂的安第斯山麓，东达辽阔的大西洋岸。

潘帕斯草原被誉为阿根廷的“粮仓”和“肉仓”。这里是阿根廷农牧业的主要生产地，孕育了非常多的顶级品牌。阿根廷人对养殖的牲畜有着独特的感恩之心，以此成立了一个特殊的节日——牧场节。节日当天，这里成千上万的农场庄园中都会举行各种比赛，进行各种歌舞演出。这些庄园历史悠久，很多都保留了原有的特色，这也成为阿根廷的一项重要历史文化遗产。

庄园游是潘帕斯草原旅游的主体形态。游客当然要选择品尝一下当地的特色烤肉，与亲朋好友一同坐在可容纳几百人的餐厅里一同享受美食，饭后还有歌舞表演。潘帕斯的旅游模式多种多样，因此服务项目也是种类齐全：可以选择与庄园主人一同骑马玩耍；可以去牧场体验一下庄园生活，挤奶制作奶酪；还有一种以运动和休息为主的庄园，虽然没有歌舞表演，但有足球、网球、篮球、游泳等各种运动设施。

游记摘录：“我们在这个草原上，跟随着庄园主人。与亲朋好友挑上几匹心仪的马儿一同飞驰在辽阔的草原上。一起在这里高声歌唱，仿佛自己就成为这草原的一员，哪怕只是短短的几天。跟随着牧羊人的脚步，经过小溪，略过牛群。在这里你找不到任何的一点不好之处，无论是辽阔的草原还是明朗的天空，都会让人心旷神怡。当傍晚降临，或一人或几人静静地躺在草原上看着晚霞，等待着星空的来临。”

在近几年中，草原旅行成为越来越多人的选择，而浪漫又充满活力的潘帕斯草原，成了国人出国旅游的第一选择。潘帕斯草原，这个一眼望去在视觉上就会给人们带来无限震撼的草原，真的是梦想中的天堂。

案例二

新西兰草原旅游

一、新西兰草原旅游业概况

新西兰属温带海洋性气候，四季温差不大，森林覆盖率达 29%，天然牧场或农场占国土面积的一半，草地面积为 1371.5 万公顷。广袤的森林和牧场使新西兰成为名副其实的绿色王国，生态环境极其优良。

新西兰草场属于私有，由于气候和自然环境非常优越，草场的牧草基本都靠自然生长，不需要格外的人工饲料和化肥，保持了当地的自然环境；新西兰殖民与土著相结合的历史背景和独特的毛利文化环境也是促进其草原旅游业发达兴旺的重要因素之一，见图 6–1。

图 6–1　新西兰草原景色

在这里，游客可以参观农场、牧场、葡萄酒厂、博物馆和艺术画廊，了解新西兰的经济和历史；可以拜访并住在当地居民家中，体验真正新西兰人的生活；也可以参加各式各样的食品节、葡萄酒节或鲜花节，感受这里的独特风情；甚至可以接触到新西兰所有种类的动物。

游记摘录："来到这里的牧场，你感受到这里人们的生活风俗，能自己酿酒。整个庄园非常大，在这里你可以骑马、射箭……当然，还有许多的草原乐趣等着你了。来到这里的纸板大教堂，你还可以欣赏到像牧羊人一样的那种风景。"

二、新西兰发展草原旅游优势

1. 独特的自然资源。新西兰作为一个岛国，四面环海，拥有数千英里[①]的壮观海岸线，景色举世无双。其地貌复杂多样，游客既能登山望远，亦能下海浮潜，还能沿河漂流。农场密布，葡萄酒庄林立、美食众多。

2. 优质的奶制品。新西兰养殖业发达，特别是奶制品优质，一直备受国人青睐。所以赴新西兰旅游的中国游客普遍会采购大量的奶制品，特别是婴儿配方奶粉。中国多个奶制品企业亦在新西兰收购了不少奶牛场作为奶源基地。

3. 体育赛事营销。举办国际赛事一直是新西兰吸引国际游客的重要手段，广大的草场为其提供丰富比赛场地。如英式橄榄球是英联邦国家最受欢迎的体育运动之一。

4. 热情好客的人民。除了美丽的风景之外，新西兰人民也非常好客，首当其冲是当地土著毛

① 1 英里≈1.609 千米。

利人。毛利人以英勇善战著称，同时也非常热情好客。人们常常是为了看风景而来，回去之时却对这里的人民留下了深刻印象。

三、新西兰发展草原旅游产品的做法与经验

1. 自然景区尽可能保持旅游资源的原始性、自然性。

2. 始终认为环境是旅游的最大资产，实施严格的环境保护。

3. 注重游客体验。游客体验开始于信息查询、预定旅游产品、旅游产品质量的传递（通过人、住宿、交通、旅游吸引物、活动、设施），所有这些的关键是旅游产品的高质量，也是达到战略目标的关键。新西兰游客对旅游产品的满意度始终是很高的。

4. 在旅游业中始终实施可持续性发展。

5. 提供丰富多样的旅游活动。新西兰除了优美的环境外，丰富多样的旅游活动也是吸引游客的主要原因，主要旅游活动类型有海上运动、徒步旅行、自然观察、自然体验、文化体验、生态教育、体育旅游、医疗旅游、冒险旅游、农业旅游等。

6. 便利的网络服务。整个草原景区无线网络全覆盖，方便随时查询路线等。

7. 游客中心提供丰富的信息。新西兰有许多旅游信息中心，主要分布在城市中心、码头、车站、景区等。向游客免费提供景点、活动、住宿等信息的小册子，并可进行游程安排。

2. 我国草原旅游发展概况

国内草原旅游，以“草原观光＋民俗体验”为主，基本分为两大类：观光型草场和游乐型草场。观光型草场：多以草原的自然之美吸引游客；游乐型草场：交通便利，产品体系较丰富，吸引紧邻的城市客源。

目前，我国主要的草原旅游目的地见表 6–2。

表 6–2　我国主要的草原旅游目的地

名称	草原旅游产品特色
内蒙古呼伦贝尔大草原	以蒙古风情为特点，开发祭敖包、摔跤等活动
祁连山草原	位于甘肃、青海交界处，是高原草原，有冰川地貌奇观
新疆伊犁那拉提草原	由哈萨克族风情和边塞风情构成的异域草原景观
内蒙古锡林郭勒大草原	是世界闻名的、国家级的、保存较完整的原生草原，开发马术休闲游、环锡主题游、赛事专项游等活动
四川若尔盖大草原	以探险、徒步和藏族风情游为主要开发内容
北京康西草原	国内最大的国营跑马场，有专业的马术俱乐部和高端航空俱乐部
西藏那曲高寒草原	地热温泉常年云蒸雾罩，每年的赛马节是当地重大节日

6.1.3 额尔古纳区域特征

（1）额尔古纳地理区位——内蒙古自治区纬度最高县级市

额尔古纳市位于内蒙古自治区呼伦贝尔市大兴安岭西北麓，呼伦贝尔大草原的北端、额尔古纳河东岸，北纬 50°01′—53°26′，东经 119°07′—121°49′，是我国纬度最高的县级市。

市境东北部与黑龙江省漠河县毗连，东部与根河市为邻，东南部及南部与牙克石市、陈巴尔虎旗接壤，西部及北部隔额尔古纳河与俄罗斯相望。境内边境线长 673.11 千米，约占中俄边境线的 64%，拥有室韦和黑山头两个国家一类口岸。

（2）额尔古纳交通区位——地域狭长，大交通不畅

额尔古纳市地域狭长，大交通不畅。通过一级公路连接海拉尔，森林火车改造的旅游专列直达莫尔道嘎镇。随着支线机场的建设将会进一步完善交通格局，建立公路、铁路、航空的立体交通网络。

公路：额尔古纳市形成一横一纵的道路格局，横向连接黑龙江至黑山头的 S301；纵向连接室韦和新巴尔虎左旗阿木古郎镇的 S201。奇乾至恩和哈达镇为大兴安岭中部和北部山地，大部分在生态红线范围内，人烟稀少，交通不畅。

铁路：莫尔道嘎镇经牙克石到海拉尔。未来森林度假列车的整改升级将提升额尔古纳市的对外交通联络通道。

航空：海拉尔东山国际机场，距额尔古纳市约为 128 千米，车程约 1.5 个小时。规划建设室韦以及恩和哈达通用机场。

旅游大通道：市区拉布大林镇距呼伦贝尔市 128 千米，拉布大林作为额尔古纳市政治、经济、文化、交通中心，是呼伦贝尔—额尔古纳旅游大通道的枢纽和核心，是呼伦贝尔—满洲里—额尔古纳黄金旅游线路的重要旅游城镇，是呼伦贝尔优先建设的两个核心旅游圈之一、重点打造和建设的精品旅游目的地。

（3）额尔古纳自然地理条件——物种丰富、地貌类型齐全

气候条件：额尔古纳市市区属中温带大陆性草原气候，根河以北属中温带季风性气候，莫尔道嘎镇及以北地区属于寒温带季风性针叶林气候。年平均气温在 −2.0～3.0 ℃，年降水量为 200～280 毫米，年日照时数为 2500～3000 小时。夏季短暂、温暖，雨量充沛，雨热同季；冬季寒冷、漫长、少降水，但空气湿度很大。

地形条件：额尔古纳市境内地形以丘陵为主。额尔古纳地块呈北东向延伸，长达 1500 千米以上，是中亚—蒙古—兴安巨型复合造山带内的重要大地构造单元。全区平均海拔 800 米，平均坡度 10°，山系不发达，相对高差小。沿额尔古纳河一带，地势平缓，沟谷和河谷呈枝、网状散布其间，河网较为发育。

自然资源条件：额尔古纳拥有丰富的物种资源，赋予了额尔古纳全生态的自然环境，是全国罕见的全生态、原生态区域之一。额尔古纳地区资源人均占有量大，生态资源良好。淡水资源是全国人均占有量的 21 倍，耕地是 23 倍，草原是 19 倍，森林是 178 倍。域内绿色覆盖率达到 93%，有 52 万公顷全区类型最齐全、保存最完好的天然草场；水资源储量 35.8

亿立方米；流域面积超过100平方千米的河流有81条；有高纬度、低海拔原生木本类“亚洲第一湿地”。

（4）额尔古纳景观条件——过渡带林地草地为主

从整体来看，额尔古纳市的景观格局现状属于以自然景观为主和半自然景观为辅。一级景观主要分为：林地景观、草原景观、水域景观和未利用地景观，在一级景观分类的基础上，参照各区域植被类型分布的不同，可区分针叶林景观、阔叶林景观、针阔混交林景观、灌丛景观、草原景观、水域景观、湿地景观和未利用地景观（荒山荒地、迹地和裸崖地）8个二级类型。根据不同景观类型，额尔古纳市建成各类不同景区、景点。

6.1.4 额尔古纳市草原旅游现状评估

（1）接待人次

年接待人次稳固增长。2018年1—12月，全市累计接待游客545.8万人次（图6–2），旅游总收入56.9亿元（图6–3），同比增长5.43%和12.01%，在呼伦贝尔市各区（市）中排名第三。受季节因素的影响，额尔古纳的旅游主要游览时间为6—9月，淡旺季明显。

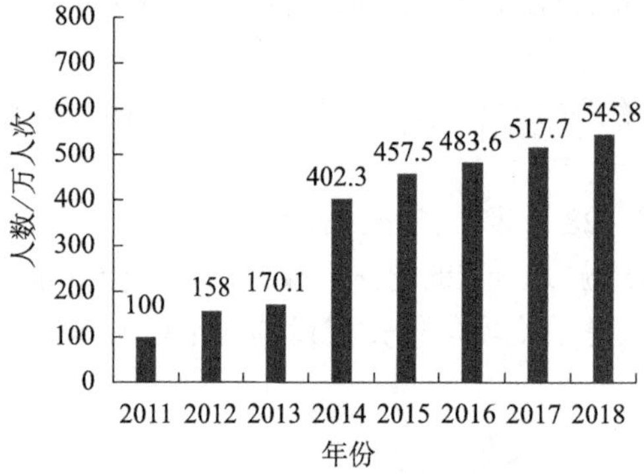

图6–2 全年累计接待游客人数

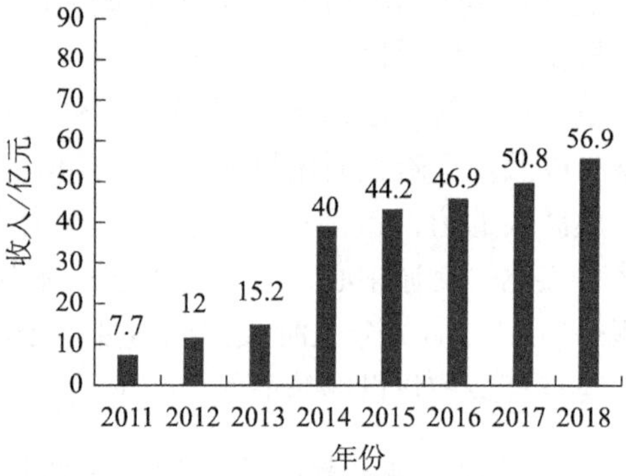

图6–3 全年旅游收入

（2）客源市场：不断拓展

取自全国各地38326位游客（区外游客66.85%，区内游客占33.15%）（2018年），分层抽样调查结果显示：

区外游客。北京是区外客源地第一位，占区外游客的9.93%。其他来自河北、天津、山西、辽宁、黑龙江、山东、吉林、浙江、上海10个省（市）的区外国内游客最多，前10位的区外客源占44.02%，来自中南、西南、西北的游客较少。

区内游客。呼和浩特市游客居全区第一位，占15.96%；赤峰市居第二位，占12.32%；包头市居第三位，占11.56%；通辽市居第四位，占10.5%。上述4个盟市占区内游客总人数的50.34%。

（3）住宿餐饮：初具规模

额尔古纳市住宿和餐饮一体化布局。据统计，目前额尔古纳全市宾馆酒店总数量 600 多家，具备星级接待条件的旅游饭店 60 家，四星级宾馆 1 家、三星级宾馆 1 家、大型主题宾馆 2 家，乡村俱乐部 2 家，经济型宾馆 150 家，家庭宾馆 450 多家。床位数 35000 余张。额尔古纳市区和蒙兀室韦苏木的接待规模较大，占总规模的 50%。餐饮以蒙餐和俄餐为主，兼有中餐、回餐。

（4）景区建设：不断升级

额尔古纳市景区建设提升速度加快，相继建设了蒙古之源·蒙兀室韦文化旅游景区、额尔古纳湿地景区、白桦林景区、额尔古纳国家湿地公园、乌兰山景区等一批优质景区。目前，额尔古纳市有 A 级国家旅游景区 9 个，其中 4A 级国家旅游景区 4 个，正在积极争创 1 家国家 5A 级旅游景区（表 6–3）。成功举办俄罗斯族巴斯克节、室韦蒙源文化节、山荆花节、恩和油画小镇名家写生等文化活动；冬季旅游向市场化运作迈进，与深中旅合作举办了“亚洲北纬度假圈——额尔古纳冰雪娱乐季”系列活动，丽丽娅面包荣获中国特色旅游商品大赛金奖；特色村镇培育成果显现，莫尔道嘎镇入选首批全国特色小镇，5 个镇入选全国特色景观名镇，6 个村被评为中国传统村庄，室韦村入选“全国生态文化村”。

表 6–3 额尔古纳主要景区

主要景区名称	景区等级	景区地点	景区特色
额尔古纳国家湿地公园	4A	位于大兴安岭北段西麓内蒙古自治区呼伦贝尔市额尔古纳市上库力办事处境内，距额尔古纳市拉布大林镇东北直线距离约 10 千米，距呼伦贝尔市海拉尔区公路距离约 120 千米	中国目前保持原状态最完好、物种最丰富的湿地系统，也被誉为“亚洲第一湿地”。它涵盖了额尔古纳除原始森林外几乎所有类型的生态系统
额尔古纳湿地景区	4A	额尔古纳市所在地拉布大林西侧，距离市中心 3 千米	主要自然景观有马蹄岛、同心岛、S 弯等。河流、湖泊、植被的颜色随四季而变，是诸多摄影爱好者的最爱。在呼伦贝尔—满洲里—额尔古纳旅游圈中占重要位置
莫尔道嘎国家森林公园	4A	位于内蒙古自治区呼伦贝尔市额尔古纳市、莫尔道嘎镇境内，地处大兴安岭北部原始森林的腹地中	我国位置最北、观光路线最长、森林生态多样性最完整的国家级森林公园，森林总面积 45.5 万公顷。至今仍保持原始的自然生态、原始的自然平衡、原始的自然和谐
白桦林景区	4A	邻近内蒙古呼伦贝尔市额尔古纳市区	大兴安岭呼伦贝尔唯一一块纯白桦林景观
中科丽丽娅庄园	3A	额尔古纳市	一家集列巴文化传播、列巴生产、餐饮、住宿、俄罗斯民族歌舞演艺、旅游商品销售和文旅产品设计与开发等为一体的独具俄罗斯民族特色的综合型休闲度假庄园

续表

主要景区名称	景区等级	景区地点	景区特色
黑山头·列夫湿地庄园	3A	位于额尔古纳市黑山头镇东 6 千米处	黑山头遗址为元代古城，位于呼伦贝尔额尔古纳河东岸的额尔古纳旗，为蒙古族发祥地
哈乌尔河景区	2A	位于恩和俄罗斯乡北部 20 千米的自兴屯，是去蒙兀室韦苏木、莫尔道嘎镇的必经之地，也是游客在路途中的休息站	以展现原始林业生产和古老神秘的狩猎生活为主题。可欣赏哈乌尔河的美景，体验父辈儿时的游戏。景区生态完好，堪称“森林曲水之最”
弘吉剌部景区	2A	位于额尔古纳市黑山头镇桦树林村，距额尔古纳市 35 千米，是额尔古纳市前往国家一级口岸黑山头口岸的必经之地	景区建在成吉思汗黄金家族厉兵秣马的黄金草原上，以蒙古包群建筑为特色，以展现蒙元文化史为主，娱乐项目有骑马、射箭、篝火晚会等
室韦魅力名镇景区	2A	位于内蒙古自治区额尔古纳河畔	室韦是最具现代气息的边陲小镇，华俄后裔家庭建筑都是经过人工修饰而成的，目的是开展家庭旅游，既可以让游客感受到少数民族的民俗风情，又可以体验俄罗斯族独特深厚的民族文化底蕴
蒙古之源·蒙兀室韦文化旅游景区		位于额尔古纳市蒙兀室韦苏木，距海拉尔 280 千米，景区地处大兴安岭北部、额尔古纳河东岸	呼伦贝尔市政府 2010 年十大重点公益项目之一，其地貌集山地、丘陵、森林、草原、湿地、河滩等多重景观于一体，独具罕见的生态特色

（5）基础设施：亟待强化

额尔古纳市的环卫设施配备不足，等级较低。目前，拉布大林街道已建 25 个公共厕所，各景区内建有无水可移动厕所，数量较少，旅游厕所建设位置均为景区内、旅游主线路附近和公路沿线附近，不能满足游客的需要，厕所管理水平低。另外，道路末端交通等基础设施也亟待完善。

6.2 草原旅游资源分析与评价

6.2.1 草原旅游资源概况

额尔古纳草原在全国生态屏障建设和生态保护格局中占有重要地位，在区域内面积占比仅次于林地（表 6–4）。据统计，2014 年全市牧草地面积达 131382 公顷，从空间上看主要集中分布在南部黑山头镇、蒙兀室韦苏木和拉布大林街道地区。依托丰富的草原旅游资源，境内开发了系列草原旅游产品，包括“草原在这里”景区、额尔古纳市湿地自然保护区、室韦口岸、黑山头口岸界河景区、乌兰山景区等，组成额尔古纳市高品质的草原旅游资源。

表 6-4　额尔古纳土地利用构成

类型	耕地	林地	草地	城镇村及工矿用地	交通运输用地	水域及水利设施用地	其他土地	合计
面积 / 公顷	184969	2160207	407484	8566	6264	22291	106019	2895800
面积占比 /%	6.39	74.60	14.07	0.30	0.21	0.77	3.66	100

（1）草原景观资源

①生态景观

额尔古纳市资源富集，物种丰富。有野生植物 887 种，其中国家二级重点保护植物 3 种（钻天柳、浮叶慈姑、野大豆）；有脊椎动物 331 种，其中国家一级重点保护兽类 3 种（紫貂、貂熊、原麝），国家二级重点保护兽类 6 种，国家一级重点保护鸟类 8 种（黑鹳、金雕、白尾海雕、黑嘴松鸡、大鸨等），国家二级重点保护鸟类 36 种。额尔古纳市河系发达，湖泊众多，湿地分布密集。有国家级自然保护区额尔古纳湿地，是中国目前保持原状最完好、面积较大的湿地，被誉为“亚洲第一湿地”。额尔古纳河全长 970 千米，总流域面积 15 万平方千米，是黑龙江的正源。较大河流有恩和哈达河、乌玛河、阿巴河、激流河、安格林河、莫尔道嘎河、哈乌尔河、得耳布尔河、根河等，均汇入额尔古纳河。境内拥有森林、草地、牧场，幅员辽阔，其中人均林地 25.35 公顷，人均牧草地 4.78 公顷，人均耕地 2.17 公顷，远高于呼伦贝尔市和全自治区的人均水平。生态类型呈梯次结构，为复合型生态。境内森林、草原、湿地大都保持了原始状态，全市植被覆盖率达 88% 以上，森林覆盖率为 49%，有林地面积 1.9 亿亩，占自治区有林地面积的 83.7%。有一个国家级森林公园、两个自然保护区，被称为额尔古纳三个明珠。

②地质地貌景观

额尔古纳市地处大兴安岭腹地，2/3 地区属于大兴安岭的岭西部，是国内重点林区。地形以丘陵为主，其地块由北向东延伸，长达 1500 千米以上，整体地势南北低、中间高，海拔从 299 米到 1600 米。北部为原始林区，北部交通不便，可进入性较差。额尔古纳国家级自然保护区、国家级森林公园位于大兴安岭西北坡，呈东北至西南向的狭长区域。中部为次生林和河漫滩草甸草原区，南部为草甸草原区。南部优良牧场和商品粮基地是呼伦贝尔大草原的一部分，城镇集中在南部河谷冲击地。额尔古纳河、额尔古纳国家级湿地公园、6 个国营农牧场、三河马、三河牛都位于南部相对平坦区域。

（2）民族文化资源

额尔古纳市是北方民族的摇篮，东胡、鲜卑、蒙古等民族都在这里留下生活的印记。“蒙兀”是最早见诸史端的对蒙古的称谓，《旧唐书》记载蒙兀部生活在现额尔古纳市境内，后在“额尔古涅·昆”发展壮大。“越是民族的越是世界的”“蒙兀圣地”的文化符号具有世界的唯一性，是额尔古纳市发展成世界文化名城、全球蒙古族心驰神往的心灵圣殿的基础。2005年，蒙兀室韦苏木被中央电视台评为“全国十佳魅力名镇”，俄罗斯民俗游也迅速发展起来。

华俄后裔是额尔古纳市又一文化亮点。恩和俄罗斯族民族乡是全国最大的俄罗斯族聚居地和全国唯一的俄罗斯族民族乡。额尔古纳市的华俄后裔形成于19世纪末至20世纪初，是一支保留着汉、俄两个民族生活习惯和民俗风情的族群。华俄后裔在长相、民居、饮食、衣着、节庆、生产生活等多方面，有着浓郁的俄罗斯民族特色，如住着木刻楞，吃着列巴，喝着格瓦斯，保留着巴斯克节、复活节等活动。

（3）农垦文化资源

额尔古纳市农牧资源丰富，第一产业发达。现牧草地730万亩，占总面积17%，是驰名中外的呼伦贝尔大草原的重要组成部分；耕地277.5万亩，占6%。驻有拉布大林、上库力、三河、苏沁、室韦、恩和6个国营农牧场及1个大型森工企业。额尔古纳市是三河牛、三河马的故乡，三河回族乡有三河马场、三河牛等养殖场。

农垦企业发展经历了四个时期：初创时期（1947—1958年）、蓬勃发展时期（1959—1968年）、军垦时期（1969—1976年）、改革开放时期（1977年至今）。农垦人经过75年的开发建设，建立了现代化的国营农场，农垦干部群众以北大荒精神为支撑，以振兴民族经济为己任，用甘于奉献的精神和不屈的斗志，打造了自己的龙头企业，走上了产业化发展的道路。

（4）口岸文化资源

额尔古纳市是一座新兴的边境口岸城市，融合了中、俄、蒙三国风情的生活场景，跨国贸易作为额尔古纳三大产业之一后劲十足，潜力巨大。口岸作为旅游资源，具有两方面的意义：一是为国际商务旅游增加对外交流及异国风情的吸引力；二是为开展跨境生态旅游提供便利。隔河相望的俄罗斯远东城乡，被认为是额尔古纳市的域外生态旅游资源，特别是在中长期旅游发展中，具有良好的开发前景。

（5）非物质文化资源

额尔古纳市有蒙、回、俄罗斯等19个少数民族，而且各民族风情、风俗习惯仍保持较为完好，尤其是蒙古族发祥地与俄罗斯族民族民俗文化为额尔古纳市提供了丰富的非物质文化遗产（表6-5）。额尔古纳市被评为“第二届中国最具价值文化（遗产）旅游目的地”。拥有非物质文化遗产项目国家级1项，自治区级5项，呼伦贝尔市级2项。国家级传承人1人，自治区级代表性传承人7人，呼伦贝尔市级14人。

表6-5 额尔古纳非物质文化遗产名录

级别	传承的非遗项目
国家级	俄罗斯族巴斯克节
自治区级	俄罗斯族民间舞蹈

续表

级别		传承的非遗项目
自治区级		俄罗斯族木刻楞营造技艺
		俄罗斯族列巴制作技艺
		俄罗斯族格瓦斯制作技艺
		俄罗斯族婚礼
呼伦贝尔市级		俄罗斯族民间歌曲
		《苍狼与白鹿的传说》
额尔古纳市级	民间文学	化铁出山
	传统音乐	俄罗斯族民间舞曲
	传统体育 游戏与杂技	俄罗斯族民间传统木棍游戏
		俄罗斯族民间游戏
		俄罗斯族传统体育游戏
	传统制作技艺	俄罗斯族酸白菜制作技艺
	民俗	俄罗斯族纺织技艺
		俄罗斯族编织技艺
		俄罗斯族四轮马车制作技艺
		俄罗斯族马爬犁制作技艺
		俄罗斯族传统饮食制作技艺
		俄罗斯族葬礼
		俄罗斯族民间服饰
		俄罗斯族柳条节

（6）矿山地质遗迹

额尔古纳市的矿业遗迹主要包括矿业生产遗迹、矿业开发史籍、矿业活动遗迹、矿业制品、与矿业活动有关的人文类资源。其丰富的金矿资源、大量采金遗迹和金矿遗址是中国黄金历史发展的见证，是边境地区民族融合之源，也是工业旅游的基础。

（7）额尔古纳特产

额尔古纳特产有呼伦贝尔油菜籽、俄罗斯列巴、鱼子酱、手抓饭、烤面包、牛肉干、红酒炖牛肉等。

6.2.2 草原旅游资源评价

（1）定量评价

依照国家标准《旅游资源分类、调查与评价》（GB/T 18972—2003）体系进行评价，额尔古纳市拥有旅游资源分类系统的 8 个主类，占 100%；31 个亚类中的 14 个，占 45.16%；155 个基本类型中的 20 个，占 12.9%。其中五级资源 4 个，自然资源占主体的 11%。四级资源有 7 个，人文资源占 20%。三级资源有 8 个，自然资源占 22%（表 6–6）。形成品牌的旅游节庆有俄罗斯巴斯克节、中俄界河大舞台互动演出、民族风情冰雪节和国际汽车冰雪挑战赛。

从旅游类型看，额尔古纳市旅游以自然资源观光和民俗旅游项目为主。从旅游人口分布看，旅游景区和乡镇人口主要集中在南部、额尔古纳河沿线、莫尔道嘎—室韦一线、拉布大林—黑山头一线，属于块状集中式布局。夏季旅游热点集中在拉布大林—白桦林—莫尔道嘎—室韦。冬季旅游热点集中在拉布大林。从旅游发展方向看，突出生态、研学、口岸、民俗产品。

表 6–6　额尔古纳市旅游资源统计

	主类	亚类	基本类型	资源点
自然资源	A 地文景观	AE 岛礁	AEA 岛区	白鹿岛、江心岛
	B 水域风光	BA 河段	BAA 观光游憩河段	额尔古纳河、根河、得尔布尔河、哈乌尔河、吉尔布干河、莫尔道嘎河、恩格仁河、激流河、阿巴河、乌玛河、恩和哈达河
	C 生物景观	CA 树木	CAA 林地	兴安落叶松原始森林、樟子松原始森林（恩和哈达至加格达的山地）、红皮云杉原始森林（北部河谷）、偃松矮曲林（最北部激流河附近海拔 1200 米 的高山顶及坡地）
	D 天象与气候景观	DA 光现象	DAB 光环现象观察地	恩和哈达极光区
	E 遗址遗迹	EA 史前人类活动场所	EAD 原始聚落	黑山头古城、奇乾遗址、十八里遗址、岭后遗址、黄火地遗址
	E 遗址遗迹	EB 社会经济文化活动遗址遗迹	EBE 交通遗迹	库克多博卡伦（四卡）、巴图尔和硕卡伦（五卡）、巴雅斯胡郎图温都尔卡伦（六卡）、胡裕尔和奇卡伦（七卡屯）、巴彦鲁克卡伦（八卡）、珠尔特依卡伦（九卡）、莫里勒克卡伦（十卡）、毕拉尔河卡伦（十一卡）、牛耳河卡伦（十二卡）、珠尔干河总卡伦、温河卡伦（十三卡）、长甸卡伦（十四卡）、伊穆河卡伦（十五卡）、奇雅河卡伦（十六卡）、永安山卡伦（十七卡）、额勒河哈达卡伦（十八卡）

续表

	主类	亚类	基本类型	资源点
自然资源	F 建筑与设施	FA 综合人文旅游地	FAB 康体游乐休闲度假地	白鹿岛度假村
			FAD 园林游憩区域	内蒙古额尔古纳国家级自然保护区、额尔古纳湿地景区、额尔古纳国家湿地公园、莫尔道嘎国家森林公园、蒙古之源·蒙兀室韦文化旅游景区、弘吉剌部大营景区、哈乌尔河景区、白桦林景区、“草原在这里”景区、额尔古纳国家矿山公园、乌兰山景区、列夫湿地庄园、敖特尔森林公园、中科丽丽娅庄园、奥洛契庄园
			FAF 建设工程与生产地	奇乾河金矿、吉拉林金矿
			FAJ 边境口岸	黑山头口岸、室韦口岸
		FD 居住地与社区	FDA 传统与乡土建筑	木刻楞、蒙古包
			FDC 特色社区	莫尔道嘎特色小镇、恩和俄罗斯族民族乡、室韦魅力名镇景区、临江屯、太平川村
		FE 归葬地	FEB 墓（群）	拉布大林古墓群、七卡古墓群、拉布大林鲜卑墓群
		FF 交通建筑	FFA 桥	中俄界河友谊桥、黑山头口岸桥
	G 旅游商品	GA 地方旅游商品	GAB 农林畜产品与制品	三河牛、三河马、列巴、雀巢系列产品、蘑菇、木耳、蓝莓
	H 人文活动	HB 艺术	HBB 文学艺术作品	额尔古纳河右岸
		HC 民间习俗	HCB 民间节庆	巴斯克节
			HCC 民间演艺	界河大舞台、额尔古纳之恋、欢腾的巴斯克节
		HD 现代节庆	HDA 旅游节	中俄界河大舞台互动演出、山荆花节、额尔古纳民族风情冰雪节、国际汽车冰雪挑战赛、湿地文化节
			HDB 文化节	蒙源文化节、巴斯克节
数量统计	8 主类	14 亚类	20 基本类型	90 资源点

经过进一步筛选，除了恩和哈达极光区、奇乾遗址、十八里遗址、岭后遗址、黄火地遗址、奇乾河金矿、吉拉林金矿、拉布大林古墓群、七卡古墓群、拉布大林鲜卑墓群 10 处资源点外，其余 89% 旅游资源点均与草原要素景观直接或间接相关，体现草原资源在额尔古纳旅游资源中的核心地位。

（2）特色评价

①保存最完整

额尔古纳拥有中国目前保存最好、最完整、面积最大的“亚洲第一湿地”——额尔古纳湿地。原生态的绿色是额尔古纳最美的颜色。额尔古纳河的支流根河从平坦开阔的湿地中蜿蜒穿过，河漫滩、盐碱地、灌木丛、水泡子、原始森林、候鸟迁徙地等几乎所有的湿地景观在这里都能看到。

②中国纬度最高

额尔古纳市位于内蒙古自治区呼伦贝尔市大兴安岭西北麓，呼伦贝尔草原北端，额尔古纳河右岸。地理坐标北纬 50°01′—53°26′、东经 119°07′—121°49′，是内蒙古自治区纬度最高的市，也是中国最北的边境城市。

③景观类型最多样

额尔古纳市地貌多样，地处呼伦贝尔草原和大兴安岭的过渡地带，素有“呼伦贝尔缩影”美誉。境内形成湿地草原景观、草原森林景观、森林草原景观等多种景观状态。北部有国内保存最完好的原始森林；中部具有典型的森林、草原过渡地貌和植被特点，有“地质公园”之称；南部为草甸草原区，是呼伦贝尔草原最好的天然草场。

④地域文化最丰富

额尔古纳市先后被评为“中国最具民俗文化特色旅游目的地”“全国休闲农业与乡村旅游示范县”“中国特色旅游最佳湿地”“国家级风景名胜区”等荣誉称号。

⑤拥有中国唯一的俄罗斯族民族乡——恩和俄罗斯族民族乡

中俄界河的额尔古纳河两岸是俄罗斯风情文化的长廊，俄罗斯地域风情的民俗文化、饮食文化、建筑文化等优秀的民族文化在这里孕育生长。

⑥各类要素组合最佳

额尔古纳市的草原主要分布在额尔古纳河河畔，同时又地处边境地区，形成边境、河流和草原多元要素的完美融合，景观类型多样，生态系统多样，草原旅游吸引力强。

6.2.3 草原旅游发展 SWOT 分析

（1）草原旅游发展优势分析

①绿色净土，生态完好

额尔古纳市保护程度较高，境内森林、草原、湿地大都保持了原始状态，有近 1 万平方千米的原始森林、大面积湿地、天然草场、自然河流、丰富的生物种群。已经批复的莫尔道嘎国家级森林公园、额尔古纳湿地自然保护区和额尔古纳自治区级自然保护区，被称为额尔古纳三颗明珠。全市植被覆盖率达 88% 以上，生态红线占比 71.63%。空气质量极好，夏季凉爽，冬季冰雪覆盖面积大、时间久，有利于发展旅游产业。南部草原是呼伦贝尔大草原的重要组成部分，原生态的草原自然景观为草原旅游业的发展创造了有利的条件。

②旅游区位独特，品牌吸引力强

额尔古纳市位于呼伦贝尔最北端，旅游区位独特，同时是旅游金三角线路（额尔古纳、满洲里和海拉尔）的重要组成部分，资源富集度和吸引力较高，是呼伦贝尔市旅游增长极，是“一路向北追寻狂野自由”的重要旅游目的地，品牌吸引力强。

③民俗文化丰富

浓厚的民族色彩是草原旅游的核心竞争力之一。浓厚的民族色彩是额尔古纳市草原旅游的核心竞争力之一。历史上北方游牧民族包括鞑靼、鲜卑、柔然、契丹、蒙古、女真等族在呼伦贝尔大草原繁衍生息。一代王朝北魏王朝崛起于大兴安岭森林，一代天骄成吉思汗统一了草原。这些游牧民族深厚独特的民族史和民族文化，是额尔古纳市草原旅游发展依托的重要资源之一。目前，额尔古纳聚居着俄罗斯、蒙古等 19 个少数民族，民俗文化丰富多彩，成为额尔古纳重要的旅游吸引物。

④资源等级高，品牌优势突出

额尔古纳市自然和人文资源都具有优势，具有一定的市场基础。积极争创 1～2 家国家 5A 级旅游景区，继续提升 4A 级旅游景区，不断培育 3A 级旅游景区。拥有浓厚的历史沉淀，厚重的人文底蕴，独特的民族风情。黑山头和室韦两个国家一类口岸对接俄罗斯，文化、经济交流频繁，体现了包容开放的特点，为边境旅游发展提供了基础。9 项 23 处非物质文化遗产为民俗旅游、文化研学发展提供了基础。

（2）草原旅游发展机遇分析

①国家政策利好草原旅游业发展

针对草原牧区的进一步发展，国家已提出系列利好政策，如 2017 年农业部办公厅、财政部办公厅印发的《新一轮草原生态保护补助奖励政策实施指导意见（2016—2020 年）》，2019 年国家林业和草原局印发的《关于促进林草产业高质量发展的指导意见》，这些政策意见的颁布与实施，同时也有利于草原牧区旅游业的发展。其中，《新一轮草原生态保护补助奖励政策实施指导意见（2016—2020 年）》旨在通过实施草原补奖政策，全面推行草原禁牧休牧轮牧和草畜平衡制度，划定和保护基本草原，促进草原生态环境稳步恢复；加快推动草牧业发展方式转变，提升特色畜产品生产供给水平，促进牧区经济可持续发展；不断拓宽牧民增收渠道，稳步提高牧民收入水平，为加快建设生态文明、全面建成小康社会、维护民族团结和边疆稳定做出积极贡献。

②草原旅游业蓬勃发展

抓住国家旅游发展大势，文化与旅游的高度融合，快速切入。随着国家全域旅游示范区验收成功，带来的品牌效应促进额尔古纳市客源市场的拓展，也促进本地旅游管理水平的提升。市场需求变化推动产业升级与融合，促进额尔古纳市草原旅游不断提升和发展。利用好呼伦贝尔的旅游品牌，“旅游 +”为旅游产品创新、基础设施提升、精准整合营销、培育专业旅游人才提供了机遇。

“十三五”以来至 2018 年，额尔古纳市累计接待游客 1547 万人次，旅游总收入达到 155 亿元，远超过“十二五”期间的总量（表 6–7）。在经济新常态和东北亚经济疲软的大环境大背景下，超额完成“十三五”既定目标。旅游业的蓬勃发展为草原旅游的开发与投资提供了良好的基础。

表 6-7 额尔古纳市 2011—2018 年旅游数据统计

年份	旅游人次 / 万人	人数同比增长 / %	旅游收入 / 亿元	收入同比增长 / %
2011	103.5	17.45	7.7	17.28
2012	158	52.7	12.05	56
2013	170.1	7.66	15.19	26.06
2014	402.27	136.49	40.03	163.53
2015	457.53	13.7	44.18	10.4
2016	483.56	5.69	46.85	6.04
2017	517.7	7.06	50.83	8.495
2018	545.8	5.43	56.89	11.92

③旅游发展环境优化，基础配套稳步推进

“十三五”期间，额尔古纳市各重点景区的道路交通工程、旅游厕所、休息驿站等基础配套设施逐渐完善，旅游发展环境得到充分提升，依托重点景区建有相对完善的旅游集散中心体系。其中，恩和俄罗斯族民族乡、蒙兀室韦苏木、莫尔道嘎国家森林公园的游客接待服务中心已经建设完成并投入使用。除此之外，落实景区订票减免政策，免费开放额尔古纳湿地等景区供本地市民休闲游览，建立了相对完善的旅游管理系统，具备星级接待条件的旅游宾馆达到 40 余家，家庭游接待户近 500 家，家庭宾馆 150 余家。基础配套设施的稳步推进，为额尔古纳市草原旅游的推动与发展打造了坚实的基础。

（3）草原旅游发展的劣势分析

①冬季旅游发展滞后

额尔古纳市位于祖国最东北部，地处北纬 50°—53° 的高寒地带，无霜期只有 100 天，季节性旅游成为额尔古纳旅游发展面临的主要问题之一。尤其是草场季节性的生长态势决定了草原旅游发展受季节性约束。由于当地气候相对比较寒冷，当前额尔古纳黄金旅游旺季主要集中在夏季，春、秋和冬季游客量较小，不利于旅游资源及设施的充分利用，全季节性草原旅游发展较为困难。

②旅游资源开发程度低

目前，额尔古纳市草原旅游产品体系不丰富，人文资源与草原资源搭配不尽合理，依托草原生态旅游资源、民族文化开发的草原旅游产品大多数为草场观光、民族风情观光，各地、各景区（点）各自为政，以资源为导向展开，忽略了游客的深层次需求，忽略了区域草原旅游开发的整体性，没有分级、分类进行开发，致使草原旅游产品组合开发处于低水平状态。草原旅游资源与旅游文化的开发深度和广度不够，草原旅游产品出现大区域的同质化，缺乏明显的特色和突出的优势。

③旅游资源整合度低

额尔古纳的草原旅游景区规模较小，且旅游产品较单一，组合开发水平较低，缺乏草原旅游精品，未形成自己的特色和风格，旅游形象塑造乏力，景点与周边地区雷同现象严重，项目重复建设，没有形成品牌效应和规模效应。进而导致资源浪费，难以形成规模效应。

④对外交通环境差

可进入性相对较差。额尔古纳市中心目前没有火车站、机场等交通设施，游客只能通过海拉尔或满洲里的公路进入，单一的对外交通环境直接影响客源市场的进一步拓展。各景区间虽然基本实现道路连通，但现有道路等级较低，导致旅游出行舒适度低。

⑤草原旅游品牌效应弱

因地处我国北方偏远地区，与其他著名旅游城市相比，额尔古纳市的旅游产品宣传及形象地位仍有待进一步加强与提高。明确的市场品牌尚未形成，旅游市场营销的手段少，旅游对外宣传力度不够，整体旅游影响和品牌效应不足。

⑥从业人员专业化程度低

地处偏远地区，当地很多旅游从业人员并未受过专业的培训，粗放的经营模式无论是对于游客的体验感还是自身的发展都形成了一定的制约。

⑦相应规范和标准缺少

虽然当地为支持旅游业发展也出台了一系列的政策，但是在生产服务规范、废物排放及旅游服务收费标准等方面尚未形成较规范的规章制度。

（4）草原旅游发展面临威胁分析

①同质化威胁

额尔古纳市与周边旅游资源、产品的雷同性强，需要做大做强优势品牌，实现差异化发展。目前大部分草原旅游产品都是以观光为主，同质化问题严重，文化内涵比较少，接待的档次较低，没有形成完善的规模体系。呼伦贝尔市市内牧业四旗（鄂温克族自治旗、新巴尔虎左旗、新巴尔虎右旗、陈巴尔虎旗）是内蒙古自治区草原旅游资源的集中分布区，草原旅游发展更加成熟。因此，额尔古纳市在知名度、景区开发上存在同质竞争的威胁与挑战。

②开发与保护的压力

草原旅游发展所依托的生态环境脆弱，不合理的开发建设不但无益于旅游的加速发展，还会造成旅游资源的破坏。因此，旅游规划中尤其需要加强对生态环境的保护。如何做到开发与保护的平衡，将是未来草原旅游发展面临的另一大挑战。

6.3 草原旅游发展总体思路

6.3.1 指导思想

全面贯彻党的十九大和十九届二中、三中全会精神，积极落实习近平总书记考察内蒙古以及十三届全国人大一次、二次会议内蒙古代表团审议时的重要讲话精神，按照国家对内蒙古生态文明建设和实现高质量发展的最新部署，协调好旅游经济高质量发展和草原生态环境高水平保护的关系，对草原资源进行有效的保护和合理的利用，建立与大自然、大生态相符的人与自然和谐相处的草原旅游体系，打造高品位旅游产品，形成特色生态旅游品牌，发挥草原旅游在额尔古纳旅游发展中的龙头带动作用，将草原旅游打造成为额尔古纳生态保护和高质量发展的典范，为打造“壮美内蒙古，亮丽风景线”品牌做出贡献。

6.3.2 总体定位

额尔古纳市草原旅游发展总体定位为：具有俄蒙边境风情的草原生态度假胜地。

厚重而悠久的人文历史。额尔古纳市的大草原、大水面、大森林并存，境内蒙、汉、回、俄罗斯等多个民族和谐共处，拥有我国唯一一个俄罗斯族民族乡。历史上额尔古纳河流域是蒙古族发祥地，是一代天骄成吉思汗的故乡，曾被誉为成吉思汗黄金家族后花园，人们在这里隔额尔古纳河与俄罗斯相望。在近代的额尔古纳形成了一个新的族群——华俄后裔，是百余年来中俄两国长期交往的结晶。

中国顶级的原生态草原景观资源。额尔古纳市位于呼伦贝尔大草原和大兴安岭原始森林的过渡地带，从地形看，2/3 地区属于大兴安岭的岭西部，有近 2 万平方千米的森林，这里分布着全国最大、保存最完整的原始森林，南部分布着最典型的黑钙土草甸草原，是呼伦贝尔大草原的一部分，这里山脉孕育了河流，河流滋养着湿地，湿地连接着草原，额尔古纳市有着 700 多万亩保存完好的天然草场，被誉为“中国最具发展潜力的全生态城市”。

拥有丰富、生态、绿色的有机食品。农牧业是额尔古纳市的主导产业，这里有着优良牧场，是著名三河马、三河牛的故乡，同时也是内蒙古自治区重要的商品粮基地。丰富的有机绿色产品以其绿色纯天然的特点迎合了人们对健康、养生产品的需求。

夏季避暑、冬季冰雪的旅游度假胜地。额尔古纳草原的夏天被誉为中国最美的夏天，由于温差较大，夏季平均气温仅为 16～21 ℃，是绝佳的避暑胜地。南部属中温带大陆性季风气候，北部属寒温带大陆性季风气候，生态保存完好，地貌类型多样，夏季气候更是凉爽湿润，草原、森林、湿地、花海、界河等多种自然景观，在夏季给游客带来清爽的体验。进入冬季，额尔古纳温度降至 −30 ℃以下，依托低温优势，当地成功举办了“极地梦幻额尔古纳冰雪娱乐季”“民族风情冰雪节”等大型活动，呈现亚洲最美湿地景区独特的冬季美景。

额尔古纳浓缩了北方四季的美景，夏日最壮美的草原，秋日最绚丽的森林以及冬日最纯净的圣境。历史（蒙古族发祥史）、人文（俄罗斯族文化）、生态文化（全生态的自然资源）是额尔古纳借资源优势打出的旅游王牌。额尔古纳草原是感受我国俄蒙边境风情、蒙古族文化魅力的理想场所，也是品尝绿色有机食品，适合开展夏季避暑、冬季冰雪旅游的具有俄蒙边境风情的草原生态度假胜地。

6.3.3 形象定位

额尔古纳河畔的中国最美草原
中国最北原生态草原
这里有父亲的草原、母亲的河
成吉思汗黄金家族后花园——额尔古纳草原

额尔古纳河是蒙古族的母亲河，一首著名的草原歌曲《父亲的草原母亲的河》被世人所传唱，唱出了额尔古纳草原的特点，让人印象深刻。因此，用“蒙古民族父亲的草原、母亲的河”构造一个富于吸引力的旅游地形象，将产生印象深刻的宣传效果。

额尔古纳市是内蒙古自治区纬度最高的市。额尔古纳市草原辽阔，河流密布，人口稀少，宽阔的草原保持着原生态的风貌，圣洁而高贵。蒙源、俄俗、草原、湿地、花海、界河、森林，让额尔古纳成为景观最多样、文化最多元、资源组合最优的中国最北原生态草原。

额尔古纳拥有浓厚的历史沉淀、丰富的文化内涵、厚重的人文底蕴、独特的民族风情。这块神奇的土地是许多北方民族的摇篮，东胡、鲜卑、蒙古等民族都在这里长期生活过，留下了厚重的人文历史，并且从这里走出去，发展壮大。

6.3.4 发展目标

1. 总体目标

在保护自然环境和民族文化的前提下，突出重点、逐次推进，全面提升额尔古纳市草原旅游服务质量及旅游吸引力，建成一批品牌引领的草原旅游特色项目，将额尔古纳市草原旅游打造成集生态观光、民俗体验、边境风情体验、运动娱乐、休闲度假、文化体验、科普科考等功能于一体的草原文化生态旅游胜地，借以促进额尔古纳旅游业多元化、美丽乡村建设和区域产业转型，把草原旅游产业培育成为带动区域经济社会发展的龙头产业，推进区域社会经济的可持续发展。

2. 分期目标

（1）近中期：2019—2025 年

通过地方投入和争取国家投入，完成额尔古纳市草原旅游的基础设施建设，形成旅游接待服务网络，着重培育度假和休闲旅游市场，实施精品工程，充分发挥草原旅游产业关联性强、资源消耗少的特点，使草原旅游业的先导作用和带动作用得到较好的发挥。通过大力引资，按高标准、高质量进一步完善草原旅游接待设施，以“大旅游”的观念全面开发草原旅游，着力构建额尔古纳市草原旅游市场营销体系，形成多层次多目标市场的旅游营销网络，提升草原旅游区的品位，完善草原旅游服务质量体系，建成多层次的草原旅游交通网络，提高草原旅游地的知名度、美誉度和认可度。

经济目标：经过三年左右的时间，创建国家 5A 级旅游景区 1 家，4A 级旅游景区 4 家，创建国家级生态旅游示范区 2 家；打造品牌民俗 10 家，品牌度假酒店 5 家。到 2025 年旅游接待量达到 680 万人次，日人均消费达到 1200 多元，旅游总收入达到 81 亿元。

社会目标：通过有效的利益联接机制，与当地牧户、生产者和其他旅游从业者合作家庭达到 500 户，同时创造就业岗位 1500 个，成为全自治区乃至全国的牧民合作示范项目。

生态目标：使生态受到工程性破坏的区块得到生态修复。主要草原旅游接待村及其周边、旅游道路沿线及周边的生态环境质量得到显著提升。全面提升额尔古纳市草原旅游景区对生活污水、垃圾的处理水平。发展绿色有机种养业，循环农业，减少农村地区的面源污染。完善和发挥景区在生态环保教育、示范方面的功能，传播生态环保、绿色生活等理念。

文化目标：保护、传承、展示区域传统文化，发挥传统文化的现代价值，创造文化复合型休闲旅游品牌；为地域传统文化创造传承、展示的载体和空间。通过开展节庆旅游、发展文化演艺等，丰富景区所在地文化内涵，并主要从表现形式等方面对地方传统文化进行一定程度的创新。建成 3 个特色民族文化村。

（2）远期：2026—2030 年

通过引入国际认可的管理体系（如 ISO14000 等），不断完善草原旅游的服务质量体系，提升草原旅游服务质量和草原旅游景区档次，使草原旅游产业的关联性和带动性得到充分发挥，实现草原旅游产业的良性发展，将当地社区建设成为额尔古纳市草原旅游业发展的主体，使草原旅游业真正成为额尔古纳市的富民工程，全面实现草原旅游业的经济、社会、生态三大效益的持续发展。

6.3.5 发展战略

（1）生态优先战略

实施生态优先战略，严格履行旅游设施建设的地质环境要求和草原生态保护区要求，确保人为活动对生态不产生负面影响，实现人与自然环境和谐共生和自然环境的永续利用。

（2）联动发展战略

充分发挥畜牧业快速发展的有利条件，创新旅游项目发展模式，将牧民、畜牧产品生产加工者和其他旅游业的服务提供者按照自愿、平等、协商的原则进行合作，创新牧户与旅游企业利益联接机制，实现共享发展，共同创造旅游业新业态。

（3）全域引领战略

全域理念贯穿旅游项目发展，充分考虑额尔古纳景区的布局和区域游客线路组织，填补草原景区旅游要素布局短板，通过全域理念吸引游客，实现扎实起步，草原旅游业发展整合各种旅游资源，与种养业、水利、工业、文化、体育、健康等产业深入融合，实现共建共享，并在草原旅游项目创建方面进行深入的体制机制创新，打造草原旅游示范项目。

（4）品牌塑造战略

坚持高起点规划、高标准建设，在所有的休闲露营地、服务驿站和度假中心进行统筹规划、统一标识、建立识别度高的品牌形象系统，打造区域知名的草原旅游品牌，丰富地区旅游产品。

6.4 草原旅游发展总体布局

6.4.1 总体思路

依托额尔古纳市草原资源分布的基础，以现有旅游景区为基本框架，以生态保护为基础，进行适度开发；以集约开发为导向，进行资源整合；以“生态、蒙源、俄俗、跨境”四大核心品牌为引领，进行城乡一体化发展。以交通干线 S301 和 S201 为走廊，串联草原旅游资源与基础设施和交通设施，进一步优化城乡发展的基本格局，形成“一核集散、三带串联、四地联动”，打造“发展集核—产业纽带—特色区域”的点、线、面相结合的草原旅游总体发展布局。

6.4.2 空间布局

以拉布大林为草原旅游集散地，以交通为纽带，以乡级行政区域为重点，分区域推进草原旅游示范区创建工作，从南向北发挥辐射带动作用，形成“一核、三带、四基地”的空间发展格局，大力推动额尔古纳市草原旅游发展。

（1）一核：拉布大林为核心

空间范围：以拉布大林为额尔古纳市草原旅游发展集散中心。

发展定位：北疆明珠，宜居城市，国际对外交流窗口，草原旅游综合集散中心、生态度假基地。

发展理念：依托上库力农场和拉布大林街道形成额尔古纳市农牧产业基地，打造生态度假产品；完善城市功能，提升现有旅游住宿设施，丰富城市旅游产品；增添草原旅游文化元素，提升各项功能；增加城市竞争力，拓展与俄罗斯和蒙古的文化旅游交流。

功能定位：旅游集散、旅游服务、交通枢纽、城市度假、智能化旅游技术服务、户外运动。

（2）三带：草原休闲娱乐体验带、草原边境风情体验带、草原民俗文化体验带

①草原休闲娱乐体验带

空间范围：上库力街道、拉布大林街道至黑山头镇。

发展定位：牧家娱乐、休闲体验。

发展理念：依托拉布大林旅游服务核的重要地位与优势，沿线发展休闲娱乐项目，提升配套齐全的农家乐、民宿产品、特色庄园等旅游接待场所，开发赛马、农事活动等特色旅游产品，形成以牧家乐为主题的草原休闲娱乐体验带。

功能定位：旅游接待、休闲娱乐。

②草原边境风情体验带

空间范围：黑山头口岸沿边境公路至蒙兀室韦苏木。

发展定位：边境风情、风景绿道、文化河流。

发展理念：联动乌兰山景区、五卡、七卡、八卡、九卡等，沿边境公路线打造自驾游、自助游、骑行等旅游新线，提升旅游活动开展效率。创新建设房车营地、帐篷营地和青年旅馆，并顺应休闲、养生、度假、运动、研学等新潮流，建设配套齐全的民宿产品，提升旅游接待水平。不断加强旅游绿道、骑行道、徒步道等休闲配套设施建设，丰富交通干线沿线观景游憩设施，实现游客和旅游板块间灵活集散流通。实现草原景观、边境河流景观、蒙俄文化等旅游资源完美融合的风情体验带。

功能定位：旅游绿道、国际廊道、文化通道。

③草原民俗文化体验带

空间范围：蒙兀室韦苏木经恩和俄罗斯族民族乡、三河回族乡到拉布大林。

发展定位：文化体验、观光体验。

发展理念：依托蒙兀室韦苏木发展蒙源文化，依托恩和俄罗斯族民族乡发展俄俗文化，依托三河回族乡发展特色农牧业，深入挖掘草原特色文化，拓展草原文化体验项目，丰富原有的旅游产品，打造特色文化街区，形成特色文化节日，拉动特色餐饮与住宿，嫁接文创产业，延伸文化产业链条，打造草原民俗文化集中体验带。

功能定位：特色民俗体验、文化延伸。

（3）四基地：黑山头口岸基地、蒙兀室韦苏木冰雪体验基地、恩和俄罗斯族文化体验基地、三河回族文化体验基地

黑山头口岸基地：以黑山头镇为核心的口岸基地，打造成为满洲里口岸货物分流的理想通道、中俄蒙国际合作项目展示区、国际商务物流产业区，承担电子商务、现代物流、文化创意、商贸金融、国际合作、旅游度假等功能。

蒙兀室韦苏木冰雪体验基地：以文化为品牌，以户外休闲体育运动为载体，发展国际友好赛事，如额尔古纳河马拉松比赛、国际滑雪比赛、滨河自行车比赛等，促进中、俄、蒙国际合作项目，推动中、俄、蒙三国友好发展，促进民族融合。突出冬季冰雪度假品牌，打造北方冰雪体验基地。

恩和俄罗斯族文化体验基地：充分挖掘俄罗斯民族文化元素和特色，打造具有俄俗风情的集文化体验、餐饮体验、特色购物、民俗体验、生态产品等为一体的民俗文化基地。

三河回族文化体验基地：充分利用“三河牛、三河马”培育基地的优势，采用旅游 + 牧业，旅游 + 农业，旅游 + 马业的发展模式，将其打造成为旅游观光、休闲体验、产品加工、培训展览等为一体的综合产业基地。

6.4.3 区域游线规划

（1）区域精品旅游线路

内部线路：额尔古纳湿地景区—三河回族乡—白桦林景区—恩和俄罗斯族风情小镇—蒙古之源 · 蒙兀室韦文化旅游景区—黑山头口岸小镇—“草原在这里”景区—拉布大林街道。

外部线路：海拉尔—满洲里口岸—拉布大林—三河回族乡—恩和俄罗斯族民族乡—蒙古之源 · 蒙兀室韦文化旅游景区。

（2）特色精品主题线路

草原休闲体验线：拉布大林—彼得堡访俄之家—斯日格玛游牧人家—海纳蒙古庄园—“草原在这里”—黑山头列夫湿地庄园—弘吉剌部大营—蒙汗家园—哈撒尔古城。

草原边境风情线：黑山头界河景区—乌兰山景区—蒙古之源 · 蒙兀室韦文化旅游区—蒙兀室韦苏木。

草原冰雪运动线：乌兰山景区—蒙古之源 · 蒙兀室韦文化旅游景区—冰雪运动基地—恩和俄罗斯族民族乡。

草原民俗文化体验线：蒙古之源 · 蒙兀室韦文化旅游景区—恩和俄罗斯族民族乡—白桦林景区—三河回族乡—额尔古纳湿地景区—额尔古纳国家湿地公园—拉布大林。

森林草原原生态线：拉布大林街道—白桦林景区—莫尔道嘎旅游度假区—莫尔道嘎国家森林公园—白鹿岛—奇乾苏木—恩和哈达镇。

6.5 草原旅游产品与项目规划

6.5.1 旅游产品体系规划

（1）产品现状

额尔古纳市草原旅游以草原辽阔的空间、独特的游牧文化、差异化的草原气候、良好的生态环境、可亲近的动植物资源等为依托，以草原生态系统为旅游对象，形成了满足游客多样的观光、度假、文化、越野、体育、娱乐、探险等旅游需求的体验式生态旅游产品类型。额尔古纳草原景观辽阔、坦荡、悠扬，文化天人合一，它与草原植物、动物及传统游牧文化、风土人情相结合，同时具有产品空间尺度大、生态环境脆弱、依托背景相对单一等特征。

（2）产品策划

草原观光旅游产品：依托“草原在这里”、弘吉剌部、三河马和三河牛牧场、额尔古纳国家湿地公园、苏沁牧场、上库力农场等草原景区，打造提升草原观光旅游产品体系，开发自驾和亲子体验、科普宣教游等大众游客市场。完善草原旅游活动体验、草原食宿设施和服务，拓展草原自然观光产品业态，策划空中观光、草原动植物主题科普观光等新型观光产品，增加参与性和体验性。

草原度假旅游产品：额尔古纳市草原旅游资源丰富，且离京津冀等大中城市距离较近，具有开发度假旅游产品的条件。依托蒙古之源·蒙兀室韦文化旅游景区、三河马文化产业园、奥洛契庄园、黑山头口岸小镇、室韦特色旅游小镇、恩和俄罗斯风情小镇等开发草原深度体验度假类产品。面向中高端客源市场，通过组织和农牧民同吃、同住、同娱乐的经历，让游客体验原真的牧民生态生活和文化。

草原文化节庆旅游产品：额尔古纳市草原居民有着独特的民族发展历史和区域生活特点，民族风情本身的差异性，可以营造一种强烈的新鲜感。依托华俄后裔民俗博物馆、黑山头遗址公园等草原文化旅游景点，满足人们猎奇的心理需求，让游客接触古老而神秘的蒙古族人民，进一步了解、体验草原文化。通过额尔古纳民族风情冰雪节、草原自驾车活动、国际传统射箭节、巴斯克节等系列实景表演、文化交流会、旅游产品开发展示会、民族特色文化活动、草原美食体验活动，形成全民参与的社会氛围，打造成为额尔古纳草原节庆核心吸引物。

草原体育旅游产品：完善草原生态文化体验活动，打造草原越野（勒勒车等）、草原骑马、草原射箭、草原徒步、草原运动拓展等文化体育活动体系。推出草原越野旅游或比赛项目，开展摩托车、吉普车游（比赛）、自行车游（比赛）、徒步游（比赛）等特色体育活动，但注意保护草原生态环境。推广草原运动飞机、热气球、滑翔伞、轻小型无人驾驶航空器、航空模型等航空运动项目，开展草原短距离航空文化体育体验活动、短距离客运服务和农林科技服务，延伸航拍航摄、空中广告、空中表演、空中游览、体验飞行等新型生态旅游业态，构建以大众消费为核心的航空体育产品和服务供给体系。还可以开展草原居民的一些民族竞技比赛，如赛马、射箭、摔跤等，既具有民族色彩，有着广泛的群众性，同时又是游乐民俗的表现，可丰富旅游的内容（表6-8）。

表6-8　额尔古纳市草原旅游产品分类

序号	产品类型	产品内容	支撑景区
1	草原观光旅游产品	草原徒步、草原科普、草原动植物鉴赏、热气球云端俯瞰、草原观星、草原赏花等	“草原在这里”、弘吉剌部、三河马三河牛牧场、额尔古纳国家湿地公园、乌兰山、苏沁牧场、上库力农场等草原景区

续表

序号	产品类型	产品内容	支撑景区
2	草原度假旅游产品	乡村旅游、牧家乐、温泉旅游、冬季滑雪旅游等	蒙古之源·蒙兀室韦文化旅游景区、三河马文化产业园、奥洛契庄园、黑山头口岸小镇、室韦特色旅游小镇、恩和俄罗斯风情小镇等
3	草原文化节庆旅游产品	草原节庆、草原赛事、草原营地、草原民俗度假、实景表演、文化交流会、旅游产品开发展示会等	额尔古纳民族风情冰雪节、草原自驾车活动、国际传统射箭节、巴斯克节等
4	草原体育旅游产品	草原骑马、草原射箭、草原越野、草原探险、草原徒步、草原穿越、体育比赛、运动飞机、热气球、滑翔伞等	"草原在这里"、弘吉剌部、蒙古之源·蒙兀室韦文化旅游景区、苏沁牧场、上库力农场、乌兰山等

（3）发展要点

①增加差别化、体验性和参与性强的草原旅游产品，丰富草原旅游产品内涵

根据额尔古纳草原生态系统特征、自然地理背景差异和民俗风貌不同，突出额尔古纳河畔、蒙古族起源地和华俄风情地域特色，开发差别化的草原旅游产品。在现有草原旅游产品中扩充草原文化体验类项目，加入草原生态科普知识，丰富产品内涵。

推动草原旅游产品从单一的观光型向观光体验型和观光参与型转变，将草原景观与当地生态民族文化风情有机结合，开展具有民族特色的文化体验活动。注重大众性、参与性，通过开展少数民族服饰展演、歌舞和婚俗表演等方式，提高游客参与性和满意度。

在草原生态旅游景区组织民族体育竞技项目，让游客亲身体验民族体育的惊、险、奇。开展牧业文化生活游，领略少数民族独特的文化艺术、生活习俗、喜庆节日、食品制作、牧业生产劳动。

②精细化、深度化开发草原旅游产品，提升草原旅游产品品质

引入品牌服务商、绿色食品服务商、度假酒店服务商、主题游乐服务商。塑造中国草原服务品牌，制定服务标准，从交通及基础设施、人文环境和国际形象、管理和营销、信息系统性和便利性、接待保障完善度等方面提高竞争力。

深入挖掘草原旅游资源，结合旅游体验产品创新、升级与产业链条延伸，建设度假、避暑、养生、温泉、冰雪、运动、演艺、会议等草原旅游综合体，开发完善旅游功能，以创造性思维打造草原文化旅游开发亮点，实现由观光旅游向休闲度假旅游的升级跨越。

③加强宣传教育，科学管理草原生态旅游

加强宣传教育，激发当地牧民的旅游开发意识，积极参与到旅游环境整治、旅游项目投资建设和旅游产品及形象宣传中。建立旅游决策机制、旅游共管机制，把居民纳入到旅游利益相关者体系中，通过给予居民实际的利益来消除他们对旅游发展的疑惑态度和对旅游发展决策的疑惑；加强对牧民的教育，提高其参与水平和能力。

布设草原监测网点，进行草原生态旅游资源普查，定期收集分析草原生态结构以及草本

植物生长的信息资料，为草原生态旅游发展的科学管理和合理利用提供可靠的依据，保障草原生态旅游保护工作能有针对性地进行，防止草原退化、面积萎缩等问题严重化。

④注重环境保护，促进草原旅游可持续发展

建立草原生态环境价值补偿机制，通过征收一定比例的生态环境补偿费，设立生态环境保护基金，体现“谁开发谁保护，谁破坏谁恢复，谁利用谁补偿”的原则。集中使用资金，落实各项生态环境建设工程，设立区域生态示范工程，逐步恢复和改善被破坏的草原生态环境，调节草原生态旅游开发与环境的协调。

6.5.2 重点旅游项目策划

1. 草原旅游综合体项目

（1）蒙古之源·蒙兀室韦文化旅游景区

项目位置：位于蒙兀室韦苏木，额尔古纳河东岸，内蒙古大兴安岭西北麓，距离海拉尔280千米。

规划思路：以“蒙源文化”为核心，依托山地、森林、草原、湿地、河流等多类型景观，加强民俗演艺、风情体验、休闲度假、国际合作交流、特色营地等重点项目建设，打造成集草原游览、蒙古族文化民俗体验、山水森林观光、边境风光游览、休闲度假和蒙古族朝圣祭祀为一体的知名文化旅游目的地。

建设内容包括如下几项。

① 蒙源文化博物馆

核心功能为文化展示、科普教育。着重介绍蒙古族的起源、历史进程、草原放牧、游牧生活、文化娱乐、风俗礼仪、宗教信仰，力求展现蒙古族悠久的历史和灿烂的民族文化。分为蒙源历史长河、蒙源文化祭祀、游牧文化探索、游牧小镇生活几个主题区，采用文物、浮雕、动态展示动静结合的方式，采用声、光、电、影等技术手段，以草原生态环境和文化场景为背景，以现场表演、参与体验等形式，形成静态展示与动态表现相结合的展览特点和亮点。通过科普宣教的形式展现草原牧民的游牧习俗中驾驭自然的无穷智慧，让游客体会到游牧的方式也应遵循人与自然生态和谐共处的规则。

② 化铁开山实景体验

核心功能为演出体验、文化窗口。打造一段化铁开山的游线，穿山而过，选择一个相对独立的山沟两侧构建浮雕，描述化铁开山的故事，利用岩壁上构筑人工熔岩，在两侧高地上打造两处人造火山，运用火山灯和蒸汽喷发装置，仿造火山灯光，夜间游览时可看到火光，白天则随机营造云气弥漫效果。

③ 游牧部落演艺节目

选取草原游牧文明时期的合不勒汗统一蒙古的故事片段，在开阔场地打造情景演出及大型演艺节目，成为园区核心草原文化演艺项目，进一步成为蒙源文化的展示窗口（图6-4）。

图 6-4 游牧部落演艺节目

④ 蒙古包野奢营地

核心功能为营地休闲。在广场周围建设蒙古包及帐篷为主的野奢营地，按照星级营地的标准建设，配齐相应基础设施，打造野奢型帐篷酒店，设置透明天窗，可遥控开关，躺在床上就能尽赏漫天星河，并放置一台星空望远镜，在内饰中充分体现原生态的蒙古族风格（图 6-5）。

图 6-5 蒙古包野奢营地

⑤ 生态科普

核心功能为生态观光。园区面积大，生态资源类型多样，在观光的同时，开展生态科普宣教活动，强调草原在人类的生产和生活中，特别是自然环境的保护与改善中发挥的重大的、其他生态系统所不可取代的重要作用，强调草原以及保护草原生态环境的重要性，进一步讲述通过节约、爱护草原上的一草一木以及树立环保意识等行为和方式保护草原。

（2）乌兰山景区

项目位置：位于黑山头镇，额尔古纳河沿线路段。

规划思路：依托草原及沿江资源，以“绿色、健康、运动、生态”为主题，观赏额尔古纳河风光，增加娱乐体验和户外活动项目。提升游客服务中心、营地及道路等设施；建设观景台、草原山地滑索、秋千、景观栈道、烽火台、祈福台、跑马场、集装箱酒店、草原帐篷营地、星空帐篷民宿、自驾车驿站项目，配套建设公共卫生间、供水、排水、景区标识等相关设施。

建设内容包括如下几项。

① 游客服务中心

游客服务中心是景区内为游客提供信息、咨询、导游等旅游设施和服务功能的专门场所。功能包括：提供导游服务、信息咨询、公共休息空间、茶歇、简餐等服务；提供交通路线图、景区导览图、宣传手册等平面信息资料；建立人员咨询服务系统，提供面对面咨询、电话咨询、现场处理等服务；设置医疗室，能提供常用应急药品以及针对受伤游客及时采取救护措施（图 6–6）。

图 6–6 游客服务中心

② 草原山地滑索

草原山地滑索是一项惊险刺激的户外活动项目，使游客穿梭在草原与山地之间，以茫茫的绿色草原为背景，乘客穿戴柔性吊具、悬挂在滑动小车下，以斜拉的两根钢绳为轨道，利用重力，从高处向低处飞速滑下。滑索运动充满速度感和刺激性，可以轻松跨越山谷、河流、草原等美景（图 6–7）。

图 6–7 草原山地滑索

③ 内蒙古最高秋千

乌兰山周围青山环绕，草原风光宜人，高空游览能够让眼睛得到放松，身心得到舒缓。设计高达 88 米的秋千，全身心体验对面的额尔古纳河和俄罗斯风光，成为内蒙古草原户外拓展类项目之最（图 6–8）。

图 6–8　内蒙古最高秋千

④ 星空帐篷民宿

住在星空帐篷民宿，白天可以 360° 观察乌兰山特色美景，夜晚可以躺在柔软的床上，伴着草原上灿烂的星空入眠。帐篷内布置沙发、床、厨房配套设施、雨具、烧烤架、望远镜、藤椅等，每个星空帐篷都有一对一的牧民提供起居服务，提高野外露营的旅居品质（图 6–9）。

图 6–9　星空帐篷民宿

⑤ 草原主题体验馆

核心功能为主题文化体验，用 4D、三维影像等现代技术手段，采用声、光、电等形式模拟展示山川、森林、河流、草地、荒漠生态系统的形成及循环体系，策划“草原之歌”“草原探险之旅”“音乐喷泉体验”等项目，让游客在享受光影娱乐的同时，提升环境保护与生态文明理念（图 6-10）。

图 6-10 草原主题体验馆

（3）弘吉剌部景区

项目位置：拉布大林至黑山头沿线弘吉剌部。

规划思路：弘吉剌部景区共有 103 座蒙古包，每座包都有历史典故，是内蒙古最大的蒙古包群，气势恢宏地重现了这个古老游牧部落的昔日辉煌。以“还原蒙古传统生活方式”为核心思想，规划景区建设成为集餐饮、住宿、演艺、娱乐及蒙元文化展示为一体的原生态旅游度假风景区，最大程度还原蒙古部落生活场景，增加休闲文化、科普教育旅游产品，最终建设成为文化型休闲度假区、国家 3A 级旅游景区。

建设内容包括如下几项。

①“做一天牧民”项目

做一天真正“牧民”，可以品尝到真正的草原风味，参与草原生产活动：放牧、挤奶、熬奶茶，观赏套马、赛马、摔跤，充分感受淳朴的游牧民族风情，领略古老而细腻的游牧文化，尽情感受自然与人类的和谐共存（图 6-11）。

图 6-11 “做一天牧民”项目

② 四季营地

四季营地体现了游牧民族的生活状态，蒙古族世世代代生活在草原上，以牧业为主，生活和生产资料都离不开草原。饲养家畜的不同和草原游牧经济方式决定了牧民不可能长期生活在一个固定地方，而是要采取“逐水草而居”的生活方式。在正常情况下，牧民一年之中要游牧四地，即春营地、夏营地、秋营地、冬营地。规划以 4 个不同的营地分别体现四季营地的特点，让游客了解到蒙古族人与自然和谐共处的生态观（图 6–12）。

图 6–12　四季营地

③ 蒙古包里的智慧

蒙古包的构造充分体现了“天人合一”的精神。蒙古包很好地适应了蒙古高原独特的自然地理环境。一是适应气候，二是保护草场，三是体现审美。可以通过寓教于乐科普宣教的方式，给游客解说游牧民族与大自然和谐共处的生存之道，同时传播生态文明理念（图 6–13）。

图 6–13　牧民在装蒙古包

2. 草原生态观光项目

（1）额尔古纳国家湿地公园

项目位置：额尔古纳国家湿地公园位于额尔古纳市上库力办事处境内，距额尔古纳市拉布大林镇东北直线距离约 10 千米。

规划思路：主要功能为生态旅游、科普研学。在景区发展现状的基础上进行提升改造，由单一观光向研学科普教育、深度休闲旅游转变，采用轻建设软铺装方式提升景区内部游览道路、标识系统和智慧旅游系统，提升景区基础设施。打造民族演艺风情、科普教育、湿地研学、文创商品销售为一体的综合性景区，发展建设成为湿地度假目的地、国家 5A 级旅游景区、湿地研学旅游示范基地。

建设内容包括如下几项。

① 湿地植物园

根据地块现状与微地形变化，建设汇集多种湿地植物的湿地植物掠影园，分别以挺水植物、浮水植物、沉水植物为主题的 3 个湿地植物展示区，形成湿地植物集中展示区域和水生植物景观观赏区域。通过木栈道、砂石路串联不同区域，建设湿地徒步道。以此为基础，发挥湿地的教育功能，开展湿地自然教育活动，包括认知湿地植物，了解湿地植物生活习性与湿地水深关系（图 6–14）。

图 6–14　湿地植物园

② 湿地科普园

核心功能为生态科普。额尔古纳国家湿地公园生态区位属于温性暖温性森林草原地，这是森林与草原过渡带，这个过渡带是森林与草原的自然界限。森林与草原、草原与荒漠的界限决定着国家生态安全问题。结合现状的湿地博物馆，建设湿地生态系统模拟实验室、森林草原交替之路、湿地栈道等，打造展示湿地多样性的景观科普园（图 6–15）。

③ 观鸟科普馆

观鸟科普馆包括科普知识馆、鸟类主题摄影长廊和鸟类仿真标本展示。观鸟科普馆以大树枝干 + 三角造型为主要建筑造型，建筑外观以本色为主；摄影长廊建设室内鸟类摄影展览馆。同时，根据地形和地表水域分布和已有历史观鸟点，考虑鸟类习性和活动特性不同以及观鸟者观察角度不同等因素，设置观鸟台 3 处（图 6–16）。

图 6-15 湿地科普园

图 6-16 观鸟科普馆

（2）“草原在这里”景区

项目位置：位于黑山头镇，距镇区路程 3 千米。

规划思路：以建设“世界草原浓缩景观”为核心理念，以原生草原为品牌，构建具有生态文化、运动休闲、避暑观光、特色餐饮等综合性复合功能的生态旅游目的地。增设文化体验、度假餐饮、户外运动、汽车运动、草原飞行等新项目。发展建设成为国家 3A 级旅游景区、世界草原的窗口。

建设内容包括如下几项。

① 蒙古游牧民族生活展区

核心功能为文化体验，在景区内建设一处游牧部落帐篷展览区，设置 6 组蒙古部落，按照蒙古族的文化崇拜，赋予 6 个部落不同的文化主题，每个部落由 5 组大小不同的蒙古包组成，主要承担接待服务功能，在不同的部落分别展示相应的民俗风情，布置活动项目（图 6-17）。

图 6-17　蒙古游牧民族生活展区

② 草原景观影视基地

核心功能为文化体验、文化宣传。充分挖掘草原资源，深化旅游项目，打造草原景观影视基地，以“世界草原浓缩景观”为背景，由景区为游客提供不同题材的剧本素材，让游客在影视基地亲自扮演草原人，深刻体会蒙古文化（图 6-18）。

图 6-18　草原景观影视基地

③ 敖包相会情人坡

敖包在牧民的心目中，象征神在其位，世袭传颂。在地势高处建设蒙古敖包，举行敖包大典、科尔沁婚礼。组织游客参观体验迎宾、敖包祈福、草原婚礼、民族体育、民族文化、摄影等活动（图 6-19）。

图 6-19　敖包相会情人坡

④ 草原运动乐园

赛马、摔跤、射箭被称为蒙古族的“男儿三艺”，在安全得到保障的前提下可以为游客提供骑马、射箭等可参与体验类的娱乐项目。同时定期举办草原旅游节，集中展示蒙古族歌舞、体育、竞技、服饰、饮食各方面的灿烂文化（图 6-20）。

图 6-20　草原运动乐园

（3）草原列车

规划思路：与呼伦贝尔森林草原度假列车线路相融合，游客在享受草原特色产品和娱乐活动的同时，由拉布大林始发，沿途黑山头、七卡、水磨村、室韦、恩和俄罗斯族民族乡、三河回族乡 6 个站点停车游览，追寻蒙古之源，探秘游牧部落，体验草原美景。列车内设酒吧间、餐厅、KTV、软卧等休息和娱乐空间。

建设内容包括如下几项。

① 草原列车站点

规划一条草原观光旅游专列，路经节点：拉布大林—黑山头—七卡—水磨村—室韦—恩和俄罗斯族民族乡—三河回族乡—拉布大林。

② 蒙古风情车厢

对传统火车内部进行蒙古风情的设计包装，采用蓝天、白云、草地、蒙古包、蒙古族图案、蒙古族元素进行装饰装潢，整个列车从细节上体现蒙古族文化，在软卧和KTV包房进行软包装潢，体现列车旅游度假的高品质、高质量，提升游客的满意度、舒适度与幸福感（图6-21）。

图6-21　蒙古风情车厢

③ 度假旅游车厢

对传统铁路列车进行改造，增设酒吧车、休闲多媒体车、洗浴车等满足游客需求，改变列车只能住宿不能洗浴、休闲、娱乐的现状，给游客带来“吃、住、行、游、购、娱”一体化全新草原列车旅游体验（图6-22）。

图6-22　度假旅游车厢

3. 草原农牧文化体验项目

（1）拉布大林农牧场

项目位置：拉布大林镇。

规划思路：拉布大林农牧场是农牧业多种经营全面发展的综合性农垦企业，80%以上的大中型农机具达到国内先进水平，为国家级原种场、北方高寒地区种子产业化示范农场，是海拉尔垦区农业种子培育、示范、推广基地。依托现有基础新建农牧场旅游休闲区、农牧场摄影基地。

建设内容包括如下几项。

① 农牧场旅游休闲区

农牧场旅游休闲区建有青青草原、畜牧中心、旅游服务中心、游客休闲中心、蔬果生态区、农场花园，将自然景观与农牧生产相结合，以发展休闲农业。可提供草场露营、农牧场民宿，观看《羊咩咩》舞台秀、面具牛跑草原（图 6-23）。

图 6-23　农牧场旅游休闲区

② 农牧场摄影基地

农牧场摄影基地种植五彩花海、多彩田园，设置敖包相会、亲子农场、草原天堂、多彩民族等多个摄影主题，搭配不同的景观小品、植物花卉、草牧业场景，以色彩斑斓、壮观的花海、多元的主题吸引众多摄影爱好者的到来（图 6-24）。

图 6-24　农牧场摄影基地

③ 冬季冰雪旅游区

依托拉布大林农牧场开阔区域，在每年的冬季开展单双板滑雪、旋转飞碟、冰球、冬季两项、冰壶、雪地足球、雪地卡丁车、雪地自行车等二十余项特色冬季冰雪项目，成为额尔古纳冬季旅游的一大亮点（图 6–25）。

图 6–25　冬季冰雪旅游区

④ 现代农牧业科技产业园

立足拉布大林农牧场的产业优势，重点突破一产发展瓶颈，从提高生产效率、优化产品品质、打造地域品牌、构建社会化服务体系等方面全面提升产业化水平，并探索适应当地的农民利益联结机制，将特色产业与二产、三产结合打造。游客走进产业园，可以提供参观工厂、农业观光、农事体验、生态农产品品尝与订购等服务（图 6–26）。

图 6–26　现代农牧业科技产业园

（2）上库力田园综合体

项目位置：上库力街道。

规划思路：以上库力农场产业基础和农垦文化为依托，以优质“双低特征”油菜、小麦、三河牛、三河马、面粉、鲜牛奶加工的农牧业为核心产业，以草原旅游业为引擎，以富民为根本，以市场为导向，着力打造科普亲子教育、农业机械展示、农业生产体验、特色农产品采摘、生态农庄、知青回忆等项目，将上库力田园综合体打造成为国家级田园综合体、农垦旅游创新示范区、国家 3A 级旅游景区。

建设内容包括如下几项。

①欢乐农场

核心功能为农业体验。以农场和农垦生活环境为展示空间陈列农耕工具，讲述内蒙古农耕历史，以农耕为载体开发体验项目，如犁田、插秧、打谷、施肥、除草、鼓风、垂钓、推磨、纺线、织布等，体验农耕文化，以满足游客回归自然的需求（图 6–27）。

图 6–27　欢乐农场

② 生态田园社区

核心功能为康养度假、旅游服务。按照田园综合体的建设要求，开展人居环境建设，为原住民、新住民、游客这三类人群，营造新乡村、小城镇，建设生态田园社区及农垦市集，使上库力的农民、牧民充分参与旅游服务，实现旅游增收（图 6–28）。

图 6–28　生态田园社区

③ 创意农业集市

核心功能为农业观光、科普教育。农创园将传统农业与文化创意结合，以定制化模式为特色，农产品加工、农业手工艺品 + 文化创意为出发点，形成文化集市、农业创意营等项目内容，打造一个文化体验的主题社区，依托物流网、互联网，发展集销售、展示、推广为一体的都市农业联盟（图 6–29）。

图 6-29　创意农业集市

④ 草原健身绿道

核心功能为生态体验。在不破坏现有种植情况的条件下，打造立体游览运动绿道，开阔游览视野范围，满足游客游览及跑步运动需求，串联周边特色景观、景点，科学设置厕所、照明、标识等人性化绿道设施，形成一条集健身、游憩、生态、教育、观光为一体的复合型绿道（图 6-30）。

图 6-30　草原健身绿道

（3）苏沁牧场

项目位置：地处额尔古纳市西北部，距市区 54 千米。东南部与三河乡接壤，西南部与黑山头镇毗邻，北部和东北部与恩和俄罗斯族民族乡相连。东西长 30 千米，南北最大距离 40 千米，辖区面积 1200 平方千米。

规划思路：依托苏沁的自然资源、民族文化资源与畜牧业资源，以生态牧场、草原垂钓、回乡风情体验为内容，大力发展苏沁回乡自有的美食特色，打造集“现代牧业 + 休闲旅游 + 私人牧场 + 田园风光”于一体的特色牧场。

建设内容包括如下几项。

① 生态牧场

核心功能为牧场观光、文化体验。生态牧场是以牧场为型、村庄为体、产业为魂，以三河马和三河牛为牧场主体，设立牧场体验园、田园农庄文化园、牧场户外运动区（图 6-31）。

图 6-31 生态牧场

② 草原垂钓园

打造垂钓主题景观园，设置垂钓项目、星空营地、鱼香餐厅等内容（图 6-32）。

图 6-32 草原垂钓园

③ 回乡风情街

核心功能为美食品鉴、民俗体验。建设游客集散中心、回乡民俗风情街，包括回乡特色美食街、回乡民俗风情体验馆等内容，在外观风格和饮食上富含浓郁的本地风俗特色，营造回族聚落氛围及民俗文化气氛（图 6-33）。

图 6-33 回乡风情街

④ 回族民族歌舞表演

回族民族歌舞表演展示其宗教信仰、风俗、别具一格的装饰。突出与其他民族鲜明的区别，表演“花儿”“宴席曲”“念舞”等舞蹈艺术，给游客展现不同的风格艺术特征。

（4）奥洛契庄园

项目位置：项目处在魅力名镇室韦和寻梦临江之间，是旅游黄金线上的一颗明珠，也是游客必经之地。

规划思路：奥洛契庄园依托现有餐饮住宿区、产品文化展示区、现代农业生态标准化生产示范区、生态农业现代化观光旅游与休闲体验区以及特色俄式木结构综合场所、太极图、果蔬采摘园、野生芍药坡、百合谷、玫瑰园、情人岛等项目，进行提升优化，增设婚纱摄影基地、亲子农场、自行车绿道、越野卡丁车等项目，最终发展成为集农事体验、生态观光、休闲康养、花海欣赏、牵手告白、亲子游乐、河边垂钓、童趣沙场、植物迷宫、体育馆、极速世界等多种功能的与大自然和谐相处的现代生态旅游观光休闲目的地。

建设内容包括如下几项。

① 婚纱摄影基地

依托现有情人岛、芍药坡、百合谷、玫瑰园项目，利用现有山地地形，种植不同色彩的花卉景观带，营造平缓起伏的草地、花海景象，打造成为额尔古纳室外婚纱摄影基地（图 6-34）。

② 亲子农场

依托奥洛契庄园本身种植的蓝莓、草莓、红莓等特色农产品，设置莓香 DIY（自己动手制作）工坊，可以私人订制各种草莓制品，可以制作草莓蛋糕、果茶、草莓盆栽等，现场还有专业老师进行指导，一盆盆草莓绿植，不只可以美化环境，同时还可以亲子共同来体验完成作品，收获满满的亲情（图 6-35）。

图 6-34　婚纱摄影基地

图 6-35　亲子农场

③ 自行车绿道

依托景区内沿中俄边界的 18.6 千米环岛路提升建设自行车绿道，可供游客通过骑自行车、徒步、坐俄式马车、电瓶车等方式尽览两国风光（图 6-36）。

图 6-36　自行车绿道

④ 越野卡丁车

奥洛契庄园环岛道路曲折起伏，是汽车越野、马拉松赛的天然赛道。可依托这一天然地形优势，设置大众休闲、健身娱乐的越野卡丁车项目，具有安全性、刺激性、娱乐性，适合大众游客游玩体验（图 6–37）。

图 6–37　越野卡丁车

⑤ 列巴 DIY 烘焙坊

“列巴”是俄罗斯语“面包”，被称为面包之冠。在列巴 DIY 烘焙坊，游客可以在这里品尝面点和其他烘焙食品，同时给想要学习如何烘焙列巴的游客提供教学，游客可以亲自制作具有传统欧洲风味的大列巴，在享受美味的同时增长烘焙知识和游玩乐趣（图 6–38）。

图 6–38　列巴 DIY 烘焙坊

4. 草原特色旅游小镇

（1）黑山头口岸小镇

项目位置：黑山头镇区建设用地范围。

规划思路：以边境贸易和古城遗址为品牌，融合口岸文化、古城文化、草原文化、农牧文化，打造集口岸边境、古城遗址、草原娱乐、农牧娱乐、中俄蒙旅游合作论坛于一体的边境口岸旅游小镇。围绕免税购物街、边境美食街、主题酒店三大类项目，突出口岸和免税优势，引进中俄蒙时尚品牌，形成一处融中俄蒙特色商品展示、全球户外运动用品新品发布、俄罗斯族蒙古族文化展示、生态旅游观光、边境美食街、主题酒店、会议中心等多功能于一体的高端服务业集聚区。

建设内容包括如下几项。

① 免税购物街

积极引进中俄蒙时尚品牌，形成一处融中俄蒙特色商品展示、全球户外运动用品新品发布、俄罗斯族蒙古族文化展示、生态旅游观光等多功能于一体的高端服务业集聚区，打造绝佳的风景优美、服务舒适、异域风情浓郁的免税购物街（图 6–39）。

图 6–39　免税购物街

② 边境美食街

引进国外纯正的品牌餐厅，在国内旅游网站推广，形成良好的口碑，突出蒙古风味、俄罗斯风味、回族风味的边境美食特色餐厅，带动本地餐饮，形成额尔古纳市特色餐饮中心（图 6–40）。

图 6–40　边境美食街

③ 主题酒店

为中、俄、蒙三国文化交流访华事务代表团提供住宿服务，同时也面向社会公众，为商务散客、会议团体和旅游宾客提供高标准的服务（图 6–41）。

图 6–41　主题酒店

④ 游艇穿梭

界河远离都市的喧闹和工业的污染，居于草原和森林的衔接地带。河道蜿蜒曲折，滩岛星罗棋布，河滩两岸溪流纵横、沼泽处处、灌木丛生，具有典型的湿地特征，沿河心岛柳丛和水草穿行，不时惊起水鸟振翅飞上天空。游客可乘游艇穿梭于界河之上，可一览两岸迥异风情（图 6–42）。

图 6–42　游艇穿梭

⑤ 策马草场

黑山头湿地景区，南邻地势广阔的草场，游客可以在此策马奔腾；北临根河湿地，具有层次多样的植被体系——灌木林、白桦林等，属于草原和森林的交接处。游客在此不仅能够观赏到辽阔的草原，还可以观赏草原中森林、河流、湿地等特有的景色（图 6–43）。

图 6-43 策马草场

⑥ 日落山

在日落山可观看草原最美日落。日落山位于新镇西侧，地势较高，视野开阔，可以俯瞰额尔古纳湿地和小镇。游客可以选择徒步上山，也可以选择租用当地马场的马匹骑马上山，合理规划建设最美日落观景台、上山步道、马道和越野车道，最大幅度减少交通对草场的破坏。登上山头可眺望一望无际的草原和蜿蜒曲折的河流，每逢日落时分太阳靠近草原地平线，飘荡在草原之上的云彩被日落的光辉所渲染，此时站在日落山之上仿佛置身于金色世界中（图 6-44）。

图 6-44 日落山

（2）室韦特色旅游小镇

项目位置：蒙兀室韦乡建设用地范围。

规划思路：依托于在建的蒙兀室韦文化旅游区，以民族文化、边境风情、界河体验为品牌，以市场为导向，提升产品特色，营造民族风情，完善标识导引系统、卫生设施。按照“一心、一轴、一带、四区”的空间格局，重点发展民族文化、国际风情演艺、口岸风情、界河游览、休闲运动、自驾车体验六大类旅游项目，突出室韦口岸和界河大舞台、中俄合作区三大品牌项目，合理控制建设规模，加强小镇的集聚功能，打造国内独具特色的蒙源文化、边境口岸特色的休闲旅游小镇。

建设内容包括如下几项。

① 牧家乐

依托当地“新牧区示范户”，打造“牧家乐”。每家经营者可划分为蒙古包、草地、厨房、卫生设施几个区域。住在反映当地牧民草原文化的现状与风貌的蒙古包，让游客充分享受草原民族风情，体验生态牧民生活（图 6–45）。

图 6–45 牧家乐

② 蒙古族文化体育园

以文化体验和体育运动为核心，设计骑马体验、射箭比赛、摔跤娱乐等丰富多彩的蒙古族特色娱乐活动。同时开展赛马、套马、驯马、烙马印、剪马鬃、挤马奶、制马绊等民俗表演，欣赏呼麦、长调、歌舞等蒙古族特有的风情（图 6–46）。

图 6–46 蒙古族文化体育园

③ 界河大舞台

借助现有界河大舞台的市场影响力，邀请蒙古族艺术团体或民间艺人表演蒙古族传统技艺，丰富夜间旅游产品，构筑“昼 + 夜”全天候产品（图 6–47）。

图 6–47　界河大舞台

④蒙古包宴席

在现有民宿的基础上，选取 20 户民宿进行改造，主题定为蒙古之源，借助蒙古传统文化中的建筑景观元素，进行建筑外立面改造，营造蒙古文化浓郁的城镇景观环境，构筑精品民宿的接待体系，提升旅游服务水平。由几十顶蒙古族可拆卸的蒙古包组成的包间式特色宴席，分为公共用餐大型蒙古包与私人小型蒙古包两种类型，在此可以品尝特色的羊背子、手把肉、烤羊腿、烤全羊、涮羊肉、烤牛排、血肠以及各种奶制品等（图 6–48）。

图 6–48　蒙古包宴席

⑤ 冰雪乐园

冬季开展冰雪娱乐项目，由各种以冰雪为载体的游乐类和运动类项目组成。游乐类项目包括雪圈冲浪、雪地摩托、卡丁车、赛马、狗拉爬犁、冰车、冰嘎等。运动类项目包括滑雪、单板滑雪、儿童滑雪、滑冰、雪地高尔夫等（图 6–49）。

图 6-49　冰雪乐园

（3）恩和俄罗斯风情小镇

项目位置：恩和俄罗斯族民族乡建设用地范围。

规划思路：依托现状恩和浓郁的俄罗斯风情，以明确的文化主题为品牌，利用好沿 S201 道路的交通优势，增加旅游新业态，按照“两带、三区、一门户”的空间规划，加强村民参与旅游的引导，建设商业、购物、演艺、餐饮、农庄、特色活动体验多功能于一体的俄罗斯风情旅游小镇。

建设内容包括如下几项。

① 木刻楞农庄

建设以“金色麦田，快乐家园”为主题的木刻楞家庭农庄，为游客提供农事体验、户外野餐及各类趣味活动，打造独特的田园主题农庄（图 6-50）。

图 6-50　木刻楞农庄

② 民族风情娱乐中心

通过设置主题酒吧街、美食餐厅、音乐广场、时光雕刻娱乐屋、婚礼堂等设施，不定期举办灯光舞会、音乐啤酒节等活动。构建一处集音乐、舞蹈、啤酒及美食体验为一体的综合性民族风情娱乐中心（图 6–51）。

图 6–51　民族风情娱乐中心

③ DIY 体验园

以俄罗斯传统饮食列巴及相关俄罗斯糕点美食作为建筑元素，打造俄罗斯主题体验园。园内以做列巴、画套娃、酿格瓦斯、俄罗斯传统饮食 DIY 作为主要体验项目（图 6–52）。

图 6–52　DIY 体验园

5. 草原文化旅游项目

（1）三河马文化产业园

项目位置：三河回族乡。

规划思路：三河乡是国家“三河牛”“三河马”的产地，草原民族文化底蕴深厚，养马业历史悠久。以马文化、蒙古族文化为核心，以文化旅游、健身、休闲娱乐、演艺餐饮为载体，通过马术运动、观光旅游、度假休闲、健身运动、艺术创意、科普教育、综合展示等方式，建设成为草原三河马文化创业产业园。

建设内容包括如下几项。

① 三河马场

三河乡是森林草原过渡区，水草肥美，为三河马理想的培育基地。三河种马场对三河马进行了系统培育。马场设立了种马育成场，在全面鉴定的基础上，进行有计划的选配，实现以优配优，解决配种问题，以便其后代朝着遗传力强、体型大、适应性好的方向发展。再建立选育群，在后代中优中选优，选块头大、毛色好、力量型马驹，进行重点补料饲养。建立马匹遗传谱系档案，记录每一匹马的马号、产地、年龄、血统、等级、能力和后代，在马背上记录编号，以确认血统，便于科学管理，提升三河马的综合实力（图 6–53）。

图 6–53　三河马场

② 三河马博物馆

通过汇集与三河马文化相关的如马鞍、佩刀、马靴和马镫等展品，通过文字、图片、视频、音频、沙盘、互动体验、模拟实验等方式向游客提供了解、研究三河马文化的机会，同时宣传三河马文化。三河马以国内第一赛马的美名著称，是国内体型最大，并唯一能与外国赛马抗衡的品种，可通过体验互动、模拟实验等方式展示三河马的惊人速度、挽力、载重和持久耐力等素质（图 6–54）。

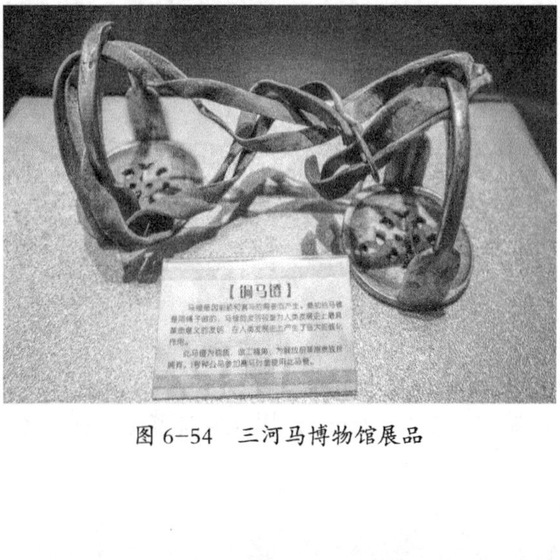

图 6–54　三河马博物馆展品

③ 马术运动场

马术运动场集马术训练、比赛、休闲、马术培训和会务等功能于一体，配有国际标准的比赛场地和会议室、酒吧、餐厅、茶吧、场地烧烤等休闲娱乐设施，配有优秀教练员，并提供马匹寄养服务（图 6–55）。

图 6–55　马术运动场

④ 马术俱乐部

提供中高端社交活动平台的休闲娱乐会所、商业会所、康体会所。为游客或投资商结识新朋友、邀请老朋友的场所（图 6–56）。

图 6–56　马术俱乐部

⑤ 牧马庄园

引入集结全国马业投资商，为每个团队配套建设居住公寓，配置日光温室果蔬采摘园、马圈等附属设施，平时可为游客提供住宿服务，同时还配有温泉养生、休闲度假、风情餐饮、特色购物、文艺表演等配套服务（图 6–57）。

图 6-57　牧马庄园

（2）黑山头古城遗址公园

项目位置：黑山头古城遗址距黑山头镇北约 5 千米的根河、得尔布尔河注入额尔古纳河入口处的东部沼泽台地上。外城呈方形，周长 2.35 千米。

规划思路：黑山头古城于 2013 年已编制保护规划，于 2016 年建设了黑山头博物馆，它对蒙古汗国时期的社会形态、经济状况、政治活动有着十分重要的历史研究价值，已被国务院列为国家重点文物保护单位。规划依托古城遗址及其周边，加强黑山头遗址保护工作，增设历史文化长廊，将其打造成为游客寻古探幽、祭拜祖先、体验蒙古民族生活习俗的旅游胜地。

建设内容包括如下几项。

① 遗址保护与展示

遗址保护区范围内将禁止建设任何新建筑物、构筑物，禁止进行生产、生活建设行为。禁止有损遗址保护的爆破、钻探、采砂、取土、挖坑、烧砖等各类生产和生活活动。同时，逐步修复整治遗址保护范围内的环境，建立黑山头遗址公园。展示将分为露天原状展示、场馆展示、覆盖模拟展示、多媒体展示、考古现场展示等（图 6-58）。

图 6-58　遗址保护与展示

② 历史文化长廊

黑山头古城为辽代遗址，是我国迄今发现最早的、最完整的蒙古族古代政治、文化活动聚落遗址。建设徒步游览木栈道作为展示黑山头遗址历史文化的长廊，将《元史译文证补 · 太祖诸弟世系》和施拉特《史集》等黑山头遗址的历史典故和记载考证，通过图文并茂的形式展现在历史文化长廊上，供游客了解当年的历史（图 6–59）。

图 6–59　历史文化长廊

③ 黑山头古城穿越之旅

蒙古汗国时期，额尔古纳河流域为成吉思汗胞弟哈萨尔的封地，黑山头古城是其故都，也是当时王公贵族的政治、经济、文化及娱乐中心。在室内布置黑山头古城当年的盛世场景，配上影音、讲述、人物表演，串联一条黑山头古城的穿越之旅。游客可以行走其中，身临其境地体验古城当年的盛世场景（图 6–60）。

图 6–60　黑山头古城穿越之旅

④ 敖包山

在古城遗址北约 200 米处，有一座敖包山，曾是牧民们用来指示方向的路标，后来渐渐地演变成祭祀山神和路神的地方。传说成吉思汗率领乞彦部族骑士，曾经在此地举行过出征仪式，向祖先立下了振兴部族的誓言。现在作为蒙古族和度假游客祭祀、许愿、祈福的场所（图 6–61）。

图 6-61 敖包山

(3)额尔古纳民族博物馆

项目位置：位于内蒙古自治区呼伦贝尔市额尔古纳市拉布大林办事处哈撒尔路 215 号。

规划思路：额尔古纳民族博物馆占地面积 3800 平方米，建筑面积 7900 平方米。内设“额尔古纳古代历史展厅”“俄罗斯民族民俗展厅”“额尔古纳近现代展厅”“城市规划展厅”“国家矿山公园展厅”“俄罗斯文物展厅”6 个主题展厅。各展厅以丰富的馆藏陈列，图文并茂的展览形式，声、光、电技术及浮雕、雕塑等多元融合的表现手段，全面展示了额尔古纳深远厚重的历史文化底蕴、鲜明独特的民族民俗文化魅力、丰富多彩的文化遗产。额尔古纳民族博物馆立足于本土文化，以传承蒙源、俄罗斯族民俗文化，打造全国首个俄罗斯民族博物馆品牌。规划在已有基础上进行草原文化旅游的提升建设，提升建设草原毡乡、马背民族、草原酒艺、搭建蒙古包等展区单元，增加体验互动类的草原文化旅游项目，为游客提供一个教育、欣赏、休闲的高品位文化场所。

建设内容包括如下几项。

① 草原毡乡

展现出草原游牧民族不同时期的异彩缤纷的文化现象和民俗特征。反映古代北方草原游牧文化生活文物，展出传统蒙古包和勒勒车为主的大型生产、生活用具，展现普通牧户生产、生活的实际场景，包括传统的蒙古包、勒勒车、套马杆等大型生产、生活用具等，草原风光背景墙和悠扬动听的背景音乐会使参观者感受到大草原往日“天苍苍野茫茫”的动人景色（图 6-62）。

图 6-62 草原毡乡展品

② 马背民族

展出与蒙古民族游牧生活相关的各类民俗实物。一件件历经沧桑的民俗实物，展示着马背民族生产、生活的历史画面，为参观者诉说着大草原往日的传奇故事。展出先祖遗存、鞍马饰具、生产工具、生活器用、衣着服饰、文化娱乐、医疗卫生及宗教文化等（图 6–63）。

图 6–63 马背民族展品

③ 草原酒艺

主要展示草原民族的酿酒技术和酿酒器皿、盛酒用器、酒风酒俗、草原酒疗和各类草原酒的标本，在游客观赏的同时还可以参与体验酿酒的工艺过程，品尝草原美酒，体验草原酒文化（图 6–64）。

图 6–64 草原酒艺

④ 搭建蒙古包

搭建蒙古包属于益智娱乐动手体验项目。在现场指导员的教授下，游客可以亲自动手体验蒙古包的搭建过程，采用 1 ： 20 的缩小比例的蒙古包模型，便于游客在室内进行搭建，在动手的乐趣中体会到蒙古包中宗教礼制、天人合一的理念（图 6–65）。

图 6-65　搭建蒙古包

6.5.3　自驾车营地建设规划

1. 规划原则

（1）安全性

包括周边环境安全、整体经营环境安全、游客的人身安全、设施安全等。首先在营地选址和范围圈定上考虑整体安全性，草原自驾车营地应避免烈性猛兽带来的困扰。考虑人身安全，对于重要区域应该设有监控。考虑设施安全，避免因管理或使用不当造成的损失。在规划上合理布局，有共同休闲娱乐空间的同时保证一定的私密性，让游客放心旅行、舒心生活。

（2）功能性

针对如团体或家庭等散客、常驻或经停、自驾或租赁等不同类型的游客，提供生活用水和排污接口、电源接口、加油、日常维修等服务。满足餐饮、住宿、室外活动、娱乐、邮寄、医疗、交往等休闲活动，合理布局空间，使之丰富多样，适合不同类群体的消费者。

（3）可持续性

营地建设对环境资源进行保护性开发，更重要的是传递一种环保的理念，作为工业化产物的汽车同样可以与环境和睦相处。选址时考虑生态环境，合理控制规模，与市场出游能力相适应，以对自然最小的干预方式进行建设。充分利用原有地形地貌和当地植被进行合理改造，不破坏当地生态系统，选择可粗放管理的乡土树种，避免物种侵入。使用绿色基础设施，在合适的地域进行雨水回收、净化、循环利用等绿色基础设施建设，减少对生态环境的负担。

2. 自驾车营地规划

（1）额尔古纳湿地自驾车营地

营地性质：景区依托型营地。

主要功能：住宿、露营、餐饮、娱乐、汽车保养与维护、汽车租赁、休闲、度假、户外运动、信息服务、医疗与救援等。

（2）上库力自驾车营地

营地性质：城镇依托型营地。

主要功能：自驾车游客集散、旅游观光、住宿接待、餐饮购物、文化娱乐、应急救援、自驾车租赁、医疗设施等相关配套服务。

（3）室韦文化旅游景区自驾车营地

营地性质：景区依托型营地。

主要功能：住宿、露营、餐饮、娱乐、汽车保养与维护、汽车租赁、休闲、度假、户外运动、信息服务、医疗与救援等。

（4）七卡村自驾车营地

营地性质：乡村依托型营地。

主要功能：特色民宿接待、乡村观光体验、休闲、餐饮、娱乐、换乘、医疗应急救援等。

（5）黑头山镇自驾车营地

营地性质：乡村依托型营地。

主要功能：特色民宿接待、乡村观光体验、休闲、餐饮、娱乐、换乘、医疗应急救援等。

3. 自驾车营地功能分区

管理服务区。管理服务区含接待处、办公室、医疗室、值班室、休息室、商店、餐厅、卫生间等必要的服务设施。对外有咨询、接待、登记、租赁功能，对内有储藏、办公、修缮等功能。入口处设置门卫，并预留房车暂停空间，确保进出车辆的登记和录入。

（1）生活区

生活区是满足房车停靠、日常住宿需求的区域。分为自行式及拖挂式房车露营区、移动房屋区、木屋区和帐篷区。每个营位需要配备齐全的生活设施，如独立的供水和污水处理系统、生活用电等。公共区域提供洗衣、煤气等服务，有超市、餐厅、健身场所、诊所等。

（2）娱乐休闲区

针对不同的需求，娱乐休闲区也要设置动静相宜的活动和场所，分为户外和室内两类，多依托环境形成营区主打的活动特色。室外安排垂钓、远足、自行车、慢跑、爬山、篮球、网球等活动，室内可安排儿童游乐、科普教育、酒吧。夜间安排篝火、舞会、联欢、表演等活动。

（3）外延区

外延区则营造了人与自然融合的空间，使人们深入自然，探寻自然，感受自然。结合周边景点和相关活动，在营地周边设计“草原科普馆”进行生态教育，让人们通过触觉、听觉、嗅觉去感受大自然。

6.5.4 风景道规划

1. 规划原则

人性化管理原则。风景道设计形式和功能等方面需注入“人性化”因素，赋予风景道以“人性化”的品格，使其具有情感、个性、情趣和生命。主要是在植物配置、景观保护、交通兼容性、标志系统设计、社区投融资及管理等方方面面，均采用人性化的管理与设计模式，力求满足自驾车游客的必要需求和体验之旅。

生态化建设原则。生态设计是指采用与生态过程相协调，尽量使其对环境的破坏影响达到最小的设计形式。额尔古纳风景道处在草原和森林过渡的高寒地带，生态环境脆弱，同时原真性突出的额尔古纳风情文化，很容易受到侵蚀，且一旦破坏就难以恢复，因此，规划设计和开发中，强调遵循生态设计的原则。风景道景观绿化设计应首先考虑保护原有的生态环境，保留原有稳定的植物群落，并适当添加植物种类，丰富生物多样性，保持生态平衡以保护现有生态环境，避免生态环境退化。

景观艺术化原则。在遵循保护自然和历史、美观与实用相结合的原则下，充分利用、修饰和保留现有景观资源，不能切割和毁坏景观资源。针对额尔古纳风景道穿越地区大部分为自然保护区的实际，规划设计应更多地强调在不破坏生态环境的基础上对沿途土地利用、游憩服务设施、救援安全、交通及信息标示系统等进行人性化、简约化的设计与安排。配套精致景观小品、特色观景台、创意艺术品等，使得风景道俨然成为随处可见的流动艺术画卷，极大地提升游客的自驾旅途乐趣。

多利益主体平衡原则。由于额尔古纳风景道包括省道 301、省道 201、县道 904、县道 325、县道 901 等交通线路，全长几百千米的线性开放空间，跨越众多行政区域，牵涉到多种利益主体和多个管理部门，土地利用以及经济利益的分配中也出现较为突出的矛盾，因此，制定合理融资及利益分配机制是规划设计的另一个关键。

2. 风景道线路规划

（1）草原边境风情风景道

途经地点：黑山头口岸小镇—界河景区—黑山头古城博物馆—乌兰山景区—七卡村—蒙兀室韦苏木—奥洛契庄园。

线路走向：县道 904—界河沿岸二级公路。

（2）草原生态休闲风景道

途经地点：上库力街道—额尔古纳湿地景区—弘吉剌部景区—“草原在这里”景区—黑山头口岸小镇。

线路走向：上库力街道至拉布大林二级公路—省道 301。

（3）草原民族文化风景道

途经地点：额尔古纳市—额尔古纳国家湿地公园—三河回族乡—苏沁牧场—恩和俄罗斯族民族乡—蒙兀室韦苏木。

线路走向：省道 201—三河回族乡至苏沁管理委员会二级公路—苏沁管理委员会至恩和俄罗斯族民族乡二级公路。

3. 风景道设计内容

（1）自然和人文景观设计

自然景观设计：风景道景观设计要充分体现自然与文化特色和有序时空变化。将区域内自然、人文景观的多样性和特色性充分体现于风景道上，按照“尊重地域文化、展现场地肌理、显露自然风景、强化人文景观特征”的建设理念，采用完善与提升、清除与培植的方式建设风景道沿途景观。自然景观设计重点部分是配置行道植物，植物种类应首先选择本土物种，成活率高、成本低且具有当地特色，培植手法根据地段情况采取因地制宜的处理方式。

人文景观设计：在人文景观上，额尔古纳风景道也是多元文化相互交融、繁荣同生的文化廊道，河套文化、匈奴文化、西夏文化、蒙古族文化、黄土文化、戍边文化都留下了它们的历史印迹，形成了亮丽独特的文化景色。

一是维持现有风貌较好的人文景观，适当提升。

二是修复或重建景观价值极大、文化底蕴浓厚的残败人文景观，使其恢复原真风貌。

三是拆除阻碍交通、视觉的人文建筑。

四是在重要节点处或原有人文景观较少区域，充分利用本路段本土人文资源，选取某一元素进行放大、创意设计新建标志性人文景观。

（2）游憩服务设施规划设计

一是住宿和餐饮接待设施，如结构合理、特色化、多元化的住宿接待设施，包括宾馆、蒙古包式帐篷营地、汽车营地、青年旅馆、牧农接待户和滨水休闲度假别墅 6 种类型。不同风格、不同形式、不同档次的餐饮设施，包括酒店餐饮、野餐野营地、休闲吧、自助烧烤点、牧农接待的蒙餐等。

二是公共服务设施，如游客中心、路旁博物馆、方便的收费系统、救援和安全系统等。

三是为满足旅行者与自驾车游客观景、停留和车辆修理租赁等需求而设计的系列化观景平台、观景点及休息点、停车场、汽车维修及租赁站、汽车加油站、物资提供点及自然游径系统等。

（3）风景道标示系统规划设计

标示系统标准化与个性化的融合。要与一般道路交通标示的国家标准衔接，不能与之相冲突。

设计的艺术性。形状、色彩、文字、图像等方面的艺术性、文化性与商业性的巧妙结合，以增强旅游体验，如对蒙古族马头琴等通过艺术抽象设计作为指示牌等。

表现方式的多样性。为了帮助旅游者在风景道上便利旅行同时展示风景道特色，吸引旅游者了解其历史文化民俗风情，更好地体验和阅读风景道，需要运用文字、图片、色彩和形状等多种方式进行信息的表达与传递。

干扰的最小化。为对道路两侧自然与人文景观的影响减少到最小，要尽量避免规划设计和安置烦冗的标示牌。在设置方式上可以尽可能地将各类风景道标示集成到一个位置上。

（4）风景道声音景观设计

尽可能地保全和培育自然声景要素。把“安静空间”和“热闹空间”合理分区，并充分考虑其间的“缓冲空间”，使来访者各取所需。

充分考虑声音景观和其他环境要素的协调。采用正（在原有的声音景观中设计添加新的声音要素）、负（对声音景观中与环境不协调的，不必要的、不被希望听到的噪声要素去除）、零（即按原状保护和保存，对该声音景观不做任何更改和变动）三项措施培育特色声音景观。

6.5.5 近期重点建设项目计划表（表 6–9）

表 6–9 额尔古纳市草原旅游近期重点建设项目计划

序号	项目名称	建设内容	项目位置	建设时间
1	蒙古之源·蒙兀室韦文化旅游景区	蒙源文化博物馆、化铁开山实景体验、游牧部落演艺节目、野奢营地	蒙兀室韦苏木	2020 年
2	乌兰山景区	草原山地滑索、内蒙古最高秋千、星空帐篷民宿、草原主题体验馆	黑山头镇	2022 年
3	弘吉剌部	“做一天牧民”、四季营地、蒙古包里的智慧	弘吉剌部	2020 年

续表

序号	项目名称	建设内容	项目位置	建设时间
4	额尔古纳国家湿地公园	湿地植物园、湿地科普园、观鸟科普馆	拉布大林街道西侧	2020 年
5	“草原在这里”景区	蒙古游牧民族生活展区、草原景观摄影基地、敖包相会情人坡、草原运动乐园	黑山头镇	2020 年
6	草原列车	铁路建设、火车车厢改造	依托原有铁路建设	2025 年
7	上库力田园综合体	欢乐农场、生态田园社区、创意农业集市、草原健身绿道	上库力街道	2021 年
8	苏沁牧场	生态牧场、草原垂钓园、回乡风情街	额尔古纳市西北部	2023 年
9	奥洛契庄园	婚纱摄影基地、亲子农场、自行车绿道、越野卡丁车、列巴 DIY 烘焙坊	室韦和寻梦临江之间	2023 年
10	黑山头口岸小镇	免税购物街、边境美食街、主题酒店、游艇穿梭、策马草场、日落山	黑山头镇区	2021 年
11	室韦特色旅游小镇	牧家乐、蒙古族文化体育园、界河大舞台、蒙古包宴席、冰雪乐园	蒙兀室韦乡	2020 年
12	恩和俄罗斯风情小镇	木刻楞农庄、民族风情娱乐中心、DIY 体验园	恩和俄罗斯族民族乡	2022 年
13	三河马文化产业园	三河马场、三河马博物馆、马术运动场、马术俱乐部、牧马庄园	三河回族乡	2022 年
14	黑山头古城遗址公园	遗址保护与展示、历史文化长廊、黑山头古城穿越之旅、敖包山	距黑山头镇北约 5 千米	2024 年
15	额尔古纳民族博物馆	草原毡乡、马背民族、草原酒艺、搭建蒙古包	拉布大林办事处	2020 年
16	自驾车营地	额尔古纳湿地自驾车营地、上库力自驾车营地、室韦文化旅游景区自驾车营地、七卡村自驾车营地、黑头山镇自驾车营地	各街道、苏木、村镇	2021 年
17	三大风景道	草原边境风情风景道、草原生态休闲风景道、草原民族文化风景道	县道 904、省道 301、省道 201、二级公路	2023 年

6.6 草原旅游市场营销规划

6.6.1 市场营销目标

通过开展全方位、多层次、持续化的营销行动，构建完整的营销体系和成熟的营销渠道，高效促进旅游人数和旅游收入的双跨越增长。规划期末，额尔古纳“这里有父亲的草原、母亲的河”草原旅游主题形象定位深入人心。稳步提升对额尔古纳市草原旅游的认知度、美誉度和忠诚度，推动全市草原旅游跨越式发展。

6.6.2 客源市场规模预测与定位

1. 额尔古纳旅游市场现状

随着额尔古纳市旅游业的进一步宣传和发展，额尔古纳旅游从业人员逐年增加，旅游接待人次和接待能力也逐年剧增，2018 年，额尔古纳市累计接待旅游总人数 545.8 万人次，同比增长 5.4%；实现旅游总收入 56.9 亿元，同比增长 11.9%。旅游产业在国民经济中的比重逐年增大。

近几年额尔古纳市旅游业发展迅速，2014—2018 年游客接待人数持续增长，旅游收入不断增加，其中草原旅游的贡献功不可没，主要的草原旅游景区的游客人数及旅游收入逐年增长且保持较快增速。

2. 额尔古纳市草原旅游市场规模预测

预测依据：额尔古纳市草原旅游市场规模预测以国内外草原旅游业发展的现状、趋势和年均增长速度为依据。参考相关统计资料与旅游规划成果，包括《额尔古纳市全域旅游总体规划》《额尔古纳市统计年鉴》，以额尔古纳市游客量、年均增长率为基础数据，结合额尔古纳市草原客源市场调查结果，以旅游地生命周期理论——“S”形旅游地生命周期演化模型为数学模型进行计算。

市场规模预测：至 2030 年，预计额尔古纳市年游客总量在 987.64 万人次，额尔古纳市草原旅游按市年游客量的 80% 计算，至 2030 年，预计额尔古纳市草原旅游人数将达到 790.11 万人次（表 6–10）。

表 6–10　额尔古纳市草原旅游市场规模预测一览表

年份	旅游人数 / 万人次	增长率 /%	草原旅游人数 / 万人次
2018	545.80	——	——

续表

年份	旅游人数 / 万人次	增长率 /%	草原旅游人数 / 万人次
2019	578.55	6	462.84
2020	613.26	6	490.61
2021	662.32	8	529.86
2022	715.31	8	572.25
2023	758.23	6	606.58
2024	803.72	6	642.98
2025	851.94	6	681.55
2026	877.50	3	702.00
2027	903.83	3	723.06
2028	930.94	3	744.75
2029	958.87	3	767.10
2030	987.64	3	790.11

3. 额尔古纳市草原旅游目标市场定位

（1）国内市场定位

目前，额尔古纳国内客源市场呈现出“三分天下”的较为均衡的格局，内蒙古地区、京津唐地区、东北三省的客源市场占有率分别为 22%、22%、21%。山西、甘肃、广东、山东、云南等客源比例较少，都在 8% 以内，客源市场开发还有待进一步拓展。近几年，额尔古纳市草原旅游游客增长最快的是散客及自驾游游客，主要来自于内蒙古自治区中部城市及东北三省的主要城市。

一级客源市场：内蒙古自治区中部城市、东北三省的主要城市和京津冀为核心的环渤海地区客源。

二级客源市场：长三角城市群以及河南、河北、山东自驾车市场。

机会市场：以广州、深圳为中心的珠三角地区及中部地区的大城市客源。

专项客群：青少年环保科普市场、自行车与徒步专项市场、民族民俗文化专项市场。

（2）入境市场定位

入境市场方面，蒙古和俄罗斯占内蒙古自治区旅游海外市场的九成以上。日本是亚洲最大的客源市场，韩国是东亚太地区新型的主要客源国之一，已经成为我国第三大客源国。

一级客源市场：蒙古和俄罗斯。

二级客源市场：日本、美国、新加坡等国家。

机会市场：我国港澳台同胞。

6.6.3 规划策略

（1）绿色营销策略

绿色营销是旅游业可持续发展的最佳途径，兼顾经济效益、社会效益和环境效益，生态旅游市场营销应该强化绿色营销理念，做到产品设计、开发、销售管理全程绿色化。遵循生态学规律，强调维护生态系统的正常物质循环和能量流动的生态过程，将资源开发和产品营销活动进展程度限制在自然生态环境的承受力范围内，尽可能地将旅游活动对草原环境的不利影响降至最低。

（2）加强合作营销

建立区域草原旅游营销联盟，团结、组织市内各地区的草原旅游营销精英与机构，将共享草原旅游资源、草原旅游产品、草原旅游客源集结起来，实现草原旅游营销活动的联合、协作与共享。加强草原旅游的国际合作，构建多层次、多渠道的国际草原旅游合作方式，进一步挖掘额尔古纳市草原旅游国际市场。

（3）灵活运用产品价格策略

草原旅游产品价格策略是指根据目标市场上旅游者和竞争对手的状况，运用各种定价方法和策略制定出具有竞争力的产品价格。主要包括针对新上市产品而言的定价策略、从消费者心理出发的定价策略、适时降价折扣定价策略和因地制宜的差别定价策略。又可以按照价格高低分为高价策略、低价策略和满意策略。

（4）注重网络营销

加快营销网络的建设，以促进草原旅游更快、更好地发展。额尔古纳市要积极对草原旅游开展营销，并对网站中有关草原旅游的部分通过专业人士进行完善。重点加强 3 个方面的工作：一是鼓励草原旅游景区建立官方网站；二是在额尔古纳市文体广电局官方网站中设立“草原旅游专栏”；三是与国内外知名的旅游推介网站建立链接，如孤独星球、马蜂窝、驴妈妈旅游官网、去哪儿等。

（5）推行异业合作营销

在旅游行业中，各个环节都在旅行决策中产生一定的影响，从社交网络和搜索引擎中查询目的地，选择交通，预订酒店、景区门票，串联旅游的各个环节，开展异业合作，进行资源的置换，在全渠道传播扩散，让营销的效果事半功倍。整合不同行业特质，异业联盟激发利益最大价值，合作共赢。旅行的前期决策包括攻略、航班、酒店、租车、美食、购物等，到旅行的后期分享，在微博、微信、携程网等平台，各行业整合资源合作，曝光造势。

（6）重点市场特色营销

针对呼伦贝尔市的城市休闲度假市场，推行年度草原旅游优惠活动月，激活市内城市草原旅游市场。推动城乡旅游互动，以乡镇企业员工、农村夕阳红、新婚伴侣、题名学子、学生夏令营等为突破口，撬动市内广大农村客源市场。

针对内蒙古、黑龙江、吉林为重点的周边旅游市场，积极联合周边省份草原旅游服务供应商，共同打造多样化旅游资源、细致化旅游服务、便利化公共设施的草原旅游线路；在周边市场交通频道投放额尔古纳市草原旅游广告。

针对以京津冀为重点的华北旅游市场及以其他省会城市、副省级城市为重点的东北、中东、西南旅游市场，定期举办额尔古纳市草原旅游推介会；推出针对白领、企业高管、公司职员等工作压力较大的上班族市场静心、养生、休闲草原旅游产品；通过客源地主流媒体大力推广额尔古纳市草原旅游，如中央电视台旅游频道、《中国国家地理》等。

针对入境旅游市场制定额尔古纳市入境旅游市场发展营销规划，通过客源国主流媒体和旅游企业、旅游机构等多种渠道宣传推广额尔古纳市草原旅游。积极组团参加中国国际旅游交易会及国家文化与旅游部牵头举办的联合促销活动。塑造额尔古纳市草原旅游国际旅游形象。

6.6.4 草原旅游市场营销方案与工程

1. 营销载体

（1）传统纸质媒介

报纸。选择在主要目标市场范围内具有较强影响力的报纸，如《羊城晚报》《北京日报》等，刊登额尔古纳市草原旅游的广告。

杂志。在国内著名的旅游旅行类杂志，如《中国国家地理》《中国生态旅游》等投放有关额尔古纳市草原旅游的广告。

印刷品。在导游图、文化衫等载体上印刷额尔古纳市草原旅游宣传口号、图片，并将印刷广告与旅游商品及部分日常生活用品的包装结合起来，增强传播效果。

（2）网络媒体

主要借助社交网络服务（Social Networking Services，SNS）、搜索引擎营销（Search Engine Marketing，SEM）、Email、互动短信、电子杂志、即时通信（Instant Messaging，IM）、论坛、分类信息网站、微博、微信、App 客户端、抖音小视频、网红直播等渠道，充分发挥网络媒介的互动功能及社会口碑传播效应，使额尔古纳市草原旅游品牌深入人心。

（3）智能移动终端

利用手机媒体、可穿戴通信设备、电脑、移动户外广告等途径，打造额尔古纳市草原旅游宣传平台（表 6-11）。

表 6-11 额尔古纳市草原旅游宣传平台与措施

途径	平台	措施
手机媒体	微博、微信等即时通信平台	创建额尔古纳市草原旅游营销公众平台，介绍额尔古纳市草原旅游资源，发布最新的旅游信息，举办有奖转发、同城同游等活动，与旅游者进行长时期、高频率的互动，提高额尔古纳市草原旅游信息的传播率和引导性，增强额尔古纳市草原旅游品牌形象的亲和力、吸引力
可穿戴通信设备	智能手表等	与华为、Google、Apple 等智能移动设备研发公司进行合作，利用可穿戴通信设备内置的地图、GPS 导航、酒店管理等功能，研发、安置与可穿戴通信设备“互联互通”的智能感应设备，如鼓励额尔古纳市草原旅游酒店、餐饮等企业与手表厂商合作，便利旅游者在境内的进出门禁、移动支付、身份识别等旅游相关手续
电脑	笔记本电脑、平板电脑及车载电脑	开发适用于车载电脑、平板电脑等便携式电脑的额尔古纳市草原旅游实景体验 App，模拟草原旅游环境，开展体验式营销；制作支持车载电脑播放的额尔古纳市草原旅游资源、草原旅游服务、草原旅游安全注意事项等方面的宣传片，便于旅游者在旅行途中的资讯获取
移动户外广告	公交车、出租车 LED 屏，高速公路广告牌、电子屏等	制作一批有广告宣传意义的旗帜供生态队等使用，使之成为额尔古纳市草原旅游户外移动广告的一种创新模式

（4）短视频

短视频已经成为当下人们浏览信息的主要媒介之一，如抖音、快手等。其多元化的内容可以满足不同的用户需求，且趣味化的内容相比文字和图片更有吸引力。拍摄内容精简、主旨明确的额尔古纳市草原旅游短视频，将消费主体带入特定场景中去，从而引起用户共鸣。在短视频阶段开放浏览用户留言、弹幕等在线小功能，增强旅游者与潜在旅游者之间的互动，促进快速传播分享。

2. 重点目标客户群的营销方案

（1）针对旅行社团体的营销

旅行社团体的营销以价格营销为主，其他促销方式为辅。

根据旅行社所在的市场规模和旅行团体的消费规模，对不同的旅行社给予不同折扣的团队价格，并在年终时根据旅行社所创造的利润额度进行现金奖励或旅游奖励。

旅行社团体的招徕主要是靠当地旅行社和目标市场旅行社，因此，要加强与旅行社的合作，一方面，要在政策和价格上大力支持当地旅行社的发展；另一方面，要对目标市场的旅行社推行激励政策和利润分配机制，在推广初期可以成立专门工作小组，对主要旅行社进行登门拜访，争取最大程度的客源支持。

采用印刷广告和软性广告配合旅行社进行一系列的宣传，如售卖场所广告（POP）广告、旅游画册、宣传册、宣传明信片等。

采用征询型公关策略和维系型公关策略以开拓市场并维护现有合作伙伴。

（2）针对自驾游团体的营销

自驾游团体的营销以渠道营销为主，其他促销方式为辅。

通过网络渠道进行宣传，建立车友俱乐部，通过新闻、博客、论坛、即时聊天软件等多种传播手段的联合应用进行有针对性的专业营销。

选择电视和杂志宣传媒体，通过鼓励车友俱乐部的会员向全国各大媒体投稿，对采用者进行旅游奖励，这样既可以降低宣传费用，又可以调动俱乐部成员的旅游热情，增强其品牌忠诚度。

以专业化的温馨服务取胜，通过开办圈内期刊或圈内论坛为自驾游者提供一个沟通交流的平台，通过开展定制营销服务，满足车友们的特殊旅游需要。

实行捆绑优惠的政策，通过与旅游企业相关服务和产品的捆绑销售，延长自驾旅游者在规划区内的停留时间。

与自驾俱乐部建立合作关系，尝试执行自驾护照定点景区制度，提高景区景点知名度，从而带动草原旅游营销。

（3）针对特殊兴趣旅游团体的营销

特殊兴趣旅游的营销以渠道营销和媒体营销为主，价格促销和公关营销为辅。

加强与目标市场旅行社的合作，通过旅行社宣传扩大额尔古纳市草原旅游的影响力和知名度；加强自身网络频道的建设，向特殊兴趣旅游客户群（如观鸟、探险等）提供专业化的知识和全方位的旅游信息；深化直销渠道，扩大特殊兴趣旅游的影响面和参与面；同主要旅游门户网站和相关论坛建立合作关系，扩大影响力。

利用免费媒体，通过举办大型的节事活动，制造新闻热点，邀请知名媒体和中间商免费旅游，借助其宣传网络进行免费宣传。

利用网络媒体，加强自身网络建设，完善自我宣传功能。

启动服务型公关营销，以服务感人，以细节取胜。

采取套票制，将不同生态旅游景点联系起来，带动相关旅游项目的发展。

3. 草原旅游营销推广工程

（1）特色节事营销工程

打造 4 类草原旅游精品节庆。

① 民族风情冰雪节

举办时间：每年 12 月到次年 1 月。

举办地点：额尔古纳市哈撒尔广场。

活动内容：冰雪节以额尔古纳民族文化为核心，通过冰雪装饰艺术等现代化手段，展现额尔古纳民族风情和冰雪世界。通过“冰雪+艺术”“冰雪+民俗”“冰雪+音乐”“冰雪+运动”“冰雪+浪漫”为活动主题，大力开展冬季旅游项目，重点打造冬季旅游特色品牌。

② 草原自驾车活动

举办时间：每年7—10月。

举办主题：中俄边境满洲里—俄罗斯红石—额尔古纳旅游环线自驾游、“中俄蒙万里茶道”自驾游活动、额尔古纳草原环线自驾游活动、北京—额尔古纳自驾游活动等。

活动内容：通过大型自驾游活动促进额尔古纳市草原旅游品牌营销。重点针对内蒙古自治区中部城市、东北三省的主要城市和京津冀城市群，开展常规性鼓励自发性的草原自驾车活动，促进草原旅游的散客和自驾游群体增长。

③ 国际传统射箭节

举办时间：每年7月。

举办地点：额尔古纳市弘吉剌部。

活动内容：每年来自蒙古、韩国、土耳其、匈牙利等6个国家以及我国吉林省和额尔古纳市的百余名射箭高手参赛。赛事包括“哈日靶立射”和亥木苏拉夫远射表演赛、那木纳骑射。为弘扬蒙古族传统文化、促进不同国家和地区民族文化交流和融合起到推动作用，形成额尔古纳草原文化体育旅游品牌产品，进一步促进额尔古纳草原文化旅游产业发展。

④ 巴斯克节

举办时间：每年4—5月。

举办地点：额尔古纳市。

活动内容：巴斯克节从每年春分后第一个月圆的第一个星期天开始，大约在每年的4月末，节期为一星期，其隆重程度不亚于汉族的春节。2010年5月18日，“俄罗斯族巴斯克节”入选民俗项目类别的非物质文化遗产。游客可以到俄罗斯族家庭参加巴斯克节活动，参观民俗博物馆，观看俄罗斯列巴制作过程，品尝俄罗斯列巴，碰彩蛋，弹起扣子琴，走进俄罗斯族木刻楞房子里，与俄罗斯族人一起拉手风琴、唱歌、跳舞、品红酒，感受浓郁的俄罗斯族家庭的节日气氛。

（2）草原旅游影视宣传工程

拍摄《额尔古纳草原》旅游系列宣传片，具体包括草原野生动植物，森林、草原与荒漠，蒙源文化3个系列。重点介绍额尔古纳市有代表性的草原旅游资源，声色并茂地展现额尔古纳市草原生态旅游，并利用海内外宣传媒介，进行宣传片播放。在中央电视台、国家地理频道滚动播放。让国内外生态旅游者对额尔古纳市草原自然与人文生态产生良好印象，树立对额尔古纳市草原生态环境的好感度及信任度，提高额尔古纳市草原旅游品牌的知名度、美誉度。

（3）草原旅游营销人才培育工程

培育额尔古纳市草原旅游宣传使者。公开向草原旅游爱好者、当地社区、科研团体等社会各界人士等招募志愿者，通过培训班、培训网站、培训交流平台等对志愿者进行草原旅游相关培训，培养成为传播生态文明思想、倡导生态旅游方式的宣传使者。

培育额尔古纳市草原旅游营销人才。围绕新时期国家生态旅游宣传的需要，以创新生态旅游营销理念和方式为核心，以草原旅游营销策划人才和草原旅游产品促销人才为重点，培养一批爱岗敬业、能力突出、与时俱进的“草原旅游营销能手”，为其授予荣誉称号并颁发荣誉证书，加大对优秀营销人员、案例的宣传。

6.7 草原旅游服务设施规划

6.7.1 餐饮接待设施

（1）规划思路

加强餐饮企业安全质量和服务质量管理。对草原旅游区内的餐饮企业进行食品卫生安全管理，保证食品原材料和制作过程的卫生质量，保障游客的食品卫生安全；提升餐饮从业人员的服务质量，为游客提供满意的餐饮服务。

利用农林产品资源条件，发展额尔古纳地方特色餐饮。充分利用现有特色菜品，如手把肉、烤全羊、蒙古血肠、羊杂、牛肉干、奶皮子、奶豆腐、蒙古肉肠、奶茶、马奶酒等蒙餐，大列巴、格瓦斯、黑啤、萨拉特、依克拉（鱼子酱）等俄餐；充分挖掘额尔古纳地区的餐饮文化和特色美食，打造“蒙餐 + 俄餐 + 中餐 + 回餐”地方特色餐饮系列。注册地方饮食商标，打造特色餐饮品牌。

结合蒙源文化和俄罗斯文化，将文化特色融入餐饮活动中。结合当地蒙源文化、俄罗斯文化，构建特色餐饮街区，营造不一样的餐饮氛围。通过影视作品、情景剧、舞台剧等手段讲述特色食物背后的故事，传递特色餐饮文化。

（2）餐饮设施类型

对规划区内的餐饮企业进行食品卫生安全管理，保障游客的食品卫生安全；打造“蒙餐 + 俄餐 + 中餐 + 回餐”地方特色餐饮系列。

建设特色餐饮街区。依托拉布大林、俄罗斯民族特色餐饮和蒙古族特色民族餐饮，进一步形成额尔古纳市特色餐饮街区、黑山头镇特色餐饮街区、室韦特色餐饮街区、恩和俄罗斯族民族乡特色餐饮街区、三河回族乡特色餐饮街区。

打造地方餐饮品牌。重点扶持敖特尔休闲度假山庄、克尔伦蒙餐、才恩吉雅牛排等相关餐饮企业。围绕三河牧场和蒙古族传统餐饮打造蒙古特色饮食品牌。以这些餐饮为主打，构建额尔古纳市地方餐饮品牌。

积极发展快餐和小吃。在主要人流集散区域能够为游客提供便捷而丰富的快餐和小吃，同时充分挖掘额尔古纳市传统饮食，尝试扶持具有本地特色的快餐小吃企业。重点培育一批代表额尔古纳旅游餐饮形象的“知名度高、特色性强、服务好、‘回头率’高”的餐饮名店和加工厂，如中科丽丽娅面包加工企业。

提升优化草原牧家乐。以草原休闲娱乐体验带为核心，整顿沿线斯日格玛游牧人家、海纳蒙古庄园、弘吉剌部大营等牧家乐，加强规范化管理经营，在突出地方、民族特色的基础上，引导餐饮服务向多元化的方向发展。

6.7.2 住宿接待设施

（1）规划思路

发展主题酒店、特色酒店，增加差异化。发展多种类型的酒店，建设一批个性鲜明的特色酒店，提倡酒店硬件环境的个性化、特色化，在建筑造型、内部装饰方面突出蒙古文化、俄罗斯文化艺术品位、文化气息，以特色吸引游客入住，以差异化满足不同游客的个性化要求。

优化酒店等级结构。支持发展高星级酒店以满足高端市场的需求；改造提升中低档酒店；适度发展经济型连锁酒店；建立梯级合理的酒店体系，引导酒店业错位经营。

倡导绿色酒店，实行标准化管理。推行国家《绿色旅游饭店》（LB/T 007—2015）标准，鼓励使用科技含量高、环保节能的设施设备，建设环境友好型酒店。同时对全市旅馆、社会旅馆等非旅游酒店等，加强社会旅馆的规范化、标准化建设，开展行业旅馆、社会旅馆的服务达标评定活动，提高社会旅馆服务水平。

（2）住宿设施类型

根据城市发展和各景区旅游需求实际情况，按照“适当平衡、突出重点、突出特色”的原则，配套完善的旅游接待服务设施。

高档品质酒店。提升中科丽丽娅庄园、额尔古纳大酒店、黑山头湿地度假酒店、神飞庄园、红水泉大酒店等的设施硬件与服务软件双实力，完善餐厅、茶室、大堂吧、旅行社、健康调理中心等配套，提升酒店的接待服务水平。打造集吃、住、行、养生为一体的生活平台，满足游客商务会议、休闲旅游的需求。

经济型连锁酒店。分布以拉布大林、莫尔道嘎、室韦等城镇枢纽为主，满足快捷、便利的入住需求，通过招商引资的方式，建设系列经济型连锁酒店。

主题特色驿站。规划配置“俄罗斯民族风情、七卡口岸驿站、室韦驿站”三大不同主题特色驿站。针对青年群体，建设汽车旅馆、房车营地等模式驿站住宿形式，配套购物、咨询等旅游功能。

牧户接待民宿。主要结合草原、湿地、特色旅游村和一般的乡村设置，积极发展牧户接待户、湿地特色主题木屋、蒙古包等特色住宿接待设施，满足部分游客休闲个性旅游的需求。

6.7.3 游客服务中心

(1) 服务体系

依托旅游大环线沿线重点旅游片区及交通枢纽，布局旅游公共服务信息咨询网店，完善旅游咨询、交通、宣传、投诉处理、救援等服务功能，构建“1+5+N”的旅游集散服务中心体系，强化旅游集散咨询与公共服务的“国际化、品牌化”提升。

一级旅游集散服务中心。依托拉布大林便捷的交通，完善的服务，建设额尔古纳市旅游集散中心，实现交通组织、信息服务、旅游组织、旅游接待等多种功能的全域覆盖。

二级旅游集散服务中心。依托黑山头、莫尔道嘎、蒙兀室韦、恩和等乡镇建设二级旅游集散中心，补充一级旅游集散中心的区域辐射功能，实现旅游的无缝对接。

旅游集散服务点。根据距离和游客需求，设置在风景道、旅游景区等地，提供休憩、观赏的节点。

(2) 服务设施

完善三类旅游服务设施系统（图 6–66）。采用国际化标准统一规范，多方引进民间投资力量，完成“一心、一场、一厕、一台、一路、两道”工程，实现精致化、品质化提升。

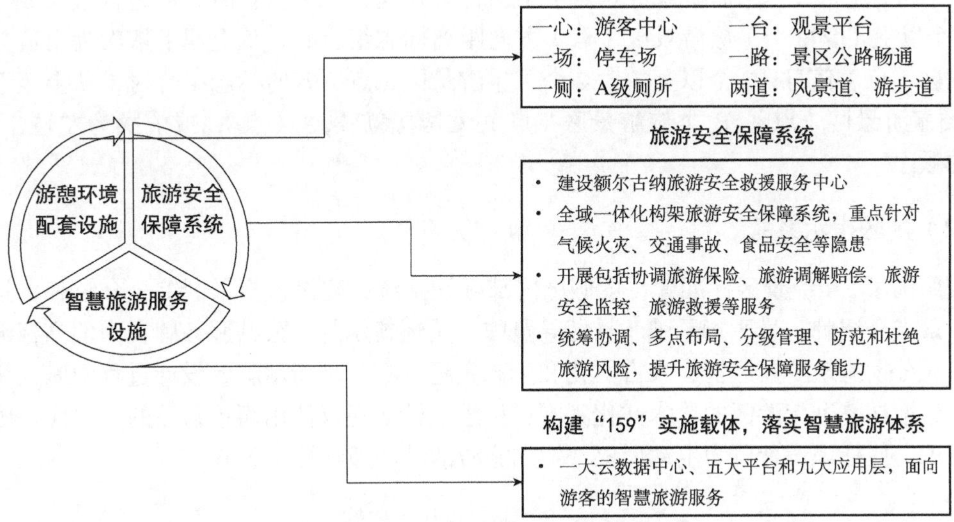

图 6–66 旅游服务设施系统示意图

(3) 建设内容

从需求角度看，决定了旅游者对旅游信息的需求贯穿旅游活动的全过程。旅游公共信息服务涵盖的旅游网络信息服务、旅游信息咨询服务、旅游解说系统服务等恰好满足了旅游者对旅游信息的需求。

建立以额尔古纳市为基础的旅游信息咨询中心，旅游信息咨询中心是最典型的为公众和游客提供服务的公共机构，已成为旅游者获取当地旅游信息的首要选择。不仅担负着游客咨询、散客服务、酒店预订、旅游商品开发的旅游职能，还具有业内教育培训、导游管理、旅游协会及各专业协会的日常工作等多项职能。

搭建智慧旅游平台，利用信息化的技术，把一些旅游资源进行整合，提供适合对路的旅游产品，包括旅游交通指示系统、旅游信息指示系统、旅游信息咨询系统、旅游信息类公共读物和旅游网站等信息发布于查询系统。

6.7.4 标识系统规划

（1）道路交通指引标识系统

指引标志应设置在城市快速路、城市主干道、城市次干道或干线公路的路口和路段上。指引标志宜单独设置，当与其他交通标志相互遮挡时，应设置在距离其他交通标志 60 米以外的范围或交叉口下游。指引标志应由远至近依次连续引导，距离旅游景区 500 米以外范围应设置旅游景区方向距离标志，距离旅游景区 500 米以内范围应设置景区方向标志。指引标志第一次出现后，在需转向或分叉时应设置旅游景区方向距离标志或旅游景区方向标志。在大于 5 千米的直行路段宜增设旅游景区方向距离标志。应在景区的入口设置停车场指示标志。

2 个以上（含 2 个）旅游景区（点）指引标志在同一位置设置时，可组合版面或合杆设置。2 个以上（含 2 个）旅游景区（点）方向距离标志组合时，从上至下依次为由近至远的旅游景区（点）信息；2 个以上（含 2 个）旅游景区（点）方向标志组合时，从上至下依次为 A 类旅游景区（点）、B 类旅游景区（点）、C 类旅游景区（点），或依次为左转、直行、右转的顺序。

（2）景区指示系统

按照国家 5A 级景区标准建设度假区内部标识系统，建设包括景区综合介绍牌、景区介绍牌、景点介绍牌、景区指示牌、景区导览牌、关怀警示牌、公共服务牌在内的高标准标识系统，充分发掘俄罗斯风情、蒙古文化和生态主题，在各种指示牌的设计过程中融入相关文化元素，增加整个旅游区的艺术文化氛围；标志设计上建议使用简单易懂的图形代替传统的文字标识，使标识设计更为生动形象，增加旅游活动的趣味性（表 6–12）。

表 6–12　标识设计一览表

牌示类别	规划要点
全景导览图	在入口区、主要景点、主要路口、停车场设置“全景导览图”，并且在图上用中英蒙文标示当前位置。高度在 2～3 米，标有游览路线、主要功能分区及主要游览点，让游客在进入游览区前有一个大概的了解，从而对其旅程有初步的计划
道路导向指示牌	在整个游览线路和各功能分区内的交叉口上，应有路标指示。设计合理，避免因转移注意力而产生潜在的否定印象，旨在激发旅游者的兴趣
景物（景点）介绍牌	说明单个景点的特色、内涵等作用，牌示应与环境相协调，高度在 0.6～0.8 米，并水平形成 45° 倾角，方便游客阅读

续表

牌示类别	规划要点
关怀警示牌	在游览路线上设立一些警示牌，如提醒游客保护环境、不要破坏雕塑及建筑物等，用语应柔和、乐于接受。警示牌高度不宜过高，在 0.5 米左右，不可破坏主要景观，可用木牌、石头雕刻或堆砌
服务设施名称标识	指示公厕、餐厅、小卖点、导游点、邮政点等服务设施所在地。在每一功能建筑前应有简要的文字说明，说明主要项目，使游客能准确得到想要的服务

6.7.5 旅游购物规划

（1）规划思路

扩展地理保护标志品牌，发掘特色产品。通过发掘额尔古纳市的特色商品，如呼伦贝尔油菜籽（全国农产品地理标识产品）、黄芪、小麦、黑木耳、三河牛、三河马等农牧产品打造“中国地理标志产品”的潜力，不断拓展额尔古纳“中国地理标志产品”的数量，形成品种多样、实用性强的特色商品体系。

重点围绕额尔古纳特色物产类商品，打造系列伴手礼。持续放大额尔古纳呼伦贝尔油菜籽（全国农产品地理标识）、黄芪、小麦、黑木耳、三河牛、三河马等的物产优势，细化产品内涵，形成针对不同游客需求的旅游商品系列，突出精致化的包装，并举办旅游商品设计大赛，对特色物产进行品牌注册，提高其知名度。

挖掘重要旅游商品的开发深度，延伸产业链。深入挖掘呼伦贝尔油菜籽（全国农产品地理标识）、黄芪、小麦、黑木耳、三河牛、三河马等商品潜在的利用价值，不断延伸商品功能，形成集商品生产、深加工、包装、销售、运输等为一体的产业链条，不断提高旅游商品的附加值，建议建设集中的生产基地。

（2）购物设施类型

规划区购物设施包括旅游购物街区、旅游景区专设商铺、传统工坊购物场所、“互联网 +” O2O 体验店四种类型。

旅游购物街区。引进专业开发机构，打造旅游购物街区，在景观和氛围上进行主题化包装，为游客提供“一站式”餐饮、购物、休闲和娱乐服务，主要面对休闲客群和度假客群。

旅游景区专设商铺。由景区开发运营单位经营或出租，并规范销售活动，向游客提供农牧土特产、主题商品等旅游纪念品，设“土特产购物中心”“额尔古纳特色产品展销中心”等主题业态，主要面对观光客群和休闲客群。

传统工坊购物场所。推出传统工坊，保持蒙古族、俄罗斯族传统手工技艺和制作流程，提供体验式购物机会，令游客感受其中的人文价值，主要面对休闲客群和度假客群。

“互联网 +” O2O 体验店。以线上预订引流至线下体验消费的方式，为额尔古纳商家打造“集单平台 + 流动商铺”低成本快营销的 O2O 极致体验交易模式。

（3）旅游商品类型

手工艺品类。特色手工艺品：俄罗斯族特色手工套娃、俄罗斯复活节彩蛋、蒙古族特色手工艺品、马文化相关配饰工艺品等传统特色工艺品。创意产品：T 恤、围巾、挂画、水晶球、画册、卷轴、微缩工艺品等多样化产品，构建具有额尔古纳特色的旅游产品。

农牧生态产品。突出额尔古纳市牧业产品，重点围绕“三河牛、三河马”做营销，并开发整合奶皮子、黄油、奶干、奶茶、酸奶子等一系列奶产品。与俄罗斯文化结合，重点打造俄罗斯列巴、俄罗斯冰激凌、俄罗斯奶油蛋糕等相关具有俄罗斯特色的饮食产品。将额尔古纳菌类、野菜等农产品进行推广整合。

6.8 草原旅游公共服务体系规划

6.8.1 道路交通规划

1. 内外交通现状

额尔古纳市境东北部与黑龙江省漠河县毗连，东部与根河市为邻，东南及南部与牙克石市、陈巴尔虎旗接壤，西部及北部隔额尔古纳河与俄罗斯相望。

额尔古纳市对外交通以公路为主，对外铁路仅一条朝乌线（朝中—莫尔道嘎）。境内共有 2 条省道——S201 和 S301，其中 S201 自南向北连通海拉尔、陈巴尔虎左旗，S301 自西向东连通根河。目前，省道 S201 线路正在进行提质改造，准备建设成为由海拉尔至额尔古纳的一级道路（高速公路）。

2. 交通体系建设内容

以“主客共享、智慧交通”的原则立体化打造便捷的交通服务体系，以游客服务为核心，方便到达目的地，同时满足城市发展和旅游的双重需求，建立额尔古纳市草原旅游交通体系。

草原旅游便捷交通系统从五个方面建设：旅游交通网络构建、交通枢纽的旅游服务功能完善、旅游交通引导标识系统完善、旅游集散地规划及旅游停车设施规划建设。

（1）旅游交通网络构建

① 通航机场建设

中远期在上库力、莫尔道嘎建设通用机场，以满足国内外旅客通勤需要。结合上库力通航机场的建设，为方便达到恩和哈达而不破坏北部森林，提供高端的低空飞行体验。

② 铁路提升规划

加快完善额尔古纳市内部铁路交通建设。在额尔古纳市城市总体规划（2017—2030 年）中增设莫尔道嘎—室韦、室韦—黑山头、黑山头—拉布大林段三段铁路，在此基础上增加室韦—恩和—三河乡—拉布大林段铁路，以此构成草原列车专线环线建设：由拉布大林始发，沿途黑山头、七卡、水磨村、室韦、恩和俄罗斯族民族乡、三河回族乡 6 个站点停车游览，体验草原美景。

③ 公路提升规划

额尔古纳市已形成了以 S201、S301、边境公路 3 条主干大通道为主骨架，以县乡、边防、专用公路为脉络的公路网。额尔古纳核心草原区域主要集中在额尔古纳市西南部分，并由南往北向草甸—森林景观过渡。S301、S201、边境公路分别环绕额尔古纳市穿梭草原区域的南界、东界与西界，构成草原旅游“黄金大三角”。“十四五”期间，额尔古纳市拟开展内部道路提升规划，截至 2019 年，共 26 条道路项目拟纳入规划，其中县道 3 条，乡道 23 条（表 6–13）。

表 6–13　拟纳入“十四五”规划道路交通项目（2021—2025 年）

序号	道路等级	项目名称	总投资/万元	建设性质	建设规模及建设内容	起点地名	终点地名	项目建设起止年限	项目进展
1	县道	潮中—上护林公路	3600.8	新建	全长 18.004 千米，路面 6.5 米，路基 7.5 米，按三级沥青混凝土路标准建设	根额界	上护林	2022—2023 年	已入项目库
2	县道	拉布大林—上库力段公路	10000	新建	全长 20 千米，路面 10.5 米，路基 12 米，按二级沥青混凝土路标准建设	拉布大林	上库力	2020—2021 年	已入项目库
3	县道	上库力—育林段公路	13101.8	新建	全长 65.509 千米，路面 6.5 米，路基 7.5 米，按三级沥青混凝土路标准建设	上库力	牙额交界	2020—2021 年	已入项目库
4	乡道	永胜生产队—黑山头小河子公路	4245.12	新建	全长 35.376 千米，路面 4.5 米，路基 6.5 米，按四级水泥混凝土路标准建设	永胜生产队	黑山头小河子	2020—2021 年	已入项目库
5	乡道	恩和林场—建设生产队公路	8764.32	新建	全长 73.71 千米，路面 4.5 米，路基 6.5 米，按四级水泥混凝土路标准建设	恩和	三河一队	2020—2021 年	已入项目库
6	乡道	黑山头古城子—三河回族乡公路	9320.2	新建	全长 77.668 千米，路面 4.5 米，路基 6.5 米，按四级水泥混凝土路标准建设	黑山头古城子	三河回族乡	2021—2022 年	已入项目库
7	乡道	苏沁牧场—三河一队公路	7553.6	新建	全长 37.768 千米，路面 6.5 米，路基 7.5 米，按三级沥青混凝土路标准建设	苏沁牧场	建设队	2021—2022 年	已入项目库

续表

序号	道路等级	项目名称	总投资/万元	建设性质	建设规模及建设内容	起点地名	终点地名	项目建设起止年限	项目进展
8	乡道	下护林—团结公路	2024.88	新建	全长16.874千米，路面4.5米，路基6.5米，按四级水泥混凝土路标准建设	下护林	团结	2021—2022年	已入项目库
9	乡道	葫芦头—坤库力公路	7872.6	新建	全长39.138千米，路面6.5米，路基7.5米，按三级沥青混凝土路标准建设	葫芦头	坤库力	2021—2022年	已入项目库
10	乡道	三河乡—苏沁牧场公路	5061.2	新建	全长25.306千米，路面6.5米，路基7.5米，按三级沥青混凝土路标准建设	三河乡	苏沁牧场	2022—2023年	已入项目库
11	乡道	室韦比拉尔河—月牙泡子公路	4241.64	新建	全长35.347千米，路面4.5米，路基6.5米，按四级水泥混凝土路标准建设	室韦比拉尔河卡站	月牙泡子	2024—2025年	已入项目库
12	乡道	丰林林场—十六公里岔线公路	4815.6	新建	全长40.13千米，路面4.5米，路基6.5米，按四级水泥混凝土路标准建设	X901线丰林林场	S201十六公里岔线	2025—2026年	已入项目库
13	乡道	安格林—莫尔道嘎镇公路	8594.8	新建	全长42.974千米，路面6.5米，路基7.5米，按三级沥青混凝土路标准建设	Z005线K137+800处	莫尔道嘎镇	2025-2026年	已入项目库
14	乡道	胜利林场—五一卡站公路	5779.44	新建	全长48.162千米，路面4.5米，路基6.5米，按四级水泥混凝土路标准建设	胜利林场	五一卡站	2025—2026年	已入项目库
15	乡道	前进村—上库力林场公路	1289.4	新建	全长10.745千米，路面4.5米，路基6.5米，按四级水泥混凝土路标准建设	前进村	上库力林场	2025—2026年	已入项目库
16	乡道	黑山头—黑山头口岸公路	1851	新建	全长3.702千米，路面10.5米，路基12米，按二级沥青混凝土路标准建设	与边防路重复终点	黑山头口岸	2025—2026年	已入项目库
17	乡道	五队—六队公路	334.44	新建	全长2.787千米，路面4.5米，路基6.5米，按四级水泥混凝土路标准建设	五队	六队	2025—2026年	已入项目库
18	乡道	新六队—小库力公路	1060.56	新建	全长8.838千米，路面4.5米，路基6.5米，按四级水泥混凝土路标准建设	新六队	小库力	2025—2026年	已入项目库
19	乡道	小库力—三队公路	1514.04	新建	全长12.617千米，路面4.5米，路基6.5米，按四级水泥混凝土路标准建设	小库力	三队	2025—2026年	已入项目库

续表

序号	道路等级	项目名称	总投资/万元	建设性质	建设规模及建设内容	起点地名	终点地名	项目建设起止年限	项目进展
20	乡道	二队—伊根公路	1054.92	新建	全长 8.791 千米，路面 4.5 米，路基 6.5 米，按四级水泥混凝土路标准建设	二队	伊根	2025—2026 年	已入项目库
21	乡道	上库力场部—牛舍公路	1721.76	新建	全长 14.348 千米，路面 4.5 米，路基 6.5 米，按四级水泥混凝土路标准建设	上库力场部	牛舍	2025—2026 年	已入项目库
22	乡道	八队—花木兰队公路	562.8	新建	全长 4.69 千米，路面 4.5 米，路基 6.5 米，按四级水泥混凝土路标准建设	八队	花木兰队	2025—2026 年	已入项目库
23	乡道	花木兰队—国道 331 公路	147.12	新建	全长 1.226 千米，路面 4.5 米，路基 6.5 米，按四级水泥混凝土路标准建设	花木兰队	国道 331	2025—2026 年	已入项目库
24	乡道	八队—葫芦头公路	1032.96	新建	全长 8.608 千米，路面 4.5 米，路基 6.5 米，按四级水泥混凝土路标准建设	八队	葫芦头	2025—2026 年	已入项目库
25	乡道	二队—大历山公路	1681.68	新建	全长 14.014 千米，路面 4.5 米，路基 6.5 米，按四级水泥混凝土路标准建设	二队	大历山	2025—2026 年	已入项目库
26	乡道	迎春桥—拉布大林牧场场部公路	66.72	新建	全长 0.556 千米，路面 4.5 米，路基 6.5 米，按四级水泥混凝土路标准建设	迎春桥	拉布大林牧场场部	2025—2026 年	已入项目库

（2）交通枢纽的旅游服务功能完善

依据交通区位优势、入市旅游车辆流向特点、区域旅游吸引力、旅游基础配套等条件，在拉布大林、黑山头、莫尔道嘎等重要交通枢纽城市组团规划建设入城旅游服务中心、设立旅游巴士站点，为进入中心草原区域的旅游大巴车提供旅游换乘、咨询、票务预订等服务。

（3）旅游交通引导标识系统完善

额尔古纳市草原区域部分 301 省道、201 省道、边境公路、904 县道等主干道路沿边道路标识布局存在数量少、不规范、不显眼等特征。

规划布局以集散服务场所、干线公路为骨架，以重要交通节点、换乘点、道路出入口和接驳处为重点布局。完善拉布大林、黑山头、乌兰山、室韦、恩和、三河等重要交通节点、换乘点的旅游交通导览图，建立健全 3A 级以上主要国家旅游景区、主要乡村旅游点的旅游交通引导标识系统。标识提供中英（蒙俄）文的文字说明，打造规范、简洁、实用、国际通行的旅游交通引导标识系统，并在旅游集散中心、旅游综合服务中心免费发放旅游交通图和旅游宣传册。

（4）旅游集散地规划

依托拉布大林、莫尔道嘎、黑山头旅游集散中心等资源，完善旅游集散服务功能，优化旅游观光巴士线路布局，设置旅游接驳和草原专线线路，构筑草原核心旅游区与草原外围相衔接的旅游集散通道。

（5）旅游停车设施规划建设

依托 301 省道、201 省道、边境公路等草原旅游黄金线路，在公路两侧设立草原风景观赏停车点，停车点间隔 5 千米～20 千米，选择典型草原风景区，使自驾游客能够随时随地停下欣赏草原风光，并且减少因随意停车产生的交通安全隐患。在乌兰山、蒙兀室韦等景区专门设立自驾游停车场所；在恩和俄罗斯族民族乡、三河回族乡等乡村景区牧家乐后院预留停车区域；拉布大林、莫尔道嘎等城镇景点专门设立停车场所，以满足游客需要。

3. 自驾游服务体系规划

草原景区广袤无垠，景区尺度较大，涉及范围广，草原旅游路线有连续性、开阔性等特点，故开发自驾车游览线，是草原旅游的重要部分。

近期重点规划建设。拉布大林—黑山头—乌兰山—室韦—临江—太平—莫尔道嘎自驾车游览专线。依托 S201 风景道——中国国际蒙源文化走廊、S301 风景道——额尔古纳市城市慢道、国际边境民族遗产旅游风景道、森林度假绿道 4 条风景道打造自驾车度假方式。

旅游驿站建设。依托道路以及景区设置 8 个旅游驿站，分别为七卡屯村、新乌玛、西口子、伊木河、莫尔道嘎森林公园、水磨村、哈乌尔河景区、黑山头镇，提取文化及自然元素应用在驿站的景观小品环境营造，为游客提供休闲餐饮、信息服务、医疗与救援等服务。

完善自驾车服务体系。完善自驾车信息系统框架：额尔古纳市自驾车信息系统主要由面向自驾车旅游者提供信息的旅游景点信息系统、面向游客旅行的道路信息系统、面向住宿餐饮的接待信息系统、面向自驾车租赁的租赁信息系统、面向紧急事件应对的救援信息系统。打造自驾车信息支撑平台：额尔古纳市自驾车五大信息系统，主要通过 3 个信息平台实现，即虚拟网站平台、电话呼叫平台和网点实体平台，重点建设内容见表 6-14。

表 6-14　自驾车信息系统重点建设内容

项目名称	项目类型	建设内容
额尔古纳市自驾网	自驾车旅游门户网站	制作全面的旅游信息网，面向自驾车旅游者与自驾旅游相关的信息服务以及预订、租赁服务等
自驾额尔古纳市呼叫直通车	自驾车电话呼叫中心	整合道路交通、医疗卫生、饭店宾馆、机场车站等部门信息，建立电呼叫中心，向旅游者提供旅游、信息咨询、自驾投诉、预订、求助、救援等服务
额尔古纳市 E 路游	自驾车电子导航设施	制作最新的额尔古纳市自驾车旅游电子地图、电子导航信息，并定时更新。定制额尔古纳市自驾车旅游导航仪，为自驾车产品的旅游者，提供导航资料更新

建立自驾车租赁网络。规划建议对自驾汽车租赁企业实行公开招标，邀请有实力、有诚信的汽车租赁企业进入额尔古纳市自驾旅游汽车市场，构建额尔古纳市自驾车租赁网。

增设自驾车信息咨询中心。自驾车信息咨询中心兼顾普通游客信息咨询及自驾车信息服务的功能，由政府建设。同时在各个加油站点设自驾车信息咨询点。在拉布大林、恩和俄罗斯族民族乡、蒙兀室韦苏木、莫尔道嘎镇设置 4 处自驾车信息咨询中心。

6.8.2 智慧景区规划

智慧景区是旅游景区与科技创新融合发展的典范，是旅游景区未来发展的趋势。额尔古纳市草原旅游景区依托“互联网 +”、物联网、云计算、高性能信息处理、智能数据挖掘等技术，实现景区无线网络全覆盖、网络售票、网票快速打印、智能闸机检票入园、酒店智能预订、景区智慧管理、精准营销等智能化旅游服务体系，打造舒适快乐的智慧体验，形成“智慧服务”“智慧管理”“智慧营销”“智慧应急指挥”四方面的智慧化建设。

（1）智慧服务

从游客的角度出发，利用信息技术提升旅游体验和旅游品质。游客在旅游景点信息获取、线路规划、产品预订和支付以及享受旅游带给人们的精神价值方面等整个过程中都能感受到智慧景区带来的全新服务体验。

电子商务、景区票务、景区酒店管理、停车场管理等一系列的生产运行系统通过 TCP/IP 协议和 SOA 架构，通过网络订购、手机 App 等实现基于服务的流程化生产运营。通过信息系统为游客提供全面的吃、住、行、游、购、娱信息，同时实现咨询、投诉、预订等智能化、人性化服务。

（2）智慧管理

草原景区正利用现代信息技术手段实现传统旅游管理方式向现代管理方式的转变，从而可以及时准确地掌握游客的旅游活动信息，实现景区管理从传统的被动处理、事后管理向过程管理和实时管理转变，最终实现科学决策、科学管理。

应用电子化的刚性流程和制度，细化到整个景区的财务管理、公文管理、审批管理、人事管理、资源管理、项目管理、流程管理等，最大程度提高景区的管理水平，提升了管理效益，提高了行业的竞争力。

（3）智慧营销

草原景区依托信息技术，主动获取游客信息，建立对游客来源、个人喜好、消费观念等数据的分析体系，全面了解游客的需求变化、意见和建议的同时，挖掘旅游热点和游客兴趣点。

通过车牌识别系统、电子商务系统、票务系统、决策分析系统等多个系统数据深度挖掘，实现对景区客源的精准统计和分析，为精准营销提供决策依据，同时为营销转化率提供考核依据。

（4）智慧应急指挥

草原景区分布区域广、道路复杂，各个景点资源配置各异，容易发生事故、灾害等状况，特别是在黄金周、七八月等旅游旺季，为了应对各种安全隐患，通过信息化技术建设智能、高效、全面的指挥体系是提高景区自身应急处突能力的重要保障。

6.8.3 环境教育规划

（1）法律规范

在追求经济发展的同时，必须重视对于当地环境的保护，保证绿色可持续的发展。保证当地草原原生态的环境，不过度开发；保护当地湿地生态，不大肆破坏；保护额尔古纳河沿线水质与生态健康发展。大力宣传绿色发展的理念，引导游客文明出游，要求商户依法建设，规范经营，合理排放废物，爱护环境。

通过法规、政策规范各酒店宾馆的废物处理流程；粘贴标语、分发科普传单劝阻游客的不文明行为；严格执行旅游项目建设环境评价各项指标，减少对当地的生态环境的破坏。通过法律规范、环境教育使景区建设控制过程得以高效、有序进行，保证景区的环境效益、经济效益和社会效益协调发展。

（2）设立额尔古纳草原生态文化宣教中心

结合湿地公园、博物馆建立科普宣教馆，创办国家教育基地，加强生态旅游环境教育，建设科普馆、宣传日等。坚持绿色发展不动摇，推进主体功能区和生态文明示范工程试点建设，保护现有生态空间，增强生态产品的供应能力，推动低碳、绿色、循环发展，筑牢祖国北疆生态安全屏障。

依托额尔古纳城市博物馆，建立草原旅游文化宣教中心，完善人才资源与共享机制，与国内外研究所和高校合作，一方面，聘请相关专家定期探索草原旅游可持续发展方式；另一方面，聘请有经验的、专业的管理人员进行员工培训。

加强旅游宣传推进力度。加强媒体造势，加大旅游资源曝光率。与呼旅网等各大主流宣传媒体合作，将额尔古纳市优势资源进行集中推介。加大立体宣传力度。充分利用电视、广播、报纸、杂志、网络全方位宣传。开展形式丰富的旅游宣传活动。多渠道地开展旅游宣传工作，积极组织旅游企业参加旅交会，举办节庆系列活动大造声势。传承巴斯克节、蒙源文化节、冬季冰雪节等具有民族传统和区域特色的各类节庆以加速推动额尔古纳市旅游业的发展。

6.8.4 旅游厕所规划

草原景区涉及范围较广，景区之间路途较长，厕所数量的缺乏及分布的不合理导致游客不文明行为的产生，对草原景观与环境造成一定影响。故应加强草原旅游厕所的建设与管理，创造文明的如厕环境。旅游厕所的外观与所在旅游景区的环境相协调，采用生态环保厕所。实现“数量充足、干净无味、实用免费、管理有效”的要求。

（1）沿线城镇类旅游厕所建设

按照 A 级旅游厕所设计规范标准建设，在旅游吸引物附近增设布置旅游厕所，完善旅游服务设施，其中室韦苏木、莫尔道嘎镇、黑山头镇、三河回族乡以 2A 级厕所为主，同时布置至少 2 座 3A 级厕所。

（2）沿途乡村类旅游厕所建设

根据村庄具体情况来制定旅游厕所的标准和布局旅游厕所的数量，其中特色旅游村主要以 2A 级旅游厕所为主，一般乡村以 A 级旅游厕所为主。进一步加强和规范沿路牧家乐等旅游接待场所厕所建设的整改和提升。

（3）旅游景区内厕所建设

以游客集中场所步行 30 分钟，或旅游公路沿线车程 30 分钟内须设置有旅游厕所为最低标准配备旅游景区旅游厕所建设，各大景区游客中心均需配备 2A 级旅游厕所，其他厕所亦应达到旅游厕所最低标准。

6.8.5 旅游安全设施建设

为确保旅游安全，做到杜绝和减少事故的发生并做到及时实施救援，在全市范围内建立二级安全救援体系。健全旅游安全管理规章制度，设立旅游安全管理机构，成立旅游安全小组，严格执行安全事故问责制度，加强旅游景区、服务场所防范，以及自驾车救援、旅游救援等措施。

（1）加强旅游安全防范

建立健全黑山头、乌兰山、室韦等热点景区景点最大承载量警示信息发布平台，及时发布景区景点承载量信息和旅游安全提示信息，引导游客安全有序旅行。落实旅游企业安全培训责任制，实现一线从业人员旅游安全知识培训全覆盖。加强投保旅游责任险工作，力争旅行社责任险统保示范项目统保率达到 100%。推动住宿、旅游交通及高风险旅游项目等经营者实施责任保险制度。

（2）加强旅游安全监管

建立健全旅游用车联合检查制度，全面推动旅游客运汽车安装具有行驶记录功能的卫星定位装置并实行联网联控。强化对景区游乐设施和高风险旅游项目的安全监管。加强大型旅游节庆活动的安全管理，活动方案和应急预案要同时报批，安全管理责任、人员、措施同步落实。

（3）提升旅游应急处置能力

建立健全多部门协同的旅游应急处置机制，加强应急预案执行情况的督导检查，推动旅游企业建立应急队伍，完善应急救援设施设备，加强应急培训和演练。综合运用公安、医疗、消防、武警等救援力量和专业化救援队伍，切实做好旅游突发事件应急救援工作。

建立 1 个旅游安全救援指挥调度中心。由额尔古纳市文化旅游体育局统筹，实施政府救援与商业救援相结合，对旅游安全保障、救援及事故协调处理。对灾害事故的评估及分级，编制应急救援资源分布图及救援预案。

建设 5 个旅游救援工作站。在室韦、恩和、黑山头、莫尔道嘎、上库力建立旅游救援工作站，救援工作站设立急救中心，实行 24 小时服务，做到“一分钟调度，一分钟出车”。同时完善旅游综合保险和赔付机制，为旅行者提供一个安全和谐的旅游环境。

6.9 草原旅游生态环境保护规划

6.9.1 草原生态环境保护现状

额尔古纳市域南北狭长 600 多千米，生态类型呈梯次结构，为复合型生态，生态相对完好。北部为原始林区，中部为次生林和河漫滩草甸草原区，南部为草甸草原区。境内森林、草原、湿地大都保持了原始状态，全市植被覆盖率达 88% 以上，生态保护区面积达 1.95 万平方千米，占全市总面积的 69%，是内蒙古自治区乃至国家北方重要的生态屏障。

旅游业的快速增长对额尔古纳市经济的发展产生了巨大的推动作用，但同时因草原旅游活动和项目建设而产生的景区生态环境问题也同样日益突出。针对中央环保督查反馈的整改意见，额尔古纳市对草原旅游发展过程中的生态环境问题进行了集中整改。包括 18 家旅游景区景点，4 家已办理土地出让手续：哈萨尔圣地、苏力德部落、达尔汗部落、弘吉剌部景区；6 家已全部拆除：百吉乐部落、金色牧场、草原深处蒙古部落、草原游牧酒家、手指羊牧场、边城骑马场；2 家在湿地管理范围：黑山头列夫湿地庄园、海德草原酒店；2 家办理设施农用地手续：蒙盛 563 牧场、绿之源原生态度假村；3 家已办理草原临时作业许可证：黑山头梁西村骑马游规划地、黑山头梁东村东出口骑马游规划区、黑山头梁东村西出口骑马游规划地；1 家有部分建筑物超出土地出让范围占用草原：致远宾馆。随着生态环保意识和监管力度的加强，额尔古纳市草原生态环境状况得到显著改观。

6.9.2 草原旅游对生态环境影响评估

虽然旅游业是相对污染较小的产业，但是随着旅游业的进一步发展和开发，对于当地的生态环境也造成了一定程度的污染及破坏。各酒店宾馆的废物处理、游客的不文明行为及旅游项目建设都对当地的生态环境造成了破坏。

长期以来，由于全球气候变暖、人口数量急剧增长、牲畜数量增加、草原盲目开垦、过度放牧、建设和保护措施滞后等各种原因的影响，额尔古纳草地均出现不同程度的退化。同时，额尔古纳旅游业的迅速发展，旅游者和旅游开发者的活动对草原景区生态环境造成一定影响。

（1）旅游加剧了景区草原生态环境的退化

随着额尔古纳市草原旅游业的发展，旅游业对景区生态环境的威胁程度在逐步扩大。主要表现在两个方面：一是旅游建设和生产，二是旅游活动。旅游基础设施建设引起景区及景区道路附近生态环境的退化。在原生环境中开发旅游地，随着旅游设施，包括道路、建筑物等的修建，在原始的自然景观中引入了人工成分，从而造成景观碎裂化程度的增加，动植物的生境条件发生变化，在景区生境条件下生存的动植物种可能会减少或退出这些地区。游客的活动践踏破坏景区生态环境，比如骑马、采集等活动使植被破坏，表层土质刨松，易引起风蚀和沙化，加重水土流失。旅游商品中对野生植物的挖掘也会加剧草原的退化。旅游景区草原生态环境的恶化，反过来也危及草地旅游业本身的健康发展。

（2）旅游垃圾对景区环境的污染

额尔古纳市草原旅游主要以草原景观和民族风情为主，游客进入景区后，在观赏风景的同时，还要感受民族风情，其休闲娱乐等活动都会产生大量的生活垃圾，比如塑料袋、饮料瓶等。目前，这些垃圾的处理方式极为简单，或者就地解决，或者随便丢弃、任意搁置，不仅污染了景区环境，而且通过对草原水源涵养地的污染影响到其他地区。

（3）对生态工程建设产生一定影响

近年来，草地植被的逐年退化已经引起政府的高度重视，退耕还林还草示范工程、草地“三化”监测等一些大型的生态环境示范和治理工程相继在该区展开。由于草原和旅游业管理部门条块分割，在利益驱动下，草原旅游业的发展在一定程度上对生态工程的顺利实施产生了影响。

6.9.3 草原旅游生态环境容量估算

作为判断生态旅游活动与人类生存环境之间是否协调的尺度，生态旅游环境承载力选择的指标必须能够反映在生态旅游环境范围内，自然资源的利用是否合理，经济系统的运转是否高效，社会大环境是否健康安全，生态系统是否良性发展以及生态旅游发展的潜力如何等这样一些内容。

（1）估算原则

可持续发展原则。环境容量测算的目的是保护旅游项目内的生态环境质量和旅游资源免受超负荷影响，不超过生态承载，从而达到控制游人规模、资源得以永续利用的目的。

舒适性原则。为游客提供一个优美、舒适的游憩空间，满足游览和观光要求。

安全性原则。游览区域内必须充分考虑游客的人身安全和财产安全，为游客提供一个安全卫生、方便舒适的旅游环境。

（2）环境容量估算

旅游环境容量，又称旅游生态容量，是指一定时间内旅游地域的自然生态环境不致退化的前提下，旅游场所能容纳的旅游活动容量。旅游生态容量的测算对以自然为基础的旅游地至关重要。额尔古纳的草原旅游活动多依托当地的自然资源进行，且处于生态旅游的快速发展时期，考虑旅游生态容量的测算旨在为额尔古纳草原生态旅游发展管理提供依据，以更好地提高游客的满意度，保持生态系统的平衡稳定和发展生态旅游产业。

草原旅游生态容量的确定立足维持当地原有的自然生态质量，跟自然生态环境净化与吸收旅游污染物的能力和一定时间内游客所产生的污染物有关。据有关资料显示，旅游者每人每天产生主要污染物如表 6–15 所示。

表 6–15　旅游者产生的主要污染物

污染物种类	CO_2	SO_2	CO	悬浮固体物	垃圾	粪便
产生量 /（千克 /（人・日））	2.25331	0.01297	0.3964	0.06	0.5	0.4

依靠自然环境净化的污染物主要包括 CO_2、SO_2 和 CO。因此，根据绿色植物吸收废气和放出氧气的能力，再考虑工业生产放出的有害气体，人均需拥有 30～40 平方米的森林绿地，才能使空气保持清新，维持空气中 O_2 和 CO_2 的正常比例。结合绿色植物的净化能力及人均产生污染物数量，确定旅游生态容量计算公式为：

$$C=\sum_{i=1}^{n}\frac{S_iP_i}{S_a}\ (i=1,2,\cdots,n) \qquad (6\text{-}1)$$

式中：S_i、P_i、S_a 分别为第 i 个乡镇（苏木、街道办）的旅游面积、森林覆盖率、人均绿地面积；C 为额尔古纳市的草原旅游生态容量。其中，各乡镇（苏木、街道办）的旅游面积由市内主要的自然资源景区面积之和来代替，人均绿地面积取值 40 平方米。按照各个景区实际的可游面积和森林覆盖率可计算生态环境容量。

（3）环境容量控制方法

信息传播影响流量，通过广播、电视媒体发布流量信息。

用经济杠杆引导游客流量，短期、周期性超载可实行浮动价格，长期性超载则必须大幅度提高价格。

采取分流及旅游项目流量管理措施，科学调度，错开游客在各营地游玩的时间，启用替代景点，分流游客。

6.9.4　草原旅游生态环境保护措施

1. 生态空间管控

根据额尔古纳生态保护红线划分，分为禁止建设区、一般游览区和重点建设区三类空间。

（1）禁止建设区

额尔古纳市草原旅游的禁止建设区包含国家级自然保护区的核心区、国家级森林公园的核心景观区、国家湿地公园的生态保育区、国家矿山公园的自然景观观光区、自治区级自然保护区的核心区、饮用水源保护区、基本农田保护区、国家公益林、地方公益林等。

严禁开发建设破坏生态环境项目，严禁对森林植被进行砍伐，严禁大量人群进入破坏生态环境。同时需要在生态环境重点保护区内设置环境监测设施，对生态环境进行评价和监测，保护区域的生态多样性和生物链条。

（2）一般游览区

额尔古纳市草原旅游的一般游览区包含国家级自然保护区的缓冲区和试验区、国家级森林公园的一般游憩区、国家湿地公园的恢复重建区、国家矿山公园的矿业遗迹区。

在保护生态环境的基础上，可做适当的旅游项目产品开发，区域内旅游应限制游客量，重视范围内生态可持续发展。

（3）重点建设区

草原旅游发展重点建设区是指可进行景区开发或划定特定范围的开发空间，主要根据项目开发分为核心吸引物、旅游活动、环境景观和旅游服务设施进行空间管控。可以建设生态观景设施，满足游客观赏需求，同时保证核心资源的完整性和特色景观的原生性。可开展漫步、骑行、户外活动和露营等旅游活动，尽量不破坏原有的生态植被，利用林下空间和闲置地、荒地等进行旅游活动的开展。旅游服务设施建设空间不宜太大，要与周边的自然环境相协调，做到不破坏生态本底，起到景观化建筑设施点缀的效果。

2. 生态保护措施

（1）草原资源保护措施

规划好旅游线路设计，尽可能不破坏原生植被。修建徒步道，引导游客沿步道行走观光，避免游客对道路以外的草地践踏破坏。

严厉打击开垦草原、乱采、乱挖的行为，同时防止牧场过度放牧行为。

划定游客活动范围，竖立警示牌，提醒游客注意保护，并对受到破坏的植被及时进行恢复。

尽量不设置固定设施，采用大帐作为接待设施。活动结束，拆除运走大帐，只留下对草原的印象，不留下任何物品。

多采取空中观光游憩方式，减少人为踩踏草地，降低对草场的破坏。

加强宣传教育，介绍草地生态功能及群落演替等生态保护知识，增加游客保护意识，避免人为干扰对植被的破坏。

（2）野生动物保护措施

营地选址、规划建设要避开野生动物栖息繁殖地，要与主要野生动物活动区域保持一定距离，把对动物生存环境的影响和干扰降到最小。

对受伤的野生动物及时进行人力救护和治疗。

旅游项目内牧民草场网围栏适当拆除，降低对野生动物种群的隔离。

避免修建宽阔的草原道路，保持草原自然景观，也便于野生动物穿越。

避免穿越集中连片的野生动物栖息地。

控制车速，避免撞伤野生动物。

在野生动物经常出没的地段，设置警示牌。

湿地观鸟严格限制活动范围，避免对野生鸟类栖息繁育活动造成干扰。

（3）湿地保护措施

要维持水面的海拔高度，防止水体面积减少、湿地退化，从而保证湿地生态系统的稳定性。

严格保护自然驳岸，主要通过保护现有植被或营造近自然状态下的植被群落来保护水岸，以保持湿地的自然堤岸特性。

在游牧部落营地，建设地埋污水处理设施对生活污水进行处理，生活污水净化后再生回用，防止直接流入湿地中。

完善旅游环卫设施，确保每百米有一个垃圾箱，约束游客行为，禁止向水中扔垃圾，防止由于游客行为不当污染水质。

3. 环境保护措施

（1）大气环境保护措施

旅游项目建设施工期间，施工现场、道路等及时清扫和洒水，并加强施工管理，制定洒水降尘制度，配备洒水设备，以最大程度减少扬尘对周围大气环境的影响。

在旅游项目内尽量使用电、天然气和太阳能等绿色能源。

加强旅游项目范围内大气资源质量监测。

（2）水环境保护措施

建设施工期间，建设临时性施工营地，配备施工废水沉淀池、化粪池，对施工废水进行沉淀后回用于施工场地洒水。

所有建筑周围及设施均设有排水沟或污水处理和排放系统。在旅游接待设施分布集中地点做好生产、生活区排水系统的设计，污水必须经过处理达标后才能排放。

对游客进行宣传教育，提高游客的生态环境保护意识，自觉将垃圾、纸屑、果皮、塑料袋、食品等杂物放进垃圾桶，设置警示牌，严禁游客向水体中抛洒污染物质，及时清理湿地周围的垃圾和有害污染物，以免影响水质。

（3）声环境保护措施

在建设施工期间，提倡文明施工，建立健全人为噪声的管理制度。施工过程中应尽量选用低噪声或备有消声降噪的施工机械。运输材料的车辆进入施工现场，严禁鸣笛，装卸材料应做到轻拿轻放，减少噪声污染。

对于旅游项目内道路的机动车辆，应将其噪声严格控制在标准以内。入口服务区环境噪声值应控制在 55 分贝以下，其他地区环境噪声值应控制在 45 分贝以下。

（4）固体废弃物防治措施

建设施工期间，施工过程中产生的废弃物应按废弃物类别投入指定垃圾箱或堆放场地，禁止乱投乱放。一般废弃物由专人负责外运处置，危险废弃物设置专门场地保管，定期让有资质的部门进行处理。

加强对游客的教育与管理，使游客自觉保护环境，不乱扔垃圾。在旅游项目入口处、各景点、主干道、游步道等场所设立分类垃圾桶，垃圾桶要求美观大方，与周围环境协调一致。

应制定严格的卫生环境管理措施，建立稳定的环卫保洁队伍，及时清理各类固体废弃物和旅游垃圾。

4. 草原旅游发展生态环境保护路径

加强草地旅游管理，控制草原旅游区的开发强度。制定草原生态修复提升方案，成立额尔古纳市草原旅游建设生态环境监督委员会。协调旅游管理和草原管理的关系，健全景区管理法规制度，提高管理水平，严格按照相关法规管理景区旅游经营活动；通过经济策略控制每天进入景区的游客人数和游览整个生态景区的时间。

在生态脆弱区和已经过度开发的景区，划定草地保护区，限制游客活动范围；对草原生态环境已经遭到破坏的地区，应采取关闭景点的办法进行保护。要切实履行草原生态保护监管主体责任，落实属地管理职责，严格按照落实管护措施，加强村级草原管护员日常巡查管护和检查力度，强化动态监管，建设草原保护制度、草原旅游环境监控与保护系统，建设完善草原监管问责长效机制。

科学合理地制定草原景区规划。在对草地旅游资源进行深入调查的基础上，科学分析和评价当地草地旅游资源的类型特征，建立完善草原生态评价指标体系，研究开发利用中存在的问题和开发潜力，为分阶段合理开发草原旅游资源打下基础。在空间布局上要界定功能分区。在规划的基础上，严格控制不同类型区游客容量，使之在草地承载力范围之内。

建设专业旅游从业人员队伍，强化生态保护意识。培养具有专业素质的旅游从业人员队伍，是草原旅游景区生态旅游开发和保护的前提。旅游从业人员首先要根据草原生态旅游的特殊性，在具备一般管理知识与经验、服务技能与技巧等使游客满意的服务意识的同时，还要具有一定的草原生态环境知识和保护意识；其次要适应草原生态旅游的教育功能要求，旅游从业人员在提供旅游服务的同时，必须承担起草原生态保护教育的职责。因此，要加强旅游从业人员队伍建设，强化从业人员的草原生态保护意识和正确的资源观、环境观，掌握比较丰富的草原生态知识，为提供全方位、高质量的草原生态旅游服务奠定基础。

加大草原旅游文化宣传力度，提高旅游者保护环境的意识。通过多种形式的宣传，使旅游者能够自觉地保护景区草原生态环境，在参与生态旅游的同时，学习到一些草原生态及其保护的知识，这样不仅能起到保护景区草原的作用，而且能够丰富生态旅游的内容，提高生态旅游的层次。

6.10 草原旅游发展项目投资概算与任务分解

6.10.1 投资概算

根据额尔古纳市草原旅游资源特点、区域交通条件和市场发展潜力，规划形成草原旅游项目库，指导草原旅游示范区的建设工作，发挥旅游项目对全区乡镇经济的带动作用。额尔古纳市草原旅游项目分为景区景点开发、特色旅游小镇开发、产业基地、基础设施建设四大类型。旅游项目总投资约 53 亿元（表 6–16）。

表 6–16 额尔古纳市草原旅游发展投资估算

序号	名称	所在乡镇	建设性质	建设时间	建设内容	项目个数	投资总额/万元	资金性质
一、景区景点开发								
1	奥洛契庄园	蒙兀室韦苏木	新建	2023 年	婚纱摄影基地、亲子农场、自行车绿道、越野卡丁车、列巴 DIY 烘焙坊	5	9000	招商
2	额尔古纳国家湿地公园	拉布大林街道	提升	2020 年	湿地植物园、湿地科普园、观鸟科普馆、游客服务中心	4	61000	招商
3	“草原在这里”景区	黑头山镇	提升	2020 年	蒙古游牧民族生活展区、草原景观影视基地、敖包相会情人坡、草原运动乐园	4	11000	招商
4	上库力田园综合体	上库力街道	提升	2021 年	欢乐农场、生态田园社区、创意农业集市、草原健身绿道	4	9000	招商
5	苏沁牧场	苏沁	提升	2023 年	生态牧场、草原垂钓园、回乡风情街、敖包山	5	18000	招商
6	黑山头古城遗址公园	黑山头镇	新建	2024 年	遗址保护与展示、历史文化长廊、草原文化博览等区域	3	6000	招商
7	乌兰山景区	黑山头镇	新建	2022 年	新建游客服务中心，营地服务中心，场地及道路，建设观景台，卫生间，栈道，修建集装箱、帐篷、蒙古包客房，建设烽火台、祈福台、跑马场、驿站等旅游设施，配套建设供水、排水、景区标识等附属设施，草原山地滑索，内蒙古最高秋千，星空帐篷民宿，草原主题体验馆等旅游项目	8	6000	招商

续表

序号	名称	所在乡镇	建设性质	建设时间	建设内容	项目个数	投资总额/万元	资金性质
8	弘吉剌部	拉布大林至黑山头沿线	续建	2020 年	“做一天牧民”项目、四季营地、蒙古包里的智慧、引导标识	3	9000	招商
9	额尔古纳民族博物馆	额尔古纳市	提升	2020 年	草原毡乡、马背民族、草原酒艺、搭建蒙古包	4	1000	专项资金
10	自驾车营地	额尔古纳市	提升	2021 年	额尔古纳湿地自驾车营地、上库力自驾车营地、室韦文化旅游景区自驾车营地、七卡村自驾车营地、黑山头镇自驾车营地	5	5000	招商
二、特色旅游小镇开发								
1	恩和俄罗斯族风情小镇	恩和俄罗斯族民族乡	提升	2022 年	木刻楞农庄、民族风情娱乐中心、DIY 体验园	3	42000	自有资金
2	黑山头口岸小镇	黑山头镇	提升	2021 年	免税购物街、边境美食节、主题酒店、游艇穿梭、策马草场、日落山	6	26000	自有资金
3	室韦特色旅游小镇	蒙兀室韦乡	提升	2020 年	牧家乐、蒙古族文化体育园、界河大舞台、蒙古包宴席、冰雪乐园	5	12000	自有资金
三、产业基地								
1	拉布大林农牧场	拉布大林镇	新建	2023 年	农牧场旅游休闲区、农牧场摄影基地、冬季冰雪旅游区、现代农牧业科技产业园	4	52000	专项资金
2	三河马文化产业园	三河回族乡	新建	2022 年	三河马场（提升）、三河博物馆、马术运动场、马术俱乐部、牧马庄园	5	68000	专项资金
3	蒙古之源・蒙兀室韦文化旅游景区	蒙兀室韦苏木	提升	2020 年	蒙源文化博物馆、化铁开山实景体验、游牧部落演艺节目、蒙古包野奢营地、生态科普	3	30000	专项基金
四、基础设施建设								
1	额尔古纳通勤机场（上库力机场、太平川机场、恩和哈达机场）	额尔古纳市	新建	2021 年	机场综合楼，建筑面积约 1500 平方米；16 米 ×16 米气象观测场；建设机库、通信、供电、供热、供油、供水、污水处理等配套设施；本期工程机场总占地面积约 290 亩	6	26360	财政资金
2	草原列车	额尔古纳市	提升	2025 年（拟建）	草原列车轨道铺设，草原列车车厢改造	2	10000	专项资金

续表

序号	名称	所在乡镇	建设性质	建设时间	建设内容	项目个数	投资总额/万元	资金性质
3	三大草原风景道	额尔古纳市	提升	2023 年	自驾车配套项目建设、景点类项目	2	40000	财政资金
4	生态健身旅游道路	额尔古纳市	新建	2024 年	6 条健身游道总长度约 551 千米	6	60400	专项资金
5	旅游集散服务中心	额尔古纳市	提升	2021 年	一级旅游集散服务中心（额尔古纳市旅游集散中心）、二级旅游集散服务中心（黑山头、莫尔道嘎、蒙兀室韦、恩和、上库力）	6	20000	专项资金
6	旅游标识系统	额尔古纳市	提升	2021 年	沿草原旅游风景道沿线提升建设旅游标识系统	1	8000	专项资金
总计							529760	

6.10.2 效益评价

1. 经济效益

（1）旅游收入

额尔古纳市草原旅游总收入来自景区自然观光、门票收入以及餐饮、住宿、体验、购物等综合性经营收入（表 6–17）。

表 6–17 额尔古纳市草原旅游预计收益表

分期	年份	旅游人次 / 万	人均消费 / 元	旅游收入 / 亿元
近期	2019	462.84	1100	50.91
	2020	490.61	1100	53.97
	2021	529.86	1200	63.58
	2022	572.25	1200	68.67
中期	2023	606.58	1200	72.79
	2024	642.98	1200	77.16
	2025	681.55	1200	81.79
远期	2026	702	1300	91.26
	2027	723.06	1300	94.00
	2028	744.75	1400	104.27
	2029	767.1	1400	107.39
	2030	790.11	1400	110.62

（2）对国民经济贡献

根据发达国家和地区的发展经验，旅游收入对财政收入的贡献水平为 5%～10%，规划考虑到额尔古纳市近期旅游发展将以政府为主导，将贡献率确定为 2%，以此预计每年的财政收入贡献（表 6–18）。

表 6–18　额尔古纳市对国民经济预计贡献

分期	年份	旅游收入 / 亿元	对地方财政贡献 / 万元
近期	2019	50.91	10182
	2020	53.97	10794
	2021	63.58	12716
	2022	68.67	13734
中期	2023	72.79	14558
	2024	77.16	15432
	2025	81.79	16358
远期	2026	91.26	18252
	2027	94.00	18800
	2028	104.27	20854
	2029	107.39	21478
	2030	110.62	22124

（3）产业带动效益

旅游业具有广泛的产业关联性，可有效带动交通运输、特色农业产业、农产品深加工、旅游商品开发、土地升值、外来投资等。根据世界旅游组织资料显示，旅游行业每直接收入 1 元，相关行业的收入就能增加 4.3 元。根据额尔古纳的旅游发展水平，旅游直接收入与间接收入参考 1：3 的比例进行预测（表 6–19）。

表 6–19　额尔古纳市产业带动预测表

分期	年份	旅游收入 / 亿元	产业带动贡献 / 万元
近期	2019	50.91	152.73
	2020	53.97	161.91
	2021	63.58	190.74
	2022	68.67	206.01
中期	2023	72.79	218.37
	2024	77.16	231.48
	2025	81.79	245.37

续表

分期	年份	旅游收入 / 亿元	产业带动贡献 / 万元
远期	2026	91.26	273.78
	2027	94.00	282.00
	2028	104.27	312.81
	2029	107.39	322.17
	2030	110.62	331.86

2. 生态效益

在生态系统承载能力范围内，运用生态经济学原理和系统工程方法改变生产和消费方式，挖掘一切可以利用的资源潜力，发展一些经济发达、生态高效的产业，建设体制合理、社会和谐的文化以及生态健康、景观适宜的环境。生态经济是实现经济腾飞与环境保护、物质文明与精神文明、自然生态与人类生态的高度统一和可持续发展经济。

基础设施的完善，使得生态环境得到明显改善；镇区旅游的开发，使街道景观质量得到明显的提升；生物多样性和生物种质资源得到有利的保护；社区参与、全民受益，提高居民生态保育意识，促进资源的可持续利用；在保护的前提下利用旅游资源与环境，促进旅游经济和旅游目的地的可持续发展。

3. 社会效益

优化产业结构，促进当地国民经济和相关产业的发展。

增加就业机会，预计至 2030 年额尔古纳旅游业可提供直接就业岗位 5440 个，间接岗位达 16000 个，大大缓解就业压力（表 6-20）。

逐步完善社会基础设施，改善人民生活环境。

社区参与，全民受益，缩小贫富差距，提高人民生活水平，降低社会犯罪率。

提高当地居民素质，促进社会文明发展；促进不同国家和地区之间的信息文化交流。

表 6-20　额尔古纳市旅游业岗位预测表

分期	年份	日游客量 / 人	就业岗位 / 个
近期	2019	31869	3187
	2020	33782	3378
	2021	36484	3648
	2022	39403	3940
中期	2023	41767	4177
	2024	44273	4427
	2025	46930	4693

续表

分期	年份	日游客量 / 人	就业岗位 / 个
远期	2026	48337	4834
	2027	49788	4979
	2028	51281	5128
	2029	52820	5282
	2030	54404	5440

6.10.3 近期任务与分解

针对本规划对额尔古纳市草原旅游发展布局和部署，近期着重从政策配套、项目打造、景区提升、设施配套、生态环境保护、市场营销等十大方面进行草原旅游发展突破和提升，具体任务和分解见表 6–21。

表 6–21 近期行动计划与任务分解

序号	项目名称	主要任务	牵头单位	配合单位	任务年限
1	出台配套支持政策	出台市财政对草原旅游产业的投入支持政策，整合相关资金支持政策和吸引社会资本参与草原旅游创建的优惠政策	市财政局	市文化旅游体育局、市发改委	2020 年
		出台发展涉草旅游项目支持政策	市林业和草原局	市文化旅游体育局	2020 年
2	三大品牌引擎类项目	乌兰山景区：新建游客服务中心 2000 平方米；营地服务中心 300 平方米；场地及道路 3600 米；高压供电线路 27 千米；建设观景台 1500 平方米；卫生间 1500 平方米；栈道 4308 平方米；修建集装箱、帐篷、蒙古包客房 67 个；建设烽火台、祈福台、跑马场、驿站等旅游设施，配套建设供水、排水、景区标识等附属设施	市文化旅游体育局	市自然资源局、市住建局、黑山头镇、景区	2020 年
		额尔古纳湿地景区：提升项目主要设施，建设科普小径等，提升停车场、游客中心、游步道、旅游厕所、电瓶车道等公共服务设施	市文化旅游体育局	市文化旅游体育局、市林业和草原局、相关乡镇、苏木、景区	2020 年
		蒙古之源 · 蒙兀室韦文化旅游景区：依托室韦蒙古族起源、黄金家族象征这一天然文化优势，创建额尔古纳蒙古文化朝圣地的创建工作	市文化旅游体育局	市自然资源局、市林业和草原局、市农牧业局	2020 年

续表

序号	项目名称	主要任务	牵头单位	配合单位	任务年限
3	三大特色旅游小镇	蒙兀室韦特色旅游小镇：完成特色小镇申报，指导完善项目区总体规划设计，建设方面主要包括场镇民居风貌改造、基础服务配套、业态调整、环境提升等内容	市文化旅游体育局	市文化旅游体育局、市财政局、市自然资源局、市住建局、市林业和草原局	2021 年
		黑山头镇—口岸特色旅游小镇：完成特色小镇申报，指导完善项目区总体规划设计，建设方面主要包括场镇民居风貌改造、基础服务配套、业态调整、环境提升等内容	市文化旅游体育局	市文化旅游体育局、市自然资源局、市林业和草原局	2020 年
		恩和俄罗斯族风情小镇：完成特色小镇申报，指导完善项目区总体规划设计，建设方面主要包括场镇民居风貌改造、基础服务配套、业态调整、环境提升等内容	市文化旅游体育局	市发改委、市文化旅游体育局、市工业和信息化局	2021 年
4	四大产业基地	上库力田园综合体：督促指导完善项目区总体规划设计，产业基地的基础设施建设	市文化旅游体育局、市农牧业局	市自然资源局、市林业和草原局	2021 年
		三河马文化产业园：督促指导完善项目区总体规划设计，产业基地的基础设施建设	市文化旅游体育局、市农牧业局	市自然资源局、市林业和草原局	2021 年
		拉布大林农场：督促指导完善项目区总体规划设计，产业基地的基础设施建设	市文化旅游体育局、市农牧业局	市自然资源局、市林业和草原局、市交通运输局	2021 年
		蒙兀室韦田园综合体：督促指导完善项目区总体规划设计，产业基地的基础设施建设	市文化旅游体育局、市农牧业局	市自然资源局、市林业和草原局、市交通运输局	2020 年
5	三大支撑旅游景区	哈乌尔河景区：完成哈乌尔河景区建设，完成项目方案设计，规划建设工程、基础建设工程，游步道、生态厕所、游客中心等基础配套服务设施建设，丰富游乐项目，增强接待能力，提升景区形象	市文化旅游体育局	市文化旅游体育局、市自然资源局	2019 年
		弘吉剌部景区：完成弘吉剌部非遗生态部落保护法规、商业限制法规。规划建设工程、基础建设工程，游步道、生态厕所、游客中心等基础配套服务设施建设，丰富游乐项目，增强接待能力，提升景区形象	市文化旅游体育局	市文化旅游体育局	2020 年
		“草原在这里”景区：完成项目方案设计，规划建设工程、基础建设工程，游步道、生态厕所、游客中心等基础配套服务设施建设，丰富游乐项目，增强接待能力，提升景区形象	市文化旅游体育局	市政府、市文化旅游体育局、市自然资源局	2019 年

续表

序号	项目名称	主要任务	牵头单位	配合单位	任务年限
6	一个重点乡村	七卡屯：完成七卡屯美丽乡村建设中的基础设施，建设工程建设与景观提升	市文化旅游体育局	市文化旅游体育局、市公安局、各级人民政府	2019 年
7	基础设施提升	旅游公路建设：由黑山头口岸至室韦的公路，界河风景道提升规划。6 条健身步道基础提升建设	市交通运输局	相关乡镇、苏木	2021 年
		旅游厕所：新建 2A 级以上旅游公厕 11 个，提升景区厕所品质；创新旅游厕所管理模式，鼓励“以商养厕、以商管厕”，加强日常管理	市文化旅游体育局	市文化旅游体育局、相关乡镇（苏木）	2020 年
8	建设提升宾馆饭店	改造提升或新建一批旅游饭店和经济型连锁酒店。按照国际水准的度假酒店标准进行改造和提升度假酒店。完成额尔古纳四星级酒店及旅游休闲度假区规划建设工作	市工业和信息化局	市发改委、市自然资源局、相关乡镇（苏木）	2020 年
		加强现有宾馆饭店规范管理，做好星级旅游饭店创建工作	市文化旅游体育局	市市场监督管理局、相关乡镇（苏木）	2020 年
		大力推进旅游星级牧家乐创建和评定工作，并融入自驾游线路开发中	市文化旅游体育局	市市场监督管理局、相关乡镇	2021 年
		打造民俗品牌：充分挖掘利用资源，加强高端、特色民宿建设，规范管理，打造品牌民宿。初步形成“俄罗斯木刻楞”“蒙古包”“俄式风情建筑”三大民宿品牌，出台相关建设标准	市文化旅游体育局	市自然资源局	2020 年
9	生态环境保护与环境治理	加强草原自然资源与生态环境保护：加强市域内自然与人文旅游资源的保护，加大自然保护区管护力度，落实最严格的水资源管理制度，严控“三条红线”，逐步清除水库网箱，严格控制农业面源污染	市文化旅游体育局、市水利局、市林业和草原局、森工集团	市文化旅游体育局、各乡镇	2022 年
		加强草原自然环境治理：区域内所有景区景点和乡村旅游点卫生环境良好，污水集中处理、垃圾集中收集处理	市生态环境局	市住建局、各乡镇、景区	2020 年
		整治影响草原旅游发展的环境污染：大力推进煤改气、柴改电，整治饭店油烟，禁止秸秆焚烧，治理工地扬尘，确保空气质量优良	市文化旅游体育局、市市场监督管理局、市住建局、市农牧业局	各乡镇（苏木）	2021 年

续表

序号	项目名称	主要任务	牵头单位	配合单位	任务年限
10	智慧旅游及营销推广	依托额尔古纳旅游官方微信平台、旅游网站、旅游官方微博、手机客户端等平台，为游客提供额尔古纳市草原旅游导游、导览等即时信息服务。打造额尔古纳市草原旅游品牌。拍摄“父亲的草原母亲的河”视频宣传片	市文化旅游体育局	市电信公司、移动公司、联通公司、相关景区、乡镇	2022 年
		开展草原旅游推介活动：做热京津冀地区以及长三角市场，巩固成熟市场，拓展京津冀市场	市文化旅游体育局	相关景区	2022 年

6.11 草原旅游规划实施保障措施

6.11.1 政策措施

（1）财政金融政策

加大景区建设资金扶持力度。制定切实可行的货币补偿政策，使景区的草地资源得以恢复与保护；保障居民点调控资金，使景区建设控制过程得以高效、有序进行，保证景区的环境效益、经济效益和社会效益协调发展。

增加市财政旅游产业发展基金。主要用于宣传推广、规划编制、人才培养和公共服务体系建设等项目，对符合条件的草原旅游企业、重点项目、具有影响力的品牌景区、信息化工程、游客服务中心、休息驿站、旅游公厕等要给予政策扶持。充分对接生态文明建设、乡村振兴等国家战略，积极争取国家、自治区草原保护和乡村配套资金，向草原旅游区域倾斜。

（2）旅游用地政策

研究制定对农村经营性建设用地、农地、林地、草地等农村土地的用地政策，支持旅游开发建设。有效运用城乡建设用地增减挂钩政策，促进土地要素有序流动和合理配置，构建旅游用地保障新渠道。

坚持节约用地，按照土地利用总体规划、城乡规划安排旅游用地的规模和布局。明确和落实规划的强制性内容，须对景区不可再生性资源的保护、自然景观核心区等强制性内容进行规定，落实强制性保护措施。严格控制草原景区的建设项目及各类建设活动。

6.11.2 融资措施

采用申请旅游专项资金、自有资金、信贷融资、招商引资、集资入股等多种融资渠道，保障草原旅游项目顺利推进。

（1）改善投资环境

继续改善额尔古纳市的旅游交通体系和基础设施条件，将招商项目的用地、征拆迁、规划等方面提前落实。积极提升“软件”条件，规范投资项目行政审批流程，不断完善服务功能和管理机制，拓宽服务领域，提高办事效率，为投资者提供更方便、快捷和优质的服务。

（2）招商引资项目跟踪落实

建立草原旅游招商引资重点项目落实情况、汇总分析制度，加强招商签约项目跟踪服务的动态管理，掌握招商项目的运行落实情况。制定激励和考核制度，督促招商项目推进落地，尤其是加快将意向性项目转变为符合法规的协议和合同；对已签订经济合同的招商项目，要跟踪落实到位资金，促进项目开工，使之“引得进、留得住、能发展”。

（3）切实做好招商项目前期工作

各部门要围绕额尔古纳市草原旅游资源优势，认真做好招商项目统筹筛选论证工作。分级建立招商引资项目库，对开发条件较成熟的项目要聘请有资质的机构编制可行性研究报告，创造项目实施条件，集中对外发布，用优质项目吸引外资。

（4）充分发挥全域旅游政策优势

紧抓额尔古纳湿地 5A 级旅游景区的创建，打好“亚洲第一湿地”的品牌，利用旅游度假区、全域旅游示范区创建这一优势，在用地、税费、财政转移支付等方面积极争取和利用各级政策，引导企业完善旅游产业体系。

（5）不断创新招商引资方式

根据市场变化趋势及时调整招商引资方式，推动跨区域、跨行业、跨所有制的横向经济技术合作，进一步加强与各类经济组织间的信息交流，有针对性地开展双向考察活动，促进招商引资工作向良性方向发展。

6.11.3 管理措施

成立额尔古纳市草原保护与旅游开发领导小组，分管市领导担任组长，办公室设在文化旅游体育局，成员由林业和草原局、自然资源局、生态环境局等共同组成，对额尔古纳市草原旅游资源开发利用和重大事项进行统筹决策管理。

强化草原景区管理机构的行政管理职能，持续推进草原生态体系保护建设，努力解决好生态保护与经济发展的“双赢”关系。

尽量采取一级政府管理，在整个草原区域保护管理的过程中，行政管理为龙头、专业管理为骨干、群众管理为基础，建立群众参与决策的机制。

规范行政行为，建立行政行为追究监督制度。健全行政行为的责任追究制度，各级政府主管部门都必须遵守经过审批、具有法律效力的各项规划，确保依法保护资源和依法实施规划。

加强监督检查。要建立健全监督检查的制度和责任追究制度，确保各项法规的严格执行。

专栏

额尔古纳市草原旅游管理办法

第一条　为保障草原资源的合理开发和利用，加强草原风景区的管理，维护草原所有者和承包经营者的合法权益，预防草原被污染、破坏和发生火灾，根据有关法律、法规，结合额尔古纳市实际，制定本办法。

第二条　本办法所称草原风景区，系指可供旅游、观光、度假、疗养，具有观赏景象的草原区域。包括山地草原、河谷草原以及面积在30亩以上的林间草地和草地类自然保护区。

第三条　草原风景区由当地县（市）草原监理机构提出划区方案，经本级畜牧行政主管部门审核后，报本级人民政府批准。草原风景区跨县（市）以上行政区域的，前款职责权限分别由其上一级机关行使。

第四条　在草原风景区内建立旅游区、度假村、疗养院，以及开展与其相关的经营服务活动的单位和个人，必须遵守草原法律、法规、规章和本办法。

第五条　凡在草原风景区开设季节性旅游区（点）、搭建临时度假村，以及开办与其相关的经营服务活动的单位和个人，事先应当向草原风景区所在地的县（市）草原监理机构提出申请，经畜牧行政主管部门审核批准后，在草原监理机构办理临时使用草原许可证。

第六条　未经县（市）以上人民政府批准，任何单位和个人不得在草原风景区内建立永久性旅游区（点）、度假村、疗养院、道路和其他设施。根据国家或者自治区计划确需建设的，建设单位应当持有按照国家基本建设程序批准的设计任务书和批准文件，依照有关法律、法规和规章规定的程序和权限，办理征占用草原许可证手续。

第七条　在草原风景区申请办理临时使用草原许可证和征占用草原许可证时，应当按《自治区实施〈草原法〉细则》等有关规定交纳有关费用。所收取费用的管理和使用，须按国家和自治区有关规定执行，并接受财政、物价部门和审计、监察机关的监督检查。

第八条　临时使用草原许可证的持有者应当与县（市）草原监理机构签订保护草原

专栏

责任书，保证草原风景区的植被得到保护，环境不受污染，防止草原火灾发生，并确定适宜的旅游、度假范围和观光、游览路线。

第九条　在草原风景区旅游、观光、度假、疗养者，必须严格遵守《草原防火条例》和《自治区草原防火实施办法》，不得违法违章用火或者丢弃火种。

第十条　对下列违反本办法规定的行为，依据《草原法》《自治区实施〈草原法〉细则》以及有关法律、法规进行处罚。

（一）未经批准或者擅自扩大批准占用范围，在草原风景区建立旅游区（点）、度假村、疗养院、建设永久性建筑物、修建道路以及开办其他与其相关的经营服务活动，致使草原植被遭受破坏的责令赔偿损失，恢复植被。情节严重构成犯罪的，依法追究刑事责任；

（二）在草原风景区内设立的旅游区（点）、度假村、疗养院和开办其他与其相关的经营服务活动，因管理不善，造成草原环境污染的，责令限期改正，赔偿损失，清除污染；污染严重的，提请环保部门依照《环境保护法》和《自治区环境保护条例》予以处罚；

（三）机动车辆随意离路在草原风景区内行驶，碾压、破坏草原植被的，处以 100 元以下的罚款。

在草原风景区内违章用火的，依照《草原防火条例》和《自治区草原防火实施办法》处罚。

第十一条　对不按规定交纳草原管理费的经营单位和个人，按月加收 5% 的滞纳金。

第十二条　违反本办法和有关草原法律、法规和规章，拒不接受草原监理人员依法监督检查，不听劝阻，妨碍执行公务、无理取闹的，由公安机关依照《治安管理处罚条例》处罚；构成犯罪的，提请司法机关追究刑事责任。

第十三条 本办法适用中的具体问题，由自治区畜牧行政主管部门解释。

第十四条 本办法自发布之日起施行。各级人民政府和有关部门过去制定的有关草原风景区管理的规定与本办法不符的，应当以本办法为准。

6.11.4　人才保障

充分发挥额尔古纳市蒙源旅游文化有限公司现有人才优势，与周边院校管理学院合作，开展统一的入职培训，提高管理人员综合素质和管理能力，以满足景区建设和管理的要求。

（1）设立旅游人才发展目标

拟在2022年年底前培养或引进5名左右具有国内先进水平的旅游业领军人才；50名左右起到骨干和核心作用的行业领路人、高级管理人才和高级康养专业技术人才；500名左右旅游基层管理人员和专业技术人员；5000名左右专业基层工作人员。

（2）加大特色民族人才引进和培养

政府公开定向招聘、扶持补贴企业招聘、利用社会智力资源，特别是掌握民族特色工艺的少数民族（如俄罗斯族、蒙古族）人才。深入挖掘培养本地具有民族特色的旅游接待人才，具有民族演绎、经营、管理天赋的人才。

（3）加强专业人才培训

扶持额尔古纳市职业中学旅游相关专业人才培养和选拔，抓紧抓好在职人员培训，开展广泛持续的业务交流，增强管理人员专业技术水平。

（4）完善人力管理办法

建立旅游人才专家信息库；促进旅游人才的区域流动与交流；实施旅游人才奖励政策；推动旅游人才的信息管理；建立健全导游准入退出管理机制，实行导游人员有序流动的开放式管理，实现导游执业的自由化和法制化。

6.11.5 社区参与

在制定草原旅游发展方案的过程中，需确保草原居民参与到草原旅游发展决策中来，在旅游产品开发过程中，确保居民有机会直接参与决策讨论、制定及执行；使居民理解、参与草原旅游的开发并从中受益，保障草原旅游业和环境保护事业健康发展，促进区域系统生态、社会和经济全方位可持续发展。

（1）教育与培训机制

额尔古纳市地处我国边境地区，居民（特别是牧民）受教育水平总体偏低，观念落后，对于旅游业和社区参与缺乏正确的认识，更缺乏参与旅游开发和经营管理的专业知识和技能。为保障社区居民的正当利益，必须进行相应的旅游培训教育，以提高人力资本竞争力，提高参与获利的能力。

一是旅游观念培训。包括生态环境意识、环保知识和技术、旅游业的基本知识、本地区的旅游资源和文化传统等。旨在培养居民树立正确的生态观、旅游观、发展观和民主参与意识，并强化居民对生态旅游发展的认同。

二是旅游规划参与能力与监督能力培训。让居民了解规划的基本理论、方法和参与形式以及相应的参与技术，可以使社区居民更好地从旅游开发之初就能参与进来，能在旅游规划中发表自己的意见并监督规划的施行。

三是旅游从业知识和技能培训。制定针对当地居民的生态旅游区就业培训计划，包括服务意识、基本服务技能和专门开发技能；使他们有能力开设与经营如导游服务社、乡土餐馆、家庭旅馆、家庭手工作坊等旅游企业。

四是当地民族传统工艺技术培训。额尔古纳市是一个多民族的聚居区，22% 的人口是少数民族，主要是蒙古族、俄罗斯族、回族等，民族文化氛围浓厚，保留有蒙古包、奶豆腐、奶茶、烤全羊、手扒肉等众多传统民俗及工艺。应聘请省内或区内的俄罗斯族、蒙古族工艺专业技术人员定期举办各种农牧民民族工艺制作培训班，既便于继承和发扬民族工艺技术，开发高品质的旅游商品，又为农牧民从单一的畜牧业经营向多元化经营方式转变，实现脱贫致富打下基础。

（2）制度与组织保障

为保证居民参与的权利得到切实有效的保障，地方政府或人大以及社区还应该建立专门的执法和监督机构。在社区内部，由居民组成生态旅游发展协会，对本社区的旅游开发和经营行为以及旅游管理部门的行为等进行监督，确保他们的行为符合社区居民的普遍利益。此外，应成立一个由专家、经营管理者、当地环保职能部门代表、社区居民代表等组成的环境监督小组，对社区的环境质量进行评价，防止旅游开发导致的环境恶化，提出预防和改进措施。

（3）财政保障机制

社区参与生态旅游开发，生态旅游规划、资源环境保护、景点景区建设、社区教育培训、基础设施建设、产品设计与市场营销等需要大量的资金。为了确保生态旅游业为社区所控制，为社区提供源源不断的收入，社区居民需要自身投资开办相应的旅游接待企业，这也需要大量资本的投入。

没有财政保障，社区参与生态旅游开发将无法实现。政府应该在财政上对社区给予支持，运用政府资金进行基础设施建设，帮助居民筹措开展经营活动所需资金，协调金融机构提供低息贷款、小额贷款等。

（4）法律保障机制

通过法律法规来保障社区居民参与生态旅游、参与社区发展的权利，并有足够的代表性去影响决策，将社区参与的权利合法化、制度化。明确社区参与旅游发展的目标、性质、内容、权限、程序、途径、机构、组织、职能以及处罚办法等。相关的规范在旅游行政管理部门或立法机构制定的旅游规划招标办法及旅游规划实施细则中加以详细说明，以保证社区居民参与旅游发展有法可依、有章可循。建立居民申诉机制，对于那些违反社区参与法律规定的部门和个人给予处罚。

第 3 篇

乡村旅游高质量发展规划

——以磴口县为例

第 7 章

乡村旅游的内涵和特征

7.1 乡村旅游的发展历程

乡村旅游历史悠久，最早可追溯到 19 世纪初的欧洲，工业革命把工人从繁重的劳动中解放出来，人们开始意识到乡村旅游的价值，法国、意大利、西班牙等国先后出现了各种形式的乡村旅游。我国乡村旅游起源早、发展晚，最早的表现形式是农村居民传统的走亲戚和文人墨客的乡村探幽（周静 等，2007）。我国现代意义上的乡村旅游开始于 20 世纪 80 年代，成都“徐家大院”的诞生标志着我国乡村旅游以“农家乐”模式拉开了序幕。此后，政府及有关部门高度重视乡村旅游的发展，并把其作为我国新农村建设和城乡统筹发展的动力之一。直到中国经济社会进入新时代，乡村旅游在促进农业供给侧结构性改革、打赢脱贫攻坚、推动乡村振兴方面发挥着重要作用。

7.2 乡村旅游的五大内涵

因语言使用习惯的差异，乡村旅游的英文表达有“Rural tourism”“Village tourism”“Agro/agri–tourism”（Hall，2000）。世界旅游组织将乡村旅游定义为：在非传统农村区域、市郊区和欠发达市区的乡村范围内及其周边地区停留、学习和体验乡村生活方式的活动（UNWTO，1997）。在国内，何景明等（2002）认为，乡村旅游是指在乡村以具有乡村性的自然和人文为吸引物的旅游活动。郭焕成等（2010）认为，乡村旅游是指以乡村地区为活动场所，利用乡村独特的自然环境、田园景观、生产经营形态、民俗文化风情、农耕文化和农舍村落等资源，为城市游客提供观光、休闲、体验、健身、娱乐、购物和度假的一种新的旅游经营活动。在我国乡村振兴战略背景下，乡村旅游被定义为“以包括农村和城乡交错带为地理空间，以城市游客为参与主体，以乡村农户为主要经营主体”（赵承华，2011）。

然而目前，国内外关于乡村旅游的概念还未有统一的界定，在此，笔者汇总了学者们对该旅游活动类型比较一致的观点，共涉及以下五大内涵。

7.2.1 以乡村地域为依托

乡村旅游是发生在村落、乡镇以及周边自然环境的乡村地域范围内，即国家行政建制设市的城市市区以外的广大区域，包括城市郊区、建制镇及其他农村地区（刘红艳，2005）。换句话说，如果旅游活动不是发生在乡村地域范围，如城市地域范围中的农家乐、民俗村、农业园、休闲农庄等，这些都不属于乡村旅游的范畴。另外，乡村地域范围内发生的旅游活动并不都是乡村旅游，该地域范围内的现代化疗养园区、游乐场、主题公园均不应归为该范畴（林刚 等，2006）。

7.2.2 以乡村田园风光、农事活动、民俗文化为吸引物

乡村旅游以乡村地域范围为载体，在每个乡村都有其特定的自然和人文环境，具有特定的活动特征和特有的建筑用材、聚落造型，反映了一定区域的文化基因（刘沛林 等，2010）。因此，根据乡村所具备的旅游吸引物，我们可以将乡村旅游资源分为以下 4 类。①乡村田园风光景观。农田和耕地、经济果林与蔬菜园区、天然或人工水面等乡村自然田园风光是乡村旅游中最重要的资源之一。②乡村聚落建筑景观。包括乡村民居和宗祠建筑以及其他建筑形式，我国有很多典型的乡村建筑，如福建土楼、徽州民居、傣族竹楼、窑洞、湘西吊脚楼、南海神庙等，这些都反映出了某个乡村所在的地理环境特征、在发展历程中形成的特有地域文化、历代劳动人民智慧的传承与创新。③乡村农事活动景观。春季时的犁地、施肥、播种，夏季时的收割小春农作物、追肥浇水、除草、防治病虫害，秋季时的收获大秋作物、播种半冬性小麦，冬季时的追施冬肥、防治冻害、播种育苗，以上均是劳动人民的主要农事活动，也是乡村旅游的重要组成部分。由于乡村所处地理纬度、海拔高度、地形地貌等存在差异，农事活动呈现出显著的地域性。④乡村民俗文化景观。按照创造主体和应用场景的不同，民俗文化涉及生产劳动民俗、日常生活民俗、社会组织民俗、岁时节日民俗、游艺民俗、民间观念、婚丧嫁娶等。良好的民俗文化不仅有利于乡村精神文明的建设，还会在乡村旅游活动中发挥教化游客的作用。

7.2.3 以城市居民为主要客源

乡村旅游的消费者主要是城市居民。城市化进程无疑提高了人们的经济水平，加快了人们旅游的步伐，但也使人们疏远自然、处于快节奏状态。频繁进行的城市内旅游、人口聚集引发的各种城市问题、迫切需得到满足回归自然的情感需要，使人们不再被城市旅游该类单一的资源吸引。此时，向外地流动成了一种自然的、有力的倾向（谢彦君，1999），毗邻旅游城市的乡村地域成了城市居民选择的目的地之一，乡村旅游由此而产生并发展起来。

7.2.4 以回归自然、放松愉悦、学习考察为主要动机

在众多的旅游产品中，促使消费者选择乡村旅游活动的内在动因即旅游动机是多样的。其中，回归自然、放松心情、愉悦身心、消除疲劳、恢复体力、学习考察是乡村旅游者较为倚重的旅游动机（林刚 等，2006；张建国 等，2007；徐培 等，2009；张一 等，2014；鄢志武 等，2020）。结合当前背景，在疫情的影响下人们的旅游需求被严重压抑，人们渴望回归自然、放松愉悦、恢复体力，加之乡村多处于城郊，其地域辽阔、人口密度小、出行距离短、人均消费低，乡村旅游更加符合经历疫情以后游客的需求。

7.2.5 以可持续发展为导向

可持续发展是推动乡村旅游提质增效的必要路径。文化和旅游部等 17 个部门于 2018 年联合发布的《关于促进乡村旅游可持续发展的指导意见》中明确指出了乡村旅游可持续发展的 5 项措施，标志着乡村旅游开启可持续发展新时代的到来，分别是：①加强规划引领，优化区域布局，促进乡村旅游区域协同发展；②完善基础设施，提升公共服务，改善乡村旅游环境，促进乡村旅游便利化；③丰富文化内涵，提升产品品质，丰富乡村旅游产品类型，提高乡村旅游服务管理水平；④创建旅游品牌，加大市场营销，培育构建乡村旅游品牌体系，创新乡村旅游营销模式；⑤注重农民受益，助力脱贫攻坚，探索推广发展模式，完善利益联结机制。

7.3 乡村旅游的特征

7.3.1 乡村旅游目的地的乡村性

乡村性是乡村“之所以成为乡村的条件”，是揭示和识别乡村内部差异和乡村地域空间的重要指标（龙花楼 等，2012），是乡村旅游的本质特征和根本属性。从游客心理行为分析，乡村旅游就是“寻找乡愁”，具有“乡村性”特色旅游景观将是未来社会稀缺资源和休闲旅游的奢侈品（朱运海 等，2020）。由于乡村旅游的客源多是城市居民，“乡村性”主要在于乡村突出自己独特的田园风光景观、聚落建筑景观、农事活动景观、民俗文化景观（与其他乡村比较）以及极具差异化的旅游活动及体验（与城市地域比较），突显“古、始、真、土”特色，是乡村旅游的独特卖点。

7.3.2 乡村旅游时空的差异性

乡村旅游在空间上具有明显的地域差异性。受气候、地形、水源、交通、人口、经济等因素的影响，乡村田园风光景观、聚落建筑景观、农事活动景观、民俗文化景观风格迥异。以乡村聚落建筑景观为例，人口稠密的旱作农业地区的乡村聚落分布较为密集，地形复杂或水稻生产地区的乡村聚落分布较为分散，位于山区的乡村聚落分布为半聚集型。与南方地区相比，我国北方地区气候相对寒冷，地形相对平坦，人口相对稀疏，乡村建筑为获得充足阳光大多坐北朝南，墙体厚而窗少，整体呈现方正井然的格局。南方地区为减少潮湿、流通空气，乡村建筑多采用南向或东南向以接收夏季海风，墙体薄而窗多，建筑下方常用架空的干栏式构造，整体多沿河流呈带状或零星分布。

乡村旅游在时间上呈现出显著的季节差异性。乡村旅游与自然环境紧密关联，其受到气候变化的影响剧烈，产生的季节变动导致乡村旅游出现淡旺季交替现象。以乡村田园风光景观为例，北方地区一旦进入冬季，作物萧条、花草凋谢、景观单调，乡村旅游进入淡季。该期间旅游设施处于低效利用状态，乡村旅游经营者的经营和运营压力大，社区居民的收入骤减，引发一系列社会问题。

7.3.3 乡村旅游产品的参与体验性

体验式旅游是现代旅游中最具开发潜力的亮点，同时也是旅游者从被动接受旅游产品到主动参与的体现。乡村旅游作为现代旅游形式之一，乡村旅游者不再是单一的吃饭和住宿，而是注重体验乡村田园生活。事实上，很多乡村旅游经营者已充分认识到了这一点，除了观光花园、观光农场、观光渔场、特色民宿，还增加了农耕、传统农具体验、传统作坊体验、果蔬采摘、田园垂钓等体验项目，乡村旅游正在朝着深度体验、深度参与的方向迈进。

7.3.4 乡村旅游消费的低廉性

由 2015—2019 年我国休闲农业和乡村旅游的发展数据（表 7–1）可知，接待游客数量和营业收入每年呈递增趋势（2016 年除外），但接待游客数量增长率高于营业收入增长率，营业收入总量较少、增长较缓慢。2015—2019 年每人次的消费贡献分别为 200 元、272 元、264 元、267 元、258 元，这主要是因为我国乡村旅游产品丰富性不足，高端产品缺乏，造成人均消费不高、乡村旅游目的地整体收入不高的情况。

表 7–1 2015—2019 年我国休闲农业和乡村旅游的接待数量和营业收入

年份	2015	2016	2017	2018	2019
接待数量 / 亿人次	22	21	28	30	33
营业收入 / 亿元	4400	5700	7400	8000	8500

注：数据来源于农业农村部。

第 8 章

我国乡村旅游发展现状和趋势

8.1 我国乡村旅游的发展现状

乡村旅游已经成为我国旅游业重要的组成部分，是推动乡村振兴以来的旅游消费热点。我国的乡村旅游已经经过了三个阶段：20 世纪 80 年代以来的乡村观光、20 世纪 80 年代以来的乡村“农家乐”、2007 年以来的乡村休闲与度假。从 21 世纪 10 年代开始，我国乡村旅游进入第四个发展阶段，即乡村旅居（谢冬明 等，2019）。活动内容从观光、食宿、体验向回归乡村生活转变，活动时间从当天往返、过夜到长期逗留，居住方式从不居住、暂居到长期租住甚至直接购买住房。目前，我国乡村旅游的前两个阶段已经完全成熟，第三个阶段部分成熟，第四个阶段基本不成熟，这也是乡村旅游未来发展的终极阶段。

8.1.1 我国乡村旅游发展取得的成就

在我国经济飞速发展、各级政府大力开发和推广乡村旅游、城市居民渴望回归自然等多种因素的推动下，我国乡村旅游已经在发展规模、产品种类、发展形式、影响作用等取得了可喜的成就。

在发展规模方面，在“绿水青山就是金山银山”的理念下，我国乡村旅游不断发展和创新。从 2010 年至今，全国范围内大部分省（区、市）已经界定了近 1500 个中国“美丽休闲乡村”。2015—2019 年，全国乡村旅游接待数量从 22 亿人次上升到 33 亿人次，营业收入从 4400 亿元增长到 8500 亿元。2019 年，我国乡村旅游接待人次达到了 33 亿，占国内旅游人次的比重为 51.4%。随着新冠疫情对生产生活秩序影响的逐步减弱，乡村旅游经历“低迷”后再度兴起，2020 年 1—8 月，中国休闲农业与乡村旅游接待人数达 12.07 亿，休闲农业与乡村旅游收入达到 5925 亿元，很多地方的乡村旅游基本恢复。2021 年国内生态旅游达到 20.93 亿人次，占国内旅游总人次的 64.5%，乡村旅游已占据了旅游市场的“半壁江山”。

在产品种类方面，为满足乡村旅游者的多种动机，我国的乡村旅游产品种类繁多且个性突出。目前，中国的乡村旅游可按照旅游者的目的划分为 8 类，分别是乡村观光旅游、乡村农家乐、乡村文化旅游、乡村休闲旅游、乡村度假旅游、乡村健身旅游、乡村体验旅游、乡村探险旅游。一些地区的乡村旅游挖掘了当地独有的风土人情，个性化开发具有丰富情感、高附加值的旅游产品。如云南开远红土寨旅游新农村，采用“一个片区，多种模式”的多样化改造方式，通过对建筑立面、房屋院落、村落街道等区域的改造，努力做到旅游口号所宣传的“幸福在哪里，开远告诉你”，为开远的乡村旅游打造了一张靓丽的名片。

在发展形式方面，我国乡村旅游经历了 30 多年的发展，从初期单一的“农家乐”形式已经发展并形成了多种多样的乡村旅游形式，“乡村旅游 + 艺术”“乡村旅游 + 研学”“乡村旅游 + 饮食”“乡村旅游 + 康养”“乡村旅游 + 体育”等“乡村旅游 +”形式层出不穷。一些新的乡村旅游形式还在涌现，山东省淄博市东庄村建设了“以房养老 + 民宿旅游”的乡村旅游形式，改善了房屋闲置问题，解决了农村养老难题，形成了一条全村人民受益的产业链，有利于其农村旅游的可持续发展（朱岳铭，2019）。

在影响作用方面，乡村旅游在促进乡村振兴方面起到了实际效用，尤其体现在推动乡村人口回流、解决乡村贫困问题、统筹城乡发展上。根据文化和旅游部数据中心的数据，2010 年中国外出农民工数量增速为 5.2%，2011—2016 年逐年下降，留在本地就业的人口中有相当比例从事了旅游业；截至 2021 年，中国已培育并形成 1199 个乡村旅游重点村，帮助 2.26 万个建档立卡贫困村脱贫摘帽（孙九霞 等，2021）。同时，发展乡村旅游使得城市的人口、技术、资本、资源向乡村流动，焕发了乡村发展的动力，有利于改善农村的生态和社会环境，打破我国城乡对立的二元体制机制，促进城乡一体化发展，拉动我国经济平衡且充分发展。

8.1.2 我国乡村旅游发展存在的问题

（1）规划引导缺位

由于乡村旅游开发和建设对地域资源和国家政策的依赖等众多原因，我国乡村旅游出现了高度同质化、乡村性缺失、掠夺式开发资源等问题。在区域范围内，缺乏对乡村旅游资源的整合和统一开发，产业化程度低；在村民关系上，对人文要素的关心不够，在调动村民的积极性上有待提高；在经营建设中，缺乏差异化、趣味化、知识化的主题特色，旅游产品的市场竞争力和附加值不高。

（2）设施服务滞后

由于乡村自身的经济程度受限，我国现代乡村旅游的开发时间短，我国乡村旅游的配套设施普遍不够健全，主要体现在可进入性、基础设施、配套设施等方面，与人们向往的美好乡村生活还存在较大差距。相关从业人员的服务意识不强、服务水平有限、服务管理欠规范，在一定程度上也影响了消费者的旅游体验和顾客忠诚度。

（3）创新意识不足

我国乡村旅游普遍盛行跟风发展，模仿大于借鉴，大多是低层次的自然资源开发和重复建设，乡村建筑与周围环境不甚协调，忽略对自身特色乡土文化的认识、开发和利用，对自身的定位较为狭隘，缺乏乡村旅游品牌的建设，乡村整体风貌“千篇一律”。

8.2 我国乡村旅游的发展趋势

8.2.1 乡村旅游产业链进一步完善

随着一系列利好政策的不断推出和乡村旅游自身的活力，乡村旅游的产业链将进一步完善，在构建农村第一、二、三产业融合发展体系方面发挥重要作用。未来乡村旅游将继续深度挖掘和利用自身优势资源，在“吃、住、行、游、购、娱”等旅游要素环节拓展业务，乡村旅游与农产品深加工、传统手工业传承、农村地区养老、信息互联网、文化创意产业等衔接更为紧密。

8.2.2 乡村旅游服务类型进一步丰富

目前，我国乡村旅游早已超越“农家乐”形式，服务类型向观光、休闲和度假复合型转变。我国学者根据已有的服务类型，按照旅游吸引物的标准将乡村旅游分为休闲观光类、农事体验类、农业科技类、乡村文化类、特色村镇类（王新越 等，2016）。未来乡村旅游将继续设计旅游产品，打造夜间游览、亲子陪伴、康养健身、特色民宿、文化体验等新型精品，进一步开拓乡村旅游者的体验过程、丰富乡村旅游者的精神世界。

8.2.3 乡村旅游合作模式进一步多样

随着我国乡村旅游专业化程度和集约化水平的提高，乡村旅游的合作模式也逐渐多样化。除了农民个体经营、“政府＋公司＋农户”合作经营以外，很多乡村旅游发展新模式涌现出来。例如：①“新农人”模式，“新农人”既包含乡村当地具有创新精神的各级干部、从业人员，还包括返乡创业的商人、城市白领、科研人员以及跨国居民群体等，他们通过长期租赁的方式来利用乡村旅游生产要素；②“村集体＋龙头企业”模式，村集体经济组织通过市场化手段，激活集体资源要素，龙头企业合伙出资，共同建设村级集体经济项目；③ B&B（Business & Business）模式，即乡村旅游地的相关企业或组织开展合作（王敏娴 等，2018）。

8.2.4 乡村旅游消费进一步升级

在乡村旅游产业链逐步完善、服务类型日渐丰富、合作模式更加多样等助力作用下，我国乡村旅游的消费潜力将被进一步激发。未来我国乡村旅游将紧跟旅游市场发展的新趋势，消费更加大众化，顺应不同年龄段、不同职业人群的体验需求，提升乡村旅游项目的体验感，繁荣乡村旅游的消费市场，乡村旅游市场黏性增强。

第9章

磴口县乡村旅游高质量发展规划案例研究

9.1 基础分析

9.1.1 政策背景

1. 政策分析

（1）努力践行黄河流域生态保护和高质量发展的国家战略

2019年9月，习近平总书记提出黄河流域生态保护和高质量发展国家战略。要坚持“绿水青山就是金山银山”的理念，坚持生态优先、绿色发展，以水而定、量水而行，因地制宜、分类施策，上下游、干支流、左右岸统筹谋划，共同抓好大保护，协同推进大治理，着力加强生态保护治理，保障黄河长治久安，促进全流域高质量发展，改善人民群众生活，保护传承弘扬黄河文化，让黄河成为造福人民的幸福河。磴口县位于内蒙古西部河套平原，黄河流经县境52千米，亚洲最大的、黄河上唯一的以灌溉为主的一首制大型引水平原闸坝工程——黄河三盛公水利枢纽工程就坐落在这里，有“天下黄河第一闸”之称。发展乡村旅游，是抓好黄河流域文化传承保护，带动文化旅游业高质量发展的有力实践。

（2）乡村振兴战略的实施大力促进了乡村旅游提质升级

党的十九大报告中提出“农业农村农民问题是关系国计民生的根本性问题，必须始终把解决好‘三农’问题作为全党工作的重中之重，实施乡村振兴战略”，将“乡村振兴”上升为国家战略。党的十九届五中全会提出，“优先发展农业农村，全面推进乡村振兴”。针对乡村振兴，有《中共中央国务院关于实施乡村振兴战略的意见》《乡村振兴战略规划（2018—2022年）》《内蒙古自治区党委自治区人民政府关于实施乡村振兴战略的意见》《巴彦淖尔市委、巴彦淖尔市人民政府关于乡村振兴战略的实施意见》《巴彦淖尔市人民政府办公室关于开展田园综合体创建的实施方案》《磴口县乡村振兴战略实施细则》等文件精神助力。按照政策文件要求，要坚持农牧业农村牧区优先发展，按照产业兴旺、生态宜居、乡风文明、治理有效、生活富裕的总要求，让美丽乡村成为亮丽内蒙古的鲜明底色。

（3）全域旅游时代开拓了乡村旅游发展新模式

2015 年 8 月，国家旅游局发布《关于开展“国家全域旅游示范区”创建工作的通知》。内蒙古自治区党委、政府非常重视，将“发展全域旅游”写入政府年度工作报告，各级地方政府积极响应，把促进全域旅游发展作为推动地方经济、社会、发展的重要抓手，积极引导优势资源按照全域旅游标准加紧建设。全域旅游时代，乡村旅游已经不再是简单的发展农家乐，而被赋予了更多的价值与更大的使命，并已经成为一种促进区域综合转型发展的有效路径。形态上，从单一的民俗村到艺术乡村、美食乡村、乡村度假区、农业公园；业态上，从最初的农家乐、采摘园到更精致、更时尚的乡村休闲业态；体验上，从“住农家院、吃农家饭、干农家活”到更时尚、更深度的体验；服务上，从简单初级的基本服务到“互联网 +”服务理念的逐步渗透；主体上，从政府与村民扩展到企业、创客、艺术家、新农人等群体。

2. 上位规划解读

（1）《内蒙古自治区促进乡村旅游发展提质升级行动方案（2018—2020）》

方案明确提出了因地制宜地推进内蒙古自治区各乡村（牧区）的乡村旅游特色发展。指出要将乡村旅游纳入经济社会发展规划；鼓励有条件的盟市、旗县、投资主体编制乡村旅游发展规划，跨区域整合旅游资源，集中打造精品乡村旅游；提出完善服务配套设施建设。完善供水、供电、网络、公厕、公共照明、道路硬化、标识标牌等基础设施和公共服务配套设施建设；要按照 2018 年出台的《内蒙古乡村旅游接待户星级评价标准》《内蒙古乡村旅游接待户星级评定标准》等规范全区乡村旅游接待户等内容。把发展乡村旅游作为建设增长经济的重要内容，抓好乡村旅游点建设的同时，以充分发挥典型示范引导的作用，不断提高内蒙古乡村旅游的知名度，促进内蒙古乡村旅游健康发展。

（2）巴彦淖尔市人民政府办公室《关于开展田园综合体创建的实施方案》

方案对巴彦淖尔开展田园综合体创建工作提出了科学编制方案、改善基础条件、做强特色产业、优化经营体系、保护生态环境、加强乡村治理的重点工作。尊重农民意愿和考虑现有发展条件的前提下，重点依托现代特色农业示范区，选择产业基础扎实、交通便利、自然禀赋较好、文化底蕴深厚的镇村先行试点，试点项目要统筹运用已有的建设成果，科学规划，合理布局，高标准编制建设试点方案。巩固美丽乡村建设成果，加强村庄的综合治理，抓住国家实施乡村振兴战略机遇，完善配套设施条件。围绕区域特色优势产业，推进农业产业与旅游、教育、文化、康养等产业深度融合，构建支撑田园综合体发展的产业体系。推动农业产业发展质量变革、效率变革、动力变革。积极发展循环农业，加强农业环境综合整治，综合体内“一控、两减、三基本”达到国内领先水平。健全乡村管理制度和村规民约，聚集市场、资本、信息、人才等现代生产要素，推动城乡产业链双向延伸对接。

（3）《磴口县全域旅游发展总体规划（2017—2030）》

规划提出积极推进“旅游＋美丽乡村”融合发展。依托重要景区节点、乡村旅游带、旅游交通节点，以美丽乡村建设为抓手，按照“一村一产品”的思路，对乡村旅游示范点和重要村庄进行环境卫生整治、村容立面改造、公共设施完善，提升乡村旅游配套服务功能，重点推出“乡村酒店、自驾驿站、乡村养老、养生山吧、民族风苑、生态农家乐”等乡村旅游业态。积极打造“旅游＋”“河套文化＋”优势，推进重点旅游景区开发建设，配套完善旅游基础设施，大力发展黄河旅游、乡村旅游、草原旅游、沙漠旅游和跨境旅游。大力倡导和开展生态旅游，注重当地资源特色和文化的挖掘与包装，促进乡村旅游可持续发展。

（4）《磴口县乡村振兴战略实施细则》

实施细则中要求实施休闲农牧业和乡村旅游精品工程，推动精品旅游景区提档升级。重点抓好 8 个“一批”工程，即：培育一批星级乡村旅游接待户；打造一批休闲农牧业、休闲渔业与乡村旅游示范点；组织一批旅游扶贫合作社；推出一批“河套文化、黄河文化、蒙元文化”特色乡村旅游景点；研发包装一批河套特色绿色旅游商品；精选一批特色乡村旅游产品；形成一批智慧乡村旅游示范村（嘎查）；培养一批乡村（牧区）旅游模范村、模范户、金牌农家乐和乡村旅游致富带头人。依托黄河三盛公、纳林湖、万泉湖、金马湖等旅游景区，重点推进金马渔村、牧民新村、黄河风情特色小镇等乡村旅游项目的建设运营，实现“一村一品、一镇一貌、一村一色、一户一味”的特色化、差异化发展。

9.1.2　区位分析

1. 区位条件

（1）地理区位

磴口县位于内蒙古西部河套平原源头、乌兰布和沙漠东部边缘，地处东经 106°9′—107°10′，北纬 40°9′—40°57′。全县东西长约 92 千米，南北宽约 65 千米，总面积 4167 平方千米。磴口县东南隔黄河与鄂尔多斯相连，南与乌海和宁夏相关，背靠河套平原，西有阿拉善盟策克口岸，北有乌拉特中旗和乌拉特后旗，处在呼—包—鄂经济圈和棋盘井—乌素图—蒙西金三角的结合部，位于呼—包—银—兰经济带中心位置，也是自治区打造黄河经济带上的重要节点，此外，磴口县还是宁蒙陕甘经济协作区在巴彦淖尔市唯一的成员单位。

（2）交通区位

磴口县距巴彦淖尔市区 50 千米，有高速公路、国道和区级道路（硬化路面，红线宽度 12 米）联通，交通相对便捷。南距银川约 235 千米，东距包头约 250 千米，处于两个大城市旅游市场的中间节点位置。距离呼和浩特市区约 400 千米、鄂尔多斯约 250 千米、北京约 900 千米。其中，新开通的 G7 京新高速的高速路口与磴口县城距离仅有 60 千米，横跨北京—内蒙古—新疆的大通道，大大提高了磴口的交通可达性以及北京、新疆、内蒙古的交通可达性。包兰铁路、临策铁路、110 国道、京藏高速公路穿境而过，距乌海机场 80 千米、巴彦淖尔机场 90 千米，磴口及周边地区形成了铁路、公路、航空四通八达的交通格局，区位优势比较突出，交通便利。

（3）旅游区位

磴口县旅游以周边游客和本地游客占主导，中远程距离游客占比不高。磴口县远离我国三大经济发达区（长三角、珠三角、京津冀地区），高消费群体占比较少。磴口周边的陕西、宁夏地区属于西部地区，整体经济发展水平和消费能力相对较低，旅游消费能力相对有限，势必影响磴口县旅游的市场开拓。

2. 自然地理概况

（1）气候概况

磴口县地处中温带大陆性季风区，冬春季受蒙古高压控制，夏季受东南季风影响，气候特征主要表现为：气候干旱少雨，年均降水量仅为 142.7 毫米，2011 年 1—6 月的降雨量不足 60 毫米；蒸发强烈，年平均蒸发量为 2398 毫米，是降水量的 16.8 倍；风大沙多，地面风蚀严重，年平均风速 3 米 / 秒，4 月年平均风速 23 米 / 秒；全年扬沙日 80 余天，沙尘暴日 20 天左右。

（2）地质地貌

磴口县境内分布有我国北方沙漠化强烈发展的乌兰布和沙漠，面积为 426.9 万亩，狼山山地面积为 145.3 万亩，河套平原区面积为 45.6 万亩，黄河河流面积为 7.3 万亩。乌兰布和沙漠沙丘形状复杂，有新月形沙丘链、垅岗形沙丘和平坦沙地。磴口县境内植被覆盖度不足 5% 的面积为 11.45 万公顷，占全县面积的 27.5%。

（3）水资源

在内蒙古磴口县域内，黄河自县城西南穿境而过，在境内形成约 52 千米长的河岸线，多年平均年径流量为 280.0 亿立方米。黄河在磴口境内段水流平稳，且年际变化不大，成为磴口的最大水源。同时，受黄河主河道地表径流的侧渗、纵横交错的灌溉渠系水的下渗以及天然降水等多种补给源的补给，拥有相对丰富的地下水资源。同时又受当地地形地貌、土壤植被等自然地理条件的影响，地下水资源埋藏较浅，十分有利于开采。在县城所在的地区，地下水埋藏深度仅为 0.5～3.0 米，有利于在城区挖水造景，创造宜人的城市水生态环境。

（4）生态环境

磴口县生态环境严重退化，2016 年森林覆盖率仅为 19.5%，林业土地总面积 41.25 万公顷，林业用地 20.87 万公顷，占全县总面积的 50.58%。其中有林地面积中，灌木林地 0.5 万公顷，疏林地非林地面积 0.1 公顷，非林地面积 20 万公顷，占全县总面积的 49.4%；其中无林地 0.87 万公顷。磴县处在人沙争斗的最前沿，沙漠化形势严峻，沙漠化已对磴口县的社会经济产生重大影响。境内乌兰布和沙漠分布面积，占总面积的 68.3%，全县沙化土地面积 5.67 万公顷。

近年来磴口县被列为国家生态治理重点县并开始实施国家生态综合治理工程、退耕还林、退牧还草、禁牧等各种措施。人工造林完成 14.35 万亩，飞播造林完成 15 万亩，封沙育林完成 21.53 万亩，工程固沙完成 1.8 万亩。重点生态建设工程中，天然林保护工程完成 32.2 万亩，“三北”防护林工程完成 2.8 万亩，退耕还林工程完成 4.8 万亩，京津风沙源治理工程完成 12.88 万亩。全县森林覆盖率从 2010 年年底的 17.9% 提高到 2019 年的 20.56%。当前阶段，沙漠化扩展速度相对减缓，但乌兰布和沙漠自身就是一个沙化源，土地沙漠化问题依然非常突出，土地沙漠化面积仍有进一步扩大的趋势。

3. 经济社会概况

（1）社会情况

2019 年年末全县总人口 11.31 万人（户籍人口），比上年末减少 581 人。总人口中：少数民族 11175 人（其中蒙古族 5138 人，回族 5332 人）；城镇人口 5.61 万人，乡村人口 5.70 万人，城乡人口比例为 49.6：50.4。全年实现城镇新增就业 808 人，就业困难人员再就业 191 人，失业人员再就业 359 人，农牧区富余劳动力转移就业 7059 人，城镇登记失业率 4.2%，控制在 4.5% 的目标以内。

（2）经济基础

2019 年全县生产总值 54.90 亿元，按可比价格计算，同比增长 5.8%。其中，第一产业增加值 12.10 亿元，增长 4.1%；第二产业增加值 21.97 亿元，增长 12.4%；第三产业增加值 20.83 亿元，增长 2.1%。第一、二、三产业结构由 2018 年的 22.5：37.8：39.7 调整为 22.0：40.0：38.0。人均生产总值 46803 元，按年平均汇率折算 6784 美元。

（3）历史文化

磴口县开发历史文化久远，是河套文化重要载体。所处区域是黄河流域屯垦和河套文化的依托地，有“黄河百害，唯富一套”之说，屯垦和河套文化是黄河文化大系的重要组成部分，是人类在利用黄河、治理黄河的过程中长期形成的具有地方特色的文化。其中灌溉、屯垦文化为主的农耕文化，特别是近代农业耕作技术发展和演变的过程有较为显著的体现，是黄河地区传统农耕文化孕育的主要区域。磴口县文化多样，遗址丰富。因地处边塞，地理位置重要，是北方少数民族和历代中原王朝之间政权必争之地，至清朝以前，一直为屯兵、征战之地。磴口县有以汉文化为主的古文化遗址和现代文明的交汇点。同时有赵、秦、汉长城遗址和诸多军事要塞，著名的要塞如鸡鹿塞、高阙塞、光禄塞等。该地区在汉以后，成为农耕文化和游牧文化交替兴衰之地，除了汉族外，少数民族如匈奴、鲜卑、突厥、契丹、羌、蒙古等先后活动于该地。清中期后，关内汉族走西口进入该地区，进行农垦和商贸活动，该地区基本上成为灌溉农业区。中华人民共和国成立后，随着灌溉水利工程的完善配套，该地区所在的河套地区已经成为内蒙古的粮仓和全国最大型灌溉农业地区之一。

（4）民俗风情

磴口县有众多的名村古镇苏木，村内多海子，各自具有自己的文化背景和特色，富有特殊的旅游吸引力。磴口县民风淳朴，民间文化底蕴深厚，传统群众文化艺术历史悠久，河套美食别具特色。作为河套多元文化交汇之地，磴口的乡村地区，保留着丰富的传统民俗文化和非物质文化遗产，如冰雪民俗活动、传统美食节、农民文化节、秧歌大赛、环金马湖健步行等。还有阿贵庙、三盛公天主教堂、基督教堂等特色宗教风情以及反映宗教风情和民俗风情的建筑、服饰、饮食、歌舞、节庆等。磴口县特色手工艺品类型繁多、工艺精良，包括手工剪纸、工艺葫芦、芦苇画、烫画、固彩沙画、沙画瓶、手工编织、手工刺绣、石头彩绘、铁艺制作等。磴口县依托其自然资源及民俗风情积极举办各项民族特色赛事活动。2015 年 8 月举办了乌兰布和沙漠“金马湖”杯全国垂钓大赛，比赛吸引了来自北京、深圳、湖南、湖北、辽宁、山西、陕西、宁夏、青海等地的近千名钓手到此挥竿竞技，接待游客近万人。2016 年 1 月举办了磴口县首届冰雪民俗活动，充分挖掘磴口“百湖”的资源优势，开拓冬季旅游市场，满足游客冬季出游的需求，打造四季旅游的产业特色。

9.1.3 现状分析

磴口县乡村旅游资源类型不断丰富，旅游交通、公共服务设施初具规模，农产品和特色美食种类多样，具有一定品牌优势，同时乡村旅游配套设施逐渐完善。近年来，磴口县大力发展乡村旅游扶贫产业，通过发展乡村旅游业，为乡村振兴注入了强大活力。但因发展起步较晚，缺少核心乡村旅游吸引物，市场知名度及辐射力有待进一步提高。

1. 乡村自然和人文旅游资源丰富

磴口县是一个半农半牧区，境内乡村旅游资源丰富，草原、湖泊等资源众多，设施农业、设施畜牧业发展迅速，绿色、有机农牧业产品十分丰富。磴口县具有发展景区依托型乡村旅游的较好条件，境内纳林湖、冬青湖、三盛公、万泉湖、阿贵庙等旅游景区的发展壮大，将吸引更多的游客游玩，乡村旅游的客源市场将会逐步扩大。磴口县历史悠久，文化丰富。游牧文明与农耕文明交相碰撞，河套文化、黄河文化、走西口文化在这里发扬传承，形成了独具特色的民风民俗，为开发展现民风民俗项目提供了文化基础。

2. 绿色农产品品牌优势突出

磴口农产品食材丰富、菜系多样，河套餐饮、蒙古族饮食、伊斯兰清真食品在这里和谐相融，形成了得天独厚的美食文化，为乡村旅游的开发奠定了坚实基础。磴口拥有“天下第一瓜”——华莱士、“大漠绿参”——山药、“中华丑梨”——苹果梨、八百里粮川石磨面粉、黄河鲤鱼鲶鱼等一系列农畜产品，番茄、葵花、甘草、肉苁蓉等名优特产享誉塞外，物产资源丰富，拥有“河套”“巴盟”等当地农产品品牌。传统美食和特色小吃种类繁多，拥有西夏美食城、烧烤一条街等当地传统美食的经营场所。通过“吃”吸引广大游客，通过“吃”

来宣传磴口，具有农产品品牌优势。

3. 乡村休闲产业规模不断扩大

磴口县乡村旅游经济稳步增长，社会效益日渐显现，带动作用日益突出，有力地促进了县域经济的发展。截至 2019 年年末，磴口县有国家 4A 级旅游景区 2 家，国家 3A 级旅游景区 2 家，国家 2A 级旅游景区 4 家，实现旅游收入 10.41 亿元。近几年，黄河三盛公国家水利风景区、纳林湖等重点景区游乐设施进行提档升级，内蒙古兵团博物馆、河套粮仓博物馆、牧民新村、金马渔村接待能力不断优化。田园综合体建设取得重大突破，河套特色风情小镇具备接待能力。

磴口县乡村休闲规模不断扩大。目前，磴口县拥有自治区高星级乡村旅游接待户和乡村旅游示范点9家，如表 9–1 所示。巴彦高勒镇城关村、隆盛合镇海子沿村、隆盛合镇民兴村、渡口镇永胜村、补隆淖镇新河村、沙金套海苏木那仁宝力格嘎查 6 个村落（嘎查）被列为全国乡村旅游扶贫重点村。纳林套海农场、巴彦高勒镇列入自治区特色景观旅游示范名镇。同时，磴口县建成总面积为 3.5 万亩的国家农业部认证的水产健康养殖示范基地，并建成纳林湖、金马湖、万泉湖 3 处大型休闲渔业基地，建成休闲生态鱼庄 30 余处。总水面 3 万亩的奈伦湖正在建设休闲渔业基地，围绕“以渔兴业”的三盛公黄河风情小镇、金马湖渔村也在加快建设当中。

表 9–1　磴口县自治区高星级乡村旅游接待户基本情况表

名称	等级	地点	类型
磴口县金马湖	五星	隆盛合镇海子沿村	渔家乐
二十里柳子农家乐	五星	巴镇沙拉毛道嘎查	农家乐
阿贵山庄	四星	沙金苏木巴音布日勒嘎查	牧户游
纳林湖东湖	四星	纳林套海农场	渔家乐
乌兰布和西湖	四星	哈磴公路 10 千米处	渔家乐
老党农庄	四星	纳林套海农场	农家乐
磴口县荷花岛柴火庄园	三星	三盛公景区北 300 米	渔家乐
镜海旅游度假村	三星	磴口县补隆淖镇新河村	渔家乐
沃湖度假村	三星	包尔盖农场境内	渔家乐

4. 乡村旅游设施配套逐渐完善

磴口县不断完善休闲度假公共服务设施，休闲娱乐、住宿、餐饮等乡村旅游配套设施已初具规模。结合美丽乡村建设、城镇化建设，大力实施“厕所革命”，加快完善游客服务中心、停车场、标识标牌、无线网络等旅游基础服务设施建设，推进乡村旅游漫游步道、自行车路网、自驾车房车营地建设。

9.1.4 优势资源分析

根据旅游资源调查最终统计结果，磴口县旅游资源单体共有八大主类、25个亚类、77个基本类型、356个单体，分别占全国旅游资源主类的100%，亚类的77.4%，基本类型的50.9%。乡村旅游资源数量巨大，类型丰富，资源单体具有明显的区域特色，且亮点突出。乡村旅游资源丰富，可挖掘空间大，人文旅游资源与自然旅游资源品级高、交融性好。

1. 黄河风光气势磅礴

随着沙漠治理、湿地修复等一系列生态工程的深入实施，毗邻乌兰布和沙漠的磴口县呈现湖泊星罗棋布、沙海绿洲呼应、湿地湖水交融的黄河风光。磴口人在利用黄河、治理黄河的过程中长期形成的具有地方特色资源文化的乡村旅游资源，是磴口旅游资源最为深厚、最富开发潜力的部分。磴口依托黄河风光沿岸建设黄河风情小镇、生态湿地、刘拐沙头、田园综合体等乡村旅游节点，同时在黄河河套沿线分布着黄河文化、农耕文化、牧民文化、渔家文化等人文资源。

2. 沙漠风光雄伟绮丽

我国八大沙漠之一的乌兰布和沙漠位于磴口县，沙漠约占全县总面积的2/3。沙漠地质形成于第四纪全新世，沙丘形态复杂，连绵起伏，沙波纹状丰富多样。沙漠内部湖泊广布，沙生植物及鸟、鱼等生物种类和数量可观。主要生长有肉苁蓉、锁阳、沙棘、梭梭等多种名贵药材和稀有植物，并有大小湖泊数百处。沙漠戈壁之中还流传着昭君出塞、孟良盗骨、焦赞焚山等历史传说。

3. 渔家风情休闲质朴

磴口县境内有大大小小160多个湖泊，素有“百湖之乡”的美誉。全县拥有纳林湖、金马湖、万泉湖3处大型休闲渔业基地，建成休闲生态鱼庄30余处，打造以鱼文化为主题的渔家生活，集休闲垂钓、渔家餐饮、渔家住宿等于一体。磴口县是名副其实的“垂钓之乡”，游客能在此体验休闲快乐的垂钓时光，体会浓浓的渔家风情。

4. 河套文明源远流长

磴口县处于河套文化的依托地，俗有“黄河百害，唯富一套”之说。自古以来磴口的农业就非常发达，磴口也是农业大县，而且农业种类极其丰富，农牧渔齐全。河套文化在灌溉、屯垦文化为主的农耕文化，特别是近代农业耕作技术发展和演变的过程中有较为显著的体现，磴口是黄河地区传统农耕文化孕育的主要区域。同时，在磴口域内，河套文明还有河套硬四盘、河套布艺等民俗工艺品。

9.1.5 SWOT 分析

1. 优势

（1）文化优势

磴口县是河套文化重要载体。其所处区域是黄河流域屯垦和河套文化的依托地，屯垦和河套文化是黄河文化大系的重要组成部分，且地处边疆要地，开发较早，人文历史文化底蕴深厚，诸如边塞文化、阴山文化、河套文化、农垦戍边文化、多元宗教文化、游牧文化、农耕文化，体量巨大，种类丰富，品质较高，具备打造观光、休闲度假、娱乐、康养、情感、购物、探险、科考、研学、特色餐饮、历史文化体验以及低空、露营、木屋、自驾车等多种旅游产品的良好条件。

（2）资源优势

磴口县地处河套黄溉上游，黄河、乌兰布和沙漠、湖泊湿地、阴山等资源各具特色。山水组合、沙水组合，以水为纽带形成，自然资源内部形成密切关联。山地、平原、沙漠景观等资源交相辉映，具备一定的乡村旅游资源与产品优势。

（3）后发优势

我国东部地区在乡村旅游开发方面已积累了充分的经验，磴口县可充分借鉴他们的经验，并结合自身地域特点进行融合与创新。磴口作为乡村旅游后发地区应该创新旅游产业发展模式，探索“旅游 +”的发展新模式，探索从观光旅游向休闲农业体验旅游转型升级新路径。

2. 劣势

（1）人才匮乏

磴口县乡村旅游人才相对匮乏，缺少行业带头人，缺乏旅游运营管理经验，缺少专业型旅游运营公司运作和推动，旅游从业人员整体素质有待提升，人才引进和激励政策有待制定，乡村旅游接待经营者及人员管理、服务、经营等方面的培训有待进行，乡村旅游标准化、规范化有待提高。

（2）基础设施

在乡村旅游酒店的档次上，磴口县明显不能满足高端游客的接待需求，休闲农业娱乐设施配套不足，乡村旅游饭店和宾馆档次较低，且主要是针对当地人消费，针对游客的特色食品饭店还比较少。

（3）外地客源市场相对薄弱

磴口县地处内蒙古西部河套平原源头，周边游客和本地游客占主导。而长三角、珠三角、京津冀地区等国内主要客源市场因受地理因素制约，外省游客经济成本高、旅途花费时间多等问题，造成外地客源市场薄弱。

（4）缺乏核心产品

磴口县乡村旅游目前以观光型旅游产品占主导地位，体验型、度假型产品相对缺乏。乡村旅游主题不鲜明，市场细分不显著。以家庭度假、休闲度假为核心的乡村旅游设施差异化不大。住宿、餐饮、购物、娱乐等方面档次较低，缺乏当地特色，吸引力不足。

3. 机遇

（1）国家政策机遇

党的十九大报告中提出“农业农村农民问题是关系国计民生的根本性问题，必须始终把解决好‘三农’问题作为全党工作的重中之重，实施乡村振兴战略”，将“乡村振兴”上升为国家战略。而发展乡村旅游，是实施乡村振兴战略的重要抓手。黄河流域生态保护和高质量发展战略提出推动黄河流域高质量发展，保护、传承、弘扬黄河文化的目标任务。中央和自治区颁布的相关政策法规为磴口县乡村旅游的创建带来了新的发展政策机遇。

（2）旅游产业转型升级

伴随着我国经济进入高质量发展的新阶段，旅游业也进入转型升级的新阶段。国家提出将建设一批乡村旅游和休闲度假地，鼓励西部地区发挥资源优势，开发特色休闲乡村度假产品。

（3）市场需求持续加大

当前，乡村休闲旅游已经成为我国旅游业新的经济增长点。西部原生态的自然风光和风光旖旎的异域风情日益成为旅游者心目中的旅游热点。磴口县独特的地域性较好地满足了旅游者求新求异的心理，具有广阔的市场前景。

4. 挑战

（1）旅游开发与保护的生态约束较强

磴口县属典型的亚寒带荒漠地貌类型，自然植被稀疏，生态脆弱，基础地貌以荒山戈壁为主。磴口生态脆弱，特别是乌兰布和沙区，既是激发旅游活力的特色资源，又面临着严格保护、保育的生态重任。在乡村旅游发展中，如何协调生态保护与旅游利用之间的关系，降低旅游的负面环境影响，增加保护收益，对维护生态功能的稳定、为动植物提供良好的栖息环境、保护磴口地质地貌和自然景观意义重大。

（2）做大旅游规模和旅游产品升级双重压力

磴口旅游经济规模还较小，近年来增速呈现逐年回落态势，总体表现为产业档次不高，游客停留时间较短，科技引领不足，质量效益不高，部分企业生产经营困难。从增长方式看，仍将以投资拉动为主，消费需求严重不足，把旅游服务业培育成新的经济增长主要动力短时间内难以实现；从要素投入看，依靠资源、要素的高投入、高消耗实现经济增长现状不易改变，依靠科技进步、劳动力素质提高和管理创新作为经济增长的驱动力尚需时日。

（3）面临周边景区同质化竞争

磴口县除了与内蒙古自治区周边各盟县竞争，也与甘肃、陕西、宁夏等省（区）景区具有竞争关系。磴口县乡村旅游与周围市县旅游资源趋同，娱乐项目、餐饮住宿、民俗活动等同质化比较严重。这就要求必须集中优势资源，开展重大项目建设引领，合理有序安排资源产品开发进度，避免短期内面面俱到、遍地开花。

9.2 发展战略及定位

9.2.1 指导思想

全面贯彻党的十九大和十九届二中、三中、四中、五中全会精神，落实习近平总书记系列重要讲话和考察内蒙古重要讲话精神，牢固树立新发展理念，落实高质量发展要求，紧紧围绕统筹推进“五位一体”总体布局和协调推进“四个全面”战略布局，按照《内蒙古自治区党委、自治区人民政府关于实施乡村振兴战略的意见》的总要求，从磴口县农村实际和旅游市场需求出发，以建设乡村旅游示范县、乡村旅游特色小镇、星级乡村旅游接待户、乡村旅游示范点为抓手，强化规划引导，完善乡村基础设施，优化乡村旅游环境，丰富乡村旅游产品，加快构建有吸引力、竞争力的乡村旅游产业体系，全面提升磴口县乡村旅游的发展质量和综合效益，为实现磴口县乡村全面振兴做出重要贡献。

9.2.2 总体定位

打造河套风情浓郁的西北乡村休闲度假旅游目的地。

9.2.3 形象定位

天赋河套、食在磴口。

“黄河百害，唯富一套”，磴口县地处河套黄灌上游，“万里黄河第一闸”。黄河三盛公水利枢纽控制着整个河套的灌溉，磴口县绝大多数耕地可引黄灌溉，也因此成就了磴口农业大县，农业资源种类极其丰富，拥有农牧渔都比较齐全的农业基础条件，“天赋河套”精准地概括了磴口农业资源特色。磴口发达的农业为美食提供了多样的食材，地域特色明显，如黄河鲤鱼、华莱士、肉苁蓉、沙葱等。磴口属于交通要塞，自古人员交汇，是多样菜系的融合之地，“食在磴口”一语双关，既表达了磴口农牧业发达、美食丰富的字面含义，又表达了磴口人实在、厚道的延伸文化内涵。

9.2.4 发展目标

以建设国家全域旅游示范县为契机，立足于国家乡村振兴和旅游高质量发展的时代背景，以高品质乡村旅游资源为基础，结合新的市场形势，实现农业由单一产能向多元化增长极转变，实现农业园区、美丽乡村向旅游景区转变，加快农产品向特色农旅商品转化，全面构建磴口大农旅产业体系，促进一二三产业融合发展，构建集乡村观光、乡村休闲、乡村度假等为一体的多元化乡村旅游产品体系，成功申报一批国家、自治区、市级田园综合体，集中打造多个乡村旅游示范标杆，带动发展一批业态好、功能齐、设施全的旅游特色村和乡村旅游示范点，促进磴口县旅游经济的转型升级，全面提升全县旅游产业竞争力，打造磴口县乡村旅游品牌，实现将磴口县整体建设成为全国休闲农业与乡村旅游示范县、全域旅游样板示范区的总目标。

到 2022 年，建设美丽乡村、振兴乡村旅游发展，游客实现逐年增长。建设成为全国休闲农业与乡村旅游示范县。年接待乡村旅游游客达到 98 万人以上，经营收入达到 5.5 亿元以上。

到 2025 年，重点推进资源整合、产品整合，打造整体品牌，树立统一的品牌形象，构建西北乡村旅游的精品区。年接待乡村旅游游客达到 221.25 万人以上，经营收入达到 10 亿元以上。

到 2030 年，重点推进市场整合和营销整合进程，建设成为西北知名乡村旅游目的地。年接待乡村旅游游客达到 356.25 万人以上，经营收入达到 16.3 亿元以上。

9.2.5 发展战略

1. 乡村旅游高质量发展战略

党的十九大报告做出了“我国经济已由高速增长阶段转向高质量发展阶段”的重大历史判断，2017 年、2018 年连续两年的中央经济工作会议都重点强调推动高质量发展。高质量发展已成为我国经济社会发展的总指引，也为乡村旅游发展提供了战略指引和基本遵循。磴口县乡村旅游发展要走文旅融合、绿色发展和产业升级的高质量发展之路。

2. 区域联动式发展战略

加强与周边市县联通，与乌海、包头、鄂尔多斯等城市进行资源共享、客源共享、产品联动和市场共享方面的区域合作，实现区域联动式发展，形成区域乡村旅游格局。充分发挥磴口县乡村旅游优势，发挥区域城市的旅游拉动作用，通过跨城市多种旅游线路设计，带动整个磴口县乡村旅游产业发展。

3. 乡村品牌化发展战略

依托乡村振兴的大环境，充分挖掘和激活磴口县乡村旅游资源，找准乡村旅游品牌定位，搞好品牌形象设计，深挖品牌文化内涵，注重品牌推广，积极落实乡村振兴战略，实现乡村观光、乡村休闲、乡居度假的多产业融合发展格局，依托磴口县现有知名旅游品牌，打造磴口县乡村旅游品牌，推动乡村旅游品牌化发展。

4. 极核带动式发展策略

实现“集聚一轴一环、联动三镇、打造精品”的战略路径，对现有乡村旅游资源点进行整合提升，提高组织化程度，避免恶性竞争、无序发展，突出产品特色和区域规模优势，以若干极核带动各区域乡村旅游发展。

9.3 空间布局与重点项目体系规划

9.3.1 空间布局

1. 总体空间发展格局

根据磴口县乡村旅游资源的空间分布特征，结合行政区划、交通干线、乡村旅游重点景区、乡村旅游重点村镇、星级乡村旅游接待户以及田园综合体等分布特征，按照空间格局优化、集聚发展、服务游客等原则，将磴口县乡村旅游发展的总体空间确定为“1235N”开放式空间格局，即“一环、两轴、三镇、五村、多点”，通过两轴引领、一环带动、以村镇辐射，最终达到以点带面，形成磴口县乡村旅游整体框架。

2. 一环：一条乡村旅游大环线

主要围绕 G110、X715、X723、X710 乡村旅游干线公路，沿线串联磴口县重要乡村旅游村镇、田园综合体，形成磴口乡村旅游大环线、大动脉。

3. 两轴：黄河乡村风情旅游轴和山村古迹探寻旅游轴

沿黄河沿线，围绕 G110 以及 X714 公路为轴带，依托黄河风情小镇、生态湿地、刘拐沙头、田园综合体等乡村旅游节点，打造黄河河套沿线农耕文化主题的乡村风情旅游轴。

以 G7 京新高速公路为轴带，依托阿贵神泉、阿贵庙、鸡鹿塞及沿线旅游村落，打造山村古迹探寻旅游轴。

4. 三镇：三大乡村旅游特色小镇

形成以黄河文化、牧民文化、渔家文化为核心的金三角乡村旅游增长极核，辐射带动周边乡村旅游点。三大乡村旅游极核包括黄河风情小镇、沙漠风情小镇以及渔家风情小镇。

5. 五村：五大乡村旅游特色名村

以全国乡村旅游扶贫重点村和自治区特色景观旅游示范名镇为依托，形成磴口县乡村旅游重要节点。主要包括巴彦高勒镇城关村、渡口镇永胜村、补隆淖镇新河村、沙金套海苏木那仁宝力格嘎查以及纳林套海农场。

6. 多点支撑

形成星级乡村旅游接待户、乡村旅游示范点以及田园综合体的网络状乡村旅游支撑体系。主要包括老党农庄、阿贵山庄、纳林东湖、乌兰布和西湖、镜海旅游度假区、沃湖度假村、云海秋林、巴彦套海农场田园综合体、哈腾套海农场七分场田园综合体、哈腾套海农场二分场田园综合体、包尔盖农场一分场田园综合体等。

9.3.2 三镇项目策划

1. 黄河风情特色小镇

（1）区域范围

黄河风情小镇总占地 76 公顷，以 10.5 万平方米的南湖生态水系景观为主体，辐射带动旧地新村建设、二十里柳子、黄河三盛公水利枢纽景区、北海、西翠湖湿地公园。

（2）规划思路

依托黄河沿岸现有乡村旅游项目，立足黄河文化，打造沿黄荷香风情带、低空飞行营地、夜游小镇、四季景观生态提升工程等乡村旅游重点项目，提升改造河套粮仓博物馆，完善和优化乡村旅游功能配套，建成集观光、餐饮、娱乐、住宿等多种形态为一体的“黄河岸边民俗生态体验区”。

（3）重点项目策划

① 荷花岛。对荷花岛景区进行提升改造，扩大荷花种植面积，打造十里荷塘沿黄荷香风情带，突出磴口县乡村旅游生态美景，打造集垂钓功能、休憩功能、餐饮功能等于一体的文化休闲观光带。新建景观小品，打造沉水步道，步道沉水部分侧部可采用弧形抗压透明亚克力板材，让游览者能够多方位、更直观地看到水中生态系统的自然构建。

② 低空飞行营地。规划项目接待区、热气球体验区、水上飞机体验区、房车营地、高端客户接待区等。开展动力三角翼飞行体验、固定翼飞行体验、水上飞机飞行体验、直升机乘坐体验、热气球乘坐体验、跳伞等低空观光游览以及空中摄影、空中喷洒等多种项目，建设中国航协磴口飞行营地。

③ 夜游小镇。以黄河观光楼、环湖路、渔村度假村、二十里柳子度假村为核心，适度范围内打造黄河小镇夜游产品，抢占先机发展黄河最震撼的夜间旅游，“白”+“黑”全时段运营，以夜游增加过夜游客，促进乡村旅游全面发展。引进专业夜游开发企业，在整体基础亮化的前提下，以霓虹水景+风情古镇为核心打造具有仪式感的夜游空间，配套相关业态，形成区域不一样的夜色黄河小镇。

④ 四季景观生态提升工程。根据现有的乡村道路规划方案进行景观打造和提升，以“春、夏、秋、冬”四季植物特点为依托，打造“春迎”“夏荫”“秋色”“冬雪”四个季节性主题景观，按照春天油菜花田、夏天万亩葵园、秋季稻花飘香、冬季雾凇银菊的景观植物搭配，使得景观丰富，四季有景可观。

⑤ 河套粮仓博物馆。以重视粮食生产、珍惜粮食为主题，以河套地区农业发展与粮食仓储历史为主线，紧紧把握住磴口处于农牧业交融地区、边塞地区的区位特点，突出其农牧业的交替、交融发展，边塞战争以及以此形成的边塞农业生产与粮仓文化特殊性，突出河套文化的边塞特色，普及农业生产与粮食仓储知识，集中展示其对经济社会发展的重要作用，教育干部群众树立重视农业、珍惜粮食的思想，推动新时代粮食生产与仓储工作。

2. 沙漠风情特色小镇

（1）区域范围

沙漠风情特色小镇以乌兰布和沙漠为核心，辐射光伏农业园区、沙漠水稻基地、华通田园综合体、万泉湖等乡村旅游资源。

（2）规划思路

充分发掘大漠风光、夜空资源等独特环境优势，利用酿酒葡萄经济林、沙漠水稻基地、圣牧有机奶等特色农产品金字招牌的影响力，在乌兰布和沙漠高科技治沙的基础上，将防沙治沙与建设沙漠特色小镇结合起来，重点推进沙漠观光、绿洲研学、房车营地、葡萄酒小镇、星空探秘等乡村旅游项目，建设特色鲜明的沙漠休闲度假示范点，打造沙漠农畜文化特色小镇。

（3）重点项目策划

① 暗夜公园。为天文爱好者提供观测星空的绝佳去处，打造独特的星空旅游，建设内蒙古第一家“暗夜公园”，公园内的户外照明按照国际标准进行规划、改造和管理，防止和控制光污染，使优质的夜空资源像其他遗产一样得到保护。努力营造星空文化氛围，建设四到五个观星台，建设天文圆顶，购置天文望远镜，建设天象馆，播放天文科普宣传片，在有流星雨、彗星、日食、月食等重要天象发生前进行宣传，举行天文观测活动，普及天文知识。

② 球形星空帐篷房车营地。建设标准化房车营地，建设球形星空帐篷房车营地，不仅使其户外有着更好的环境融入性，而且框架的抗风能力和篷布的抗撕裂特性可以保证球形帐篷在沙漠中不会被风沙损坏，在沙漠绿洲中体验移动式的“家”，配套建设接待中心、房车水电桩、烧烤凉亭、卫生间、浴室、汽车影院等设施，夜晚举办旷野篝火晚会，白天组织开展沙漠拓展、沙地越野、沙漠徒步等户外运动项目。

③ 葡萄酒小镇。依托沙区酿酒葡萄产业园区，结合葡萄酒元素，通过“小镇＋酒庄＋乡村民宿”的模式，大力发展度假住宿产业集群，打造集康养、度假、休闲、游憩等功能于一体的旅游集散地，使酿酒葡萄从种植、生产、加工、销售成为一个完整的系统，传播当地的红酒文化，打造一座以葡萄酒为主题的文化旅游康养度假小镇，成为中国最具特色的葡萄酒主题旅游小镇。

④ 绿洲研学基地。依托沙金套海苏木巴音宝力格嘎查中防沙治沙生态产业园项目打造沙漠绿洲研学基地，建设乌兰布和沙漠绿洲展览馆，介绍防沙治沙的历史进程与科技手段，作为寓教于乐的体验地，配备讲解员或向导带领研学游团队前往沙漠特色种养殖示范基地、光伏产业园、农副产品加工厂等参观，提供完整的游线服务。培育研学旅游教育示范基地。

⑤ 沙漠稻花香。以 1000 亩沙漠水稻试验示范基地为背景，通过创意设计，将稻田“化平常为神奇”，对不同品种颜色的水稻进行排列种植，形成 3D 立体图画，成为特色旅游景观，极具观赏性和视觉震撼；同时发展水稻混养立体产业，稻田养鱼、蟹、泥鳅以及鸭、鹅；建设稻作文化长廊、大米胶囊公寓、水田人家、稻田迷宫等旅游配套设施，成为吸引周边省（市）企业学习参观和交流的高效有机水稻混养共生示范区。

⑥ 万泉湖乡村生态度假区。充分利用 G7 京新高速交通区位优势条件，以万泉湖为核心吸引物，辐射带动梦幻峡谷、牧民新村发展峡谷探险、自然观光、农家乐体验、乡村度假等项目，并串联形成一个完整的旅游区游览线路。围绕万泉湖，将其规划分为四个功能区，包括入口服务区、农庄休闲度假区、原乡生态体验区、湖泊养生游憩区，将醇厚的乡村气息呈现给游客，同时提升牧民新村及其周边地区相关产业的发展。

3. 渔家风情特色小镇

（1）区域范围

渔家风情特色小镇以金马湖国际垂钓中心为核心吸引物，辐射带动周边乡村旅游景点，范围涵盖五星级乡村旅游接待户——金马湖、2 个全国乡村旅游扶贫重点村——民兴村和海子沿村以及 1 个田园综合体——隆盛合镇有机瓜果田园综合体等。

（2）规划思路

依托金马湖已有开发基础，充分挖掘金马渔村风俗文化，大力发展农家乐旅游产业，开拓了农村吃住行乐一条龙服务，将金马湖打造成为集竞技垂钓、水产养殖、旅游扶贫、休闲度假为一体的乡村旅游扶贫示范基地和“河套文化”特色乡村旅游度假区。

（3）重点项目策划

① 黄河鱼宴。充分挖掘“黄河为依、湖泊为伴”的磴口人吃鱼文化习俗与烹鱼技艺，黄河全鱼宴集河鲜、湖鲜之大全，汇集熏制、干炸、油焖、水煮、清炖、红烧的做法以及利用鱼片烹饪的各类热盘，还有鱼肉水饺、包子、鲜美的鱼骨汤，形成席面上色彩斑斓、浓香萦绕、回味无穷的美食大餐。每年黄河开河季，在此举办隆重盛大的黄河鱼健康美食烹饪大赛，让五湖四海的朋友一睹磴口黄河鱼的风采。

② 有机瓜果田园综合体。以隆盛合镇南营子、协成和新地村为中心，依托设施农业建成区，辐射带动华莱士、香瓜、番茄和红甜菜等绿色有机瓜果田园产业，打造文化旅游、休闲旅游、研学旅游、农事体验旅游的田园综合体。

③ 金马渔村农家乐提升改造。依托海子沿村，围绕“渔家小镇、美丽乡村”发展定位，提升建设基础设施完善、服务设施齐全、生态环境良好的渔家乐上百户，发展渔家乡村特色餐饮、竞技垂钓，形成优美的田园风光和静谧的乡村环境“景村一体”的乡村旅游发展模式，让游客尽情享受返璞归真、亲近自然的舒适惬意。

④ 河套乡村大戏台。注重乡土文化建设，保护和挖掘具有磴口地域特色的民间乡土文化，加强二人台、爬山调、蒙古族长调、民歌、传统小戏小品等民族民间文化的研究、保护、传承，在民兴村规划建设河套乡村大戏台，作为磴口县农村文化的重要载体以及乡村旅游的重要项目，为游客和戏迷们带来欢乐，营造和谐、温馨、积极向上的农村生活氛围，丰富村民的精神文化生活，打造农村牧区特色文化艺术名片。

⑤ 赛事及节庆活动。推动“大漠百湖”垂钓大赛的常态化举办，同时在不同的时节举办冰雪民俗节、消夏啤酒节、乡村旅游文化节等节庆活动，吸引国内各地钓手参赛，借助景区的赛事效应，吸引来自四面八方的游客和村民，提升渔家风情特色小镇的知名度和市场吸引力。

9.3.3 五村项目策划

1. 总体思路

以全国乡村旅游扶贫重点村和自治区特色景观旅游示范名镇为依托，实现“一乡一品、一镇一貌、一村一色、一户一味”的特色化差异化发展，形成一批业态好、功能齐、设施全的旅游特色村和乡村（牧区）旅游示范点。构建差异化的主题旅游乡村，包括综合接待服务村落、蒙古族民俗文化深度体验村落、田园采摘游憩村落、民俗技艺主题体验村落、康体养生保健主题村落五类主题乡村系列。

2. 重点项目

（1）巴彦高勒镇城关村

① 策划主题

综合接待服务村落。

② 规划思路

按照“生态第一、人文关怀”的基本原则，以“传承文化”为村落改造提升基本理念，优化提升乡村旅游项目，完善配套基础设施，打造集乡村旅游接待、信息咨询、商品销售、导游服务、餐饮住宿为一体的黄河风情浓郁、环境优美的综合接待服务区，成为乡村旅游示范标杆。

③ 重点项目

按照休闲农业、乡村旅游、民俗文化三大特色产业发展总体思路，着力发展乡村休闲旅游和美丽乡村建设工程，实施华莱士瓜大棚、河套向日葵采摘园、特色风情民宿群落、村史馆、民俗大院、传统建筑提升工程等项目，形成生产、生活、生态三位一体，集循环农业、创意农业、农事体验于一体的美丽乡村建设，成为周边乡村旅游景点景区的综合服务基地。

（2）渡口镇永胜村

① 策划主题

康体养生主题村落。

② 规划思路

利用黄河防洪堤与控导工程区间 350 亩沼泽地，建设以半月湖为核心区，集生态观光、水上游乐、康体养生、绿色餐饮为一体的渡口镇永胜村田园综合体，并以休闲度假、美容康体旅游为重点发展方向，完善康体养生配套服务设施，整治乡村环境提升服务能力，最终打造成为康体养生主题度假村落。

③ 重点项目

充分利用磴口县特殊的地理位置及独特的自然气候优势，依托 10 万亩沙漠蒙中药材基地孕育出的甘草、肉苁蓉、锁阳、枸杞等道地优质中草药材，完善药材种植、精深加工、研学体验、中医药养生等产业链条，建设湿地公园、水上乐园、亲水健身步道、养生馆、水疗 SPA 馆、沙疗馆、食疗养生馆、乡村生态景观营造工程等重点项目，深化旅游与绿色农业、旅游与健康产业的融合，发展独具特色的蒙医养生旅游目的地。

（3）补隆淖镇新河村

① 策划主题

民俗技艺主题体验村落。

② 规划思路

以补隆淖镇域内国道 110 为轴线，以新河村镜海旅游度假村、圣牧高科奶业公司、黄土档开心农场为带动，辐射 7 个行政村，打造集观光采摘、休闲垂钓、乡村民宿、文化展示、农事体验于一体的补隆淖镇乡村田园综合体、民俗技艺主题体育村落群。

③ 重点项目

保护利用好原始民居、历史建筑、工厂建筑等遗迹，加强剪纸、葫芦雕刻、根雕、烫画、河套饮食、蒙古餐饮等传统民间民俗文化遗产抢救、保护与传承，建设民族、民俗和乡村记忆陈列馆（室），河套文化美食街，非遗工坊，镜海旅游度假村，花菇温室采摘园，开心农场、奶业园区体验等系列乡村旅游重点项目，通过合理开发利用，逐步形成特色产业，建设主客共享的民俗乡村旅居目的地，树立农旅深度融合发展的内蒙古样板。

（4）沙金套海苏木那仁宝力格嘎查

① 规划主题

蒙元文化深度体验村落。

② 规划思路

以丰富的资源为依托，以观光游览市场为先导，以中高端深度休闲游憩度假市场为培育，保护利用好游牧文化、农耕文化等遗产，扶持发展民族、民俗文化，深入挖掘民族服饰、民俗活动、蒙医等非物质文化遗产，形成系列草原深度体验乡村旅游产品，打造蒙元文化旅游目的地、乡村生态乐活社区。

③ 重点项目

规划依托沙金套海苏木那仁宝力格嘎查美丽乡村建设，进一步开发乡村旅游资源，塑造富有吸引力的乡村文化旅游产品，打造蒙古族篝火晚会、草原运动会、民俗乐园、野餐营地、蒙古部落、草原花海等重点乡村旅游项目，实现美丽乡村建设与旅游发展的互融共进，成为体现游牧民族生态特色的最佳载体，打造生态、鲜活的中国蒙元文化深度体验村落。

（5）纳林套海农场

① 规划主题

田园采摘游憩村落。

② 规划思路

围绕“村庄美、产业兴、农民富、环境优”的总体目标，以纳林湖景区和采摘园为基础，辐射周边老党农庄、纳林东湖，打造一个农民充分参与和受益，集纳林湖旅游、特色农业、循环农业、创意农业、文化传承、果蔬采摘、农事体验于一体的多功能复合型纳林套海农场田园综合体。

③ 重点项目

以“一产为基础、二产为核心、三产为盈利渠道”的商业模式，积极推进农旅、农养、农教等农业全产业链充分发展，策划设计多个乡村更新设计、艺术策展、稻田艺术等田园美化项目，打造游客广场、自助采摘园、名优农产品集市、大型艺术稻田、农耕博物馆、老党农庄、大自然教育基地、田园书店、文粹艺术双年展、网红花园等特色乡村旅游项目，成为享誉内蒙古甚至全国的标杆项目。

9.3.4 多点支撑项目策划

1. 总体思路

充分挖掘磴口县乡村旅游资源，针对不同职业、文化程度、年龄段的旅游者，通过规划新建一批、已建提升一批、在建升级一批，加强特色乡村休闲设施建设，增强乡村旅游的内涵，推进乡村旅游设施服务标准化建设，开发相适应的乡村旅游活动或赛事，加强品牌建设，在开发乡村旅游项目的同时与自然生态形成动态的良性循环，保持人文、生态、资源、环境的和谐统一，形成磴口县乡村旅游项目支撑体系。

2. 发展路径

（1）多规合一、产业引领乡村生产生活可持续发展

以苏木乡镇（农场）为主体，坚持开发与保护并重、注重原生态保护、促进产业融合发展的原则，积极推进“多规合一”的乡村旅游发展规划编制工作。按照每个苏木乡镇（农场）、嘎查村（分场）实际，杜绝盲目一哄而上，而是以产业规划为引领打造一村一项目、一村一产业，在发展旅游产业的同时不断加大基础设施建设，既改善了农牧民群众的生产生活条件，又发展了村集体经济。

（2）主客共享、互融共建推进美丽乡村建设

磴口县乡村旅游的建设要在完善休闲度假公共服务设施上下功夫，结合美丽乡村建设、城镇化建设，大力实施“厕所革命”，加快完善游客服务中心、停车场、标识标牌、无线网络等旅游基础服务设施建设，推进乡村旅游漫游步道、自行车路网、自驾车房车营地建设。

（3）产业融合、要素扩展创新乡村旅游产品

通过培育乡村度假、研学、康体、运动、养老等旅游项目，有规划地开发打造休闲节庆、乡村旅店、特色民宿、自驾露营、户外运动、休闲庄园和国家现代农业庄园等乡村休闲度假产品，打造各类主题乡村旅游目的地和特色项目、精品线路，推动乡村旅游产品和服务从“吃住行游购娱”传统要素向“商养学闲情奇”新要素扩展，不断扩大磴口县乡村旅游品牌影响力。

（4）全域思维、城乡统筹创新乡村旅游开发模式

站在全域旅游视角，一方面，由传统点式开发趋向旅游目的地建设与线路开发，从原来

单体农家乐发展向特色村镇、田园综合体、共享农庄等国家政策主导的新形式转变，串联盘活乡村全域旅游资源；另一方面，要系统推进旅游与精准扶贫、环境治理、产业发展、美丽乡村及生态修复的深度融合。要高度关注乡村全域发展，实现从乡村旅游产品发展到全域乡村旅游目的地体系建设以及乡村旅游引导的新型城镇化建设目标。

3. 重点项目

（1）阴山宿集

结合阿贵神泉、阿贵山庄建设阴山宿集项目。根据当地原有夯土建筑风格，复原原始古村落建筑风貌，在以乡村民宿为核心的前提下，同时规划建设风情商业街、文创店、家庭旅馆、采摘区、特色小吃百味园、非遗古作坊、美术馆、咖啡屋、红酒体验中心等配套服务项目，最大化延展了传统短暂的观光游体验时间，扩充旅游体验内容。同时，在深度体验民宿集群及配套业态的前提下，为游客提供了丰富的当地文化旅游线路，包括沙漠腹地越野体验、古老民俗村落文化体验、阴山岩刻文化遗址以及高度定制化客户深度体验游。

（2）镜海旅游风景区

围绕国家 3A 级旅游景区、全国休闲农业与乡村旅游示范点、国家现代农业庄园的目标定位，结合全域旅游的建设要求，以现代农渔业为基础，以旅游业为主导，以巴彦淖尔市特色的乡村文化、渔业、休闲民俗文化为魂，在充分整合镜海旅游风景区旅游资源的前提下，按照“一个中心、两条轴线、三大板块”排布景点项目。建设生态停车场、土特产品展示中心、综合服务中心、房车露营地、“欢乐农场”生态休闲农业采摘基地、沙漠动植物园、沙漠乐园、水体亲子游乐区、真人 CS 激光对抗户外体验项目、湖景餐厅、露天餐吧、高端精品垂钓区、环镜海生态画廊、景观棋田、湖景住宿休憩区，将镜海旅游风景区建设成为一个集旅游观光、休闲娱乐、餐饮住宿、研学教育、生态养殖于一体的乡村旅游综合体。

（3）沃湖度假村

采取“特色酒店 + 公共休闲区域 + 水上娱乐 + 特色美食”的经营模式，利用好目前可经营的酒店公寓，适当增加别墅酒店、木屋酒店，增加小庭院、走廊、平台等室内与室外空间互动区域；增加公共休闲区、水吧、书吧，沿湖修建可达水面的台阶，打造亲水平台，增加秋千、健身器材、篮球架、台球、乒乓球等休闲娱乐区域，临湖打造餐饮、酒吧等特色商业；增加水上拓展、水上游乐园、垂钓园等水上娱乐项目；提供巴盟烩菜、铁锅焖面、黄河鱼宴等农家生态美食。

（4）云海秋林

围绕云海秋林农牧业旅游资源，策划农牧文化体验园、番茄农场、华莱士瓜景观小品等重点项目。农牧文化体验园定期举办农耕文化节，设置农耕体验项目，恢复传统农业技术与装备，并进行现场表演或游客体验；番茄农场巧妙地把“番茄”元素艺术化表达，打造番茄采摘园、番茄栽培课堂、番茄餐厅、番茄文创产品等特色体验项目；策划以华莱士瓜为主题的休闲娱乐空间，设置华莱士瓜景观雕塑和各种景观小品，营造乐趣横生的田园景象。

（5）花菇温室采摘园

依托补隆淖镇易地扶贫搬迁补短板项目建设花菇温室采摘园。采摘园里种植品种优良、四季都可以采摘的花菇、蔬菜，吸引游客长期光顾，配套建设生态餐厅，供游客品尝当地特色美食，发展集旅游、观光、休闲、体验于一体的现代农业，形成“一村一品”特色农业发展格局，促进当地农业结构的转型升级，实现农村经济社会资源的有效整合和配置，加快农村种植经济快速高效发展。

（6）田园综合体

以沙漠生态修复为依托，以沙生农林科技为支撑，以沙生植物保护与展示为特色，以生态保育、绿色生产、科创研发、旅游体验、科普展示、农耕文化等为一体的综合性、景区化、体验型大型田园综合体。依托设施农业建成区以及宝林湖等资源，集观光娱乐、休闲采摘、特色餐饮为一体的沙金套海苏木阿茨嘎查乡村旅游田园综合体；整合 5000 亩土地整理项目，依托北海公园建设的乌兰布和农场城郊休闲娱乐采摘田园综合体；集农、牧、水产业和旅游观光为一体的哈腾套海农场七分场田园综合体；集垂钓、民俗体验、农宿休闲为一体的哈腾套海农场二分场田园综合体；集现代农业、休闲旅游为一体的包尔盖农场一分场田园综合体。

9.4 乡村旅游产品规划

9.4.1 产品普系构建

重点打造五大类旅游产品构成的现代旅游产品体系（图 9-1）：乡村休闲度假产品、乡间观光旅游产品、乡野体验旅游产品、乡村节庆旅游活动、乡村绿色旅游商品。立足磴口县旅游资源的品类和游客市场需求，突出特色，打造精品，以沙漠、湖泊、山脉、黄河为主线，以河套文化、黄河文化、历史文化、阴山文化为灵魂，以旅游交通为依托，力争旅游产品向商、养、学、闲、情、奇不断拓展。体现磴口自然地理和生态系统的高山地区、草原地带、湖泊河流、峡谷丛林、农庄乡村等特征，都具有开发生态旅游产品的潜在资源基础。具有贴近自然的、新奇的各种形式都值得尝试，开展如观鸟旅游、自行车旅游、漂流旅游、沙漠探险旅游、狩猎旅游、徒步帐篷旅游等乡村生态旅游产品。同时，加大节事旅游产品的开发力度，以旅游景区及当地乡村为主体，举办磴口县华莱士节、黄河文化旅游节、纳林湖观鸟节、兵团战士文化艺术节、黄河流凌旅游文化节、乌兰布和沙漠垂钓大赛、龙舟赛、阴山岩画观摩会、阿贵庙庙会等节庆活动，凭借旅游节事活动，树立磴口旅游形象。

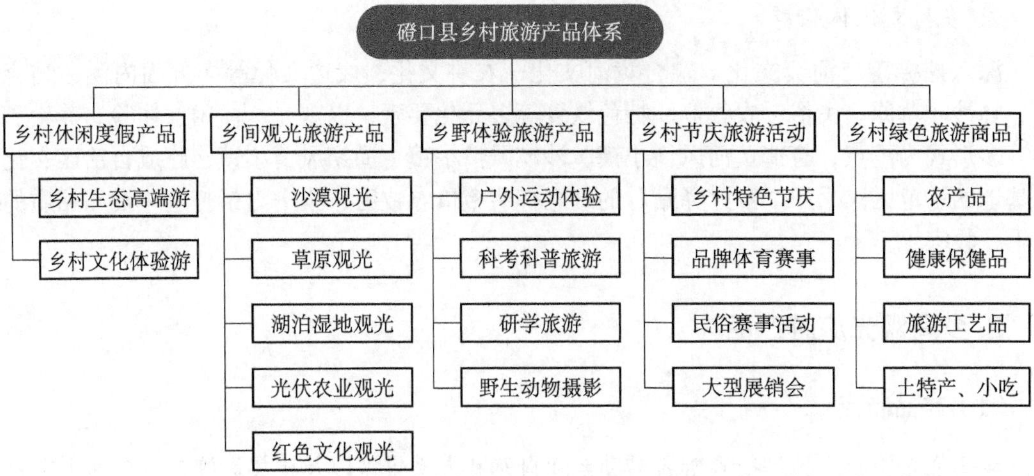

图 9-1 磴口县乡村旅游产品体系图

9.4.2 产品开发思路

1. 乡村休闲度假产品

（1）产品特点

休闲农业与乡村旅游是当今旅游发展方向之一，现代休闲观光农业充分利用休闲农业与乡村旅游业生产过程、农民生活和农村生态，为消费者提供休闲、观光、体验等服务，促进农旅融合打造休闲农业与乡村旅游发展，是实现农业多功能、高效益的新型产业。发展休闲观光农业，不仅可以促进农民就业增收，而且可以带动农村二、三产业发展，促进农业产业转型升级和发展方式的根本转变，推进现代农业和新农村建设，助力精准扶贫，具有强大的生机和广阔的前景。

度假休闲体验旅游产品是指充分利用城镇、乡村、景区等地的住宿和休闲娱乐设施，以旅游度假及其休闲体验为目的的旅游形式，同时能为游客提供综合的度假、休闲体验服务的各种活动项目。度假体验产品的游客参与性要求较高，注重生理和精神上的提升，是一种体验层次较深的产品形态。

（2）开发方向

① 乡村生态高端游

结合磴口县“大漠湖乡”优越的自然生态环境，推进湖泊度假、中医药康养业与旅游业的融合发展，形成独具魅力的沙漠湖泊养生旅游产业。依托湖泊优越的自然景观、生态环境以及磴口中医药产业基地，为人体的康养、保健提供适宜的空间场所与中药材资源，以康养主题村落为载体，开展水疗 SPA、滨湖漫步、瑜伽洗浴、蒙医养生等项目，打造特色鲜明的乡村生态高端游。考虑到湖泊生态资源的适应性，应防止过多的人工改造和过量的湖面游乐设施，设计科学的解说系统，增强养生旅游的文化内涵。

② 乡村文化体验游

深入挖掘磴口河套文化，融合黄河文化、农耕文化、戍边文化等多方面内涵，结合湖泊、林沙、草原、民俗、农牧业、特色饮食等多元化要素，以观光、休闲、体验、养生、养老等多形式为重点，打造黄河风情小镇、沙漠风情小镇、渔家风情小镇，建成自治区文化旅游基地的示范区。采用“乡村驿站”的理念打造磴口农牧区，集中力量打造一批高品质的农家乐、牧家乐。

2. 乡间观光旅游产品

（1）产品特点

乡间观光旅游产品是指旅游者借助乡间自然和人文景观以及相关设施，以自然生态景观及其依附自然环境为主体开展的乡间观光旅游活动。乡间观光旅游产品主要满足旅游者基本的物质和精神需要，对旅游者的参与性要求较低，是一种体验层次较浅的产品形态。

（2）开发方向

① 沙漠观光休闲旅游产品

增加沙漠生态旅游产品的参与性，积极开展沙漠越野、沙漠摩托、沙漠骆驼、沙漠滑沙等沙漠运动项目，开展沙漠探险、沙漠科考、戈壁寻宝等专项生态旅游活动，开创特色沙漠旅游项目，因地制宜开展沙疗服务和拓展训练等项目，建设沙漠风情小镇。建立和完善生态环境解说系统，对沙漠旅游进行有效的教育，借助景区的宣传栏、宣传画、演播厅、书籍、手册指南以及导游解说系统等多种媒介对旅游者进行环境教育，倡导文明旅游，提高旅游者的生态保护意识。

② 草原观光休闲旅游产品

依托磴口大草原的草原植被及其生境，积极开发体育娱乐、动植物资源观赏、草原文化生态旅游、草原休闲度假、草原越野旅游等多种草原观光休闲旅游产品。策划骑马游、乘勒勒车游、自行车游、摩托车游、自驾车游等草原娱乐活动。将草原景观与当地民族文化风情有机结合，注重大众性、参与性，通过开展有民族特色的少数民族服饰展演、歌舞和婚俗表演等方式，增加游客参与性和满意度。在草原生态旅游景区组织民族体育竞技项目，让游客亲身体验民族体育的惊、险、奇，亲自体验草原民族的生活。开展牧业生活游，领略少数民族独特的文化艺术、生活习俗、喜庆节日、食品制作、牧业生产劳动。推动磴口草原生态旅游产品从单一的观光型向观光度假型和观光参与型转变。

③ 湖泊湿地观光休闲旅游产品

磴口县自然湖泊湿地众多，拥有纳林湖、奈伦湖、金马湖等大大小小湖泊湿地 100 多处，可充分发挥湿地生态系统水陆生态交错带的科普教育价值，通过健全科普讲解体系，因地制宜开发湿地观光、珍稀野生动植物考察、科考、观鸟、水上体育运动、垂钓、捕鱼、水面活动、标本制作等湿地生态旅游活动，系统展示湿地生态系统的科学价值。

④ 红色文化观光旅游产品

充分整合和提升河套粮仓博物馆、兵团文化博物馆等景点、乡村旅游接待户，形成红色文化旅游线路，举办各类红色文化旅游节庆活动，磴口县兵团文化红色旅游，结合纳林湖、阿贵庙、黄河三盛公水利枢纽工程、三盛公天主教堂、磴口县博物馆、圣牧有机奶加工厂等景区景点，弘扬磴口兵团战士以苦为乐、朝气蓬勃的革命精神，达到“红绿结合”的旅游产品组合效果，充分提升磴口红色文化旅游知名度。

⑤ 光伏农业观光旅游产品

光伏大棚将太阳能发电与现代农业种植完美结合。以乌兰布和沙漠为生态光伏种植基地，把沙漠变为绿洲，成为特色农业观光旅游基地，打造光伏现代农业旅游示范点，完善区域内基础设施、观光项目与体验项目建设。加快建玻璃温室、冬暖棚、阴阳棚、联排棚等农业科技温室大棚，扩大成熟的种植模式，包括棚内种植高效的有机蔬菜、茶叶、菌菇、多彩苗木、甜瓜、草莓、葡萄等植物。探索种植光伏茶树、光伏水稻、光伏牧草、光伏养殖等新模式。

3. 乡野体验旅游产品

（1）产品特点

乡野体验旅游产品是指旅游者为达到某一明确目的而进行的旅游活动。这类产品追求个性、挑战或者刺激感，游客可以借助它来达到精神提升和完善自我的目标。特殊兴趣旅游产品要求旅游者在旅游活动中深度参与。

（2）开发方向

① 户外运动旅游产品

推进旅游业与体育业的深度融合，依托乌兰布和沙漠、阴山、金马湖垂钓基地等独特的户外体育活动开展场所，开发沙漠赛车、低空飞行、自驾游、户外拓展、健身休闲及现代极限体育运动等，开展徒步、露营、攀岩、漂流、登顶等户外运动。建立公司化运营的户外运动俱乐部或旅游机构，定期组织正规化、专业性的户外运动竞技和赛事活动。加快户外装备业的发展，完善涵盖户外基本装备（如帐篷、背包、睡袋、服装、鞋、炊具、指南针、头灯等）和专业性装备（如卫星定位器、冰爪、登山索、滑雪板、潜水器材等）的户外运动产品销售体系。加大户外专业知识普及宣传的力度，建立包括户外旅游知识分享、户外旅游技能训练、户外旅游经验交流模块的网络平台。建立健全的户外运动救援体系，配备专业向导和随行医护人员，保障旅游者的人身财产安全。

② 科考科普旅游产品

磴口县地形地貌复杂多样，大体可分为山地、沙漠、平原、河流四种类型，是天然的科考探险之地。充分依托磴口独特的地质构造、地貌景观和湖泊水体景观，发展以山地、沙漠、戈壁、湖泊为主题的科考探险旅游；依托湖泊栖息的丰富的动植物资源，推出以鸟类、野生动物、水生植被等为内容的生物多样性文化科普教育旅游；依托阴山岩画、鸡鹿塞、阿贵庙等古文化遗址遗迹，开发历史科考旅游、文化科考旅游项目。突出产品的知识性、神秘刺激和新颖独特，强化旅游者的体验感。打造不同主题、不同风险程度的产品体系，分类别、分层次开发推广，以分别适应不同专业级别旅游者的需求。

③ 研学旅游产品

推动现代旅游业与宗教文化、红色农垦文化之间的良性互动，利用阿贵庙、中以防沙生态园、河套粮仓博物馆等文化旅游资源，开发文化体验、文化研学等旅游产品。深入挖掘文化内涵，开发文化夏令营、宗教修学、文化研讨等参与性和体验性强的文化产品，开展宗教寻访、脉络寻根的探秘活动。

④ 野生动物观赏摄影旅游产品

推出以野生鸟类、湖泊和沙漠植物观光摄影为主题的系列旅游产品，探寻体验野生动物的踪迹、生境、栖息地。在不影响野生动物正常生活的前提下，设置湖泊、沙漠摄影区，让游客近距离观赏特色野生动植物，了解野生动物的生活习性和生存环境。设立各种警示牌，强化游客的自我保护和文明旅游意识，防止不当行为引发野生动物对人的攻击。借助自驾车手册、指示牌等各种解说媒介，介绍野生动物的种类、生活习性、繁衍规律等，让游客能够对野生动物对照识别，并了解人类行为对野生动物生存环境的影响，自觉保护和爱护自然。

4. 乡村节庆旅游活动

（1）产品特点

旅游节事活动作为旅游吸引物，在整合地方旅游资源，传播地方旅游形象，提升旅游地知名度以及繁荣地方经济文化的作用越来越为人们所认识，策划和组织旅游节庆节事活动（表 9–2）能够极大地促进磴口吸引游客和目的地营销。

表 9–2　磴口县主要节庆赛事旅游活动

上半年	节庆赛事活动	下半年	节庆赛事活动
1 月	冬季冰雪民俗节、全国冬钓大赛、冬捕活动	7 月	纳林湖消夏旅游节
1—2 月	磴口县温泉冰雪嘉年华、冰雕文化艺术节	7—8 月	华莱士节、纳林湖湿地漂流拓展赛、内蒙古兵团文化艺术节、那达慕大会
3 月	黄河三盛公流凌旅游文体系列活动、巧媳妇开河鱼美食节	6—10 月	金马湖国际沙漠垂钓大赛
4 月	纳林湖沙雕文化艺术节	12 月—次年 1 月	磴口县特色年货展示展销
5 月	“中国旅游日”主题系列活动		
6 月	乌兰布和全国沙漠汽车越野拉力赛		

（2）开发方向

① 乡村特色节庆

磴口具有众多的名村古镇苏木，村内多海子，各自具有自己的文化背景和特色，富有特殊的旅游吸引力。作为河套多元文化交汇之地，磴口的乡村地区，保留着丰富的传统民俗文化和非物质文化遗产，如冰雪民俗活动、传统美食节、农民文化节、秧歌大赛、环金马湖健步行等。

② 品牌体育赛事

联合巴盟汽车俱乐部、体育管理部门、各类体育健身协会和社会团体，组织高水平沙漠运动、国际垂钓、体育赛事项目，向国内外推介磴口节庆赛事特色，形成区域合作办赛的优势，将乌兰布和沙漠汽车越野赛、金马湖国际沙漠垂钓等打造成国际知名的赛事品牌。

③ 民俗赛事活动

利用华莱士节、冬季冰雪民俗节、开河鱼美食烹饪大赛、纳林湖消夏旅游节、内蒙古兵团文化艺术节、千顶帐篷户外集结活动、“龙舟赛”、自行车骑行、敖包祭祀、庙会等传统节事活动，借助网络平台开展主题摄影大赛、青少年绘画大赛、故事传说征集等活动，策划具有磴口本土特色和地域风土人情的旅游节庆活动。依托节庆旅游，开发旅游特色商品，形成具有地方特色的商业街区。重视节庆赛事的开放性与参与性，将游客从被动的观光“看客”变为主动的活动“体验者”，提高大众旅游者的参与度，提升活动举办的专业性和吸引力。

④ 大型展销会

借助网络平台做大磴口县特色年货展示展销等大型农牧产品展销会，利用“互联网 +”“旅游 +”等模式，拓展农业功能，将农业的产前、产中和产后诸环节连结为完整的产业链条助力乡村振兴。

5. 乡村绿色旅游商品

（1）产品特点

旅游商品是指旅游者在旅游活动过程中购买的物品，也可称作旅游购物品，与旅游者的吃、住、行、娱、购、游等要素有着紧密联系，具有满足旅游者购物需求和传播旅游地形象的双重价值。

（2）开发方向

① 绿色农产品

磴口县拥有“天下第一瓜”——华莱士、“大漠绿参”——山药、“中华丑梨”——苹果梨、八百里粮川石磨面粉、黄河鲤鱼等一系列农畜产品，番茄、葵花、华莱士、甘草、肉苁蓉等名优特产享誉塞外，物产资源丰富，围绕“河套”品牌，加大“三品一标”认证支持力度，着力打造一批有影响力的优质绿色农畜产品品牌。建立食品原产地可追溯制度和质量标识制度，加大“河套”“巴盟”品牌保护力度，积极申报乌拉特羊、河套小麦、磴口华莱士等国家地理标志产品登记保护。加快建设设施无公害蔬菜、瓜果种植基地，发展食用葵花、番茄、优质牧草、枸杞等特色种植，扩大特色种植规模。积极发展特色沙产业，加强肉苁蓉、锁阳等蒙中药材基地建设和品种保护，建设山药、葡萄种植基地。围绕小麦、葵花、番茄、果蔬、肉羊等优势产品，鼓励互联网企业建立农牧业服务平台，加强产销衔接。

② 健康保健食品

发展壮大生物产业，以联邦制药为重点，建设以抗生素、维生素为主的微生物发酵制药生产基地。积极引进多品种氨基酸、黄原胶等发酵制品生产企业，不断提高玉米深加工水平。加大特色农畜产品、乌兰布和沙漠沙生动植物资源开发力度，依托京新药业、启源药业等企业，加强生物发酵技术研发及产业化，重点开发以甘草、肉苁蓉和锁阳为主的提取物、保健品、中成药以及复方药物，发展生物制药和现代中蒙药产业。

③ 旅游工艺品、纪念品

融入河套文化、秦汉文化、阴山文化、蒙元文化元素，加强旅游工艺品、旅游纪念品、旅游用品、旅游食品“四大类”的创意研发，并形成品牌化、系列化、规模化。如阴山岩刻、青铜剑、青铜镜等工艺美术复制品；华莱士蜜瓜、三盛瓜子等土特产品和圣牧有机奶、肉苁蓉系列保健品，以及各种风景图片、明信片、邮品、小饰物等旅游纪念品等特色旅游商品开发项目。从开发、设计旅游产品入手，大力开发体现地域特色、风土人情、历史文化的产品，加强产品的包装、制作、销售、运输流通。

④ 旅游土特产品、小吃

开展绿色农畜产品品牌创建，积极发展果蔬加工。支持中粮屯河、泰顺、泰盛、富源等番茄加工企业稳定产能，加大自主品牌开发力度，重点发展番茄红素、饮料、辣酱等产品，加强番茄籽、皮综合利用。加强蔬菜、枸杞、肉苁蓉等特色产品加工转化，推进脱水蔬菜产业加快发展，形成一批特色旅游土特产品。探索建立河套农畜产品交易中心，提高农畜产品营销水平。依托“互联网+”农牧业，构建“电商平台+直销中心+零售体验”营销模式，减少流通环节，降低销售成本和风险。挖掘农村牧区生态休闲、庭院经济、旅游观光发展潜力，打造从田间到餐桌的全产业链条。加强品牌建设和保护。积极推进农牧业标准化，加快建立肉羊等优势农畜产品标准体系。磴口农产品食材丰富、菜系多样，应紧紧依托西夏美食城、烧烤一条街等经营场所，积极鼓励和引导农民经营传统美食和特色小吃，如表 9-3 所示。通过“吃”吸引广大游客，通过“吃”来宣传磴口，打造“吃在磴口”美食品牌。

表 9-3 磴口县主要农产品和美食

类别	名称	
旅游土特产品	华莱士瓜、沙地西瓜、沙漠人参肉苁蓉、王爷地甘草、黄河鲤鱼、黄河鲶鱼、圣牧有机乳品、蒙牛乳品	
旅游美食	特色菜系	河套硬四盘、全羊席、全鱼宴
	菜品	红烧扒肉、酥鸡、清蒸羊肉、丸子、猪肉烩酸菜、猪排豆角焖面、猪肉勾笨鸡煮饼、农家铁锅炖大鹅、农家酸粥、清真爆炒羊羔肉、烤全羊、手扒肉、羊背子
	小吃	民勤拉面、河套酿皮、油炸糕、河套花瓣馍、炒米、馓子

9.5 乡村旅游市场营销体系规划

9.5.1 市场分析

1. 中国乡村旅游市场特征

随着我国国民经济快速发展，人民的生活水平和城市化水平不断提高，使得城市居民对于乡村自然田园风光的向往程度不断加深，乡村旅游也得以迅猛发展。乡村旅游以农业资源为依托，以“田园风光、农业生产活动、民俗风情”等旅游吸引物吸引周边城市居民来游玩为目标，集科普教育、观光旅游、亲身体验等多功能为一体的旅游活动，深受广大旅游爱好者的喜爱。从 2011 年到 2020 年，近十年中国乡村旅游市场规模不断扩大，呈现波动式上升状态，至 2019 年达到 30.9 亿人次，年均增长率大于 25%，如图 9–2 所示。

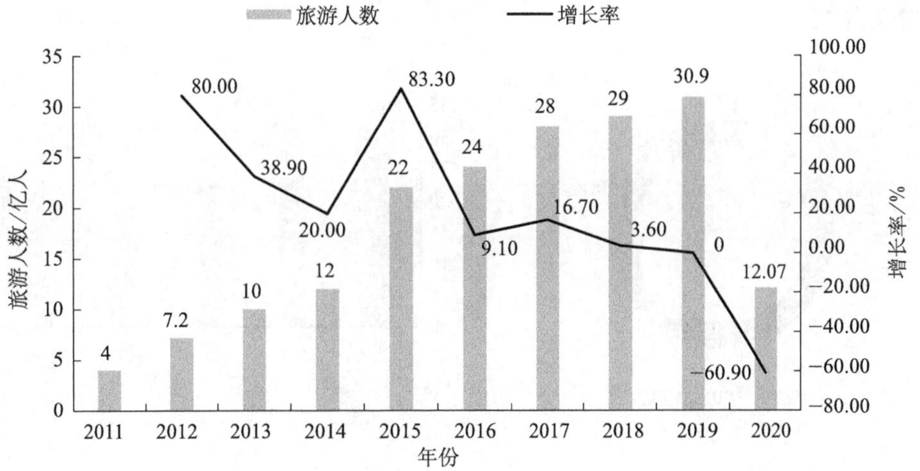

图 9–2 中国休闲农业与乡村旅游人数及增长率

受到新冠疫情影响，2020—2022 年的旅游业不佳，但长期旅游依然向好，随着疫情的结束，国内乡村旅游迎来报复性增长，各地有序重启乡村休闲旅游市场，随着生产生活秩序逐步恢复，城乡居民被抑制的需求将持续释放，山清水秀、生态优美的乡村比以往任何时候都更具吸引力，国内乡村旅游市场迎来增长机遇。

与此同时，乡村旅游营业收入表现也十分亮眼。2012—2018 年，我国乡村旅游营收年复合增长率达 24.6%。其中，2015—2017 年，乡村旅游营业收入增速连续三年超过 29%，如图 9–3 所示。

根据旅游行业研究中心数据显示：“80 后”“90 后”群体更加追求旅游的体验感和参与感，更偏好乡村旅游，20～40 岁的青年人群在乡村旅游客群中的占比总和已高达 70%，年轻群体已成为乡村旅游业当之无愧的“中流砥柱”，如图 9–4 所示。年轻群体旅游消费调查

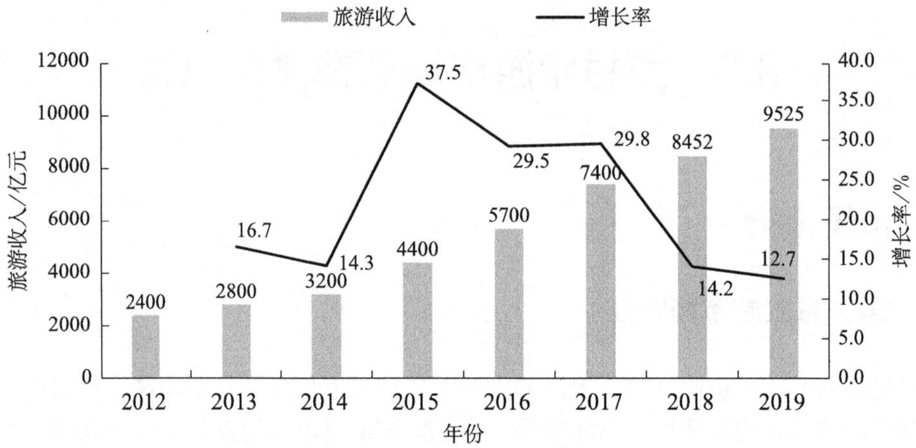

图 9-3 中国乡村旅游行业规模及增长率

数据表明，29.9% 的消费者单次消费水平在 2001～3000 元，且大部分消费者一年中出游的频率为 3～5 次，显示出该群体强烈的消费意愿和较强的消费能力；此外，在消费类型方面，该群体在娱乐项目中花费最多（占 31%），其次为旅游纪念品和餐饮消费（均为 24% 左右），住宿消费仅占 15%。

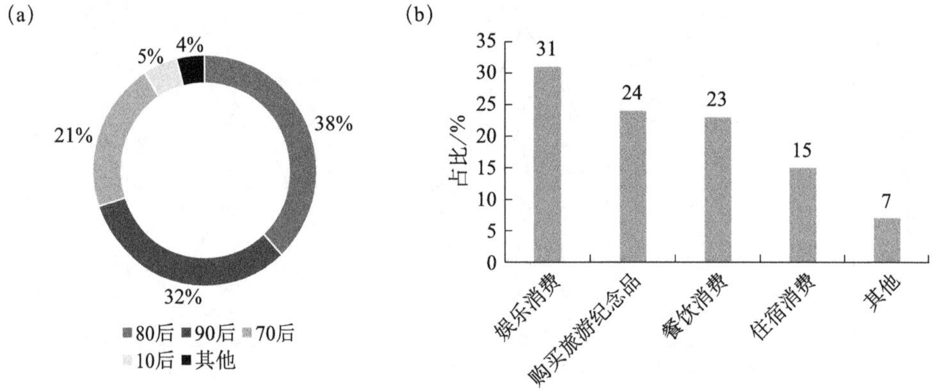

图 9-4 中国乡村旅游客群（a）与年轻群体（b）在乡村旅游中的消费类型占比

据对年轻群体最喜欢的乡村旅游类型的调查结果显示，年轻消费者首选的乡旅项目类型为休闲娱乐类，其次为自然风景、挑战猎奇、观光游览、民俗文化等，如图 9-5 所示。可见，休闲旅游已成为该群体的第一选择。此外，他们在享受自然风景、观光游览外，该群体还追求对不同生活的体验，并对民俗文化充满了好奇。因此，乡旅市场应深挖乡村旅游文化内涵，开展深度体验旅游，使年轻群体在感受文化、体验城乡差异的同时得到休闲与放松，满足该群体到乡村旅游核心需求，俘获年轻消费群体。

2. 磴口乡村旅游市场现状

近十年磴口旅游市场规模不断扩大，呈现出直线上升趋势，如图 9-6 和图 9-7 所示。磴口县 2019 年共接待游客 143.07 万人次，实现收入 10.41 亿元，分别比上年增长 10.2% 和

6.0%。按照 38.8% 进行乡村旅游计算，磴口县 2019 年乡村旅游人数达到 55.5 万人次。

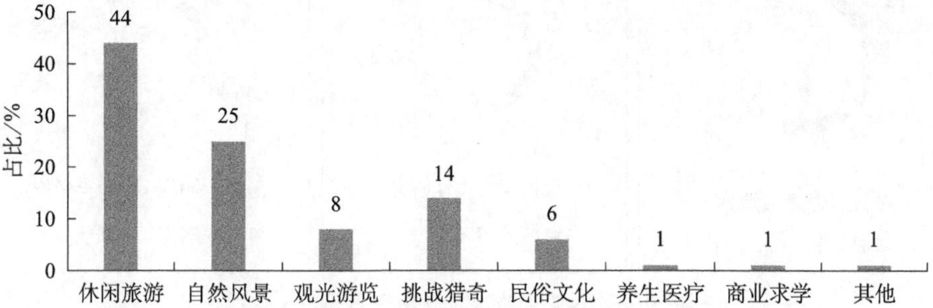

图 9-5　年轻群体更倾向的乡村旅游类型占比

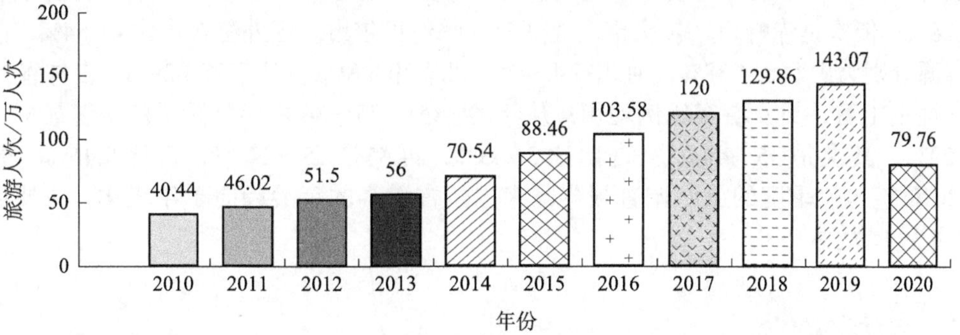

图 9-6　磴口县 2010—2020 年旅游人次变化情况

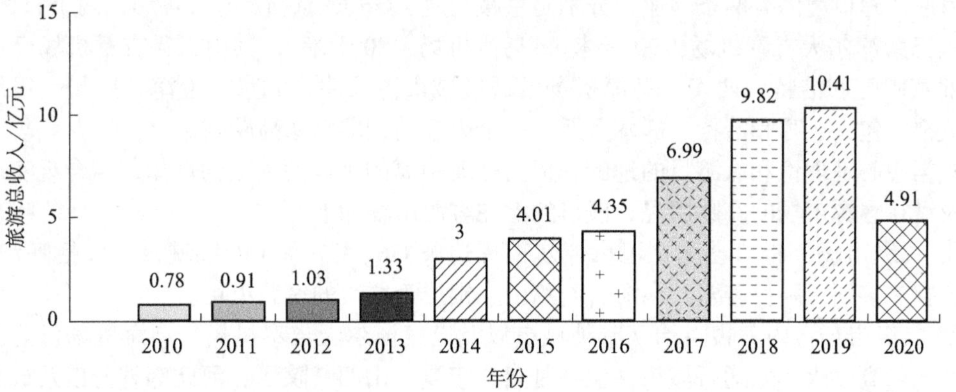

图 9-7　磴口县 2010—2020 年旅游总收入变化情况

3. 磴口乡村旅游细分市场分析

根据内蒙古 2020 年前三季度旅游业数据分析，从旅游目的地来看，来内蒙古旅游的游客中以观光游览为出游目的的位居首位，占全部国内游客的 47.97%，休闲度假占 36.72%，探亲访友占 20.69%。

从出游方式来看，国内游客以自助游为主，占 44.16%，自驾游其次，占 37.48%，商务游占 12.24%，参加旅行团占 6.12%，见图 9-8。

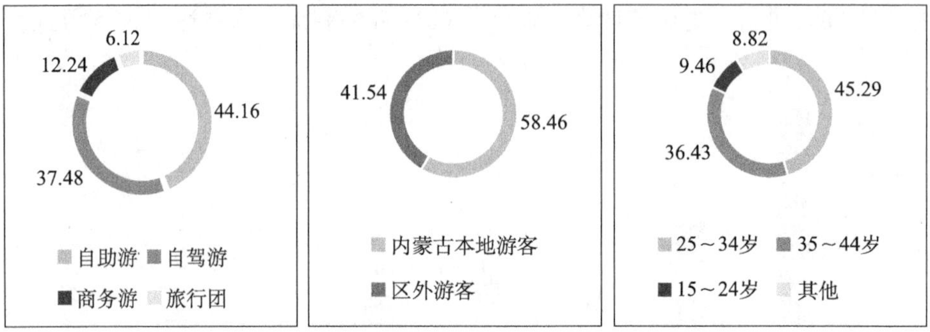

图 9-8　内蒙古旅游市场细分占比图（%）

从客源分布看，来自内蒙古本地的游客占总人数的 58.46%，以呼和浩特游客最多，占比 16.28%，依次是赤峰市、包头市、通辽市、呼伦贝尔市。区外游客占比 41.54%，前五位区外客源分别为山西省 4.38%，河北省 4.34%，北京市 3.86%，辽宁省 3.29%，吉林省 3.14%。

从性别上看，男女游客比例均衡；从年龄上看，25～34 岁年龄阶段的游客最多，占比达 45.29%，其次是 35～44 岁，占比达 36.43%，再次是 15～24 岁，占比 9.46%，根据内蒙古 2020 年前三季度的旅游调查报告，来内蒙古游客的年龄趋向于年轻化，主要以“80 后”“90 后”为主。

9.5.2　市场定位

目前，磴口境内有两条高速，分别是京藏高速（G6）、京新高速（G7）；两个邻近机场，分别是巴彦淖尔天吉泰机场（90 千米）、乌海机场（80 千米），其中，天吉泰机场已通航城市有北京、呼和浩特、西安，乌海机场已通航城市有天津、北京、上海、广州、银川、西安、成都、包头、呼和浩特、鄂尔多斯；一个火车站，即巴彦高勒站。

根据中心地理论和旅游目的地的辐射力随着距离的延伸而衰减的规律，结合现实市场特征以及潜在客源市场的实际情况，磴口的潜在客源市场如下。

① 一级市场：磴口县所在巴彦淖尔市周边及 G6、G7 高速沿线城市，包括呼和浩特、包头、鄂尔多斯、阿拉善盟、乌海、石嘴山、银川等城市的客源市场。

② 二级市场：内蒙古自治区其他城市以及巴彦淖尔天吉泰机场、乌海机场目前已通航城市和巴彦高勒火车站通行城市，包括甘肃、宁夏、山西、陕西、河北等省份以及成渝经济圈、长三角、粤港澳大湾区等经济发达地区。

③ 三级市场：国内其他城市，覆盖到全国省会城市；国际客源市场包括蒙古、法国、美国及韩国。

9.5.3　营销目标及任务

1. 营销目标

全角度宣传营销，大大增加周边游客游磴口、游客“留忆乡村”的情怀，自觉参与支持磴口县乡村旅游发展，“旅游红利”最大限度惠及当地村民和游客。

（1）近期目标（2020—2022 年）

建设启动年即营销启动年，配合建设进程进行营销造势，在项目建设过程中不断创造话题，借助项目启动仪式、设计招标等活动宣传来预热市场引起社会充分关注，并通过明星运动和旅游产品的营销引发出行欲望，通过大型促销活动迅速积攒人气，使项目地在核心目标市场获取一定份额的认知度和美誉度。

（2）中期目标（2023—2025 年）

这一阶段，项目地建设期基本结束。重点将针对磴口周边乃至全国市场进行目的地品牌的营销，在市场上树立鲜明的乡村旅游度假目的地形象。同时，以农家乐、餐饮两大较为成熟的产品体系作为营销重点，针对专项市场进行深度推广，如培育 1～2 个具有影响力的节庆 / 赛事活动，在整体游客规模和收入上实现质的飞跃。

（3）远期目标（2026—2030 年）

持续巩固磴口乡村旅游品牌及形象的推广，灵活运用和创新营销方式与营销渠道。同时，围绕产品更新更加全面深入地进行产品和线路营销，通过各种促销活动和专项节事，对运动、休闲、度假、农业科技、文创等各大旅游产品体系进行组合推广，推广旅游产品的全季节管理，实现项目地的可持续运营。

2. 营销任务

基于磴口县乡村旅游目标定位，结合不同分区的项目建设，挖掘并整合产品特色，通过营销造势、对比关联等手段，打造一系列专项营销活动，构建完整柔性的营销体系。争取在 2 年内充分引起市场对于本项目的充分关注，5 年内树立起磴口县乡村度假旅游目的地的品牌，成为中国北方乡村旅游的明星目的地，2025 年后开始保持全国范围的品牌关注度与吸引力，产品持续得到更新，泛旅游产业融合发展。

3. 品牌定位

聚焦磴口县乡村旅游资源和乡村文化特色，将“大漠湖乡、河套千顷、食在磴口”塑造成磴口乡村旅游的总体形象，塑造特色鲜明、脍炙人口的“漠上湖乡鱼米，食在绿色磴口”乡村旅游品牌。

（1）核心品牌：漠上湖乡鱼米，食在绿色磴口

漠上湖乡鱼米：这是磴口乡村旅游资源中最具独特性和唯一性的资源。磴口县拥有乌兰布和沙漠，是我国八大沙漠之一，境内 70% 地区属于沙漠地区，在西北干旱地区有 160 多个湖泊，盛产磴口稻米和农业农村部特色农产品黄河鲤鱼。

食在绿色磴口：一方面，表达出磴口人民的淳朴、真诚、热情；另一方面，因为

"实""食"同音，通过品牌传达磴口独特的美食文化，磴口在大力发展特色种养殖业，生产大量有机绿色生态农产品，符合当代人们对健康饮食的消费观念。

（2）支撑品牌

各乡镇、苏木、农场根据自身特色旅游资源，整合区域优势，打造区域精品，按照"一乡一品"的原则，打造各自独特的旅游品牌，形成磴口乡村旅游品牌的支撑体系。

（3）延伸品牌

① 乡村旅游主题线路品牌

围绕"漠上湖乡鱼米，食在绿色磴口"旅游品牌，以线形旅游要素为主轴，结合交通干线，将磴口境内的乡村旅游点有机串联，合理搭配乡村旅游产品。充分发挥乡村旅游资源的整体优势，兼顾国际国内乡村旅游市场，错位发展、联合促销，形成田园农耕旅游线路、渔家风情旅游线路、草原农牧旅游线路、沙漠探险旅游线路、滨河生态旅游线路、历史民俗旅游线路等精品乡村旅游线路品牌。

② 乡村旅游特色景区品牌

以重点乡村旅游村为品牌载体，形成磴口乡村旅游点"多点开花"格局。依托境内丰富的湖泊资源，打造休闲垂钓、农事体验、非遗研学等乡村休闲品牌；以当地特色美食为基础，建设磴口美食乡村体验品牌；以河套地区的农耕文化、内蒙古牧民文化为特色，塑造一批农牧特色乡村文化旅游品牌等。

③ 乡村旅游节庆品牌

充分利用节庆活动的展示宣传功能，立足磴口乡村旅游资源的独特性、垄断性、唯一性，结合磴口现有的旅游节庆活动，做大做强十个特色节庆活动，形成磴口十大节庆活动品牌，以此来引爆磴口乡村旅游。重点打造红火年货节、非遗研学节、阳光烧烤节、"金马湖"垂钓节、盛夏采摘节、纳林湖灯光艺术节、浪漫星空帐篷节、汉服游园节、冰雪文化节和磴口美食节。

9.5.4 市场营销策略

围绕磴口乡村旅游资源特色，以当地种养殖业为基础，通过让到磴口游客"品乡村家常菜、购生态土特产、住特色农家院"，全方位体验原汁原味的乡村生活，以此树立"漠上湖乡鱼米，食在绿色磴口"乡村旅游品牌形象，利用全程营销策略、全媒体营销策略、节事营销策略，助推磴口乡村旅游品牌形象深入人心。

1. 全程营销

通过整合不同营销手段，将磴口县乡村旅游品牌深入目标游客和游览游客的旅游各个环节中，从旅游者行前、行中和行后的完整服务进行全程品牌创意设计展现，为磴口县量身定制全新的视觉识别系统（VI）规范及品牌宣传与设计服务。

在游客未开展旅游行为之前，对磴口处于陌生阶段，可采取乡村旅游品牌策划、全年乡村旅游宣传海报设计、乡村旅游推介会、广告投放等方式吸引游客，树立良好的第一印象；在知道磴口后，游客进行资料搜集阶段，可在百度品牌专区进行推广，设计乡村旅游宣传册、乡村旅游官网、移动交互体验等方式让游客进一步了解到磴口乡村旅游品牌；通过制作乡村旅游形象宣传片、拍摄乡村旅游形象照片、拍摄乡村旅游微电影、策划乡村旅游互动体验创意节目触发游客旅游兴奋点；利用乡村旅游品牌形象视觉识别系统，增加磴口乡村旅游品牌曝光量，让游客记住这一旅游品牌形象；在游客体验阶段，通过主题演艺策划、乡村旅游标识与导览创意设计、旅游门票、地图创意设计、视频旅游攻略创意设计等方式，体现磴口完整的旅游服务水平；在游客的旅游后阶段，通过乡村旅游商品开发、乡村旅游品牌故事策划，给予游客传播分享的载体，进一步形成顾客黏性。

2. 全媒体营销

以磴口县乡村旅游品牌为指引，围绕乡村旅游资源及特色，采取全媒体营销策略。一是完善传统营销方式，如设计宣传片、宣传材料、导游图、形象标识；利用电视、报纸、杂志、广告、广播、宣传、展销会、推介会等综合线上线下传统媒体宣传。二是重点利用新媒体营销，在线旅游平台（中国旅游网、携程、途牛、去哪儿、马蜂窝等）、搜索引擎（百度、谷歌等）、社交网络（豆瓣、知乎、微博、微信、抖音、快手等）、电商平台（天猫、淘宝、京东、拼多多等）等，以此加速品牌崛起，辐射全区范围。三是特色发展网红营销，利用话题引爆，点燃直播狂欢，如动员网红博主发起磴口县美食话题讨论，获取关注流量；以"爱上内蒙古"正能量网红孵化基地为依托，利用抖音、快手、哔哩哔哩等直播平台发展网红粉丝经济直播引客，其次利用微信推广、微博推广、抖音推广进行广告营销。

3. 节事营销

除磴口县传统节事活动外，可以策划其他节事进行营销，以突破营销时间限制，达到全年营销的目的，见表 9-4。

表 9-4　磴口县各月的节事安排

时间	节庆	地点	活动
1 月	红火年货节	线上为主	各大电商平台、直播平台和线下进行农村特色旅游消费品销售
2 月	磴口美食节	磴口县城	美食体验、非遗体验、商品展销、文艺演出
3—4 月	非遗研学节	磴口县非物质文化遗产传承保护基地	剪纸、烙画、葫芦雕刻、糖画、沙画、沙瓶画等体验和学习
5 月	阳光烧烤节	农家乐渔家乐示范村	聚餐烧烤、休闲垂钓、饮食烹饪体验

续表

时间	节庆	地点	活动
6月	“金马湖”垂钓节	金马湖景区	开展垂钓、休闲、养生、度假等
7月	盛夏采摘节	休闲农业示范点	乡村旅游观光、蔬菜瓜果采摘、特色饮食烹饪、传统音乐欣赏、向日葵主题拍摄
8月	纳林湖灯光艺术节	纳林湖	艺术灯光秀、纳林湖美食节、户外音乐节、“西部第一锅”湖水炖湖鱼、万人千顶帐篷集结、土特产品展销
9月	浪漫星空帐篷节	四星级乡村旅游接待户	房费减免、免费特色饮食提供、观星场地特价、农事体验、文艺演出、非遗表演
10月	汉服游园节	各景区	农产品展销、非遗商品展示、乡村旅游地推介
11—12月	冰雪文化节	各景区	冰雪民俗活动

4. 联合营销

市场结合：从传统的营销宣传转向与客源地结合、与旅游代理商结合，共同开发市场，更加强调市场细分、市场开发的针对性和有效性；交通联动：沿主要交通干道打造磴口驿站，为自驾游客提供方便畅通的交通体系；产品互补：将磴口县景区和附近的乡村旅游点进行捆绑组合，设置统一的户外广告、标识标牌等，形成景区 + 乡村旅游点的多选择复合型旅游格局，形成产品的强强联合。

9.6 乡村旅游公共服务体系规划

9.6.1 标识系统规划

1. 存在问题

当前磴口县乡村旅游标识系统存在不均衡现象，有的地区（经营点）较多，有的地方还没有建立相关标识，且已有的标识系统不统一、不规范、不标准、无特色、无秩序等，磴口乡村旅游标识系统远远落后于我国发达地区。

2. 发展目标

制定《磴口县乡村旅游标识系统规范》，依据地方特色原则、综合性原则、系统性原则、生态美学原则，以构建富有生态性和艺术性的本土乡村旅游标识系统，打造磴口县乡村旅游特色名片为目标，至 2022 年完成磴口乡村旅游标识系统建设。

3. 规划思路

（1）构建特色、生态、标准统一的标识体系

通过把国际、国内通行标准与保护生态环境相结合，设计高规格旅游标识。在原生态中融入艺术设计基因，打造独具特色的旅游标识，使艺术的魅力在旅游中展现。融入原生态的地域文化，使乡村旅游标识系统与周边自然景观和谐，增加乡村旅游的美感和文化氛围。应用现代科学知识和技术，丰富艺术形态，增加创新元素，促进乡村生态旅游的发展。以此构建特色、生态、标准统一的标识体系。

（2）依据相关建设标准，保证标识建设合法性

应依据国家颁布的标识标准加强境内的标识系统建设，尤其应注重按《标志用公共信息图形符号 动物符号》（GB/T 29625—2013）、《道路交通标志和标线》（GB 5768.2—2022）、《旅游饭店用公共信息图形符号》（LB/T 001—1995）、《消防安全标志 第 1 部分：标志》（GB 13495.1—2015）、《自驾游管理服务规范》（LB/T 044—2015）、《图形符号表示规则 第 2 部分：理解度测试方法》（GB/T 16900.2—2020）等标准增加和完善境内的相关标识，并加强标识标牌的维护。

4. 规划措施

（1）乡村旅游服务设施标识系统

根据标准化与特色化相结合的原则，在星级农家乐、民宿、旅游厕所、购物场地、户外露营区、快捷酒店、青年旅舍、星级精品酒店、主题度假酒店、交通枢纽及重点乡镇设置旅游交通示意图、旅游交通指引标识牌、旅游服务导向系统、景区导览标识牌、旅游安全标识牌等配套设施，在各旅游村设置 4 类乡村旅游标识标牌，分别是乡村旅游全景地图、道路导向指示牌、服务设施解说标识牌（停车场标识标牌、旅游厕所标识标牌）、农牧家乐指示牌，实现旅游服务人性化、旅游管理智能化。

（2）旅游交通标志指引系统

① 主要标识系统设置

指引标志设置在城市快速路、城市主干道、城市次干道或干线公路、乡村绿道的路口和路段上。指引标志宜单独设置，当与其他交通标志相互遮挡时，应设置在距离其他交通标志 60 米以外的范围或交叉口下游。指引标志应由远至近依次连续引导，距离旅游景区 500

米以外范围应设置旅游景区方向距离标志，距离旅游景区 500 米以内范围应设置景区方向标志。指引标志第一次出现后，在需转向或分叉时应设置旅游景区方向距离标志或旅游景区方向标志。在大于 5 千米的直行路段宜增设旅游景区方向距离标志。应在景区的入口位置设置停车场指示标志。

a. 道路导向标识

位置：在道路交叉口及对外交通出入口，由一级公路进入景区的分叉口处。

功能：附近景点的方向指示。

b. 旅游地介绍标识

位置：在一级公路的出入口通向景区的二级公路上设置。

功能：介绍整个磴口县乡村旅游景区景点概况的标识牌。

c. 导游全景标识

位置：道路交叉路口。

功能：整个旅游目的地乡村景观（点）的平面图。

d. 公共服务标识

位置：景区附近和道路交叉口。

功能：标识附近商店、医院、厕所、文体等公共服务设施的类型和位置。

② 标识系统符号设计

以建筑符号学手法，提取文化基因，设计展现磴口传统文化、乡村资源点等特色的标识 VI 系统：呼应“天赋河套、食在磴口”主题定位，选取磴口乡村田园风光作为标识系统的基本结构，提取蜜瓜、湖鱼、牛羊等食物基因，以建筑符号学手法进行演绎，将元素融入设计当中，并在材质上就地取材，形成展现磴口地域特征与传统文化印记的标识 VI 系统。

③ 标识系统建设要求

交通标识系统应该严格以标准地图标注地名，统一确定标识版面规格和材料，标识的汉字按照国家标准，根据旅游行车速度和最佳视觉效果确定。为方便国际游客市场开拓，重要的景区、景点、交通道路可考虑用中、英、日、韩等语言简要标注。交通和公路管理部门要在重要交通路口，尤其是在高速公路和干线公路设置通往旅游景区的指示标识和标注附近的救援电话号码，参照国家标准，按照一般道路交通标识和公路旅游专用交通标识两大系统建设。

9.6.2 住宿设施规划

1. 存在问题

磴口县旅游住宿服务设施发展不平衡，还存在客房少、接待规模偏小、档次低、服务质量差、管理不够完善等问题，难以适应未来旅游发展的需要。

2. 发展目标

掌握国际国内省内旅游发展趋势，根据旅游市场需求特征，调整磴口住宿设施产品结构，构建合理的住宿服务体系，注重住宿服务水平提升，对已有住宿设施进行提档升级，推进住宿业朝着绿色方向发展。到 2030 年，打造 1 个四星级酒店，10 个五星级农家乐、牧家乐，3 个高标准露营基地。

3. 规划思路

（1）构建合理的住宿服务体系

鼓励发展主题特色酒店、有序发展星级酒店、规范发展乡村旅社及社会旅馆。优化旅游饭店空间布局，以现有住宿接待设施为基础，通过建设、改造、提升，优化住宿结构。合理调整民宿（家庭旅馆、农家乐、牧家乐）、客栈、汽车旅馆、露营地、星级酒店、连锁经济酒店等住宿业态比例。

（2）注重服务质量，提档升级

对星级饭店与社会旅馆、农牧家乐住宿等实行双轨分类管理，积极推进饭店星级评定，制定并强化行业标准，积极引导并推进社会旅馆、农牧家乐的软硬件升级完善。明确行业规范，规范市场企业行为，避免投机和恶性竞争。引导国内外著名酒店管理集团来磴口投资兴业，吸纳借鉴先进管理经验。

4. 规划措施

（1）不断完善和优化酒店产品结构，进行结构布局调整

以打造国内高质量、高标准、高水平住宿设施为引领，因地制宜开发不同档次、不同风格、不同类型、不同规格的各类住宿设施，打造户外露营区、乡村民宿、农家乐集群、快捷酒店、青年旅舍集群、星级精品酒店集群、主题度假酒店集群，形成规模化、集聚化、特色化运营。引进一批国际顶尖级酒店品牌和管理模式，积极推进国际、国家品牌酒店托管先进管理经验，全面提升磴口酒店国际化管理和服务水平。

（2）推广绿色经营，实现饭店业可持续发展

引导饭店建设与环境保护相结合，将环境管理融入饭店经营管理之中，调整饭店的发展战略、经营理念、管理模式、服务方式，实施清洁生产，并引导社会公众的节约意识，改变传统的消费观念，倡导绿色消费。

（3）构建具有地域与文化特色的住宿产品体系

以拓展乡村度假、亲子旅游市场为目标，构建磴口具有地域与文化特色的住宿产品体系。对新建饭店要依据规划严格审批手续，保证建筑与地方特色相结合，现代化与传统文化相结合。

（4）规范管理，提升服务质量

倡导在旅游饭店中推行ISO 9000质量体系认证，逐步推广国际上通行的饭店服务质量管理制度。加强对农家乐、牧家乐家庭旅馆的管理，制定农家乐、牧家乐等级标准，提高经营水平。实施住宿标准化，按照不同类型住宿的硬件标准，运营质量和规范入住服务、结算服务、客房服务、餐饮服务、商务服务等软件标准。

9.6.3 餐饮设施规划

1. 存在问题

餐饮设施布局不平衡，目前餐饮服务业主要集中在各镇，旅游区餐饮服务设施较为缺乏；行业标准实施不到位，一般高档次餐厅多由宾馆和饭店经营或专营，中低档餐厅一般为个体或私营经营，餐馆服务水平参差不齐，个体餐饮设施陈旧，卫生条件较差，餐饮设施类型单调；结构不合理，特色不明显，全县范围内具备较大规模和较高档次的餐厅不多，具有地区特色的风味餐厅数量不足，难以满足个性化的餐饮需求；缺乏特色品牌，餐饮企业品牌意识淡薄，缺乏品牌经营与管理能力，品牌价值提升手段不足。

2. 发展目标

围绕游客“吃民族特色美食、吃地方特色餐饮、吃湖乡创意美食、吃有机绿色食品、品鉴养生葡萄酒”的饮食需求，塑造“鱼米湖乡、食在磴口”品牌。至2030年，扶持15家特色餐饮企业，创建一批以老党农庄和二十里柳子农家乐等为代表的星级农家乐，让“食在磴口”成为响亮的乡村旅游名片。

3. 规划思路

（1）平衡空间布局，增加接待能力

在县城、大型旅游区建设一批特色餐饮设施，提供具有民族特色、地方气息的菜肴、绿色食品；在重要饭店、餐饮或者大型设施内开设风味餐厅或主题餐厅、西式速食店等，丰富旅游区就餐方式，增加旅游区接待能力。

（2）特色创新，突出主题，品牌发展

挖掘本土民间特色菜肴，发展农家有机蔬果、河湖鱼鲜等主题食源，打造特色食谱，实现磴口餐饮的多样化、主题化；积极引进国内外著名餐饮品牌经营店，扶持本土知名餐饮品牌，推进餐饮美食。

（3）规范经营，标准化管理

严格按照相关的法规与制度，对餐饮服务业逐步实施标准化管理，实行行业星级评定制度，使磴口餐饮服务设施达到品牌化、规模化和连锁化经营的目的。品牌化：包装提升地方餐饮品牌，创新主题餐饮品牌以及有机绿色蔬菜食品品牌；规模化：改善卫生质量和就餐环境，发展王老五鱼庄、泉草羊杂碎馆等特色餐饮店；连锁化：鼓励大型餐饮企业将自己的品牌、文化推广传播到旅游客源市场，通过连锁化经营建立餐饮服务品牌。

4. 规划措施

（1）深入挖掘饮食文化，开发特色菜肴，支持品牌发展

在磴口传统饮食文化的基础上，挖掘和精选民间菜谱和小吃系列以及带有河套地区特色和浓郁蒙古族风味的菜肴，开发一系列带有鲜明特色的地方菜肴。支持星级饭店发展特色餐饮业。利用“鱼米湖乡、本味磴口”品牌作为磴口旅游的一大亮点，开发美食旅游。

（2）制定磴口餐饮业经营管理规范

加强对农家乐、牧家乐的引导规范，制定农家乐、牧家乐餐饮经营管理标准，扶持以农家乐、牧家乐为代表的乡土餐饮美食系列产品。每季度由顾客（游客）、旅行社、管理部门、新闻媒体等进行考评打分，并将考评结果向社会公布。对服务人员进行统一培训，严把卫生质量关。

（3）引导餐饮与民俗活动相结合

通过在餐厅采取生态主题、观景主题、文化主题等形式，表演当地音乐或歌舞增加就餐乐趣；在餐饮企业推出民俗美食特色菜肴、特色小吃等，让游客切身感受“磴口生活”，使美食成为磴口旅游最佳体验载体之一。

9.6.4 购物设施规划

1. 存在问题

磴口地处西北地区，工商经济欠发达，旅游购物还远远没有发挥出应有的作用。主要存在特色旅游购物品不多、网点少、布局不合理等问题。

2. 发展目标

围绕游客“买土特产品、买文创商品、买文化珍品”的购物需求，打造特色旅游商品专卖店、旅游购物专柜、旅游产品体验场所等多元购物体验场所，实现资源向产业化、产品化转换，研发创意产品。至 2030 年，重点扶持 5 户以上旅游商品龙头企业，开发 10 种以上旅游商品新产品，建设 1 个以上旅游商品产业园区，形成一批国内知名的旅游商品品牌。

3. 规划思路

旅游购物是旅游业中不可忽视的组成部分，必须下大力气开发旅游购物设施，从而达到增加旅游消费的目的。

（1）突出特色，提高内涵

磴口旅游商品购物体系的打造以“特色鲜明、内涵丰富、种类多样、诚信经营”为原则，以突显磴口旅游商品的特色效应、品牌效应和域际效应为目标，着力提高旅游购物商品的地域和文化内涵，推进旅游购物的加快发展。

（2）利用深厚文化，创造商品品牌

充分利用磴口深厚的历史文化与民族文化底蕴，在摸清市场需求的前提下，积极引导各类企业、旅游景区加大旅游商品、纪念品的研制、设计、开发力度，开发具有当地文化、原材料、工艺技术等特色的系列旅游商品。努力将文化资源转化为文化旅游内涵，将文化旅游内涵转化为旅游商品优势。

（3）开发高中低档商品体系

应随时对磴口的客源地状况和消费层次进行分析，以合理安排高、中、低档旅游商品经营的比例。就目前磴口客源消费水平来看，应以中、低档商品为主，适当发展高档旅游商品的数量和种类。

4. 规划措施

（1）打造四类购物体验场所

重点在各乡村旅游景区点布局统一评级、统一授牌的特色旅游商品专卖店，对进货渠道、销售价格、服务标准、游客投诉等进行统一管理；在游客集散中心、博物馆、展览馆、旅游餐厅、旅游宾馆、旅游景区设置旅游购物专柜；利用采摘园、生态农园、科技示范园、蔬菜大棚、蔬菜基地、农作物基地、瓜果基地等乡村旅游点设施，以采摘（如华莱士节）、农作（如摸鱼大赛）等形式扩大以特色农产品为主的旅游购物场所；建立一家从事旅游商品设计研发、生产加工、展示交易、休闲娱乐功能于一体的特色产业园区，后期以此为依托建成全国规模最大的旅游商品交易中心，举办中国（磴口）国际旅游商品博览交易会，初步成为“立足磴口、面向世界”的国际性旅游商品及礼品生产、展示、交易基地。

（2）使用多种方式开发旅游商品

旅游商品开发的方式可以是与工艺美术研究、设计、生产单位合作，成立旅游商品研制机构，从研制力量上加强旅游商品生产更新换代能力；充分发挥本土民间工匠和艺人制作开发具有传统地方特色、民族特色的商品、土特产品、纪念品；还可以通过开展“磴口旅游商品设计大赛”，积极引导各类企业加大旅游商品、纪念品的研制、设计、开发力度。

（3）加大磴口旅游商品品牌建设

依托磴口非遗文化、农业文化、民俗文化，建立磴口文创产品品牌、农产品加工旅游消费品品牌、非遗系列旅游商品品牌，实现磴口文化资源向相关产业与产品的转化。

① 非遗文化

以被列入巴彦淖尔市级非物质文化遗产名录的剪纸、葫芦雕刻、糖画、烙画为依托，在完善旅游体验设施和服务水平的基础上，引入工艺美术大师工作室，形成磴口知名的非遗旅游商品品牌。

② 农业文化

以磴口农业生产为基础，选出具有代表性的华莱士瓜、肉苁蓉、甘草、葡萄、磴口鲤鱼等农业农村部特色农产品，进行加工和深加工，通过延伸产业链的方式，打造“十大必带”乡村旅游农副产品。

③ 民俗文化

以磴口传统民俗文化为参考，提取文化元素，进行文创产品的创作，开发系列磴口县特色手工艺品，包括手工剪纸、工艺葫芦、芦苇画、烫画、固彩沙画、沙画瓶、手工编织、手工刺绣、石头彩绘、铁艺制作等，形成具有磴口文化特色的文创产品品牌。

9.6.5 乡村旅游厕所规划

1. 存在问题

当前磴口县旅游厕所普遍存在两大问题，一是建设标准不高，达不到国家旅游厕所质量等级标准；二是旅游厕所数量不够，一些乡村旅游经营单位旅游厕所还是空白。

2. 发展目标

持续推进“厕所革命”，推动旅游线路、交通集散点、旅游城镇、乡村旅游点等地厕所全部达到优良标准，全面开展“取缔旱厕，A 级达标”工作，到 2030 年，磴口县 A 级景区内每平方千米设置卫生厕所 3～5 座；乡村旅游点至少有 2～3 个乡村旅游厕所。

3. 规划思路

（1）强化标准，满足数量

依据国家旅游局《旅游厕所建设管理指南》，按照“科学布局、实用环保、经济实用、体现特色”的建设原则，实施乡村旅游厕所建设与提升工程，逐步使磴口各地生态旅游景区、休闲渔业基地、休闲生态鱼庄、休闲农业基地、星级农家乐、乡村（牧区）旅游接待户、旅游专业村、旅游特色乡镇、旅游餐饮场所、旅游城镇、服务中心、旅游线路沿线的旅游厕所达到国家星级旅游厕所标准。在纳林湖等4A级以上旅游景区至少设置一座三星级以上公厕，设计上力求创新与景观融合，打造独特的“创意化公厕示范点”。在乡镇乡村旅游点，通过新建和利用现有商业设施的厕所两种方式，使公共厕所的服务半径达到主要街道300～500米、一般街道750～1000米。

（2）强调创新，突破传统

以“政府补贴+商业运营”的形式，一种是采取政府引导和资金补贴，以“先建后补”方式建设旅游厕所，另一种是支持社会资金投资和经营旅游厕所，社会资本方建设单位通过向社会购买服务，引进专业公司参与厕所建设管理，规章制度完备，信息公示上墙，确保管理有专人、监督有渠道，以此创新“以商建厕、以商管厕、以商养厕”的新机制。

（3）注重环保，加大创新

充分注意对已有资源的创意化开发再利用、环保材料的使用、生态化再循环处理等，实现厕所的绿色环保与生态可循环，同时通过创意化生态开发，将厕所融入景区，成为景区“新亮点”。注重创意文化性表达，从民族民俗文化、特色生态景观、人文景观等最具代表性的景观资源中提炼设计元素，应用于旅游厕所设计中。因地制宜，尽量与周边环境相协调，形成各具主题的特色风貌。

4. 规划措施

（1）明确旅游厕所建设，提升责任主体

各部门统筹协调旅游厕所管理责任，保障旅游厕所建设和提升工作的开展。乡镇旅游部门负责规划制定、监督指导和协调配合；住建部门负责大型广场、旅游特色街区、旅游集散中心旅游厕所的建设和管理；旅游部门、相关旅游企业负责旅游景区、乡村旅游点等旅游厕所的建设和管理；交通部门负责旅游交通线路旅游厕所的规划建设和管理。

（2）建立长期有效的保洁养护机制

旅游厕所建成后，落实厕所管理制度和岗位责任。建立厕所专人维护、定时清扫、周期检查、长期监督的厕所管理制度；景区及旅游主管部门定期对旅游厕所建设管理情况进行抽查；建立旅游厕所卫生环境监督制度，实行有奖监督制度。

（3）策划评选活动，完善大众监督制度

制定《磴口县旅游厕所建设奖励办法》，实施奖励政策；建立旅游厕所评选机制，策划“游客满意旅游厕所”等评选活动，加强大众旅游厕所监督力度。

9.6.6 自驾旅游服务规划

1. 发展目标

辟建特色自驾车营地设施（旅居全挂车营地和露营地），选择旅游景观较好、旅游空间较大、离核心景区点较近、环境相对较好的场地，围绕黄河营地、沙漠营地、乡村营地、观星营地等规划建设，配套设置停车场、加油站、维修站、餐饮中心、汽车旅馆与宿营场地、购物中心等设施，增加观光、休闲、娱乐等辅助旅游功能。

2. 规划措施

（1）完善自驾车服务体系，树立磴口乡村自驾旅游服务品牌

规划建设自驾游智能应用平台，完善汽车租赁点的一体化服务水平，为自驾车游客提供包括住宿、露营、越野、就餐、汽车维护、医疗救援等综合服务。

① 餐饮补给服务

沿乡村绿道布局“旅游休闲驿站”，提供餐饮补给、休闲娱乐等服务。

② 智能租车系统

引入“共享汽车”模式，启动磴口智慧租车服务系统开发，尝试“落地自驾，异地租还”的自驾游新模式；进一步完善磴口租赁服务功能；联合百度地图、高德地图实时查询道路情况；智能一卡通实现网上预约登记，联合微信、支付宝建立智能缴费还车系统。

③ 提供全面信息服务

围绕磴口自驾车旅游基地及乡村旅游点和各大景区，依托磴口旅游集散中心制作畅游磴口自驾车旅游手册。手册内容应包括行前准备指导、旅游景区景点资料、旅游服务设施资料、车辆故障处理办法、地方风俗、磴口县旅游地图、草原野生动物介绍等特色内容、磴口县生活习俗。

④ 旅游主题风景道

结合高速、国道和部分县道打造磴口特色主题风景道，串联磴口不同景观带（草原景观带、农田乡村景观带、人工造林景观带、湿地景观带、沙漠景观带）和旅游节点（纳林湖、乌兰布和沙漠、黄河三盛公水利枢纽工程、万泉湖生态旅游度假区、万亩葵园），提升自驾吸引力。

⑤ 构建休闲绿色网道

结合县道 X710、五乌线磴口段等打造休闲绿道系统，串联磴口乡村旅游点和旅游休闲服务设施，沿线建设有磴口特色的绿廊、慢行道、驿站和标识系统。

⑥ 完善交通导引系统

开发磴口自驾车旅游智能导航系统，集成磴口旅游产品网络订购、在线订单邮寄等功能，提供乡村旅游线路导航功能、乡村旅游点导游功能、旅游区点介绍功能、旅游服务设施提示功能、旅游活动轨迹记录功能、紧急情况报警功能、旅行拼车服务功能、信息提示功能。

（2）健全营地配套设施建设，做好自驾旅游硬件服务保障

按照《汽车露营地开发条件和要求》，对磴口自驾车营地进行标准化建设，如表9-5所示。

表9-5　磴口县自驾车营地进行标准化建设内容

建设设配	主要内容
出入口	应设接待室、门卫；设立临时停车区、垃圾站和向导标志牌
汽车营位区	应设置供露营者使用的洗碗池、电源插座、户外餐桌椅等生活设施；旅居车营位区应铺设给排水、电源、通信设备，设备预留形式应与旅居车接口设备匹配
帐篷区	应设洗碗池、饮用水龙头和烧烤器具冲洗龙头
体育休闲区	应设置供露营者进行体育活动的体育场地、综合活动广场
服务中心	应设有办公室、值班室、安保室、配电室和基本医疗救护条件等；设立商品售卖中心，提供露营者使用的必须生活用品（含体育休闲用品）；为露营者提供入住、结账、咨询等各项服务
生活卫生设施	应包括公共卫生间、公共淋浴间、公共盥洗间、公共洗衣间
安保、消防、医疗与应急设施设备	配备供紧急处理、救治所需的急救药品及可供救援使用的担架等设备；水上运动项目及汽车露营营地内水域面积周边应配备水上救生器材
供电设施	各电箱外应有显著的标记；用电高峰期，汽车露营营地应设置显著标识提示
给排水及污水处理设施	居车污水排放口，应加盖防护物，并应设立明显标志；宜设置水循环利用设施
生活垃圾处理设施	应使用注有生活垃圾分类标志的带盖废物箱，应有专人及时清理，清运垃圾应租用、配备专用的车辆
其他设施	应设围挡，应提供内部职工、深夜到达的露营者及乘用车专用的停车场各功能区、建筑物、内部道路的明显位置处设置向导牌、警示牌等

（3）完善房车营地车位供给

为更好地提供房车旅游服务，完善房车营地车位供给，根据磴口房车旅游需求，建议每个房车营地至少设计40个房车营地车位，可容纳3种类型房车停放，如表9-6所示。

表9-6　磴口房车营地车位建设

类别	车型	车身长度/米	优势	设计车位/个
车型设备	家庭式房车	8～10	空间开敞，设施齐全，整体浴室	10
	商务型房车	4～6	奢华设备、小巧灵活、内置卫生间	15
	旅居型房车	5～9	兼容性强，便于旅途、上下铺、户外淋浴	15
提供服务	接待中心、淋浴间、卫生间、补给站、户外休憩设施，包括篝火晚会、户外烧烤等休闲娱乐设备			

9.6.7 旅游风景道景观提升规划

1. 发展目标

磴口旅游风景道目标定位以“突出原生态的自然景观风貌，保护磴口民族风情”为前提，实现道路的交通、景观、游憩和保护功能的有机结合，通过沿风景道构建以自然观光、民俗风情体验、自驾车旅游、文化遗产旅游、特种旅游和休闲度假等为主体的旅游产品体系，打造磴口旅游吸引点，完善乡村旅游功能。

2. 规划原则

（1）绿色生态设计原则

绿色生态设计是指采用与生态过程相协调，尽量保持原有生态系统，使其对环境的破坏影响达到最小的设计理念。

（2）少即是好规划原则

最少的规划并不是指规划中的设计和设施建设越少越好，而是在开发建设中应采用适应当地社会、经济和旅游发展的最为节约、简洁的建设，力求使最少的投入得到满意的效果。

（3）景观设计管理原则

磴口旅游风景道是景观美丽的道路，景观质量在风景道发展中具有举足轻重的作用。因此，在遵循保护自然和历史，将美观与实用相结合的原则下，要充分利用、修饰和保留现有景观资源，不能切割和毁坏景观资源。

（4）人性化设计原则

为了强化风景道游憩旅游功能，需要沿道路两侧进行游憩服务设施和基础设施的规划设计，针对磴口风景道穿越地区生态特征、经济相对落后、市场尚未发育的现状，规划设计更多的强调对沿途土地利用、游憩服务设施、救援安全、交通及信息标识系统等进行人性化、简约化的设计与安排。

（5）多利益主体平衡原则

由于磴口风景道是线性开放空间，跨越众多行政区域，牵涉到多种利益主体和多个管理部门，土地利用以及经济利益的分配问题也是较为突出的矛盾，因此，制定合理融资及利益分配机制是规划设计的另一个关键。

3. 规划措施

按照风景公路建设要求，提升改造穿沙公路等主要道路路况，围绕旅游风景道建设增加道路标识、景区标识等标志，重点建设南部沙漠风情、中部湖泊休闲、北部历史文化体验三个主题旅游风景廊道。

（1）公路两侧打造自然景观和人文景观

按照“尊重地域文化，展现场地肌理；显露自然，强化自然人文景观特征”的理念，强调通过对风景道沿途景观和生态植被的改进与修补、培植与更替，强化和突显原生态的自然和人文景观。注重植被结构设计，植物种类应首先选择本地物种，具体地段植被的处理手法需结合当地的历史文化背景，使公路具备视觉体验和交通通达两种功能。

（2）提升方式

① 保育：主要适用于具有重要历史文化价值的植被，例如原有的名树古木、特色植物等。

② 放任：保证当地景观群落的自然演替不受干扰，任其自然生长，主要适用于对整体环境氛围和人文景观能起到烘托作用的群落。

③ 更替：用一种生物种群替换另外一种生物种群，被替代的种群应是那些破坏整体环境氛围或其生长对其他人文景观的结构或外形造成损害的种群。

9.6.8 智慧化服务规划

1. 发展目标

采用“互联网 +”和 PPP 模式，坚持政府引导与市场主体相结合，积极对接最新科技成果，适应“互联网 +”发展要求，将磴口县建成“以游客服务为核心的旅游智能服务典范”，实现便利服务、精准营销、精细管理。在 2030 年之前实现磴口县四星级以上乡村旅游点免费无线网络、智能导游、电子讲解、在线预订、信息推送等智慧旅游服务功能的全覆盖。到 2030 年实现乡村旅游经营单位无线网络全覆盖，推进二级智慧旅游示范单位建设，塑造磴口智慧乡村旅游形象。

2. 规划措施

（1）建立 1 套“旅游全过程体验”系统，创新旅游体验

以游客为价值导入端，充分考虑游客从网络和 App 端接入的场景，进行深度模拟游客旅游过程中各阶段的需求体验进行针对性的产品体验和入口设计，以保证智慧旅游能够有效接入游客，并被游客所认可和使用。磴口智慧旅游 App 系统集成如图 9–9 所示，有预订服务、目的地咨询、电子门票、旅游导览、地图定位、旅游投诉、信息分享、满意度评价。

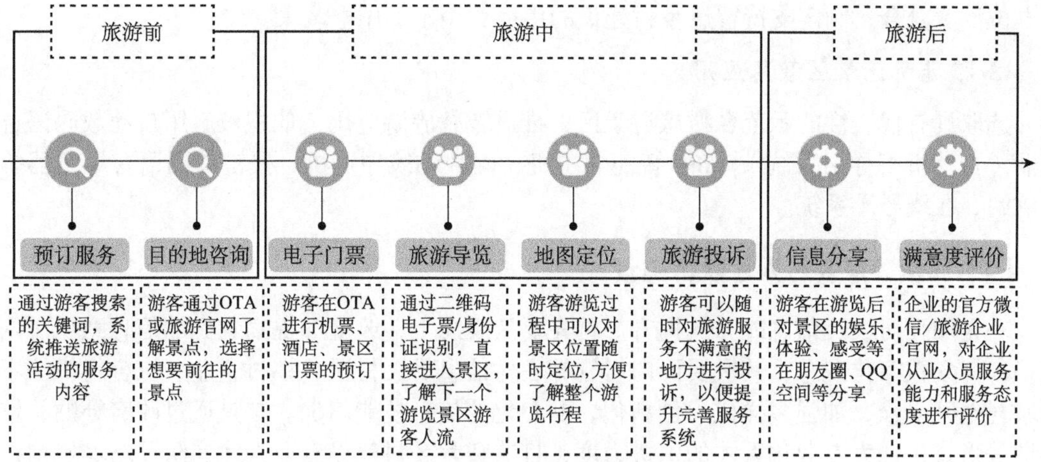

图 9-9　磴口智慧旅游 App 系统集成图

（2）推进三大智慧服务平台建设

制定旅游信息化标准，加快智慧景区、智慧旅游企业建设，完善旅游信息服务体系。积极推进三大旅游平台（旅游官方门户网站平台，旅游电子商务平台，磴口乡村旅游微博、微信、今日头条平台）建设。

①旅游官方门户网站平台

积极建设磴口县及重点景区点乡村旅游网站，在磴口县旅游网站、乡镇旅游网或公务网站、景区点旅游网站上开辟出乡村旅游板块，及时推介乡村旅游信息热点和相关优惠政策。

②旅游电子商务平台

完善旅游电子商务平台建设，连接各级旅游信息中心和相关服务终端，如马蜂窝、去哪儿、驴妈妈、携程等网站，开发乡村旅游预订网络和信息咨询系统，通过互联网发布磴口乡村旅游产品信息与宣传推介信息、发展网上预订等旅游电子商务；依托各大电商网络平台旅游专区，适时发布磴口乡村旅游产品，综合提高磴口乡村旅游产业信息化水平。

③磴口乡村旅游微博、微信、今日头条平台

围绕磴口乡村旅游产品，开设磴口乡村旅游微信公众号、磴口乡村旅游微博和今日头条号，发布磴口乡村旅游产品信息与宣传推介信息建设；建设磴口乡村旅游商品微信购物小程序，方便大众及时购买磴口旅游商品。

（3）推进二级智慧旅游示范单位建设

①打造智慧磴口乡村

由有关部门牵头，选择一批具有条件和积极性的不同类型村庄，分期分批开展智慧村庄试点示范工作。以此加大地方财政资金投入，强化磴口乡村信息基础设施建设，采取项目补贴、以奖代补、贷款贴息、融资担保、政策性保险等多种方式，积极支持智慧乡村建设，促进智慧农业、智慧乡村旅游、智慧农庄、农村智慧社区、智慧教育、智慧医疗和智慧治理等全方位深度融合；制定支持智慧乡村建设的用地、用水、用电政策。

② 推进示范景区智慧应用

选取具有代表性的示范乡村旅游景区，推进智慧旅游应用，如积极启用自动数码语音导览器（自动讲解导引系统）、GPS 智能导游机、团队无线导览机、按键数码语音导览器等智慧讲解、在线导游系统。

（4）加强智慧乡村人才队伍建设

一是加强对农民信息能力的提升。首先要从观念上，改变和提高农民的信息意识、网络意识，树立数字化观念；其次要面向村领导、村信息员、村民、镇村企业、农合组织等不同的农村地区受众，加强多样化、创新化、贴心化的信息技能培训。二是通过政府补贴、培养培训等形式，加大专业化人才的引进力度，打造智慧乡村建设专业人才梯队及培养机制，保障可持续发展。

9.6.9 旅游安全救援保障规划

1. 发展目标

以国家旅游局与国际 SOS 救援中心联合制定的《旅游紧急救援服务规范》作为磴口县旅游安全工作指导规范；邀请国家安全生产应急救援指挥中心和中国安全生产科学研究院的权威专家进行评估指导，在磴口县旅游安全救援服务中心的统筹下建立三级旅游安全救援保障体系。

2. 规划措施

（1）建立"县—镇—点"三级安保体系

① 一级：磴口旅游安全救援服务中心

组建磴口旅游安全救援服务中心，对旅游事故安全救援工作进行指挥协调和统一部署。安全救援指挥中心应坚持"统一受理、统一指挥、快速有效"的原则，建设高科技的安全救援通信指挥调度平台和求救专线号码，24 小时开通，保证遇险求救时一拨即通、一呼即应。

② 二级：5 个乡镇级安全救援保障中心

乡村旅游点涉及面广，须在巴彦高勒镇、隆盛合镇、渡口镇、补隆淖镇、沙金套海苏木 5 个乡镇（苏木）设立安全救援保障中心，组建安全救援小组，以保证在旅游活动过程中旅游者、旅游从业人员以及相关人员发生旅游安全问题时，及时地为旅游安全当事人提供紧急救护和援助。

③ 三级：主要景区应急救援保障站

在磴口旅游安全救援服务中心和乡镇级安全救援保障中心建设基础上，建立景区应急救援保障站，在发生卫生、交通、消防、地震等应急情况时，景区安全救援工作人员可以迅速控制事态、消除危害后果。

（2）四大安保举措

① 旅游安全管理条例和预案

制定《磴口旅游景区安全生产管理制度》《磴口旅行社安全管理制度》等；到 2030 年旅游应急预案备案率 100%，涵盖旅行社、景区、饭店及会展中心等。

② 建设旅游安全救援系统

完善医疗急救服务，重点景区和大型活动现场设立完善的医疗救护点；建立野外救援辅助定位系统，布局太阳能定位灯杆；编制应急救援资源分布图谱。

③ 加强旅游安全督查和教育

针对不同旅游从业人员，开展多种形式旅游安全宣传教育活动，实施安全考核制度，如安全知识考核、安全技能考核；相关部门履行旅游安全督查职能，予以大众监督权，畅通安全救援沟通通道。

④ 创新旅游事故保险与赔付服务

通过创新旅游事故保险与赔付服务，提高磴口安全管理服务水平，如提倡按需购买、无责垫付、代为追偿等服务。

9.7 乡村旅游保障支撑体系规划

9.7.1 政策保障

1. 土地政策

积极争取省、市支持，制定出台相关配套政策，开辟乡村旅游项目用地规划、手续办理、项目申报等“绿色通道”，对重点旅游项目用地优先安排计划、优先报批、优先供地。大力支持休闲步道、自驾车房车营地、特色民宿建设，鼓励旅游企业利用沙漠、荒山和废弃矿区开发旅游项目。提供乡村旅游用地计划指标，对重点旅游项目优先选址。完善土地流转政策，出让土地可依法转让、出租和抵押。旅游经营性用地可确定土地出让底价。

2. 财税政策

取消针对旅游企业的不合理收费，对重点旅游建设项目所涉及的相关税收和行政事业性收费，根据情况给予适当的优惠或者减免。符合条件的旅游企业可以享受下岗失业人员再就业及招收农民工等方面的税费优惠政策。鼓励自驾车营地、民宿、旅游创业发展，促进体育旅游、文化旅游、乡村旅游、会展旅游、休闲旅游发展。对新创评的4A级以上国家旅游景区，新设立的旅游商品定点生产、销售企业，新设立的旅行社、宾馆等落实一定的税费优惠政策。

3. 招商政策

制定旅游招商政策，吸引旅游专业运营商、大型旅游企业的进驻。一是政府主导创建旅游投融资平台。通过O2O的方式，利用“互联网+”的方式让资本方和资源方进行对接。二是设置准入门槛，制定差别让利优惠政策。特别支持参与乡村旅游示范区建设的企业与项目。三是创新旅游招商引资办法，鼓励全社会参与乡村旅游开发和建设。四是增强乡村旅游的宣传力度，拓宽宣传渠道，开展旅游推介和节庆活动等。

9.7.2 资金保障

1. 加大政府对旅游业资金投入

政府协调各部门资金，加大对旅游业的资金投入力度，重点用于旅游规划编制、景区和旅游项目开发建设、旅游基础设施和配套设施完善、旅游宣传、旅游教育培训、智慧旅游等，根据财力逐年增加资金投入，确保乡村旅游发展资金保障。争取设立磴口县乡村旅游专项贷款。发挥政府专项资金的引导和基础作用，要通过改善旅游投资环境，加大招商引资力度，实行公平的市场准入原则，拓宽民间投资的领域和渠道，以带动社会相关资金的投入。

2. 推动社会资本参与旅游开发

坚持“全民参与”的发展理念，营造良好的旅游投资环境，制定相应的招商引资优惠政策，充分吸引和利用外来资金。鼓励社会资金以租赁、承包、联营、股份合作等多种形式投资开发乡村旅游项目。鼓励农民集资入股或以村组集体经济组织采取公司＋农户方式参与乡村旅游投资开发。引导大企业参与投资开发，推动乡村旅游向集约化、规模化发展，全民共同推进乡村旅游发展各项工作。

3. 采取项目融资、自筹资金

探索推动重点地区乡村旅游项目的集中招商，吸引分社会资金和民间资本。对于投资和规模较大、有发展前景的乡村旅游项目，可采用招商引资等吸引社会投资者积极参与。积极探索招商引资与自筹资金相结合，农民户办、多家联办、城乡居民合办、城市居民承包独办、旅行社承包（租赁）创办、业主成片租赁承包开发或与区内农户股份化合作开发等多种形式的众筹，创办特色乡村旅游项目。

9.7.3 人才保障

1. 加强队伍建设

以“人才引领发展”理念，完善“优秀乡贤人才智库”，推进“乡贤引才”带动磴口县乡村旅游全面发展，做出不同风格和特点的精品乡村旅游产品和线路。抓紧制定加强旅游人才队伍建设的政策措施，大力引进和培养景区管理、酒店管理、旅游营销等管理型、专业型旅游人才。不断充实和强化旅游干部队伍，在实践中培养、选拔和使用干部。

2. 成立旅游智库

政府牵头成立由国内外旅游规划、旅游景区、旅游市场、旅游营销等专家组成的旅游专家智库，作为磴口县乡村旅游发展的专家顾问团，准确把握创建路径的方向和科学性。还可以开展乡村旅游高峰论坛等大型交流活动，进行广泛的交流和学习，推广磴口县的乡村旅游走向全国。

3. 加强校地合作

搭建毕业生创业就业平台，支持引导在校大学生、高校毕业生参与“双创双加”（大众创业、万众创新，互联网 +、旅游 +）。通过主题活动、票价优惠、志愿服务等形式，吸引大学生到景区景点体验、旅游、创业和服务。鼓励高校设置针对性较强的专业，利用磴口景区景点建立培训基地，培养满足旅游业发展需要的旅游管理、导游服务、文化创意、酒店管理等各方面人才。

9.7.4 生态保护

1. 法律手段

深入贯彻执行涉及旅游开发与环境保护的各种国家法律、法规，真正做到“有法可依，有法必依，执法必严，违法必究”。目前，磴口县可依照的法律、法规主要有《中华人民共和国环境保护法》《中华人民共和国文物保护法》《中华人民共和国森林法》《中华人民共和国固体废物污染环境防治法》《中华人民共和国自然保护区条例》《风景名胜区管理暂行条例》等。明确对磴口县旅游发展生态保护和生态修复有针对性措施和方案。杜绝污染性企业及单位进入，并配合环境保护行政主管部门实行严格监督检查工作。

2. 科技手段

利用多种科技手段（物理手段、化学手段、生物手段和工程手段）对旅游区内自然环境进行基础调研、监控和分析，提出对策和措施。如旅游区水体污染后的净化处理、退化湖滨湿地的恢复技术、沙漠治理的工程处理等。建立环境监测中心，对磴口县水环境、大气环境及土壤环境等进行实时在线监测，并建立环境信息数据库，为环境安全管理提供平台。

3. 管理手段

加大对乡村旅游环境保护的管理力度，确保乡村旅游环保工作小组工作到位，责任到人。管理手段是推动旅游环境保护的另一重要手段，尤其是在自然保护区必须设置和完善保护区管理机构，才能落实旅游环境保护的各种专门、专项保护要求，实现旅游保护的“分域管理”“分域实施”“垂直管理”“负责到人”，使旅游环境保护的责权落到实处。对自然资源的保护必须充分发挥管理部门的干预手段。

4. 宣传和教育手段

针对乡村旅游合理划定功能分区和旅游线路。对旅游区内生态环境非常脆弱、敏感的区域要有针对性地实行保护措施，并通过宣传使公众明确并付诸保护行动。公众的参与程度是衡量环境意识的重要标志。大力传播和普及科学知识，使大众掌握基本的环境科学知识，唤起人们对环境危机的忧患意识，增强保护环境的主动性和自觉性。

9.7.5 信息服务

1. 信息服务集成化

建立当地旅游公共信息服务平台，面向游客提供旅游公共信息查询、导游导览、旅游产品预订、旅游投诉与处理等功能为一体的在线服务，实现旅游公共信息服务的在线化、一体化、集成化。整合旅游服务热线、多媒体信息查询终端等，形成统一开放的旅游公共信息发布、咨询平台和旅游投诉平台，提供信息查询、投诉受理和产品推介服务。开发一批旅游信息服务设备和软件，指导当地推进旅游目的地及其景区景点、宾馆饭店等开设旅游官方微博、微信、手机App等信息服务应用。在百度地图、高德地图等地图App上面标注地理位置、公众评价、联系方式、运营时间、环境图片等信息，拓展旅游信息发布渠道，扩大旅游信息服务覆盖范围。引导推动旅游咨询中心、旅游集散中心、旅游服务中心等场所为游客免费提供触摸屏、移动客户端等信息服务终端。

2. 市场营销精准化

鼓励当地旅游企业利用互联网、社交媒体、第三方平台等多渠道采集客源市场数据，开展有针对性的市场营销，实现市场营销精准化和产品与服务个性化推荐，提高市场营销的效能。积极参与旅游网络营销建设优先行动，建立当地旅游业的营销系统，创新旅游网络营销模式，利用新媒体技术，建立互联网、微博微信、智能客户端等营销推广体系，搭建旅游形象推广平台，整合信息资源，打造跨区域、跨平台、跨终端立体化营销体系。创新在线营销方式，鼓励旅游企业与在线旅游商、电信运营商、旅游网站等合作，拓宽景区、酒店在线分销渠道，鼓励利用移动社交、新媒体等渠道，发展社交电商、“粉丝”经济等网络营销新模式。构建精准营销体系，利用旅游大数据挖掘分析，重点依托移动互联网、物联网等信息技术，扩大旅游数据获取来源，提高旅游市场营销精准性和转化率。

3. 产业运行数据化

全面推进旅游企业的信息化建设，重点引导企业加强对业务流程的全数据化管理，强化政府与企业、企业与企业之间的数据对接，加强数据资源的分析与利用，提升旅游信息化应用水平。利用云计算、大数据、遥感技术、地理信息技术等技术进行旅游信息管理和服务，建设完善基础数据管理、旅游信息分析、预测与预警、应急管理、旅游资源管理、虚拟场景旅游、旅游气象 App、游客体验 App 等功能，展示现实的旅游场景、虚拟场景和历史地理文化，为游客提供全域全时的旅游信息服务，并为旅游管理部门、旅游企业提供全域全时的信息管理服务。创新旅游市场大数据分析，开展市场分析、监测和预测，挖掘游客兴趣点、关注度、消费行为、满意度、出游趋势等，为旅游市场精准营销、定制旅游服务提供基础支撑。

9.8 乡村旅游近期行动计划和重点项目库

磴口县乡村休闲旅游重点项目见表 9–7。

表 9–7 磴口县乡村休闲旅游重点项目

项目名称	主要建设内容	近期	中期	远期
黄河风情特色小镇	以南湖生态水系景观为主体，辐射带动旧地新村建设、二十里柳子、黄河三盛公水利枢纽景区、北海、西翠湖湿地公园。打造沿黄荷香风情带、低空飞行营地、夜游小镇、四季景观生态提升工程等乡村旅游重点项目，提升改造河套粮仓博物馆	√		
沙漠风情特色小镇	重点推进沙漠观光、绿洲研学、房车营地、葡萄酒小镇、星空探秘等乡村旅游项目		√	
渔家风情特色小镇	以金马湖国际垂钓中心为核心吸引物，辐射民兴村和海子沿村以及隆盛合镇有机瓜果田园综合体等，打造黄河鱼宴、有机瓜果田园综合体、金马渔村农家乐提升改造、河套乡村大戏台、赛事及节庆活动等重点项目	√		
巴彦高勒镇城关村	实施华莱士瓜大棚、河套向日葵采摘园、特色风情民宿群落、村史馆、民俗大院、传统建筑提升工程等项目	√		
渡口镇永胜村	建设湿地公园、水上乐园、亲水健身步道、养生馆、水疗 SPA 馆、沙疗馆、食疗养生馆、乡村生态景观营造工程等重点项目		√	

续表

项目名称	主要建设内容	近期	中期	远期
补隆淖镇新河村	建设民族、民俗和乡村记忆陈列馆（室），河套文化美食街，非遗工坊，镜海旅游度假村，开心农场、奶业园区体验等系列乡村旅游重点项目		√	
沙金套海苏木那仁宝力格嘎查	打造蒙古族篝火晚会、草原运动会、民俗乐园、野餐营地、蒙古部落、草原花海等重点乡村旅游项目		√	
纳林套海农场	打造游客广场、自助采摘园、名优农产品集市、大型艺术稻田、农耕博物馆、老党农庄、大自然教育基地、田园书店、文粹艺术双年展、网红花园等特色乡村旅游项目	√		
阴山宿集	复原原始古村落建筑风貌，同时规划建设风情商业街、文创店、餐饮中心、美术馆、咖啡屋、红酒体验中心等配套服务项目			√
镜海旅游风景区	建设草原群雕、走西口群雕、家庭旅馆、采摘区、水上娱乐中心、垂钓园、特色小吃百味园、购物文创园、非遗古作坊文化体验项目以及滑雪、骑马、骑骆驼、沙地越野车、山地车、溜冰场等娱乐项目			√
沃湖度假村	适当增加别墅酒店、木屋酒店，提升公共休闲区、水吧、书吧，沿湖修建可达水面的台阶，打造休闲娱乐区域，增加水上娱乐项目，提供农家生态美食			√
云海秋林	策划农牧文化体验园、番茄农场、华莱士瓜景观小品等重点项目		√	
花菇温室采摘园	依托补隆淖镇易地扶贫搬迁补短板项目建设花菇温室采摘园。采摘园里种植品种优良、四季都可以采摘的花菇、蔬菜，配套建设生态餐厅，发展集旅游、观光、休闲、体验于一体的现代农业	√		
田园综合体	包括沙金套海苏木阿茨嘎查、乌兰布和农场城郊休闲娱乐采摘、哈腾套海农场七分场、哈腾套海农场二分场、包尔盖农场一分场等田园综合体	√		

第 4 篇

康养旅游高质量发展规划

——以莒城县为例

第 10 章
康养旅游的内涵和特征

10.1 康养旅游内涵

10.1.1 康养旅游概念

康养旅游受到了社会的广泛关注（Smith et al.，2013），然而学术界对此的理论研究仍较为不足，健康旅游（health tourism）、康养旅游（wellness tourism）、医疗旅游（medical tourism）等相关概念交叉混用的情况较为常见。康养旅游是在 20 世纪 50 年代的西方社会兴起并被广泛采纳的概念。国外学者多认为康养旅游属于健康旅游的研究范围。从康养旅游所属系统出发，有助于去辨明康养旅游的核心内涵及其与相关概念的关系。健康旅游的概念最早产生于古希腊社会，Goodrich（1987）认为，健康旅游是供应商通过推销其健康服务和设施吸引游客前往旅游接待设施（如酒店）或目的地的活动，是对包括温泉、SPA、疗养旅游（cure tourism）、康养旅游（wellness tourism）和医疗旅游（medical tourism）等概念的统称（Breitrück et al.，2011）。因此，康养旅游是健康旅游的一种形式，而相比健康旅游，康养旅游则强调心理、身体和精神三方面的平衡，与人们的日常生活紧密相连（表 10–1）。

表 10–1 国外涉及康养旅游相关概念辨析

健康旅游（health tourism）				
	温泉疗法（balneo therapy）	疗养旅游（cure tourism）	康养旅游（wellness tourism）	医疗旅游（medical tourism）
定义	摄取温泉水相关的元素予以人体元素平衡的医治方法	使虚弱的健康状况得以改善和稳定，各项疾病的康复或得到持续的浴疗旅游	基于健康目的驱动的旅程所导致的所有关系与现象的总和	为接受牙科、整形、手术、体检等医疗服务而前往其他国家的长途旅行
出现时间	古希腊	第二次世界大战后	20 世纪 50 年代	20 世纪 90 年代
目的地	温泉地	温泉地、滨海、森林等	大城市周边，拥有优越的环境资源	主要分布亚洲、东欧、拉美等发展中国家

续表

健康旅游（health tourism）				
	温泉疗法（balneo therapy）	疗养旅游（cure tourism）	康养旅游（wellness tourism）	医疗旅游（medical tourism）
需求市场	病人、上流社会	特定疾病人群、康复病人、老人	年轻人、有孩子的家庭、中产阶级、老人	发达国家中产阶级、寻求全球最佳医疗条件的富裕人群、特殊医疗的人群
产品供给	温泉疗法，赌场等娱乐场所	温泉疗法、气候疗法、康复医疗、专业的医疗服务	健身、运动、美容、按摩、营养膳食、放松、瑜伽、禅修及教育项目	牙科、整形美容、生育、干细胞治疗、肿瘤治疗等现代医学手术

古希腊医师认为，人的疾病来源于水、火、空气和土地四种元素导致的内部失调，可以通过温泉疗法调理身体平衡，这一理念下所产生的浴疗法和温泉浴场对康养旅游形式和内容产生重要影响（Hall，2000）。第二次世界大战后期，应对社会休养生息的需要，包括温泉地和气候适宜的海滨、森林等地区都成为疗养目的地，旅游研究人员广泛关注疗养度假村的发展（Gilbert，1954；Goodrich et al.，1987）。1959 年，美国医生 Halber Dunn 将“wellbeing”和“fitness”结合创造了“wellness”这个词汇，他认为，一个人的健康应该取决于其在特定环境中身体、思想、精神与状态的总和，“康养”表达的是高水平的健康状态。医学研究人员开始积极关注旅游业的治疗作用，包括患者康复和疗养地气候治疗（Grimm，1960；Jordan，1965；Snycheva et al.，1965）。与疗养旅游地不同，他们不要求顾客一定要接受某项医疗服务，而是代之以高品质的接待服务和餐饮服务。而常说的医疗旅游与技术创新、交通发展、人口老龄化等因素密切相关，医疗旅游最显著的特征是跨境接受医疗服务，旅游是跨境医疗的副产品。医疗旅游强调跨国接受医疗（手术），医治已经出现的疾病或改变原有的生理现象，而康养旅游者更多指涉及人的日常健康需求与旅行实践，强调的是防止“未病”的发生，保持人们健康的状态。根据 Mueller 等（2001）在康养概念基础上，将康养旅游作为健康旅游的一个分支提出了康养旅游的定义，即基于健康目的驱动的旅程所导致的所有关系与现象的总和。

国内学者普遍认为康养旅游的范围更大，它包括健康旅游、养生旅游、医疗旅游等。国内学者刘丽勤（2004）较早提出了“康养”一词，但未对其进行释义；王赵（2009）对“康养旅游”做出了初步界定，认为康养旅游是一种建立在自然生态环境、人文环境、文化环境基础上，结合观赏、休闲、康体、游乐等形式，以达到延年益寿、强身健体、修身养性、医疗、复健等目的的旅游活动。任宣羽（2016）认为康养物候基础、康养需要和诗意地栖居，以追求幸福为目的，具有传递性，终极目标理应与人类追求幸福的终极目标一致，即成为“完整的人”，诗意地栖居。 何莽等（2021）以康养概念来统摄健康、养生和养老，并将康养分成三个维度：健康维度，包括“健康—亚健康—临床”等状态；养生维度，包括“身体—心理—精神”三个层面；养老维度，包括“孕—婴—幼—少—青—中—老”等人生不同阶段。康养不仅致力于生命长度，更关注生命质量。

学术界对康养旅游的不同认知会导致内涵和外延上的偏差。从国内和国外研究来看，这一概念并没有统一的定义和边界，且缺乏成熟的理论体系。因此，在不同产业体系下，对康养的解读都存在一定的差异化。本书参考《国家康养旅游示范基地》（LB/T 051—2016）中提出的康养旅游概念，认为康养旅游是指通过养颜健体、营养膳食、修身养性、关爱环境等各种手段，使人在身体、心智和精神上都达到自然和谐的优良状态的各种旅游活动的总和。

10.1.2 康养旅游分类

根据学者对康养旅游的定义发展实践总结，目前常见的发展模式主要分为以下几类。①生态康养旅游模式。包括高山康养型、森林康养型、温泉康养型、滨海康养型等，以自然资源为依托，开发康养类设施，通过观光体验等活动舒展身心、修身养性。②度假康养旅游模式。包括目的地型、乡村庄园型、“候鸟式”度假型，配备更专业的康养旅游服务、更丰富的康养产品、更完善的医疗及养生设施，是当前大部分乡村旅游转型升级的重要方向，也是游客追求休闲娱乐、康体健身、修身养性的选择之一。③农旅康养旅游模式。游客通过体验休闲农业活动，亲近自然又参与适度的体力劳动，缓解工作生活压力，达到养生保健的目的，是现代城市人追求时尚生活方式的一种选择，也是未来流行的一种潮流生活。④保健康养旅游模式。通过将医疗保健行业与旅游行业融合，为游客提供医疗护理、康复保健以及疾病预防等相关服务。例如，通过中医保健、中药膳食、中医文化体验等项目吸引游客，偏精细化、小众化服务。⑤文化康养旅游模式。包括民俗养生型、宗教养生型、艺术养生型等，以文化与旅游产品相结合的形式，利用民俗活动、传统文化、禅修等非物质文化遗产等资源从精神层面丰富人们对健康的追求。⑥运动康养旅游模式。运动康养内容广泛，包括散步、徒步、健美操、瑜伽、游泳、登山、垂钓等，尤其适合缺乏锻炼的上班族、亚健康群体以及体质活力衰退的老年群体。⑦民宿康养旅游模式。民宿康养旅游模式即乡村民宿与康养度假相结合的模式，大部分民宿所在位置风景优美，同时可以体验乡间劳作和参加民俗文化特色活动，起到养生、保健、治疗的功效（邹统钎 等，2021）。

10.2 康养旅游特征

10.2.1 健康为主题

“康＋旅＋养”满足人们对治病、疗养、康复、养生与休闲的综合需求。康养旅游基于优良的自然环境和丰富的人文文化，融合医疗、健康管理、康复理疗、疗养养老及休闲娱乐等元素，形成养颜健体、营养膳食、修身养性、关爱环境等各种形式的旅游产品，使人在心理、身体、精神都达到自然和谐的优良状态。

10.2.2 停留时间长

康养旅游包括治病、疗养、康复、养生与休闲，旅游者在旅游地停留时间较长。康养旅游产品多样、活动节奏慢、可重复性高，打破当前游客停留时间短、消费少的弊端，最大程度上留住游客，产生更为多元化的旅游消费。

10.2.3 专业性强

康养旅游以“康 + 旅”和“养 + 旅”为特点，侧重于治疗、维持或强化个人的健康元素。康养旅游的各个环节围绕“康”和“养”展开，并以“游”作为载体，需要医学、技术等专业性人才，地方康养旅游的专业性程度影响目的地康养旅游业的可持续发展。

10.2.4 反向流动

欧美国家康养旅游诞生时间早、发展程度高，是重要的客源输出地区。独特的自然资源、神秘的东方文化、蓬勃发展的医疗技术以及更低的旅行成本使得东南亚国家成为康养旅游重要目的地。国际康养旅游客流活动呈现出从发达地区流向发展中地区、从城市流向农村的特征。

第 11 章 我国康养旅游发展现状和趋势

11.1 我国康养旅游发展现状

近年来，医疗、养老元素成为市场热点，尤其在 2020 年初新冠疫情暴发之后，民众寻求医疗之旅和养生之旅的复合型活动，以健康为主题、向康养旅游目的地转型成为一种新的选择。康养旅游相较于传统旅游是更高层次的休闲活动，是精神层面追求的深度体验，反映出对身体健康以及生命质量的追求。过去，我国康养旅游客群以出境接受更为先进的医疗技术（即医疗旅游）为主，近年来，侧重于心理和身体恢复的疗养旅游（即养生旅游）正蓬勃兴起。

11.1.1 老龄化格局初步形成，亚健康人群增多

国务院第七次全国人口普查数据显示，我国 60 岁及以上人口的比重达到 18.7%，其中 65 岁及以上人口比重达到 13.5%，人口老龄化呈现老年人口规模庞大、老龄化进程明显加快、老龄化水平城乡差异明显、老年人口质量不断提高四大特征。从侧面看，人口老龄化促进了“银发经济”发展，也扩大了康养旅游产业发展。根据 2019 年国家卫健委公布的《健康中国行动（2019—2030 年）》，我国亚健康人群占总人口的比例高达 75%，亚健康已成为阻碍国民身体素质健康发展的重要原因之一，人们渴望缓解工作压力，远离快节奏的城市生活。康养旅游作为一种健康的生活方式，是追求健康生活、老人、亚健康等人群的重要选择，符合市场潮流和趋势。

11.1.2 市场发展快速，发展前景向好

据前瞻产业研究院数据统计，2015 年中国旅游市场总交易规模为 41300 亿元，康养旅游的交易规模约为 400 亿元，2016—2020 年，我国康养旅游的市场规模呈现快速增长的态势，年复合增长率有望达到 20%，2020 年市场规模达 1000 亿元左右，年复合增长率约

20%，见图 11–1。2020 年新冠疫情暴发以来，传统旅游行业遭受重创，随着疫情的缓和，节假日大中城市周边乡村民宿康养旅游异常火热，康养旅游成为市场爆点产品。

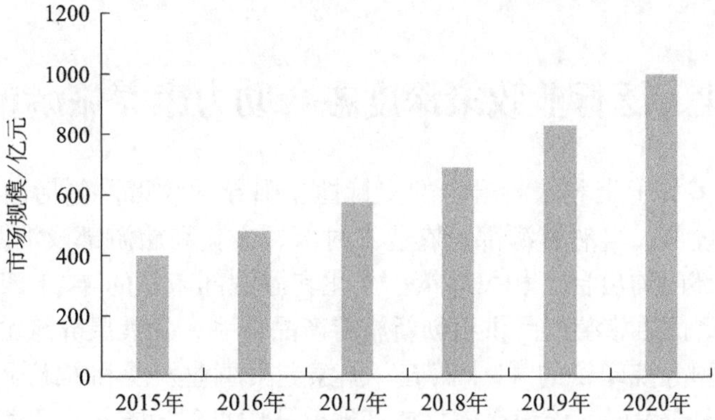

图 11–1 2015—2020 年中国康养旅游市场规模（数据来源：前瞻产业研究院）

11.1.3 依据地区资源优势，科学布局康养产业

资源禀赋是影响康养旅游发展的基础条件，目前各地区依据资源优势特色已逐渐形成一些康养旅游板块。东部地区康养产业基础较好，医养产业结合发展潜力巨大。上海、广州、深圳等一线城市康养产业基础优越，城市吸引力大，现代旅游产业发达。东北地区冰雪资源丰富，康养运动产业发展潜力大。东北地区夏季气候宜人，冬季温泉和冰雪资源丰富，另有鹿茸等珍贵药材，为发展中医药康养旅游形成良好基础。中部地区文旅康养发展迅速，依靠区域合作优势发展前景向好。中部地区名山名川交相辉映，文化资源丰富，但经济发展薄弱，强化中部六省间的战略合作，能够加快产业布局，培养优势品牌。西部地区虽然资源丰富，但交通不便，发展潜力受阻，区域康养产业发展差异大。

11.2 我国康养旅游发展趋势

11.2.1 新冠疫情驱动“大健康”+“大养生”理念融合

新冠疫情让健康刚需被全年龄层人群接纳，“大健康”及相关产业也在后疫情时代得到高度关注。根据《中国大健康产业发展蓝皮书（2018）》，中国的大健康产业被界定为：以优美生态环境为基础，以健康产品制造业为支撑，以健康服务业为核心，通过产业融合发展满足社会健康需求的全产业链活动，涵盖药材种植，医药及装备制造，医疗卫生、健康管理乃至金融服务的国民经济三大产业。随着“大养生”的生活观念的树立，草药达人、健身太极、食物相克等传统中医养生观念逐渐流行。基于“大健康 + 大养生”相融合的新康养理念培育智慧健康、医疗养护、休闲养生等产业发展，并带动康养旅游受众、方式、元素及产品组合等变化。

11.2.2 跨产业、泛行业政策深度融合助力康养旅游市场发展

国家相继出台了关于康养旅游融合的支持性、引导性政策，包括国家发展和改革委员会、住房和城乡建设部、自然资源部、农业农村部、文化和旅游部及涉及金融、卫生健康、社会保障等跨领域部门均出台了相关政策。文化和旅游部印发的《“十四五”文化和旅游发展规划》提出，丰富优质旅游产品供给创新旅游产品体系，发展康养旅游，推动国家康养旅游示范基地建设。国务院印发的《“十四五”国家老龄事业发展和养老服务体系规划》明确要促进养老和旅游融合发展，建设康养旅游基地。从中央到地方，在康养旅游发展道路上都逐渐有了完善的政策体系支撑，跨产业、泛行业深度融合发展的政策背景，成为现阶段及下一阶段支撑康养旅游产业发展的政策基础。

11.2.3 “全龄康养”推动康养旅游产品年轻化及多元化

当前，饮食、生活习惯、环境、睡眠、免疫力及肠胃等问题仍然是困扰当代人的健康问题，演化出空气型康旅、季节性康旅、养颜养心旅游等新康旅产品。疫情之下，“健康 +”元素的康养产品成为选择旅游产品的重要参考因素。新冠疫情促使人们对提高自身生命长度、丰度和自由度有了更多积极思考，康养旅游从过去以疗养院为主业态、强调医疗康复功能的经营型态，到现在衍生出中医药、保健休闲等适于全年龄段的养生方向，出现科学化、预防化、低龄化的趋向。受此大环境影响，健康养生不仅仅是年长人的专利，越来越多的年轻人已经开始重视自身的健康问题，“全龄康养”的到来显示出康养旅游产品年轻化和多元化发展。

11.2.4 大数据驱动和科技支撑推动康养产业全面可持续发展

康养产业的发展与大数据应用和高新技术的升级密不可分。通过整合医疗、保健、疗养、药品等场所和服务的信息，能够使市场信息可以及时有效地被康养旅游者接收。2019年9月，东北亚博览会的康养产业馆首次展示了国内外的先进康养产品设备，包括3D打印、娱乐性机器人、实时诊断、全息数据输入等一众先进的康养高科技产品成为康养产业的下一个增长点。医疗科技、康养科技的升级能够提升区域康养产业竞争力水平，带动传统产业转型升级，打造区域康养产业集群，实现康养旅游全域发展。同时，大数据与高科技的应用使得康养产业与多种业态相融合，构建“康养 + 旅游 + X”的模式，促进康养产业的全面可持续发展。

第 12 章

芮城县康养旅游高质量发展规划案例研究

12.1 发展基础

12.1.1 市场环境

随着全球产业全面升级，居民消费能力和水平日益提高，高品质健康生活已成为我国社会的普遍追求。2015 年“健康中国”被首次写入政府工作报告之中，与此前提出建设“美丽中国”“平安中国”的倡议相呼应，要求增强国家健康产业发展实力。自此，“健康中国”正式上升为国家战略，“康养”时代的新蓝海就此开启。《“健康中国 2030”规划纲要》的颁布实施将使得大康养产业成为推动地方经济增长的新动力。2020 年我国康养产业市场规模约达 7.7 万亿元，国内外人群康养需求规模持续扩大。但目前的康养供给水平仍不能满足快速增长的康养需求，国内有 75% 的亚健康人群、15% 的患病人群、1.58 亿 65 岁以上老年人，老龄化、慢性病、亚健康人群规模在持续增加，而市面上年均 5000 亿～7000 亿元的康养产品仅仅能满足约 16% 的老年群体。康养产业的供需结构仍存在较大的错位，巨大的市场潜力有待发掘。

到 2050 年，中国老龄人口将达到总人口的 1/3，而老龄人口更倾向于养生旅游。当下，随着物质生活水平的提高，人们对“健康、愉快、长寿”的欲望越来越强烈，而单纯的养生已难以满足人们对高品质生活的追求，融合时下发展迅猛的休闲旅游，康养旅游迎来重大发展机遇。随着大众旅游时代的到来，旅游体验化已经成为游客出行的重要需求。康养旅游不仅应当满足消费者生产、生活需求，还应致力于提高自身的吸引力、亲和力和影响力，丰富旅游体验元素、改善旅游体验环境、提升旅游体验服务、强化旅游互动，满足外来游客的旅游体验需求。

2020 年中央一号文件从土地供给端为康养产业进一步扩充土地资源；投资机构被康养产业这块“万亿大蛋糕”吸引，房产、旅游、科技等企业开始大手笔投资康养领域，为其发展提供资金支持。国家层面的政策提供宏观指导，各地区域性的扶持政策更加强调了康养产业发展的实践意义和落实的可能性。“十四五”期间，山西省明确提出鼓励民间资本参与养老服务，支持社会办大型医养机构集团化、连锁化发展，打造“康养山西、夏养山西”品牌，促进文旅康养融合发展，进一步增强区域发展康养旅游产业的信心和力量。

此外，新冠疫情导致国内出境旅游市场的万亿消费全面回流，近郊中短程大众市场、亲子旅游市场开始繁荣，高质量度假市场需求更加突出，价格敏感度较低的中高端客群的健康养生、深度体验、定制化服务在未来将受到市场青睐，为文化旅游转型升级和康养产业发展提供了巨大的发展机遇。

12.1.2 发展现状

1. 康养产业稳步推进

（1）养老机构建设

芮城县目前总共有 6 所养老机构在运行中，包括 3 所民办、3 所公办，新建和在建的有 3 所，以及日间照料中心 87 所，养老机构总建筑面积达 19504 平方米，拥有床位 1750 张，入住老人总数 1705 人。其中，风陵渡康复养老中心于 2017 年正式营业，项目占地面积约 1000 亩，规划投资总额 10 亿元，截至 2019 年年初，实际已完成投资 3 亿元。已完成康养公寓楼一栋，总面积 8899.89 平方米，容纳 2376 张床位；综合服务大楼一栋，特色疗养窑洞、温泉疗养大楼一栋，室内外温泉泡池 60 个，完成建设黄河风情一条街、明清街、作坊街等配套民俗体验项目共计 163 间门面，完成垂钓园、观赏鱼池、薰衣草庄园、采摘大棚等附属配套设施建设。

（2）陌南省级特色小镇建设

陌南镇主导产业为粮食生产、林果经济、生态康养、光伏、风电新能源、油牡丹种植等，先后荣获“省级卫生村镇”“山西省环境优美乡镇”“山西省造林绿化先进乡镇”。2017 年被确定为“省级特色小镇”。多家旅游投资公司提出了建设生态竹林谷康养项目，初步预算投资 5000 万元，项目前期筹备工作已经结束，目前已进入规划、报批阶段。

（3）医疗机构建设

芮城县医疗机构（包括村卫生室）共计 350 个，其中二级综合医院 2 个（县人民医院、县中医医院），妇幼保健机构 1 个，疾控中心 1 个，12 个乡镇卫生院，328 个村卫生室，村卫生室实现全覆盖，民营医院 6 家。二级综合医院均开设了老年病科和老年门诊，老年病科床位数总共 48 张，门诊量达 14412 人，床位使用率达 95% 以上；12 家乡镇卫生院全部开通了老年人就医便利服务绿色通道，县人民医院作为安宁疗护和计划生育特殊家庭就医绿色通道的定点医院，运行规范，安宁疗护床位使用率 100%。

（4）医养联合体建设

古魏镇卫生院于 2016 年在芮城县中心敬老院挂牌成立分院，与芮城县中心敬老院协作，为入住老人直接提供医疗养护救助，作为芮城县养老与医疗融合的试点机构，医护服务已经形成常态化。村卫生室和村日间照料中心融合发展的省级示范“县南模式”，逐步推广到各乡镇。

（5）健身活动基础设施建设

县城居民区周围建设有城北公园、圣寿公园等 8 个，新建成一座集篮球场、羽毛球场等各种健身功能为一体的体育馆 1 个，承揽各种体育活动、群众晨练的体育场 1 个，城隍庙广场、东茂广场两大健身广场，各乡镇、行政村均建有健身广场，目前，全县实现了全民健身都有健身场地的目标。

（6）吕仙吸吸呼养生操推广

自 2016 年开班至今，县中医院号召全体医护人员要充分发挥中医药健康养生的优势，鼓励住院病人和家属参加训练班，从而达到治疗和养生相结合的目的，已经有院外人员专门前来学习。2018 年春节，县中医院受县委委托，为体验中国年的留学生表演“吕仙吸吸呼养生操”，受到了留学生和在场观众的一致好评；在山西·运城特色医药交易博览会开幕式，省市各位领导观看了县中医院展示的“吕仙吸吸呼养生操”和中医药养生系列产品，对县中医院传承中医药特色、不断创新发展给予了高度评价。

（7）特优农业

农业发展自然条件得天独厚，拥有山、川、塬、滩等多种地形，土壤肥沃，粮食、果品、蔬菜、畜牧、中药材等特色农业基础较好，有 6 个国家地理标志保护农产品，是“国家级出口食品农产品（水果）质量安全示范区”“国家级生态原产地产品保护示范区”，现代农业“一区五园”以及“一乡一业”“一村一品”格局初步形成，为发展食疗康养、规模化发展奠定坚实基础。

2. 生态环境有力支撑

（1）生态康养环境良好

芮城县全面践行“两山”理念，持续推进污染治理和生态修复，2020 年全年二级以上优良天数达到 302 天，空气质量综合指数排名全市第一，6 月单月排名全省第一。城区污水处理率达到 92.3%，中水回用超过 30%，生活垃圾处理率达 92% 以上。黄河流域（芮城段）生态保护和高质量发展“双十工程”推进有力，10 个乡镇全部建成“省级生态乡镇”，7 个成为“国家级生态乡镇”。全县城市绿化覆盖率、绿地率和人均公园绿地面积分别达到 43.8%、39.96% 和 12.12 平方米。

（2）生态文明建设成果丰硕

芮城县是国家生态文明建设示范县、国家生态文明先行示范区，县域黄河流经长度居全省第二，拥有“黄河中下游最大的国家级湿地保护区”圣天湖、“山西天然植物园”中条山，成功举办中国县域绿色发展（芮城）论坛，荣登“2020中国县域全生态百优榜”，“绿水青山”保护成果为发展康养产业、实现生态产品价值转化提供有力支撑。

3. 文化资源底蕴深厚

（1）文物古迹有序保护

芮城历史悠久，县域内文物古迹星罗棋布，馆藏文物多而精，极富历史、文化、科学价值。截至目前，共有各级文物保护单位535处。其中，全国重点文物保护单位12处，省保6处，市保5处，县保216处，未定级296处。

（2）道教文化源远流长

芮城县永乐宫是中国现存最大一座元代道教宫观，是为纪念唐代道教著名人物吕洞宾而建。从永乐镇到九峰山的山水地貌和元代修建的12座道教宫观的分布，与道家《内经图》完全吻合。

（3）火文化发祥地

西侯度遗址是迄今为止中国发现最早人类用火的地方，也是世界上人类用火最早的遗址之一。

（4）玉文化历史悠久

芮城清凉寺墓地，即坡头遗址，最早发现于1955、1965年，属新石器时代庙底沟二期文化，墓地总面积近5000平方米。2004年的发掘共清理墓葬262座、玉石器200余件。远古文物的发掘出土对我国古代文明起源及与此相关的学术课题研究均具有十分重要的意义。

（5）壁画文化灿烂辉煌

永乐宫壁画内容丰富庞杂，恰好给人们提供了认识宗教神祇的丰富资料。彩绘壁画笔力遒劲、流畅，色泽艳丽，是极为珍贵的绘画杰作，实为当时社会的风俗画廊，堪称稀世之宝。

（6）旅游资源丰富

全县目前拥有3处4A级景区——圣天湖、大禹渡、永乐宫。此外，九峰山下的纯阳上宫存有珍贵的吕仙石雕像、吕仙百字碑、九峰山诗碑、皇帝圣旨碑、摩崖石刻等大量碑刻和文物，极具游览和历史价值，是人们闲暇修身养性的好去处。

（7）旅游收入与总人次

2019年全年共接待游客832.4万人次，同比增长19%，旅游总收入68.7亿元，同比增长18%。2020年全年共接待游客365.65万人次，同比下降56%，旅游总收入31.92亿元，同比下降54%。

12.1.3 发展优势

1. 三省通衢的区位优势为康养旅游发展提供了巨大的潜在客源市场支撑

芮城县地理位置优越，交通便利，是山西省的“南大门”。西南与陕西省大荔县、潼关县和河南省的灵宝市隔河相望，北与永济市、运城市盐湖区毗连。芮城县地处三省交界处，距离郑州、西安、太原三个省会城市仅需要 2 小时左右的车程，其中郑州常住人口 1260 万人，西安常住人口 1295.29 万人，太原常住人口超过 530 万，为近邻三大客源市场。

2. 得天独厚的生态优势为康养旅游发展提供了难以复制的产业要素支撑

芮城县是山西省的南大门，北倚中条山，南临黄河水，地处山西、陕西、河南三省交界处，地势北高南低，一面阳坡，呈阶梯状分布，美丽富饶，气候宜人，拥有得天独厚的自然条件，适宜发展康养产业。森林覆盖率 37.8%，是一个典型的农业大县，污染极小，全年光照充足，四季分明，具备维持生物多样性，空气清新，空气质量居全省前列，水环境质量优良，水质持续稳定达标排放。具有立体景观优势，在西侯度遗址可北眺中条山，南望大秦岭；新村、老庄村、周青村等多处观景台可以饱览大河仙境的旖旎风光。优良的自然生态使芮城具有丰富的农业资源优势，全县无公害、绿色、有机农产品认证 81 万亩，认证率 90%；“芮城花椒”“芮城苹果”等 6 项农产品先后获得国家地理标志保护农产品认证，为芮城县康养旅游发展提供丰富的要素支撑。

3. 底蕴深厚的文化优势为康养旅游发展提供了绝无仅有的核心灵魂和产品内涵

芮城县历史悠久，是中华民族和中华文明的发祥地之一，是黄河文明的重要源头和“古中国”的核心地。全县开发尚处于起步阶段的精品文化旅游资源众多，包括全国重点文物保护单位以及许多引人入胜的神仙故事；以“东方艺术画廊”永乐宫、“人类文明的第一把火”西侯度遗址、黄河古渡古道、“黄土高原第一湖”圣天湖为代表的黄河文明旅游资源，在全国乃至世界有独特的文化地位和号召力。这里也是“吕祖故里”，相传吕洞宾在九峰山的一个山洞里饮露食菊，修炼 19 年而成仙；从黄河岸边永乐宫到九峰山纯阳宫，依据山形地貌分布有 12 处道教宫观，构成人体“内经图”。第二届全国青年运动会圣火在西侯度成功采集，第二届全国青年运动会铁人三项比赛在圣天湖成功举办，标志着芮城文旅发展进入新阶段，是支撑山西省打造国际知名文化旅游目的地的重要载体。

4. 初具规模的产品业态为康养旅游产业转型升级奠定了扎实基础

芮城县旅游业发展潜力大。除全县目前拥有 3 处 4A 级景区以外，还有诸如世杰康养小镇等康养小镇建设，目前建设完成 4 个不同主题的院子、38 个窑洞，房间内装修华丽，配备智能家居，总体上已经初具规模，设施较为完备；正在建设中的通用机场占地面积 848.78

亩，远期工程规划总用地 3037.5 亩，总投入 3.54 亿元，建成之后将提供旅游休闲、体育运动的相关服务。康养旅游将获得越来越多的资源要素支撑和越来越广阔的发展空间，具有发展康养旅游项目的良好基础。

12.1.4 存在问题

1. 旅游产品发育程度较低，缺乏拳头产品

没有 5A 级景区，缺乏区域市场影响力，缺少发展旅游的核心竞争力，即独特的亮点、引爆点。在未来的调研与规划中，应该探索出芮城发展旅游的独特优势。

2. 旅游资源浅层开发普遍，产品业态单一

旅游发展以基本的观光景区为主，体验类、休闲度假类项目缺乏。永乐宫、红色基地、大禹渡风景区水利工程，缺少为游客配套的知识讲解、背景介绍等服务；总体上呈现保护有余、开发不足的状态。

3. 旅游配套服务设施欠缺，支撑能力不足

接待设施缺乏高品质酒店、主题文化酒店、特色餐饮街区；厕所问题较为严峻，各乡镇“厕所革命”开展不到位，影响人居环境和乡村旅游体验；部分景区布局混乱，欠缺美观度；老街改造存在问题。

4. 旅游产业与其他产业融合不够，产业链条短促

旅游产业与农业等其他产业融合不够，旅游产业的带动作用不够，文旅融合旅游项目尚未发展，非遗文化艺术、文创产品、特色农产品与旅游结合的模式尚未形成。导致的直接结果是旅游产业链条单一短促，对县域经济的拉动作用较弱。

5. 旅游发展理念滞后，区域品牌无法落地

缺少适应新时代市场需求的度假生活产品发展理念，仍停留在景区发展和打造层面，“大河仙境，风度芮城”的产品和项目支撑不足。例如，黄河 1 号公路作为沿黄旅游的一大亮点，沿途栽植高杆月季等园林景观，缺乏具有黄河特色风貌的景观打造和综合服务配套；世杰康养小镇目前提供的康养产品比较单一，缺乏对目标市场人群的分析和核心吸引力。

12.2 总体要求

12.2.1 指导思想

坚持以习近平新时代中国特色社会主义思想为指导，全面贯彻党的十九大和十九届二中、三中、四中、五中全会精神，积极培育转型新动能，大力发展康养旅游现代服务业。深入贯彻习近平总书记视察山西重要讲话重要指示，按照山西省委“四为四高两同步”总体思路和要求以及省委省政府关于完善康养产业布局规划重大决策部署，按照运城市“六个互促共进”原则，立足新发展阶段，坚持新发展理念，紧扣扩大内需这个战略基点，坚持“五个统筹”，大力推进芮城县国家全域旅游示范区验收，以康养旅游品牌体系建设为突破口，拓展新领域，打造新业态，搭建康养旅游发展载体，重塑康养旅游核心品牌，完善公共服务等配套支撑，大力推进文化和旅游产业与康养产业不断融合，实现康养旅游产业创新突破发展，掘金康养产业“新蓝海”，擘画芮城康养旅游新蓝图，打造“两园四区”重要载体。

12.2.2 发展定位

黄河金三角慢生活文化康养旅游度假胜地。

发挥黄河风情浓郁、休闲旅游和康养文化基础良好的比较优势，大力发展全域康养、全面康养、全民康养，加快文旅融合、城旅共建、居游共享，推进大众康养旅游，打造康养旅游样板县，把文旅康养产业培育成战略性支柱产业。

12.2.3 发展原则

坚持绿色发展原则。以保护作为发展前提，把全县自然资源和人文资源作为转型发展最大依托、最好品牌，康养旅居、运动、疗愈、研学等业态向资源依附聚集，加快形成绿色发展方式和健康养生的生活方式，实现产业转型和百姓富、生态美的有机统一。

坚持全域统筹原则。把全县作为完整康养旅游目的地进行全景式打造，推广全域统一康养理念，实现全区域整体协调发展。培育多个转型发展增长极，形成全域联动、多极拉动的发展格局。

坚持融合发展原则。完善横向协同、纵向贯通的协调推进机制，推动康养旅游与农业、工业、体育、商贸、会展等相关产业领域融合发展，实现产业之间的联动与共兴。

坚持特色化发展原则。突出全县道家养生文化特色，积极发挥比较优势，通过文化的体验和生活方式的体验来达到心灵升华、愉悦精神、精神养生的目的。

坚持以人为本原则。按照主客共享的要求，推动文化旅游、会展康养服务向优质服务转变，实现标准化和个性化服务有机统一，加强软硬件的配套建设，提升服务品质，使康养旅游业成为全县人民群众品质生活的幸福产业。

12.2.4 发展目标

力争到2025年，康养旅游产业实现大发展，初步建成事业繁荣、产品丰富、产业发达、设施完善、服务优良、安全有序、市场竞争力位居山西省前列的康养旅游目的地，打造黄河慢生活文化体验区。

到2025年，全县公共医疗、旅游设施显著改善，公共文化服务效能明显提高，公共文化基础服务网络覆盖率达到90%以上，景区景点"厕所革命"推进至100%。艺术创作、艺术生产持续繁荣，非遗保护水平不断提高，文化产业形成规模。构建森林康养、食疗康养、乡村康养、道家康养产品体系，建成5个康养社区、3个康养小镇，打造4个康养产业园，培育一批康养度假区。形成2个康养旅游龙头品牌、5个中药食疗品牌、6个康养节庆品牌、一批主题住宿品牌，初步构建完整的康养产业体系。

到2035年，康养旅游业战略性支柱产业地位更加巩固，成为经济社会发展新的增长极，文化软实力显著增强，历史文化影响更加广泛深入，全社会文明程度达到新高度，全面建成以休闲康养为核心的黄河慢生活文化体验区。

12.3 构建康养旅游发展新格局

立足芮城县资源、环境、生态、交通格局，挖掘自然资源和人文资源优势，培育形成"一轴引领""两带联动""多点支撑"的文旅康养发展格局，策划康养主题优质旅游线路。

12.3.1 一轴引领

"一轴"：康养旅游综合发展轴。形成轴向生长、空间均衡的康养旅游发展布局，以轴为主，带动周边。康养旅游综合发展轴，是县域经济发展的东西向交通主轴、产业联动发展轴、城镇融合发展轴和城乡风貌展示轴。畅通东西交通大动脉，联动大王镇、学张乡、永乐镇、阳城镇、风陵渡镇，构建一轴串联、分工协作、优势互补的产业集群，形成轴向生长、空间均衡的城乡融合发展布局，将城镇功能向乡村地区延伸，带动周边乡村发展。打造门户景观大道，集中展现沿线城镇、乡村、农田、山地等多维景观。

12.3.2 两带联动

"两带"：中条山生态文化康养旅游带、沿黄河历史文化康养旅游带。中条山生态文化康养旅游带突出生态保育功能，以九峰山、百梯山等自然景区为主，发展森林康养、运动康养，开发道家养生、生态旅游等新业态。沿黄河历史文化康养旅游带以 1 号旅游公路、沿黄公路及沿线乡镇为主要载体，强化黄河沿岸生态保护修复，重点发展文旅康养、休闲农业等特色产业。推动风陵渡镇和经济开发区融合发展，大力发展森林康养等产业，加快推进两带交通、产业、旅游等互通互动互融，构建“南黄河、北中条山”两带格局。

12.3.3 多点支撑

“多点”：形成康养社区、康养小镇、康养度假区以及康养产业园，涵盖全县“八区十园”（“八区”是鲜果乐活体验区、黄河农耕文化体验区、黄河古渡文化体验区、花椒主题体验区、红枣主题体验区、中药养生度假区、光伏农业观光休闲区、循环农业观光体验区；“十园”是苹果乐园、紫甚庄园、花椒主题庄园、红枣主题庄园、中药主题庄园、光伏农业园、循环农业体验园、大禹渡农耕体验园、思睿庄园、印象风陵），以重点景区、康养产业、康养产品为支撑的网络状康养旅游支撑体系。

12.3.4 康养主题线路规划

围绕“大河仙境，风度芮城”旅游品牌，展现芮城文化内涵。以线形旅游要素为主轴，结合交通干线，将芮城境内的旅游点有机串联，合理搭配康养旅游产品。充分发挥康养旅游资源的整体优势，兼顾省内及区域康养旅游市场，错位发展、联合促销，形成沿黄风情生态农业康养旅游线路、中条山道家文化森林康养旅游线路、徒步“内经图”康养旅游线路品牌（图 12–1）。

1. 沿黄风情生态农业康养旅游线路

以黄河 1 号公路作为主线路，串联周边景点，横跨芮城全域。驾车驰骋在风景优美、空气清新的黄河 1 号公路上，体验芮城优质菊花、香椿、屯屯枣、花椒、苹果等丰富有机农产品，强化游客黄河沿岸乡村生活的参与感与体验感，旅游路线沿线设置房车营地、特色民宿、乡村露营等餐饮、住宿业态，令游客在乡村田野中得到身体和心灵的放松，在“神雕侠侣”中杨过与郭襄初次相遇的风陵渡口饱览气势磅礴的黄河，同时感受芮城生态农业的魅力。

路线：圣天湖—老庄观景台（望河亭）—庄上村—大禹渡—永乐宫—月亮湾—学张万亩优质菊花园—大王香椿产业园—玉溪桥—洞宾故里—屯屯枣现代产业园—凤凰咀—西王遗址—印象风陵—花椒现代农业园—匼河遗址—西侯度遗址。

2. 中条山道家文化森林康养旅游线路

中条山脉坐北朝南，面朝黄河，沿线聚集众多历史文化与宗教资源。依托中条山脉丰富的空气清新、环境优美的森林资源，在该旅游线路上开展包括森林游憩、度假、疗养、运

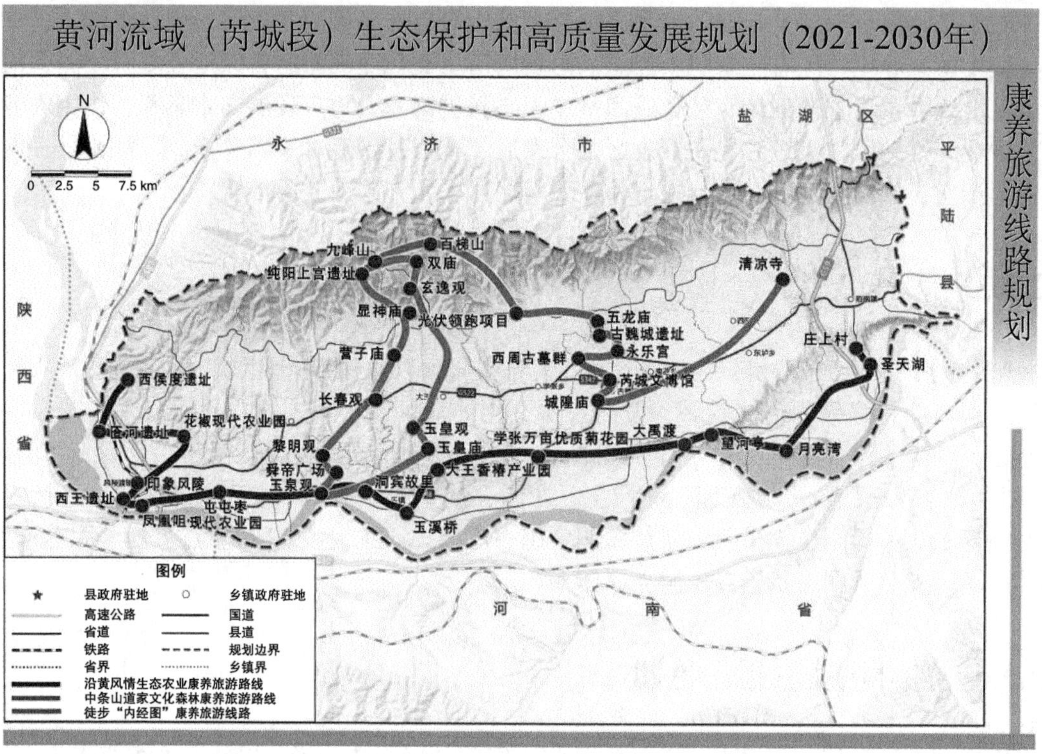

图 12-1　康养旅游线路规划图

动、教育、养生、养老以及食疗（补）等多种业态，令游客在体验文化的同时，吸收天然森林之灵气，愉悦身心，既满足其游览观光、休闲度假需求，更达到强身健体、陶冶心灵的目的。

路线：永乐宫—城隍庙—芮城文博馆—西周古墓群—古魏城遗址—五龙庙—光伏领跑项目—清凉寺—百梯山—九峰山—纯阳上宫遗址。

3. 徒步《内经图》康养旅游线路

以纯阳上宫遗址和永乐宫旧址为轴线，北起中条山，南至黄河，南北 24 千米，东西 12 千米，合计 288 平方千米区域的自然地形地貌以及 12 处元代道家宫观遗址，分别处于《内经图》的各个重要部位，构成了一幅“天人合一内经图”。本线路探秘《内经图》12 处古遗址，以徒步为主，在挥洒汗水的过程中体验芮城自然山水，感受“天人合一”道家文化，达到精神升华。

第一天：永乐镇永乐宫原址西北的双泉观遗址—永乐宫原址（峨眉岭）—大王镇磨涧村玉泉观遗址—大王镇泉沟村玄逸观遗址。

第二天：大王镇泉沟村玄逸观遗址—大王镇双庙村娘娘庙遗址—阳城镇九峰山纯阳上宫—大王镇姚弯村显神庙—阳城镇营子村营子观遗址。

第三天：阳城镇营子村营子观遗址—阳城镇孙家涧长春观遗址—永乐镇历山村黎明观遗址—历山村舜帝广场。

12.4 培育康养旅游产品体系

以体养、文养、食养、药养、宿养“五朵金花”为重点，培育黄河金三角森林康养旅游产品、中医药食疗康养旅游产品、乡村休闲康养旅游产品、道家文化高端康养产品，构建特色鲜明、业态新颖的康养旅游产品体系。

12.4.1 重点培育黄河金三角森林康养旅游产品

聚焦芮城覆盖率极高的森林资源及浓郁黄河文化资源，大力发展森林避暑康养产品。利用芮城多样的森林景观、内涵浓郁的黄河文化等资源，重点打造森林康养避暑度假酒店、森林木屋、沿黄船屋、森林避暑营地、避暑主题民宿、森林 / 黄河人家等避暑度假产品，推动沿黄陌南庄上、世杰康养、印象风陵打造窑洞、地窨院、石佛寺生态养生谷等特色旅居精品打造。

突出中条山“天然氧吧”生态环境价值，积极发展森林运动健体产品。通过森林环境中的负氧离子、植物精气等养生因子，在山水仙境中进行体验，促进游客和居民达到身心放松、康体保健的功效。开发森林浴、森林瑜伽、太极、健身操、徒步、山地马拉松、登山、丛林穿越、漂流、康养步道、森林训练基地、森林极限运动、山地自行车、森林游戏场等项目，依托景区（点）发展自驾车旅居车营地。

依托中条山“山西天然植物园”之科普教育优势，打造森林科普教育产品。针对学龄前儿童及青少年，建设森林生态博物馆、森林科研基地、森林植物园、森林动物园、森林低碳生态教育基地、自然观察径，开展森林夏令营、森林课堂、森林环保活动周、环保活动、志愿者活动等。

12.4.2 联动推进中医药食疗康养旅游产品

进一步加强发展芮城县中医药资源，做大做强中医药产业，发展中医药强县战略，依托全县无公害、绿色、有机农产品认证的众多农产品，大力发展特色食疗农产品及其衍生旅游产品。深度挖掘晋南传统饮食文化，打造“养生药膳”“晋膳菊花宴”等系列餐饮品牌，大力推广亚宝药业、天人菊业、康寿茶业等取得“山西药茶”品牌授权的芮城药茶产业，延长农产品产业链，积极研发食疗药膳特色旅游商品，开发特色食品，建立特色美食馆、农林康养产品集市、远程营养膳食管理、农林产品加工，开展产学研结合的教育第二课堂活动等。谋划建设风陵渡文化节区夜市、城隍庙美食街区、黄河美食渔村等，积极举办芮城美食节。

围绕依托现代农林业的发展，充分挖掘芮城县中医药和民间医药文化，打造中医疗养产品。发展以药食同源为特色的绿色产品、有机产品以及保健食品，加快形成保健食品用品产业集群。开展“私人订制”中医理疗服务，开发中药采摘、中药炮制、药酒炮制、药膳制作等体验项目，开发针灸、刮痧、拔罐、艾灸、推拿等中医药康养体验项目，建设一批以黄芩、柴胡、甘草、连翘、远志、板蓝根、金银花、黄芪、生地等多种道地药材为核心的中医药康养园、文化馆、体验区，加强中医药康养旅游综合体的开发建设。重点发展中医药保健品、功能食品等制造产业，提高中药材及传统保健食品的附加值，举办中医理疗、药膳养生、中草药种植、中医知识讲座等项目。

专栏

芮城县康养食疗特色旅游产品

1. 花椒产品

花椒性热、味辛，归脾胃经；有温中散寒、杀虫解毒、除湿止痛的功效，可以治疗齿痛、呕吐、风寒湿痹等症状。“芮城花椒”于2008年获得国家地理标志保护农产品认证，依托芮城花椒，开发“花椒酒”“花椒鱼”“花椒豆腐”等药膳菜品；延长产业链，提取花椒中芳樟醇等化合物，萃取花椒精油、制作花椒面等养生食疗产品，亦可制作具有安神功效的花椒香囊、花椒抱枕、花椒香薰、花椒香水等康养文创产品；建设花椒博物馆（图12–2）。

图12–2　花椒药膳及其衍生商品

2. 菊花产品

菊花药用价值高，散风清热，清肝明目，清热解毒。“芮城菊花”于2021年取得国家地理标志农产品证书。“芮城菊花”气清油香，口感醇厚，富含氨基酸、硒。加强药菊保鲜技术，设计精美外观，打造药菊品牌；研发菊花茶、菊花酒、菊花糕、菊花羹、菊

专栏

花饺子等菊花宴药膳菜品；萃取药汁提炼菊花膏、菊花熏香等衍生产品。建立菊花展览馆、菊花园艺厅，开放大型菊花基地，针对青少年开展讲座，打造学生产学研结合的第二课堂（图 12-3）。

图 12-3　菊花药膳及其衍生商品

3. 茶药产品

茶叶具有止渴、安神、利尿、祛痰、明目、祛烦除腻、解毒消炎等功效。依托当地茶药企业，建立茶药文化博物馆，开设茶药文化体验店，开发特色茶药产品，具体包括如下：

茶食类：茶月饼、茶蛋糕、茶叶蛋、茶口香糖、茶冰淇淋、绿茶米花酥、米花糖等；

器具类：泡茶用具相关的一切器具，或者由茶延伸的器具，如瓷器、紫砂、木鱼石等；

茶饮料：速溶茶、抹茶、奶茶以及茶 π 等茶饮料；

书籍类：茶知识教材、杂志、芮城药茶图鉴等；

专栏

茶周边：茶枕头、茶被子、茶化妆品；

茶基地：建设学张乡茶基地。

12.4.3 提升培育乡村休闲康养旅游产品

挖掘乡村文化节庆资源、非遗资源、特色小镇资源，开发乡村休闲度假康养旅游产品。深挖乡村农耕文化、民俗文化、名人文化、红色文化等资源，强化乡村生活的参与性与体验性。以农家乐、度假村、农业庄园、农业观光园、乡村旅游综合体为主，提供垂钓、采摘、赏景、农家菜、烧烤、棋牌、住宿等休闲度假产品和服务，在乡村田野中得到心灵的放松。

充分利用芮城现有各种农庄、种植基地、生态旅游经济区，开发乡村研学旅游产品。打造创意体验或参与式农业康养，依托全县农业资源，推进健康养生项目与种植养殖基地、农耕文化、民俗风情相结合，提高创意设计水平和艺术品位。重点打造主题生态庄园（芮城苹果、花椒、红枣、芦笋、麻片等）、生态采摘林园、农耕体验、房车营地、田间研学、户外拓展、乡村露营等项目。

依托芮城淳朴深厚的华夏文化资源，开发探寻乡愁康养旅游产品。以乡村为载体，以传统民族文化体验胜地＋特色文化展示＋休闲度假养生为主题开发，吸引游客到乡村体验“慢生活”、寻找“老记忆”，返璞归真，颐养身心。打造有内涵、体验性丰富、可观可养、可学可玩的探寻乡愁康养旅游产品。

12.4.4 大力发展道家文化高端康养产品

依托得天独厚的山水优势，重点培育“修仙体验”康养产品。依托天然森林资源、中医药产业，开发九峰洞天福地住宿群、吕祖道学养生谷、中药主题庄园、森林人家等道家文化体验产品，谋划建设九峰康养休闲度假区、风陵渡国家级旅游度假区、圣天湖运动休闲康养小镇。加快汉唐竹林谷、世杰康养、石佛寺生态养生谷等旅游配套设施建设，大力发展道家修行康养产品，包括道家文化基地、道家文化科普、养生文化讲座、道家艺术鉴赏、打坐室、太极馆、森林道馆、道家斋饭、药膳房、养生食材酿造、炼丹房、道医药研发中心等。

盘活芮城丰富的道家养生资源，挖掘吕祖养生术、《内经图》、民间古法等养生价值，重点培育和打造“吕祖文化”养生游产品。以“长寿”“健康”为主题打造“呼吸操”体验、林间漫步、森林冥想、森林康复理疗、针对特定疾病或慢性病的医养融合等项目。以道家文化为基础，创新开发节庆产品、文化演出产品和文化创意产品，打造旅游演出节目，开设道家讲堂、道文化书籍阅读馆、道家音乐乐器体验馆、周易预测、道家文化研究交流中心等。充分利用“吕洞宾修仙”的地理人文优势，聘请全国知名专家打造集医疗美容、整形美容、中医养生、抗衰老研究及健康管理融为一体的医疗美容综合体。

专栏

道家文化高端康养产品

1. 道家研学文化馆

以传统道家文化的展示、教育为核心功能的体验性场馆，以得天独厚的自然环境为载体，主要承载文化游览、道音演绎、道艺体验、国学课堂等多元活动，起到科学教育、文化传播的作用。积极开展芮城国学教育基地建设，具体项目包括道家文化展示、道家音乐体验、“六艺”（礼、乐、射、御、书、数）学习、亲子国学课堂、研学夏令营等（图 12–4）。

图 12–4　道家研学文化馆项目

2.“祭拜吕祖”休闲节会

基于传统道家文化当中的祭祀祈福活动，结合现代休闲康养旅游业态当中的主题节庆而诞生的道家休闲节会，是康养旅游中非常重要的一项旅游体验，是对传统文化的一种集成和发扬。大型的祭礼仪典，多空间、多维度、全方位的综合性体验，涵盖登高游览、休闲度假、康疗养生、节庆赛事、娱乐购物等活动（图 12–5）。

专栏

图 12-5 道家文化休闲节会

3.“呼吸操”等道家养生体验产品

在搭配道家内在调理的基础之上，通过活动身体、活动筋骨来增强体质，延缓衰老，延长寿命，达到练形、练气、养精、调神的目的。常见的有导引功法、呼吸吐纳、瑜伽之术、太极武术。例如，芮城“吕仙吸吸呼养生操”也叫“123 六秒呼吸法”，其作用首先能让人镇静、安神定心，通过“吸吸呼”可以将更多的氧气吸入体内，同时尽可能把肺内的浊气排出体外，从而达到防病养生的效果。结合现代医疗技术拓展医疗美容、中医养生等。

12.5 搭建康养旅游发展载体

12.5.1 建设 5 个康养社区

加快康养社区建设。探索通过“示范性城乡老年友好型康养社区”的创建，为康养产业可持续发展提供保障。建立健全以家庭社区为基础，以运城市、芮城县中医院等医疗机构为支撑，发展建设医疗分院、康养疗养服务点等，构建“医养结合”的芮城县康养疗养服务体系。鼓励芮城县医疗机构和养老机构、金融机构加强合作，积极融入芮城县全民康养。

开展居家社区智慧养老服务网络建设项目。改善社区便民消费设施，加快规划建设便民生活服务圈、城市社区邻里中心和农村社区综合性服务网点。提档升级社区生活服务，大力发展社区养老、学前教育、医疗健康、特色文体、物业居家等服务，积极引导市场主体在社区发展体验式、情景式、互动式的复合型消费业态。

引导房地产业稳妥发展。居家、社区、机构多元化养老是今后发展的必然趋势。完善普通商品房供应，引导房地产企业健康发展，鼓励自住型、改善型住房消费，推进老旧小区改造，大力发展住房租赁市场，加强公租房分配和运营管理，建立购房和租房并举、市场配置与政府保障相结合的住房制度。大力发展节能、节水、绿色、低碳住宅，推动医疗养生、物业管理、房屋中介、家装设计、安装维修等关联产业发展，完善住宅产业化链条。

引入社会优质养老服务力量，融合“互联网+”，推动健康养老供给侧结构性改革，重点引进一批国内外知名的健康养老品牌企业，提升一批现有的健康养老品牌企业，在发展社区居家养老服务基础上，创新推进医养结合，不断丰富健康养老服务业态，加快形成以居家为基础、社区为依托、机构为补充、医养相结合的健康养老服务体系，建成全省范围内知名的候鸟式（旅居）养老胜地。

专栏

5 个康养社区建设

针对芮城县城内 7 个社区 19820 名老人，加快发展居家和社区养老服务，促进农村养老服务能力。提升提档升级社区生活服务，大力发展社区养老、学前教育、医疗健康、特色文体、物业居家等服务。打造奥运花园续建、颐龙佳园西、金茂悦府、紫荆北园、金茂首府三期 5 个康养社区，开展居家社区智慧养老服务网络建设，将居家、社区和机构养老一体化。引入专业的养老服务公司，将医疗、健身、娱乐、文化、饮食和旅游资源整合为一体，并提供一站式全面服务。

12.5.2 打造 3 个康养小镇

以“健康生活，绿色芮城”为经营理念，提升打造康养小镇。以健康旅游产业为核心，将健康、养生、养老、休闲、旅游等多元化功能融为一体，打造长寿文化、生态养生、医养结合、养老小镇等主题的特色旅游小镇。立足于小镇自身特点，以市场化开发为主导，确定项目的开发主体、开发模式、招商及运营模式等，形成系统化的运营管理流程，推进健康产业链的高效发展。

专栏

3个康养小镇建设

1.“零碳”小镇

以王夭村、朱吕村、庄上村为主，建设3个零碳村庄。充分发挥村落生态环境、红色文化、历史文化优势，结合现代光伏系统，大力发展零碳小镇。将医疗、气候、生态、康复、休闲等多种元素融入小镇，打造集休闲康养、养老居住、休闲度假、特色餐饮、特色住宿为主要功能的绿色生态小镇。带动护理、餐饮、医药、老年用品、旅游多产业的共同发展。

2. 圣天湖运动休闲康养小镇

在原有基础上丰富运动康养新业态，完善景观步道、骑行道等基础设施，大力发展滑雪场、滑沙场、滑草场、滑索、沙地摩托、水上飞机、水上摩托、水上游乐、勇士探险、动漫射击、蹦极等运动休闲项目。举办龙舟赛、环湖跑、自行车比赛、钓鱼比赛等，加快建设足球场、篮球场、羽毛球场等10余项项目场馆投入使用，加快黄河研学营地建设。打造成为一个集生态旅游、运动休闲、激情娱乐、健康餐饮、康养研学于一体的运动休闲特色小镇。

3. 世杰“洞穴”康养小镇

着力提升世杰康养小镇功能，深入挖掘养生根祖文化，完善主题院落、窑洞的接待功能，以弘扬养生传统文化为基础，融合文化休闲、健康度假、旅居休闲、商业休闲等功能，争取成为国际一流“康养小镇”。

12.5.3 打造4个康养产业园

依托芮城丰富的农产品、茶药养生资源，结合黄河金三角森林生态资源，打造集自然研学、林下休闲、森林康养、三产融合于一体的康养特色产业园。加强林下药材种植基地建设、产品研发和生产；鼓励康养产业园注册有机农产品、绿色食品商标，并申报国家地理标志。打造以医疗康复、慢性病疗养、休闲度假与养生旅游等为功能特色，以复合医疗康体为核心，充分利用大数据、“互联网+”等手段，建立全体居民集健康管理、疾病预防、康复养生、医疗等为一体的智慧型社会康养服务体系，推进康养产业园建设。

12.5.4 培育一批康养度假区

大力提升印象风陵文化体验园功能，建成省级旅游度假区。五年内，有序推进学张乡桥头村柏树沟康养项目，建设桥头康养小镇。主打康复养老品牌，完善医疗设施、医疗团队，

专栏

4个康养产业园

1. 学张万亩优质菊花示范园

重点建设优质菊花种植基地、加工园区、菊花冷藏库、电商平台、菊花产品研发中心、菊花文化展示厅和种质资源库、花卉交易市场。

2. 风陵渡花椒现代农业产业园

在风陵渡镇建设万亩花椒标准化示范园、老龄低产园改造、花椒标准化加工厂房提升改造、交易物流中心、精深加工研发园、良种繁育展示基地、花椒总医院、芮城花椒博物馆、基础设施配套工程等。

3. 阳城屯屯枣现代农业产业园

围绕核心规划面积5万亩，在阳城镇建设红枣标准化示范园、红枣主题广场、红枣休闲采摘园、红枣交易中心、红枣加工园区和红枣文化博物馆等。

4. 大王香椿特色产业示范园

在大王镇金盆村建设香椿温室大棚，辐射带动周边建设香椿种植加工基地。

建成养老公寓、温泉理疗楼、综合服务楼，利用黄河、中条山生态资源大力发展疗养康复、中医药疗养、运动健体、温泉康养、杂粮膳食食疗等康养核心产品，加快开发文创静修、益寿养老、避暑度假、科普教育等综合康养融合产品，提升住宿酒店档次与接待能力，推进建设成为省级旅游度假区。

提升传统景区功能，培育若干市级、县级康养度假景区。提升创建圣天湖国家体育旅游示范基地、永乐宫壁画临摹研究基地、永乐宫文化创意园、九峰山康养休闲度假区、风陵渡国家级旅游度假区，打造大禹渡文化旅游村、山底村乡村文化旅游景点、石湖村史永正烈士陵园等乡村旅游和红色旅游景点。优先开通串联九峰山、大禹渡、圣天湖、五老峰等重点景区和运动基地的低空旅游线路。推进大禹渡、原村渡、永乐渡、沙窝渡等黄河古渡水上游线开发，联合灵宝、三门峡、潼关、华山、韩城等沿黄周边市（县）共同打造“万里黄河第一游”品牌。完善功能设施，可以提供住宿、餐饮、医疗紧急救护、休息、信息查询、各类物品补给、徒步必需品、户外活动设施、环卫设施、自行车租赁、森林康养特产购买等服务。

12.6 重塑核心康养旅游品牌

盘活芮城景区资源，突出芮城特色文化，弘扬非物质文化遗产内涵，培育康养旅游龙头景区，发展特色中医食疗产业，挖掘旅游节庆资源，完善住宿体系建设，重塑芮城康养旅游品牌。

12.6.1 培育1～2个康养旅游龙头景区

深度挖掘芮城丰富的自然景观和农业生态资源，培育一批康养旅游龙头景区。结合芮城特有的历史文化、红色文化、道家文化底蕴，依托传统旅游目的地，把气候、生态、休闲、康复、养老等多种元素融入重点景区，培育一批各具特色、管理规范、服务标准的康养旅游龙头景区。重点培育永乐宫、大禹渡、九峰山等康养文化相对成熟的景区作为龙头景区，提升圣天湖、西侯度、风陵渡等景区功能，融合黄河风情、休闲和康养文化基础良好的比较优势，讲好历史文化故事，彰显芮城风度，大幅提升景区内基础设施、参与体验性，积极承办康养健体运动会、比赛等，营造全民康养氛围。永乐宫景区争创国家5A景区。

创新旅游景区“康、体、旅”融合新业态。按照要素齐全、功能完善、适度超前的理念，提升旅游景区内住宿、餐饮、商贸、交通、娱乐等经营场所的档次品位，大力引入影院、剧场、工艺品和创意产品商店、休闲登山步道、车道、房车营地、水上项目等业态。鼓励各类演艺企业依托核心旅游景区及城镇固定演艺场所，有针对性地开展主题和节庆表演，延长游客停留时间，提升人均消费水平。旅游景区（点）要广泛吸纳文艺演出团体和艺术表演人才以多种方式灵活参与景区经营，不断提高景区（点）的文化内涵。鼓励运用现代高新科学技术，突出芮城特色的道家文化、黄河文化、历史文化、红色文化主题，弘扬非物质文化遗产资源，积极发展中小型、主题性、特色类旅游演艺项目。

12.6.2 研发3～5个中药食疗产业品牌

重点培育一批美食街区。以风陵渡经济开发区为载体，打造以中药食疗、特色有机农产品、品牌餐饮为核心吸引物的旅游街区。谋划建设风陵渡文化节区夜市、城隍庙美食街区、黄河美食渔村等，大力发展美食街、文化主题饭店、演艺型饭店等餐饮项目，形成一批餐饮服务集中区。

形成几大中医药康养产品。重点依托亚宝药业、天人菊业、康寿茶业取得“山西药茶”品牌授权的药茶业以及“三品一标”农产品，研发中医药保健品、食疗保健品等中医药康养产品。发展以药食同源为特色的绿色产品、有机产品以及保健食品，加快形成保健食品用品产业集群。重点围绕药茶基地建设、龙头企业培育、科技研发、标准体系构建、品牌建设等，突出九峰山康养与吕洞宾养生元素，打造芮城地域特色中医药养生品牌。

打造芮城十大特色药膳菜品。持续探索区域民族中药材资源等传统中医药领域元素和当地特色农产品相结合，深度挖掘晋南传统饮食文化，打造“黄河鱼宴”“养生花椒宴”“晋膳菊花宴”等系列餐饮品牌，加强“天芝润枣汁”“老张家石磨花椒酱”“美扎了桑葚罐头”“同盛德芮城麻片”等老字号宣传推广和连锁经营。

大力培育饮食文化市场主体。积极引导支持餐饮企业争创中国驰名商标、中华老字号、中华餐饮名店、山西省著名商标、山西老字号、晋菜品牌示范店等品牌。以规划引导、政策扶持，推动文化饮食企业转型升级，向标准化、规范化、品牌化的连锁经营方向发展。加大媒体宣传和美食活动举办力度，提升饮食文化产业整体品牌和市场知名度、美誉度。

到 2025 年，全县打造 3 条特色美食街区，扶持 10 家特色餐饮企业，培育 20 家知名晋菜食疗品牌店。

12.6.3 打造 4～6 个康养旅游节庆品牌

举办黄河—九峰山拜吕祖康养文化节。文化节期间，除推出“百梯山登山节”项目、九峰山“祭拜吕祖”登山活动、“西侯度圣火传递”活动外，陆续发布包括森林康养类、田园康养类、中医药康养类等“旅游＋康养”系列产品或线路，让广大市民尽享“康养福利”。

策划“徒步内经”竞走大赛。以“身体上的行走”为主题重走吕洞宾修仙之路。竞走比赛分为 3 日、5 日、7 日等不同级别，每 5 千米设置补给点或打卡点，比赛过程中尽览芮城山水风貌。

策划沿黄骑行大赛。依托黄河 1 号网络系统、景区道路网络，举行沿黄河骑行系列活动，线路设计应结合芮城沿黄主要旅游资源及风景，沿途开辟游客活动休憩点。开展沿黄骑行竞逐赛、山地自行车技巧大赛、骑行烧烤露营大会、骑行设备展览大会等赛事活动。

开展芮城菊花节。依托“芮城菊花”农产品品牌与菊花种植基地，在每年重阳节左右举行为期一周的大型菊花节，包括大型文艺表演、专场演出、灯会、菊花园艺观赏、农产品展销等等。

持续举办圣天湖荷花节。圣天湖湿地保护区 6000 余亩水域面积，湖中 2000 余亩红莲，夏秋两季荷花盛开，引人入胜。荷花节期间举办荷花摄影大赛、摄影展，制作圣天湖荷花形象标志物及其周边产品（书签、冰棍、明信片等）；举办荷花节赛龙舟活动。

培育芮城美食节。依托芮城丰富的农产品资源、中医药资源，策划系列美食节活动，开展乡村购物嘉年华活动，打造成以乡土购物为特色的节庆产品。

12.6.4 提升一批特色主题住宿品牌

提升旅游酒店接待能力和档次。开展旅游酒店接待提升行动，每年评选 5 家康养旅游精品酒店，在旅游宣传推介等方面给予优先考虑。指导旅游酒店接待企业从建筑外表、结构、功能、装饰、服务等方面，凸现住宿地的文化内涵，推动旅游住宿文化的本土化、民族化、个性化，让游客从芮城住宿中感受到芮城的传统文化、历史文化、地域文化和民族文化等“大河风度”。争取在 5 年时间内打造五星级酒店 1 处，四星级酒店 3 处，三星与二星级酒店若干。加快引入国际知名酒店品牌，推进中高档酒店品牌化；加速引进“速 8”“华庭”“7 天”等经济型连锁酒店。

提升旅游住宿服务质量和水平。对星级饭店与社会旅馆、农家乐住宿等实行双轨分类管理，积极推进饭店星级评定，制定并强化行业标准，积极引导并推进社会旅馆、农家乐的软硬件升级完善。明确行业规范，规范市场企业行为，避免投机和恶性竞争。引导国内外著名酒店管理集团来芮城投资兴业，吸纳借鉴先进管理经验。倡导在旅游饭店中推行 ISO 9000 质量体系认证，逐步推广国际上通行的饭店服务质量管理制度。

构建具有地域文化特色的旅游住宿产品体系。以拓展康养度假旅游市场为目标，构建芮城具有地域与文化特色的住宿产品体系。重点打造九峰山康养度假酒店、黄河船屋酒店、沿黄窑洞民宿等，构建黄河农耕文化体验为主的精品民宿示范区，保证建筑与地方特色相结合，现代化与传统文化相结合。积极建设特色农庄、农家乐，培育汽车旅馆、汽车营地、露营地等新型住宿业态。多元化发展精品民宿、产权酒店、分时度假酒店、公寓式酒店、乡村客栈、青年旅馆等住宿接待设施。结合自助游，大力推动自驾车、房车、帐篷营地等建设。将特色主题酒店建设作为提升全县旅游吸引力的新亮点。重点开发“世杰康养民宿集群 + 特色小吃项目”，为芮城特色旅游起到带头作用。

到 2025 年，培育 3 家精品文化主题酒店，打造 10 个精品民宿示范区，培育 3 家智慧旅游酒店。

12.7 完善康养旅游配套支撑

12.7.1 优化康养旅游交通网络

依托沿黄干线公路、旅游景区和重点城镇乡村，统筹推进旅游风景道、城市绿道、骑行专线、登山步道、慢行系统、交通驿站、自驾车营地等设施建设，完善旅游集散咨询服务体系和旅游引导标识系统，开通景区直通车，实现主要景区专线公交全覆盖。

加速建成通用机场，增强芮城门户功能。打通至西安、太原、郑州等中原城市群重点城市航空通道，高效融入中原城市群。加快短途运输、飞行培训、应急救援、医疗救护、通航物流等服务配套设施建设，完善通用机场服务功能。开通特色旅游航线，在主要旅游景区、景点及特色小镇等配套建设低空飞行旅游基地。

构建便捷畅通公路网，打造游赏共享的绿色生态廊道。优化高速公路网结构，实施风陵渡高速口、芮城东高速口、圣天湖高速口提升建设工程，建设风陵渡黄河大桥及连接线、永济至灵宝高速公路，争取启动灵宝到芮城高速引线建设工程，实现与连霍高速、呼北高速、运风高速快速联通，有效融入一带一路和晋陕豫金三角区域高速公路网。实施国省县普通干线公路网提质改造工程，推进古风线道路（S348）、临陌线（S239）、国防公路张风线

（X829）三新村至风陵渡大转盘道路改建工程、东沿山（檀道至王瑶）和黄河一号旅游公路连接线建设，积极争取沿黄、沿山、平风线改建工程建设。推进陌南镇交通网络改造提升，加强道路硬件设施建设。加强高速公路与普通干线公路、县城主干道、各乡镇紧密衔接。

推进交通枢纽建设。以芮城通用机场、乡镇客运站、风陵渡铁路货运场站为载体，推进大唐铁路专用线、粮库铁路专用线建设，提高换乘换装水平，构建公路铁路联运、公路航空联运运输体系。积极推进芮城汽车客运站、陌南站及大王站建设，改造升级阳城、永乐、岭底、西陌停车点，改造新建公交候车站、候车亭、候车站台，加强客运站点与机场、货运场站等交通枢纽的快速联通。

专栏

康养旅游交通网络建设工程

1.“九横九纵加一环”交通网络建设工程

着重完善城区路网结构，实施道路新增扩建工程，加快推进芮翔路改造，打通华泰路与芮翔路之间的东西向道路，强化东部道路网密度，构建“九横九纵加一环”的交通网络。

九横：学府街、条山街、舍利街、洞宾街、大禹街、黄河街、平安街、新建街、工业北街。

九纵：九峰路、西矿路、农贸路、永乐路、亚宝路、育英路、古魏路、庙底路、华泰路。

一环：芮翔路、西环路、北环路和工业街形成城市外环路。

2. 机场建设工程

续建芮城通用机场。

3. 公路网建设工程

风陵渡高速口、芮城东高速口、圣天湖高速口提升建设工程，灵宝至芮城高速引线建设工程，永济至灵宝高速公路建设工程，风陵渡黄河大桥及连接线建设工程，古魏镇至风陵渡古风线道路（S348）、临陌线（S239）、国防公路张风线（X829）三新村至风陵渡大转盘道路改建工程，黄河一号旅游公路连接线建设工程，积极争取沿黄、沿山、平风线改建工程建设。

4. 交通枢纽站建设工程

芮城汽车客运站、陌南站及大王站建设工程，阳城、永乐、岭底、西陌停车点改造升级工程。

5. 区域一体化交通网络建设工程

加快风陵渡黄河浮桥、风陵渡黄河大桥、芮城—灵宝黄河大桥、芮城—灵宝黄河浮

专栏

桥等建设工作。实施农村公路网优化提升工程，打通“断头路”，加快县乡公路改造，加强通往休闲农业区、特色乡镇的资源路、旅游路、产业路建设，积极推进农村公路特色示范路建设。强化农村公路与国省道衔接。

6. 道路新增扩建工程

庙底路（学府东街—北环路）、农贸路（洞宾街—北环路）、农贸路（黄河东街—工业北街）、古魏路（黄河东街—工业路）、农贸路（工业街—工业南街）、芮翔路（北环路—工业路）、九峰路（学府街—北环路）、九峰路（平安街路—工业路）、工业南街及水系（西矿路—永乐路）、工业路（华泰路—芮翔路）、工业北街（华泰路—芮翔路）、新建街（华泰路—芮翔路）、平安东街（庙底路—芮翔路）、平安西街（西矿路—九峰路）、新建街（农贸路—永乐路）、大禹街（华泰路—芮翔路）、舍利街（庙底路—芮翔路）、条山街（庙底路—芮翔路）、学府街（庙底路—芮翔路）。

12.7.2 积极推进旅游厕所革命

持续推进旅游厕所建设改造，到 2025 年实现主要旅游景区、旅游集散中心、旅游休闲娱乐场所、旅游风景道沿线及各个社区、村庄等旅游厕所数量充足、干净无味、实用免费、管理有效。加强康养基地饮水、厕所、垃圾污水收集处理等配套设施建设；尊重地域文化差异，鼓励各旅游区进行差异化、主题化打造，将旅游厕所打造成网红厕所。

专栏

网红厕所打造

1. 道家风格旅游厕所

厕所亦可成为全域文化展示地，统一景区厕所标识标牌，厕所内放有艾灸熏香、花椒精油洗手液等，按照道家风格装修成为“网红打卡点”（图 12-6）。

2. 森林厕所

在森林中依山傍水，建造符合森林环境风格的生态网红厕所，贴近自然。外立面用环保材料，厕所中循环播放鸟鸣水流声，给游客起到暂时小憩的效果（图 12-7）。

专栏

图 12-6　道家风格旅游厕所示意图

图 12-7　森林厕所示意图

12.7.3　打造智慧康养旅游系统

进一步催生融合医疗、养老、中医养生、体育及互联网 + 等元素的新康养产品出现。建立健全智慧文化旅游监管平台和综合服务平台，逐步推动重点景区实现免费无线网络、智能导游、电子讲解、在线预订、信息推送等全覆盖，主要旅游消费场所实现在线预订、网上支付，加快永乐宫、圣天湖、大禹渡等智慧旅游景区建设。

加快高等院校康养学科建设。把康养技能培训纳入“人人持证、技能社会”培训体系，加强康养标准体系建设和组织实施，运用 5G、大数据、云计算等现代信息技术打造智慧康养，全面提升康养服务水平。

探索康养度假的远程诊疗模式，实现智慧康养。以芮城县智慧城市建设为契机，构建智慧芮城康养智慧管理平台，开展针对老龄群体中亚健康群体，老年病、慢性病、孤独抑郁病患者等不同群体的康养体验产品推介活动，通过出具康养疗法对症处方，开展森林康养师、康养项目的线上培训咨询，康养服务产品的制定等，拓展森林康养服务的范围和区域。

专栏

智慧康养旅游系统

1. 智慧康养产品

智慧康养产品将突破传统养老在居家照顾、出行、安全保护、健康管理、精神关爱等方面的难点。借助互联网、物联网、大数据、人工智能为代表的现代信息技术开发"传音入密"的广场舞神器，游戏机一样的康复机器人，床椅一体化机器人，车钥匙大小、可定位可报警还可社交的智能助老终端机（图 12-8）。

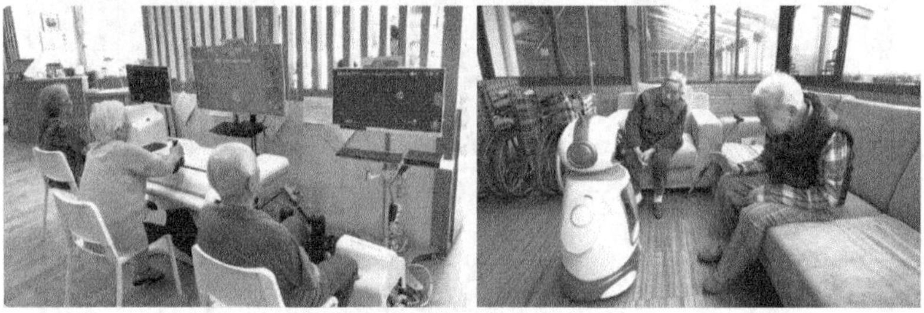

图 12-8　智慧康养产品

2. 芮城县敏赐智慧果业康养一体化项目

打造千亩智慧绿色农业和养生相结合的智慧康养中心。探索康养度假的远程诊疗模式，实现智慧康养旅游一体化（图 12-9）。

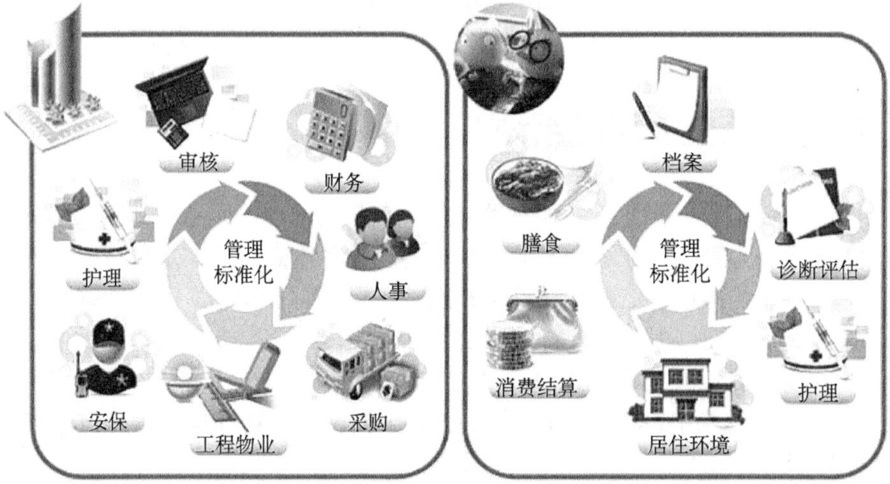

图 12-9　智慧康养一体化

12.7.4 完善养老医疗设施配套

利用互联网医疗、健康大数据、智能制造等新技术、新应用促进养老医疗设施智能化和人性化。加快发展居家和社区养老服务，促进农村养老服务能力提升，支持社会力量兴办养老服务机构，重点支持兴办面向失能半失能、失智、高龄老年人的医养结合型养老机构，鼓励规范化、专业化、连锁化经营。围绕社会服务业提质扩容，培养家政服务、养老护理、托育托幼等紧缺人才。

构建以居家为基础、社区为依托、机构为补充、医养相结合的多层次、广覆盖养老服务体系。增强兜底养老保障能力，重点支持老年养护院、医养结合的养老设施、特困人员供养服务设施（敬老院）等设施建设，落实政策保障基本职能。加强农村养老服务，通过邻里互助、亲友相助、志愿服务等模式，大力发展农村互助养老服务。支持社会力量兴办养老机构，实施普惠养老城企联动专项行动，扩大普惠养老服务有效供给。推进医养结合，支持养老机构按规定开办康复医院、护理院、临终关怀机构和医务室、护理站等，提供优质养老服务。实施“互联网 + 养老”行动，建立居家社区服务网络，开展智慧养老应用试点建设。

专栏

养老医疗设施配套项目

新建芮城县养老院、陌南镇敬老院、大王镇敬老院、永乐镇敬老院、德惠康养养老服务中心、失能老人照护服务中心等项目，殡仪馆建设项目，流浪乞讨人员救助管理设施项目，风陵渡中心敬老院消防改造项目，居家社区智慧养老服务网络建设项目，大河美景医养结合项目。重点实施总投资 20 亿元的大河美景健康城项目、总投资 10 亿元的风陵渡开发区康复养老中心项目以及总投资 4300 万元的养老院项目。

12.8 保障措施

12.8.1 组织保障

完善领导体制。建立文化旅游、会展康养产业发展联席会议制度，全面协调文化旅游、会展康养产业融合发展各项工作，健全和强化领导机制。健全领导小组会议制度，统筹规划实施，对产业发展中的重大事项进行研究部署，及时协调解决产业发展中的重大问题。

强化部门协作。建立文化旅游、商务、民政以及与发展改革委、卫健委、教育、科技、公安、财政、税务、市场监督、统计、出入境检验检疫、知识产权、贸促等相关部门协调机制。文旅局牵头负责文化和旅游业发展，民政厅牵头负责康养产业发展，省商务厅牵头负责会展产业发展。各牵头部门对负责领域的发展目标和任务，要制定推进工作方案，明确时间表、路线图、责任人，确保有序推进。

12.8.2 政策保障

优化康养产业用地政策。合理界定康养服务设施用地范围，依法确定康养服务设施土地用途和年期，规范编制康养服务设施供地计划，细化康养服务设施供地政策，鼓励租赁供应康养服务设施用地，实行康养服务设施用地分类管理，加强康养服务设施用地监管，鼓励盘活存量用地用于康养服务设施建设，利用集体建设用地兴办康养服务设施等。

落实医养结合政策。一是推进养老机构内设医疗康复机构，支持各养老机构按相关规定开办老年病医院、康复医院、临终关怀机构等。对不具备设置条件的，依据规模和实际需求可内设医务室。对养老机构内设的符合设置标准的医疗机构，卫计部门加强监管。二是引导社区卫生服务中心、乡镇卫生院建立护理院，缓解医疗资源紧张局面。三是通过公建民营、民建公助等模式，鼓励支持社会力量兴建老年医院、老年护理院、老年健康管理中心等医养结合机构，以实现养老、康复、医疗护理、休闲娱乐等一体化发展，着力保障特殊困难老年人健康养老需求。

12.8.3 人才保障

大力开展招才引智。一是实行“精准引才”，围绕康养产业，推动“人才链”和“产业链”融合，编制发布紧缺人才招引清单，实施芮城县康养产业人才培养工程，培养各类康养服务人才 500 人，对全市康养产业进行统一规划、规范管理。二是开展“柔性引才”，坚持“不求所有，但求所用，不求所在，但求所为”，实施开放的人才引进政策，持续吸纳国内外高等院校、科研机构、企业等行业精英，探索建立与国际接轨的全国康养旅游人才招聘制度和管理制度。提高国外高端康养旅游人才落户芮城的审批效率，制定并完善就业、生活、住房、子女教育等人才服务和保障政策。

加强高素质人才培养。一是实施“人人持证、技能社会”工程，进一步强化产教融合、供需对接，实行订单式、菜单式和项目制培训，实施滚动培训、等级提升、梯次培训，做到应培尽培、愿培尽培。二是重点加大康养旅游技术人才、经营管理人才和技能人才的培养力度，加快文化旅游与健康养生相关基层服务、市场营销、商品开发、活动组织人才培养，培育一批有文化、懂技术、会经营的新型职业农民。三是围绕社会服务业提质扩容，培养家政服务、养老护理、托育托幼等紧缺人才。加大电商、直播等新兴行业人才培训，培养一批农产品带货达人，培养一批特色技能人才。

营造良好的人才发展环境。一是坚持党管人才，落实一把手抓“第一资源”责任，深化人才发展体制机制改革，加快完善人才“引、育、用、留”机制，统筹推进党政人才、企业经营管理人才、专业技术人才、高技能人才、农村实用人才、社会工作人才队伍建设。二是加大人才市场服务体系建设力度，打造近悦远来的人才环境。开辟高端人才服务“绿色通道”，提供“一对一”全程跟踪服务，为高端人才及其团队妥善解决住房、医疗、家属、子女入学等事宜。对为芮城发展做出突出贡献的人才，给予一定的物质奖励。深化事业单位人事制度和工资制度改革，落实高层次人才工资分配激励机制，增强事业单位发展活力。

12.8.4 资金保障

充分发挥公共财政的主导作用。加大财政对康养旅游载体建设的投入，积极构建有利于康养旅游快速发展的财政投入机制。建立健全康养旅游财政投入稳定增长机制，明确新增财力中用于康养旅游发展的资金比例，保证公共财政对康养旅游的投入增幅高于财政经常性收入增幅，不断提高康养旅游支出占财政支出的比例。

鼓励社会资源支持康养旅游高质量发展。鼓励社会资本设立市场化运作的产业投资基金，共同支持康养旅游区域协同发展。鼓励企业采取多渠道融资方式，在康养旅游载体基础设施建设与运营上，探索推广政府和社会资本合作模式，充分调动社会各界投资康养旅游平台建设的积极性。

出台康养旅游财政优惠政策。探索对培育创新型、示范型康养旅游项目实施奖补政策。整合各类相关康养产业专项资金和旅游专项资金，向康养旅游发展项目倾斜。给予康养旅游发展项目规划审批、税收减免等方面的优惠政策，创造宽松的投资开发和建设运营环境，扶持康养旅游项目快速健康发展。

参考文献

艾琳，卢欣石，2009. 中国草原生态旅游资源及可持续开发利用 [J]. 中国草地学报，31（2）：96–101.

董二为，张泽承，付冰，等，2022. 再论体育旅游发展基础与路径 [J]. 旅游学刊，37（1）：5–8.

董世魁，2022. 草原与草地的概念辨析及规范使用刍议 [J]. 生态学杂志，41（5）：992–1000.

董笑梅，徐静，2004. 内蒙古草原生态旅游开发研究 [J]. 中央民族大学学报（1）：42–44.

杜占池，樊江文，钟华平，2009. 草原、草地与牧地辨析 [J]. 草业与畜牧（7）：1–7.

郭焕成，韩非，2010. 中国乡村旅游发展综述 [J]. 地理科学进展（12）：1597–1605.

韩鲁安，杨春青，1998. 体育旅游学初探 [J]. 天津体育学院学报（4）：64–67.

何景明，李立华，2002. 关于“乡村旅游”概念的探讨 [J]. 西南师范大学学报（人文社会科学版）（5）：125–128.

何莽，彭菲，杜洁，等，2021. 康养蓝皮书：中国康养产业发展报告（2020）[M]. 北京：社会科学文献出版社.

黄志敏，2014. 内蒙古地区生态草原旅游开发研究 [J]. 湖北农业科学，53（22）：5584–5588.

姜付高，2005. 体育旅游概念的哲学思辨 [J]. 首都体育学院学报（4）：30–31.

李勇，2004. 试论发展我国体育旅游的对策 [J]. 武汉理工大学学报（信息与管理工程版）（2）：127–129，134.

廉恩勇，张建忠，2006. 对体育旅游研究现况的分析 [J]. 泰山学院学报（6）：95–97.

林刚，石培基，2006. 关于乡村旅游概念的认识——基于对 20 个乡村旅游概念的定量分析 [J]. 开发研究（6）：72–74.

刘红艳，2005. 关于乡村旅游内涵之思考 [J]. 西华师范大学学报（哲学社会科学版）（2）：15–18.

刘丽梅，吕君，2009a. 草原旅游发展的内涵及研究意义 [J]. 经济论坛（5）：110–112.

刘丽梅，吕君，2009b. 草原旅游发展中存在的问题及策略探究 [J]. 未来与发展（8）：55–58.

刘丽勤，2004. 久藏深闺的木王国家森林公园 [J]. 陕西林业（4）：28–28.

刘沛林，刘春腊，邓运员，等，2010. 中国传统聚落景观区划及景观基因识别要素研究 [J]. 地理学报（12）：1496–1506.

刘志军，张新华，2015. 草原旅游综述 [J]. 价值工程，34（16）：252–255.

柳伯力，尧燕，2002. 体育与旅游结合的机理分析 [J]. 成都体育学院学报（3）：25–28.

龙花楼，张杏娜，2012. 新世纪以来乡村地理学国际研究进展及启示 [J]. 经济地理，32（8）：1–7，135.

陆元兆，戴昌松，2000. 广西少数民族地区体育旅游资源开发的思考 [J]. 体育科技（3）：1–4.
毛培胜，邵新庆，杨富裕，等，2016. 我国草原生态旅游发展现状与问题浅析 [J]. 西南民族大学学报（自然科学版），42（2）：127–130.
前瞻产业研究院，2022.2020 年中国康养行业市场分析：疫情后或将迎来爆发式增长，旅游市场需求或激增［EB/OL］.（2020–03–16）［2022–7–27］. https://bg.qianzhan.com/trends/detail/506/200316–51ef2f18.html.
任宣羽，2016. 康养旅游：内涵解析与发展路径 [J]. 旅游学刊，31（11）：1–3.
孙九霞，徐新建，王宁，等，2021. 旅游对全面脱贫与乡村振兴作用的途径与模式——"旅游扶贫与乡村振兴"专家笔谈 [J]. 自然资源学报（10）：2604–2614.
唐国梁，2000. 云南省体育旅游产业初探 [J]. 曲靖师专学报（6）：51–53.
汪德根，陆林，刘昌雪，2002. 体育旅游市场特征及产品开发 . 旅游学刊，17（1）：49–53.
王栋，1955. 草原管理学 [M]. 南京：畜牧兽医图书出版社.
王敏娴，唐代剑，2018. 乡村旅游未来发展趋势探讨 [J]. 旅游学刊，33（7）：13–16.
王仕平，1989. 充分利用亚运会良好契机促进北京市旅游业的发展 [J]. 旅游学刊，4（1）：22–24，30.
王新越，侯娟娟，2016. 山东省乡村休闲旅游地的空间分布特征及影响因素 [J]. 地理科学（11）：1706–1714.
王占春，1984. 旅行、旅游与体育 [J]. 学校体育（2）：9–11.
王赵，2009. 国际旅游岛：海南要开好康养游这个"方子"[J]. 今日海南（12）：1.
谢冬明，易青，黄庆华，2019. 乡村旅游发展的四个阶段及产品开发策略 [J]. 老区建设（6）：50–52.
谢彦君，1999. 以旅游城市作为客源市场的乡村旅游开发 [J]. 财经问题研究（10）：79–81.
谢彦君，郭芳芳，2022. 学科视野的体育旅游研究与教育定位策略 [J]. 旅游学刊，37（1）：3–5.
谢彦君，吴凯，于佳，2021. 体育旅游研究的历史流变及其具身体验转向 [J]. 上海体育学院学报，45（11）：16–30，60.
徐培，熊云明，2009. 乡村旅游的游客旅游动机研究——以九江庐山周边风景区为例 [J]. 安徽农业科学，37（33）：16595–16596，16641.
徐勇，2016. 中国体育旅游发展研究 [M]. 武汉：华中科技大学出版社.
鄢志武，刘玲，王艺卓，等，2020. 基于 MEC 理论的乡村旅游动机研究 [J]. 国土资源科技管理，37（3）：62–73.
杨培玉，2004. 21 世纪初中国体育旅游开发研究 [J]. 海淀走读大学学报（2）：70–74，77.
伊利勒特，孙世贤，杨尚明，等，2014. 锡林郭勒盟草原旅游资源与特点及管理对策分析 [J]. 草原与草业，26（1）：24–27.
虞敬峰，冯晓华，2011. 新疆草原旅游资源可持续开发研究 [J]. 资源开发与市场，27（10）：934–937.
张建国，俞益武，白云晶，等，2007. 城市居民对乡村旅游产品需求趋势研究——以宁波市民为例 [J]. 商业研究（6）：195–197.
张晓磊，李海，2021. 推动我国体育旅游产业发展的若干问题探析 [J]. 中州学刊（4）：21–26.
张一，邱洁威，邵林涛，等，2014. 乡村旅游拉力动机的结构及旅游者类型分析 [J]. 干旱区资源与环境，28（10）：191–196.
赵承华，2011. 乡村旅游发展与农业经济增长方式转变 [J]. 沈阳农业大学学报（社会科学版），13（5）：525–527.
赵晓峰，2014. 内蒙古草原文化旅游开发研究 [J]. 中国管理信息化，17（1）：47–48.
中国植被编辑委员会，1980. 中国植被 [M]. 北京：科学出版社 .
邹统钎，侯满平，王欣 . 2021. 中国康养旅游发展报告（2021）[M]. 北京：社会科学文献出版社.
钟林生，牛亚菲，刘家明，等，2005. 内蒙古草原旅游资源及其开发研究 [J]. 干旱区资源与环境（2）：105–110.
周静，卢东，杨宇，2007. 乡村旅游发展的起源及研究综述 [J]. 资源开发与市场（8）：764–765，733.

朱竞梅，2000. 开发体育旅游项目问题初探 [J]. 体育与科学（2）：25–27.
朱岳铭，2019. 探索“以房养老＋民宿旅游”模式打造新时代美丽乡村——以山东省淄博市省级贫困村东庄村脱贫为例 [J]. 山东农业工程学院学报，36（11）：25–29.
朱运海，曹诗图，2020. 论乡村旅游的乡村性及其景观表达 [J]. 湖湘论坛，33（6）：134–143.
BREITRÜCK V, NUNN E, 2011. Health & Medical Tourism[M]. Gabler.
DUNN H L, 1959. High-level wellness for man and society[J]. American Journal of Public Health & the Nations Health, 49(6): 786.
GAMMON S, 2015. Sport tourism finding its place?[M]. Landscapes of leisure. London: Palgrave Macmillan UK.
GIBSON H J, 1998.Sport tourism: A critical analysis of research[J]. Sport Management Review, 1(1): 45–76.
GILBERT E W, 1954. Brighton: Old Ocean's Bauble[M]. London: Methuen.
GOODRICH J N, GOODRICH G E, 1987. Health-care tourism — an exploratory study[J]. Tourism Management, 8(3): 217–222.
GRIMM H, 1960.Wrong attitudes toward vacations and toward our resort landscapes, their significance for the health and disease of the vacationers[J]. Zeitschrift Fur Arztliche Fortbildung(54): 1136.
HALL C M, 1992.Adventure, Sport and Health Tourism[A]. Special Interest Tourism[M]. London: Belhave Press.
HALL D, 2000. Rural Tourism management: sustainable option conference[J]. International Journal of Tourism Research(2): 295–299.
JORDAN H, 1965.The coronary patient at a health resort[J]. Therapie Der Gegenwart, 104(9): 1204–1212.
MUELLER H , KAUFMANN E L, 2001. Wellness tourism: market analysis of a special health tourism segment and implications for the hotel industry[J]. Journal of Vacation Marketing, 7(1)： 5–17.
NICHOLSON R H, 1907. Travel and sport in Texas, U.S.A[J]. Journal of the Royal Army Medical Corps, 8(3): 302–307.
RUSKIN H, 1987.Selected Views on Socio-ecomomic Aspectes of Outdoor Recreation, Outdoor Education and Sport Tourism[M]. Israel: Emmannel Gill Publishing: Natanya.
SMITH M, PUCZKO L, 2013. Health Tourism and Hospitality: Spas, Wellness and Medical Travel[M]. Routledge.
SNYCHEVA A I, IAKOVLEVA A N, 1965.Health resort–climatic treatment of patients with rheumatic heart disease[J].Vrachebnoe Delo(12): 123–124.
SPORT T, 1976. Sport and travel coordinator, sports illustrated[J].Journal of Travel Research, 15(1): 30.
STANDEVEN J, DE KNOP P, 1999. Sport Tourism, Champaign[M]. IL: Human Kinetics.
WEED M, BULL C, 2004. Sports tourism: Participants, policy and providers [M]. Oxford: Elsevier ButterworthHeinemann.
UNWTO, 1997. Rural tourism: a solution for employment, local development and environment[M]. Madrid: WTO(World Tourism Organization).